国家级物理实验教学示范中心系列教材

近代物理实验

侯登录　郭革新　主编

科学出版社
北京

内 容 简 介

本书是国家级物理实验教学示范中心系列教材之一,是作者及其领导的教学团队在多年教学经验的基础上,结合教学改革的新成果编写而成.内容包括原子物理实验、核物理实验、激光和光学实验、微波和磁共振实验、磁学实验、半导体实验、真空镀膜技术、电子衍射和X射线衍射、低温物理实验和铁电材料实验10个单元,共41个实验.添加了反映近年来物理学和实验技术发展的相关内容,尤其是对磁性材料、半导体材料、超导材料、铁电材料的制备方法和材料结构及性能表征技术实验进行了介绍.

本书可作为高等师范学校和理工科院校物理专业学生的教材,也可作为函授生和中学物理教师在职进修的教学用书,同时可供从事实验物理研究的教师和科技人员参考.

图书在版编目(CIP)数据

近代物理实验/侯登录,郭革新主编.—北京:科学出版社,2010
国家级物理实验教学示范中心系列教材
ISBN 978-7-03-028857-8

Ⅰ.①近… Ⅱ.①侯…②郭… Ⅲ.①物理学-实验-高等学校-教材 Ⅳ.①O41-33

中国版本图书馆CIP数据核字(2010)第171314号

责任编辑:胡云志 唐保军/责任校对:朱光兰
责任印制:张 伟/封面设计:耕者设计工作室

科学出版社出版
北京东黄城根北街16号
邮政编码:100717
http://www.sciencep.com
北京凌奇印刷有限责任公司印刷
科学出版社发行 各地新华书店经销
*
2010年8月第 一 版 开本:720×1000 1/16
2026年1月第十一次印刷 印张:17 1/4
字数:360 000

定价:51.00元

(如有印装质量问题,我社负责调换)

前言

在1996年河北师范大学合校之前，原河北师范大学物理系和河北师范学院物理系均采用各自编写的《近代物理实验》讲义，而河北教育学院采用的是1996年由邬鸿彦、朱明刚主编的《近代物理实验》(科学出版社)教材. 2003年，自编教材《近代物理实验》由河北科学技术出版社出版后一直为我校物理系本科生的教材，并得到省内部分兄弟院校的学生和教师的认可和好评. 2003年和2008年，“近代物理实验”被评为河北省精品课. 2008年，河北师范大学物理实验教学示范中心被评为国家级示范中心建设单位. 近年来，随着物理学的发展和实验教学改革的需要，多数省内高校更新和增加了实验仪器设备，有的还将自己的科研成果引入了实验教学，极大地丰富了近代物理实验的教学内容. 为了适应这一需要，2009年4月，在河北师范大学召开的河北省师范类物理实验教学示范中心建设研讨会上，省内师范院校(河北师范大学、唐山师范学院、廊坊学院、邯郸学院、保定学院、衡水学院、邢台学院、石家庄学院、河北北方学院、沧州师范专科学校、承德民族师范专科学校)的专家对各校近代物理实验内容进行了调研，确定了新教材的编写内容，即在2003年河北科学技术出版社教材《近代物理实验》的基础上，增加新的实验内容，尤其是反映物理学发展前沿的实验内容，并确定由河北师范大学牵头负责此次编写工作. 2010年1月，《近代物理实验》教材的编写和出版列入河北师范大学第二批精品教材建设项目.

本书内容包括原子物理、原子核物理、激光和其他光学实验、微波技术、真空技术、电子衍射、磁学和磁共振实验、高温超导、铁电材料、X射线衍射技术、扫描隧道显微镜等领域的41个实验，其中包括“巨磁电阻”等获诺贝尔奖的著名实验. 在安排上既让学生接触到真空、低温、微波、衍射等近代物理实验中常用的技术，而且每个实验又有一定的物理内容，使理论与实验有机结合. 此次编写的《近代物理实验》教材在突出高等师范院校的特色，力求实验原理简练、物理图像清晰的同时，添加了反映近年来物理学和实验技术发展的相关内容，尤其是对磁性材料、半导体材料、超导材料、铁电材料的制备方法和材料结构及性能表征技术实验进行了介绍.

参加此次编写工作的除河北师范大学近代物理实验室的教师外，邯郸学院的部分教师也编写了相关章节. 具体的编写分工如下：第1章由刘力虎、赵旭、赵滨华和郭革新编写；第2章由严振庄和李壮志编写；第3章由庞兆广、唐贵德、甄聪棉、赵旭编写；第4章由陈伟、李壮志、赵滨华和邯郸学院薛芳编写；第5章由郭革新、唐贵德和邯郸学院赵晶编写；第6章由甄聪棉编写；第7章由甄聪棉、侯登录、郭革新编写；第8章由郭革新、赵旭、侯登录编写；第9章由李壮志编写；第10章由郭革新、侯登录编写. 此外，邯郸学院赵国晴、邢台学院赵双义、廊坊学院蔡秀峰、承德民族师范专科学校杨淑敏等在编写过程中给予了大力支持.

本书是在原来两本讲义和两本教材的基础上发展而来的,是几十年来几代近代物理实验室的教师和技术人员的集体贡献.聂向富、欧阳芳丽、郭锡福、孔德谦、陈乃强、马长山、段苗珍等许多年长的教师,以及现已调离的朱明刚、王立锦等多位老师在之前的编写工作中都作出了巨大贡献,在此对他们表示衷心的感谢.

此次教材的实验题目的选取、统稿由侯登录、郭革新主持完成.感谢各位老师们的辛勤付出,感谢省内兄弟院校多年来使用《近代物理实验》教材和对本次编写工作的支持.本书的编写也参阅了国内其他高校的教材和讲义,在此表示感谢.感谢科学出版社给予的大力支持,尤其是胡云志编辑的帮助.

限于编者水平,书中错误和不尽人意之处在所难免,欢迎专家和读者指正.

编　者
2010 年 5 月

目　录

第1章 原子物理实验

本章涉及了氢原子光谱、塞曼效应、弗兰克-赫兹实验和密立根油滴实验4个经典实验.

1.1 氢原子光谱

在众多的现代物理研究方法中,原子光谱是研究原子结构的一种重要方法.这是由于光谱线系与原子结构有着极为密切的联系.而原子光谱的观测为近代量子理论的建立提供了坚实的实验基础.1885年,巴耳末通过对前人氢光谱测量结果的总结,从中发现了氢光谱的规律,并由此提出了著名的巴耳末公式.根据巴耳末公式求得的里德伯常量是物理学中常用的几个最精确的常数之一,它是检验原子理论可靠性的重要标准,并成为测量其他基本物理常量的依据.1932年尤里(H. C. Urey)根据里德伯常量随原子核质量不同而变化的规律,在对重氢莱曼线系进行摄谱分析时,发现了氢的同位素——氘的存在.至今,对原子光谱的观测研究,仍然是研究原子结构的重要方法之一.尤其是近些年来激光和计算机技术的发展,使光谱技术的观测手段呈现出全新的面貌.

WDS－6型光栅光谱仪用于近代物理实验中的氢(氘)原子光谱实验,简单易行,改变了传统通过在大型摄谱仪上采用感光胶片记录的方法,从而使光谱既可在微机界面上直观显示,实验结果准确明了,同时又减少了不必要的浪费.

1.1.1 实验目的

(1)熟悉并掌握WDS-6型光栅光谱仪的使用.

(2)拍摄氢原子光谱的巴耳末线系并确定常量R_H.

1.1.2 实验原理

根据里德伯常量随原子核质量不同而变化的规律,1932年尤里用蒸发液氢的方法获得重氢含量较高的氢和重氢混合物,在对莱曼线系的光谱分析中,发现氢原子光谱中每条线都是双线.经过波长测量并与重氢核所得到的双线波长相比较,实验值与理论值符合得很好,见表1.1.1,从而确立了氢的同位素——氘(D)的存在.

根据经典电磁理论,原子外层电子绕核做匀速圆周运动,做加速运动的电子将不断向外辐射电磁波,并且辐射电磁波的频率也是连续的,这与实验上发现的原子光谱是分裂的相矛盾.就此,丹麦物理学家玻尔(Bohr Niels)于1913年提出了三点假设.

表 1.1.1 巴耳末线系氢谱波长

氢谱线	
谱线位置	波长/nm
H_α	656.28
H_β	486.13
H_γ	434.05
H_δ	410.17
H_ε	397.01
H_ζ	388.91
H_η	383.54
H_θ	379.79
H_ι	377.06
H_κ	375.02

(1)定态假设:原子中的电子可以在一些特定的圆轨道上运动而不辐射电磁波,这时原子处于稳定状态,简称定态.与定态相应的能量分别为 $E_1, E_2, \cdots\cdots$

(2)量子化条件:电子以速度 v 在半径为 r 的圆周上绕核运动时,只有电子的角动量 L 等于 $h/2\pi$ 的整数倍的那些轨道是稳定的.

(3)频率条件:原子(电子)从高能量的定态跃迁到低能量的定态时,要发射光子.

根据玻尔理论我们知道,原子的能量是量子化的,具有分立的能级,当电子从高能级跃迁到低能级时,原子释放出能量,并以电磁波的形式辐射.氢原子光谱在远红外、可见光区和近紫外区有若干独立的光谱线系,其中可见光区的巴耳末线系各波长都遵循巴耳末公式

$$\bar{\nu}=\frac{2\pi^2 m_e e^4 Z^2}{(4\pi\varepsilon_0)^2 h^3 c\left(1+\dfrac{m_e}{m_H}\right)}\left(\frac{1}{2^2}-\frac{1}{n^2}\right) \tag{1.1.1}$$

$$=R_H\left(\frac{1}{2^2}-\frac{1}{n^2}\right) \tag{1.1.2}$$

式中,m_H 为原子核质量,m_e 为电子质量,e 为电子电荷,h 为普朗克常量,ε_0 为真空介电常量,c 为光速,Z 为原子序数,R_H 为里德伯常量,因此类氢原子的里德伯常量可写成

$$R_z=\frac{2\pi^2 m_e e^4 Z^2}{(4\pi\varepsilon_0)^2 h^3 c}\cdot\frac{1}{\left(1+\dfrac{m_e}{m_z}\right)} \tag{1.1.3}$$

若 $m_z\to\infty$,则有

$$R_\infty=\frac{2\pi^2 m_e e^4 Z^2}{(4\pi\varepsilon_0)^2 h^3 c} \tag{1.1.4}$$

里德伯常量是重要的基本物理常量,目前它的推荐值为

$$R_\infty=10973731.568549(83)\text{m}^{-1}$$

由式(1.1.4)得

$$R_z=\frac{R_\infty}{\left(1+\dfrac{m_e}{m_z}\right)} \tag{1.1.5}$$

由此可以得出,R_z 将会随原子核质量 m_z 发生变化,对于不同的元素或同一元素的不同同位素 R_z 值将会有所不同,但 m_z 对 R_z 影响很小,由于其相应的波数很接近,就形成了原子光谱上较难区分的双线.

令氢和氘的里德伯常量分别为 R_H 和 R_D，氢、氘光谱的波数遵循里德伯公式

$$\bar{\nu}=R_H\left(\frac{1}{2^2}-\frac{1}{n^2}\right),\quad n=3,4,5,\cdots \tag{1.1.6}$$

$$\bar{\nu}=R_D\left(\frac{1}{2^2}-\frac{1}{n^2}\right),\quad n=3,4,5,\cdots \tag{1.1.7}$$

因此，通过实验测量氢、氘的巴耳末线系的谱线波长，可利用式(1.1.6)、式(1.1.7)求出氢、氘的里德伯常量 R_H 和 R_D.

根据式(1.1.5)有

$$R_H=\frac{R_\infty}{\left(1+\frac{m_e}{m_H}\right)} \tag{1.1.8}$$

$$R_D=\frac{R_\infty}{\left(1+\frac{m_e}{m_D}\right)} \tag{1.1.9}$$

式中，m_H 和 m_D 为氢和氘原子核质量，用式(1.1.8)除以式(1.1.9)，得

$$\frac{m_D}{m_H}=\frac{R_D/R_H}{1-\frac{m_H}{m_e}\left(\frac{R_D}{R_H}-1\right)} \tag{1.1.10}$$

式中，m_H/m_e 为氢的原子核质量与电子质量比，公认值为 1836.15. 因此式(1.1.10)也可写为

$$\frac{m_D}{m_H}=\frac{R_D/R_H}{1-1836.15\left(\frac{R_D}{R_H}-1\right)} \tag{1.1.11}$$

对原子光谱的测量，所得到的数据有较多的有效数字，能达到一定的测量精度，因此它成为测定其他一些基本常量的重要引入值，在现代测量中起着重要的作用.

1.1.3　实验仪器装置

WDS 系列多功能光栅光谱仪的操作由计算机操作和手工操作来完成. 单色仪的入射狭缝宽度，出射狭缝宽度和 CCD 接收系统不受计算机控制用手工设置外，其他的各项参数设置和测量均由计算机来完成. WDS 系列多功能光栅光谱仪结构框图如图 1.1.1 所示.

1. 光学系统

光谱仪光学系统如图 1.1.1 所示. 通过旋转 M3 选择出射狭缝 S2 或 S3 从而选择接收器件类型，出射狭缝为 S2 为光电倍增管或硫化铅、钽酸锂、TGS 等接收器件；出射狭缝为 S3 为 CCD 接收器件. 入射狭缝、出射狭缝均为直狭缝，宽度在 0～2mm 连续可调，光源发出的光束进入入射狭缝 S1，S1 位于反射式准光镜 M1 的焦面上，通

过S1射入的光束经M1反射成平行光束投向平面光栅G上，衍射后的平行光束经物镜M2成像在S2上，或经物镜M2和M3平面成像在S3上.

光源系统为仪器提供工作光源，可选氘灯、钨灯、钠灯、汞灯等各种光源.

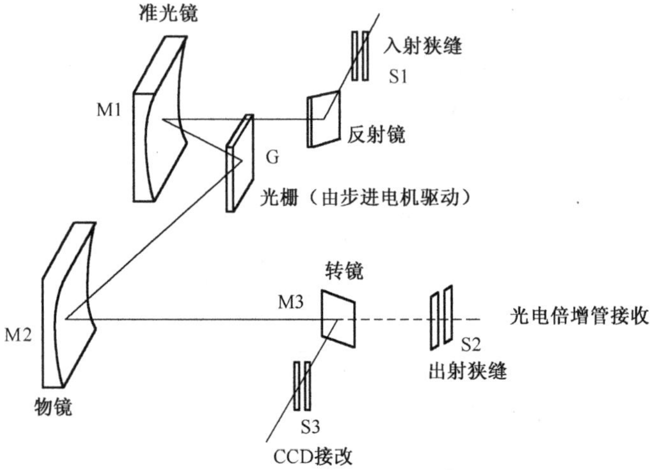

图1.1.1 WDS系列多功能光栅光谱仪光学系统透射图

2. 电子系统

电子系统由电源系统、接收系统、信号放大系统、A/D转换系统和光源系统等部分组成.

电源系统为仪器提供所需的工作电压；接收系统将光信号转换成电信号；信号放大器系统包括前置放大器和放大器两个部分；A/D转换系统将模拟信号转换成数字信号，以便计算机进行处理.

3. 软件系统

WDS系列多功能光栅光谱仪的控制和光谱数据处理操作均由计算机来完成.

软件系统主要功能：仪器系统复位、光谱扫描、各种动作控制、测量参数设置、光谱采集、光谱数据文件管理、光谱数据的计算等.

4. CCD操作系统

WDS系列多功能光栅光谱仪器系统操作软件根据型号不同和接收仪器不同配有PMT操作系统和CCD操作系统. 每一系统均可采用快捷键和下拉菜单来进行仪器操作，下面分别进行说明.

1)开机与系统复位

确认光栅光谱仪已经正确连接并打开电源.

在Windows操作系统中，从“开始”——“程序”——“WDS系列光栅光谱仪”中执行相应的CCD可执行程序，或双击桌面上的快捷方式，启动系统操作程序.

在系统初始化过程后应有波长复位正确的提示，然后按"确定"进入系统操作主界面.

2)菜单栏中使用

系统菜单栏中包括文件、采集、数据处理、系统操作和帮助五项内容.下面分别进行介绍.

(1)文件.文件菜单中包括新建、打开、存盘、测量参数、打印和退出系统等项.其中，新建，即清除当前图谱文件并重新建立一个图谱文件.

打开，即打开已存图谱文件，可根据系统提示选择文件所在路径.

存盘，即保存当前图谱文件，可根据系统提示选择文件保存路径.

测量参数，即根据测量需对系统参数进行相应的设置，通常情况下采取默认值即可.

打印，即根据提示对话框，打印当前图谱.

退出系统，当结束系统测量，选择此项，根据提示退出光栅光谱仪操作系统.

(2)采集.采集菜单中包括一次采集，连续采集和门值设置等项.

其中，一次采集，即在当前中心波长对当前光谱进行一次性记录.

连续采集，即在当前中心波长对当前光谱进行连续性记录，时时刷新.

门值设置，系统默认门值设置为－1，当要去除较小的峰值时，可通过设置门值来进行限制.

(3)数据数理.数据处理菜单中包括读取数据、光谱平滑、峰值检索、刻度扩展、显示光谱参数、像元波长转换和谱线运算等项.其中，读取数据，即读取当前图谱的横、纵坐标数据，可选择列表方式或光标读取方式.

光谱平滑，点击此项系统将对当前图谱文件进行平滑处理，以去掉噪声或过小的峰值，来方便图谱的读取或辨别.

峰值检索，指读当前图谱文件中一定范围内的峰值进行检索并将结果显示出来.点击此项弹出对话框，提示输入峰值高度，输入峰值高度后，点击确定即可.

刻度扩展，指对当前横、纵坐标的起始，终止刻度在系统允许的范围内进行相应的放大或缩小.点击此项功能将弹出对话框.

显示光谱参数，即显示当前光谱的测量参数.

像元波长转换，即选择将系统操作界面的横坐标用像元或波长的方式显示.

谱线运算，即对当前光谱的与常数加、减、乘、除四则运算.

(4)系统操作.系统操作菜单中主要包括检索仪器中心波长、检索谱线中心波长、零点波长校正、系统参数设置和系统复位等项.其中，检索仪器中心波长，即将操作系统界面显示的中心波长检索至目的波长处.

检索谱线中心波长，即若当前显示的图谱文件中心波长非仪器当前中心波长时，用此项功能将仪器中心波长检索值谱线中心波长.

零点波长校正，当对光栅光谱仪器系统检测发现系统波长值与准确波长不对应时,可通过此项对系统波长进行校正,在对话框中输入系统值与实际波长值的差值,点击确定即可.

系统参数设置,即系统调试时用到的一些数据,用户不可更改.

系统复位,当仪器在运行过程中发现有不正常现象出现时,可点击此项对系统进行重新复位,以消除影响.

3)工具栏的使用

工具栏中主要包括新建、打开、保存、打印、波长检索、参数设置、读取数据、峰值检索、刻度扩展、放大、缩小和屏幕刷新等项.其中,新建、打开、保存、打印和参数设置等项包含于菜单栏的"文件"菜单中;波长检索包含于菜单栏中的"系统操作"菜单中;读取数据、峰值检索和刻度扩展包含于菜单栏中的"数据处理"菜单中;一次采集和连续采集包含于"采集"菜单中.

屏幕刷新,即刷新当前图谱屏幕显示以清除数据标注的字符.

停止,点击此项,系统将停止当前操作.

4)退出系统与关机

当系统测试结束后,将入射狭缝调节至0.1mm左右,点击菜单栏中"文件\退出系统",按照提示关闭电源退出仪器操作系统.

1.1.4 实验内容和步骤

1.实验准备

开机之前,请认真检查光栅光谱仪的各个部分连线是否正确,保证准确无误.

为了保证仪器的性能指标和寿命,在每次使用完毕,将入射狭缝宽度,出射狭缝宽度分别调节到0.1mm左右.

在仪器系统复位完毕后,根据测试和实验的要求分别调节入射狭缝宽度,出射狭缝宽度到合适的宽度.

2.接收单元

WDS-6型多功能光栅光谱仪配备有CCD接收单元.

3.狭缝调节

仪器的入射狭缝和出射狭缝均为直狭缝,宽度在0～2mm连续可调,顺时针旋转为狭缝宽度加大,反之减小.每旋转一周狭缝宽度变化0.5mm,最大调节宽度为2mm.为延长使用寿命,狭缝宽度调节时应注意不要超过2mm.仪器测量完毕或平常不使用时,狭缝最好调节到0.1～0.5mm.

4.电控箱的使用

电控箱包括电源、信号放大、控制系统和光源系统(氘灯和钨灯可选件,不包括在光谱仪器的标准配置中).在运行仪器操作软件前一定要确认所有的连接线正确连接且已经打开电控箱的开关.

5. 采用标准光谱灯进行波长校准

光栅光谱仪由于运输过程中震动等各种原因，可能会使波长准确度产生偏差，因此在第一次使用前用已知的光谱线来校准仪器的波长准确度. 在平常使用中，也应定期检查仪器的波长准确度.

检查仪器波长准确度可用氘灯、钠灯、汞灯以及其他已知光谱线的来源来进行.

1)用氘灯谱线校准

利用氘灯的两根谱线的波长值(标准值为 485.99nm 和 656.10nm)来进行校准仪器. 根据能量信号大小手工调节入射狭缝和出射狭缝，扫描氘灯光谱. 如果波长有偏差，用“零点波长校正”功能进行校正，见表 1.1.2.

表 1.1.2　氢谱真空波长修正值

氢谱线	α	β	γ	δ	ε	ζ	η	θ
$\Delta\lambda_{修正}$/nm	0.181	0.136	0.121	0.112	0.110	0.108	0.107	0.106

2)用钠灯谱线校准

利用钠灯的两根谱线的波长值(标准值为 589.0nm 和 589.6nm)来进行校准仪器. 根据能量信号大小手工调节入射狭缝和出射狭缝，扫描钠灯光谱. 如果波长有偏差，用“零点波长校正”功能进行校正.

3)用汞灯谱线校准

利用汞灯的五根谱线的波长值(标准值为 404.7nm、435.8nm、546.1nm、577.0nm、579.0nm)来进行校准仪器. 根据能量信号大小手工调节入射狭缝和出射狭缝，扫描汞灯光谱. 如果波长有偏差，用“波长线性校正”功能进行校正.

6. 分别扫描不同光源的光谱

调节光源，使其在单色义的波长范围内有最大的输出. 根据测量对系统参数进行相应的设置.

7. 氢原子光谱的巴耳末线系里德伯常数 R_H 的测量

8. R_∞ 的计算

计算普适里德伯常量及 R_∞，并与推荐值比较，求相对误差.

1.1.5　注意事项

(1)光谱仪是精密贵重仪器，需倍加爱护，电箱不得擅自打开，狭缝调节需小心，不可用力拧.

(2)氢灯等放电管都用了高压电源，使用时务必注意安全.

(3)仪器断电和先启动软件再给仪器通电，均可能造成波长混乱. 此时应关闭软件，在先给仪器通电情况下，对仪器重新初始化.

(4)实验中应采取防噪声和干扰的措施. 例如，实验室尽量暗一些，防止实验桌的震动，狭缝勿开太大，对供电电源进行稳压等.

参考文献

沙振舜，黄润生. 2002. 新编近代物理实验. 南京：南京大学出版社.
褚圣麟. 2000. 原子物理学. 北京：高等教育出版社

（刘力虎　编）

1.2　塞曼效应

1896年，荷兰物理学家塞曼(Zeeman)发现当光源放在足够强的磁场中时，原来的光源发出的每一条谱线均分裂成几条偏振的谱线，分裂的条数随能级的类别而不同. 后人称此现象为塞曼效应.

塞曼效应的发现，为直接证明空间量子化提供了实验依据，对推动量子理论的发展起了重要作用. 直到今日，塞曼效应仍是研究原子能级结构的重要方法之一.

1.2.1　实验目的

(1)掌握和观测塞曼效应的理论和实验方法.

(2)掌握法布里-珀罗标准具的原理和使用方法.

(3)观察汞原子546.1nm谱线的分裂及偏振现象，由塞曼裂距计算电子的荷质比.

1.2.2　实验原理

1. 原子的总磁矩与总角动量的关系

原子中的电子一方面绕核做轨道运动（用轨道角动量 $\boldsymbol{P}_L$ 表征）产生轨道磁矩 $\boldsymbol{\mu}_L$，另一方面还具有自旋运动（用自旋角动量 $\boldsymbol{P}_S$ 表征）产生自旋磁矩 $\boldsymbol{\mu}_S$，它们在数值上有下列关系：

$$\begin{aligned} \mu_L &= \frac{e}{2mc}P_L, \quad P_L = \sqrt{L(L+1)}\hbar \\ \mu_S &= \frac{e}{mc}P_S, \quad P_S = \sqrt{S(S+1)}\hbar \end{aligned} \tag{1.2.1}$$

式中，e，m 分别表示电子电荷和电子质量；L，S 分别表示轨道量子数和自旋量子数. $\boldsymbol{P}_L$ 与 $\boldsymbol{P}_S$ 合成总角动量 $\boldsymbol{P}_J$ 并分别绕 $\boldsymbol{P}_J$ 旋进，$\boldsymbol{\mu}_L$ 与 $\boldsymbol{\mu}_S$ 合成原子的总磁矩 $\boldsymbol{\mu}$，$\boldsymbol{\mu}$ 在延长线上的分量 $\boldsymbol{\mu}_J$ 才是一个定向恒量. 可以得到 $\boldsymbol{\mu}_J$ 与 $\boldsymbol{P}_J$ 数值上的关系为

$$\mu_J = g\frac{e}{2m}P_J \tag{1.2.2}$$

式中，g 为朗德(Lande)因子，它表征原子的总磁矩与总角动量的关系，而且决定了能级在磁场中分裂的大小. 在LS耦合的情形下，它与 L、S 和 J 的关系为

$$g = 1 + \frac{J(J+1) - L(L+1) + S(S+1)}{2J(J+1)} \tag{1.2.3}$$

2. 外磁场对原子能级的作用

原子的总磁矩在外磁场中受到力矩 $\boldsymbol{L}$ 的作用

$$\boldsymbol{L}=\boldsymbol{\mu}_J\times\boldsymbol{B}$$

式中，$\boldsymbol{B}$ 表示磁感应强度，力矩 $\boldsymbol{L}$ 使角动量 $\boldsymbol{P}_J$ 绕磁场方向做进动，进动引起附加的能量 ΔE 为

$$\Delta E=-\mu_J B\cos\alpha$$

将式(1.2.2)代入上式得

$$\Delta E=g\,\frac{e}{2m}P_J B\cos\beta \tag{1.2.4}$$

由于 $\boldsymbol{\mu}_J$ 和 $\boldsymbol{P}_J$ 在磁场中取向是量子化的，也就是 $\boldsymbol{P}_J$ 在磁场方向的分量是量子化的. $\boldsymbol{P}_J$ 的分量只能是 $\hbar$ 的整数倍，即

$$P_J\cos\beta=M\hbar,\quad M=J,(J-1),\cdots,-J \tag{1.2.5}$$

磁量子数 M 共有 $2J+1$ 个值，

$$\Delta E=Mg\,\frac{e\hbar}{2m}B \tag{1.2.6}$$

这样，无外磁场时的一个能级，在外磁场的作用下分裂成 $2J+1$ 个子能级，每个能级附加的能量由式(1.2.6)决定，它正比于外磁场 B 和朗德因子 g.

3. 塞曼能级跃迁的选择定则

设未加磁场时跃迁前后的能级为 E_2 和 E_1，则谱线的频率 ν 满足下式：

$$\nu=\frac{1}{h}(E_2-E_1)$$

在磁场中上下能级分别分裂为 $2J_2+1$ 和 $2J_1+1$ 个子能级，附加的能量分别为 ΔE_2 和 ΔE_1，新的谱线频率 ν' 取决于

$$\nu'=\frac{1}{h}(E_2+\Delta E_2)-\frac{1}{h}(E_1+\Delta E_1) \tag{1.2.7}$$

分裂谱线的频率差为

$$\Delta\nu=\nu'-\nu=\frac{1}{h}(\Delta E_2-\Delta E_1)=(M_2g_2-M_1g_1)\frac{e}{4\pi m}B \tag{1.2.8}$$

用波数来表示：

$$\Delta\tilde{\nu}=\frac{\Delta\nu}{c}=(M_2g_2-M_1g_1)\frac{e}{4\pi mc}B \tag{1.2.9}$$

令 $L=\dfrac{eB}{4\pi mc}$，称为洛伦兹单位，将有关参数代入得

$$L=\frac{eB}{4\pi mc}=0.467B$$

式中，B 的单位用 T(特斯拉)，波数 $\tilde{\nu}$ 的单位为 cm^{-1}.

但是并非任何两个能级间的跃迁都是可能的，跃迁必须满足选择定则：$\Delta M=0$，±1. 当 $J_2=J_1$ 时，$M_2=0\to M_1=0$ 禁戒.

在微观领域中，光的偏振情况与角动量相关联，在跃迁过程中原子与光子组成的系统除能量守恒外还必须满足角动量守恒.

(1)当 $\Delta M=0$，原子跃迁时在磁场方向角动量不变. 因此，π 光是沿磁场方向振动的线偏振光. 垂直于磁场方向观察时，能观察到称为 π 成分的线偏振光；平行于磁场方向观察时，π 成分不出现.

(2)当 $\Delta M=+1$，原子跃迁时在磁场方向角动量减少一个 $\hbar$，则光子获得在磁场方向的一个角动量 $\hbar$. 因此，垂直于磁场观察时，能观察到振动方向垂直于磁场的线偏振光，称作 σ 线. 平行于磁场方向观察时，能观察到圆偏振光，偏振转向是沿磁场方向前进的螺旋转动方向，磁场指向观察者时，为左旋圆偏振光，记作 σ^+. 反之，$\Delta M=-1$，偏振转向是沿磁场方向倒退的螺旋转动方向，磁场指向观察者时，为右旋圆偏振光，记作 σ^-.

若原子磁矩完全由轨道磁矩贡献，即 $S_1=S_2=0$，$g_1=g_2=1$，得到正常塞曼效应，波数差为

$$\Delta\tilde{\nu}=\frac{eB}{4\pi mc}=4.67\times10^{-5}B\text{cm}^{-1}$$

通常两种磁矩同时存在，即 $S_1=S_2\neq0$，g_1 和 g_2 均不为 1，人们称这类现象为反常塞曼效应，其波数差如式(1.2.9)所示.

4. 汞 546.1nm 光谱线的塞曼效应

本实验所观察的汞的 546.1nm 绿线，由能级 7^3S_1 到 6^3P_2 之间跃迁产生的. 与这两能级及其塞曼分裂能级对应的量子数和 g,M,Mg 值，见表 1.2.1.

表 1.2.1 汞 546.1nm 谱线的塞曼分裂能级对应的量子数和 g,M,Mg 值

	L	S	J	g	M	Mg
初态 7^3S_1	0	1	1	2	1,0,−1	2,0,−2
末态 6^3P_2	1	1	2	$\frac{3}{2}$	2,1,0,−1,−2	$3,\frac{3}{2},0,-\frac{3}{2},-3$

在外磁场的作用下，能级间的跃迁如图 1.2.1 所示.

由图 1.2.1 可见，在与磁场垂直方向可观察到 9 条塞曼分裂谱线，而沿磁场方向只能观察到 6 条谱线. 由计算可知，相邻谱线的间距为 1/2 个洛伦兹单位.

5. 法布里-珀罗标准具

假定外磁场强度为 $B=1\text{T}$，则正常塞曼分裂的波数差为 $4.67\times10^{-1}\text{cm}^{-1}$. 要分辨如此小波长差的谱线，必须用高分辨本领的光谱仪器，在本实验中我们使用法布里-珀罗标准具(以下简称 F-P 标准具). 如图 1.2.2 所示，F-P 标准具是由具有固定间隔 d 的两块平行平面玻璃和夹在中间的一个间隔圈组成. 内表面上镀有高反射膜

(反射率高于 90%),因多光束干涉获得极高的分辨本领.满足干涉极大的两相邻光束的光程差:

$$2nh\cos\theta=N\lambda \tag{1.2.10}$$

式中 N 为整数,称为干涉序,在空气中折射率 n 近似为 1.由于标准具间距是固定的,对于波长一定的光,不同的干涉序 N 出现在不同的入射角 θ 处.如果采用扩展光源照明,F-P 标准具产生等倾干涉,它的花纹是一组同心圆环.

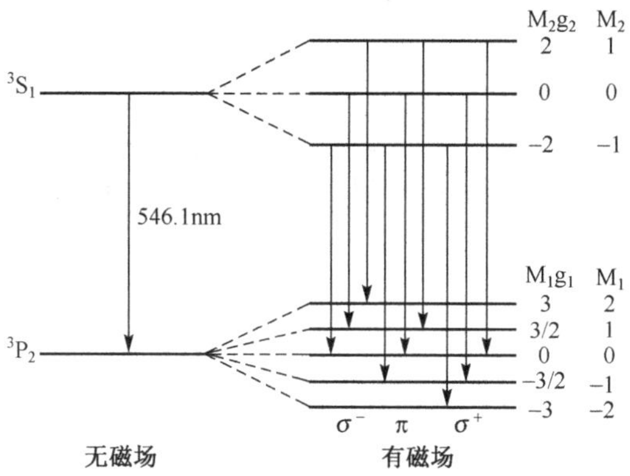

图 1.2.1　汞 546.1nm 谱线的塞曼效应示意图

用透镜把 F-P 标准具的干涉花纹成像在焦平面上,与花纹相应的光线入射角 θ 与花纹的直径 D 有如下关系:

$$\cos\theta=\frac{f}{\sqrt{f^2+(D/2)^2}}\approx1-\frac{1}{8}\frac{D^2}{f^2} \tag{1.2.11}$$

式中,f 为透镜的焦距.将上式代入式(1.2.10)得

$$2h\left(1-\frac{1}{8}\frac{D^2}{f^2}\right)=N\lambda \tag{1.2.12}$$

由上式可见,干涉序 N 与花纹直径的平方成线性关系,随着花纹直径的增大花纹越来越密.

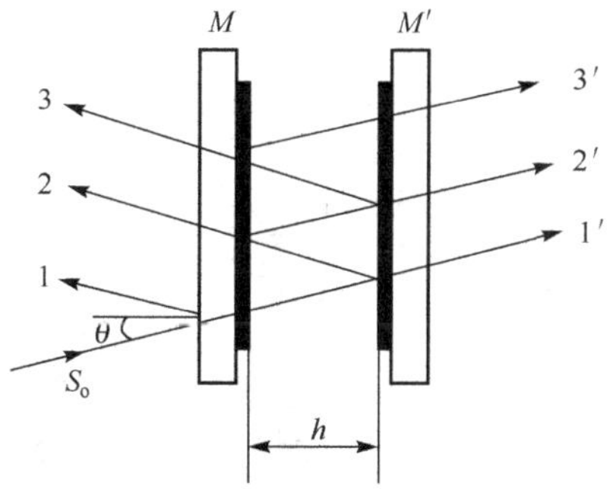

图 1.2.2　F-P 标准具光路

对同一波长的相邻两序 N 和 $N-1$,花纹的直径平方差用 ΔD^2 表示,得

$$\Delta D^2=D_{N-1}^2-D_N^2=\frac{4f^2\lambda}{h} \tag{1.2.13}$$

ΔD^2 是与干涉序 N 无关的常数.对同一序,不同波长 λ_a 和 λ_b 的波长差为

$$\Delta\lambda=\lambda_a-\lambda_b=\frac{h}{4f^2N}(D_b^2-D_a^2)=\frac{\lambda}{N}\frac{D_b^2-D_a^2}{D_{N-1}^2-D_N^2} \tag{1.2.14}$$

考虑到标准具间隔圈的长度比波长大得多,因此用中心花纹的干涉序代替被测花纹的干涉序,引入的误差可以忽略不计,即 $N=2h/\lambda$,将它代入式(1.2.14),得

$$\Delta\lambda_{ab}=\lambda_a-\lambda_b=\frac{\lambda^2}{2h}\frac{D_b^2-D_a^2}{D_{N-1}^2-D_N^2} \tag{1.2.15}$$

波数差表示，$\Delta\tilde{\nu}=\Delta\lambda/\lambda^2$，则

$$\Delta\tilde{\nu}_{ab}=\frac{1}{2h}\frac{\Delta D_{ab}^2}{\Delta D^2} \tag{1.2.16}$$

式中，$\Delta D_{ab}^2=D_a^2-D_b^2$ 由上两式得到波长差或波数差与相应花纹的直径平方差成正比. 故应用式(1.2.15)和式(1.2.16)，在测出相应的环的直径后，就可以计算出塞曼分裂的裂距.

将式(1.2.16)代入式(1.2.9)，便得电子荷质比的公式

$$\frac{e}{m}=\frac{2\pi c}{(M_2g_2-M_1g_1)Bh}\left(\frac{D_b^2-D_a^2}{D_{N-1}^2-D_N^2}\right) \tag{1.2.17}$$

1.2.3 实验仪器装置

1. 塞曼效应实验装置

本实验研究汞 546.1nm 波长的光在磁场中的塞曼效应，实验装置如图 1.2.3 所示.

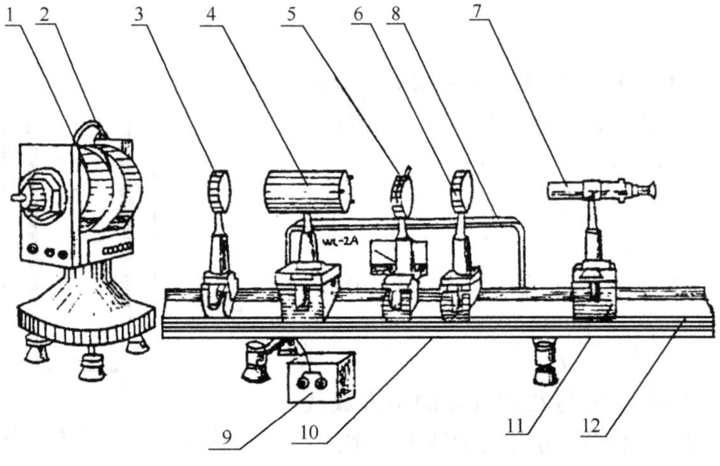

图 1.2.3 仪器结构图

1. 电磁铁；2. 汞灯；3. 聚光镜；4. F-P 标准具；5. 偏振片；6. 1/4 波片；7. 测量望远镜；8. 晶体管稳流电源；9. 漏磁变压器；10. 固定滑座；11. 可调滑块；12. 导轨

2. 仪器的组成部分

(1) 晶体管稳流电源：此稳流电源具有高稳定度，连续可调，可为直流电磁铁提供 0.5～3A 稳定激磁电流.

(2) 直流电磁铁：当激磁电流为 2A 时，磁场强度可达 955kA/m，磁铁可绕轴旋转 90°直接观察纵效应.

(3)纵向可调滑座：滑座置在三角导轨上，不仅沿着光轴方向可调，垂直于光轴方向也可调.

(4)光源：采用汞灯为光源，将汞灯管固定于两磁极之间的灯架上(装灯时可取下灯架)，接通变压器，灯管便发出很强的光谱线.

(5)F-P 标准具：其中心波长 $\lambda=546.1\text{nm}$，分辨率 $\lambda/\Delta\lambda\geqslant1\times10^5$，反射率 $\geqslant90\%$，能观察到 9 个明显的塞曼分裂谱线.

(6)1/4 波片(中心波长 546.1nm)：当沿着磁场方向观察纵向效应时，将 1/4 波片放置于偏振片前，用以观察左、右旋的圆偏振光.

(7)偏振片：偏振片是用以观察偏振性质不同的 π 成分和 σ 成分.

(8)测量望远镜：测量望远镜是该仪器的关键部件，干涉光束通过望远物镜成像于分划板上，通过测量望远镜的读数机构可直接测得各级干涉圆环的直径 D 或分裂宽度. 读数鼓轮格值为 0.01mm. 测量望远镜与 F-P 标准具相匹配、成像清晰，便于观测.

1.2.4　实验内容和步骤

1. 横向塞曼效应的观察

(1)先使观察者在与磁场垂直的方向调整光路：调节光路上各光学元件等高共轴，点燃汞灯，使光束通过每个光学元件的中心. 调节透镜 3 的位置，使尽可能强的均匀光束落在 F-P 标准具上. 调节标准具上三个压紧弹簧螺丝，使两平行面达到严格平行，从测量望远镜中可观察到清晰明亮的一组同心干涉圆环.

(2)接通电磁铁稳流电源，缓慢地增大磁场 B，这时，从测量望远镜中可观察到细锐的干涉圆环逐渐变粗，然后发生分裂. 随着磁场 B 的增大，谱线的分裂宽度也在不断增宽，当励磁电流达到 1～2A 时，谱线由一条分裂成九条，而且很细. 当旋转偏振片为 0°、45°、90°各不同位置时，可观察到偏振性质不同的 π 成分和 σ 成分. 图 1.2.4 为 π 成分的干涉花纹读数示意图.

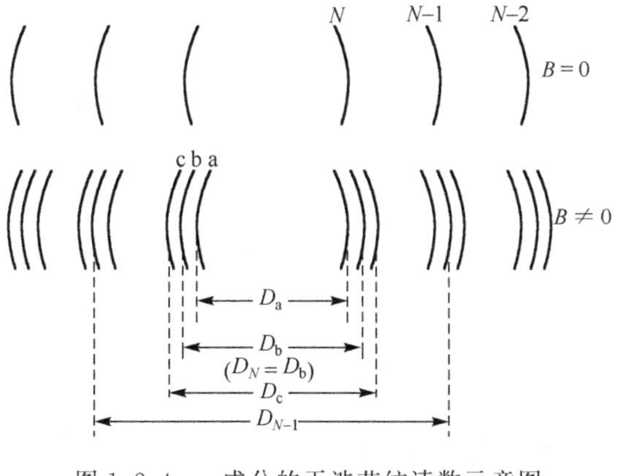

图 1.2.4　π 成分的干涉花纹读数示意图

(3)测量与数据处理:旋转测量望远镜读数鼓轮,用测量分划板的铅垂线依次与被测圆环相切,从读数鼓轮上读出相应的一组数据,它们的差值即为被测的干涉圆环直径.用特斯拉计测出磁场 B,利用式(1.2.16)计算出 $\Delta\tilde{\nu}$ 后,再由式(1.2.17)求出电子荷质比的值.并计算误差.(标准值 $e/m=1.76\times10^{11}$C/kg.)

2.纵向塞曼效应的观察

(1)转动磁场的方向,使观察者与磁场的方向平行,重新调整光路,从测量望远镜中可观察到清晰明亮的一组同心干涉圆环.

(2)接通电磁铁稳流电源,缓慢地增大磁场 B,当励磁电流达到 1~2A 时,谱线由一条分裂成六条谱线.改变偏振片的方向,可以分别观察到左旋偏振光和右旋偏振光.

1.2.5 注意事项

(1)汞灯电源电压为 1500V,要注意高压安全.

(2)F-P 标准具及其他光学器件的光学表面,都不要用手或其他物体接触.

思考题

(1)调节 F-P 标准具平行度时,如眼沿某方向移动,观察到条纹冒出,是什么原因?应再如何调节?

(2)试画出汞的 435.8nm 光谱线($^3S_1\rightarrow{}^3P_1$)在磁场中的塞曼分裂图.

(3)在实验中,如果要求沿磁场方向观察塞曼效应,在实验装置的安排上应作什么变化?观察到的干涉花纹将是什么样子?

(4)如何测准干涉圆环的直径?

参考文献

褚圣麟.1979.原子物理学.北京:高等教育出版社,184~191

母国光,战元龄.1978.光学.北京:人民教育出版社,250-257

唐贵德,马长山,杨连祥,等.2003.近代物理实验.石家庄:河北科学技术出版社,29~35

(赵 旭 编)

1.3 弗兰克-赫兹实验

玻尔根据原子是稳定的,原子光谱是线状的实验事实,于 1913 年提出原子的能量是量子化的原子模型.1914 年,弗兰克和赫兹用慢电子轰击稀薄气体的原子,研究碰撞前后电子能量的改变情况,以间接了解原子能量的变化,在对结果的分析中,发现了原子量子化吸收和原子的激发能态,并观察到原子由激发态跃迁到基态时辐射出的光谱线，验证了原子能级的存在，为玻尔原子模型提供了有利的证明. 为此弗兰克和赫兹于 1925 年获得了诺贝尔物理奖.

1.3.1　实验目的

(1)学习弗兰克和赫兹研究原子内部能量的基本思想和实验设计方法. 掌握测量原子激发电势的实验方法.

(2)测量汞原子的第一激发电势，从而验证原子能级的存在.

1.3.2　实验原理

图 1.3.1 为弗兰克-赫兹实验原理图. 图 1.3.1 中左方为一个专用的充气管，称为 F-H 管. 管中充有稀薄的汞原子气体. 管内有三个电极 K、G、A. 热阴极 K 用来发射电子，栅极 G 相对于 K 加有正向可调节电压 U_{GK}. 从被加热的阴极 K 发射大量的电子，这些电子受到 GK 之间的电场作用，获得能量向栅极 G 加速运动；GK 之间的空间又是电子与原子相互碰撞的区域. 板极 A 相对于栅极 G 加有一定的反向 U_{AG}，AG 之间的阻滞场(称为拒斥电场)使那些沿电场方向的动能小于 $|eU_{AG}|$ 的电子不能到达板极 A. 电流计 A 用来测量板流，根据板流的大小就可以确定到达板极的电子数.

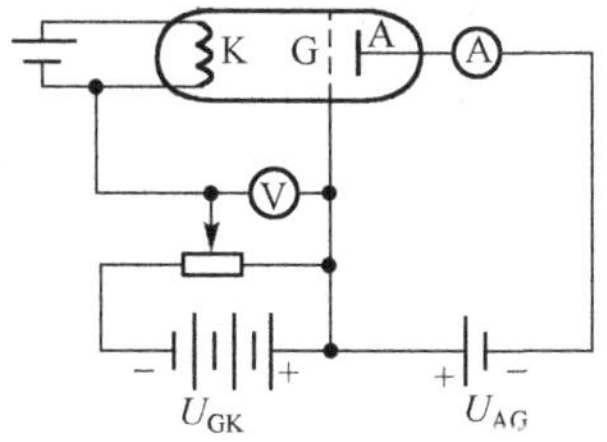

图 1.3.1　F-H 实验原理图

实验时，使 U_{GK} 从零开始逐渐增加，电子的能量就随之增加，在开始阶段因加速电压低，电子得到的能量小，与汞原子只能发生弹性碰撞，几乎没有能量损失，因而能克服拒斥电场而达到板极，板流 I_A 将随 U_{GK} 的增大而增大. 当 U_{GK} 达到原子的第一激发电势 U_g 时，即 $U_{GK}=U_g$ 时，电子与汞原子发生非弹性碰撞，原子吸收了电子的全部动能而激发；电子因失去动能就不能克服 U_{AG} 而到达板极，I_A 就明显减小，形成第一个谷点. 再增加 U_{GK} 时，电子获得的能量也随之增加，在与原子碰撞后，由于加速电场的作用，还有足够的能量克服拒斥电场作用而达到板极 A，因而 I_A 将又随 U_{GK} 的增加而增大. 当 U_{GK} 增加到汞原子第一激发电势的二倍时，电子因与原子发生两次非弹性碰撞而失去能量，故而形成了第二次板流 I_A 下降. 由此可知，随着 U_{GK} 的增加，板流 I_A 就显示出一系列的极大值和极小值. 如图 1.3.2 所示.

电流极大值的电压应该是第一激发电势 U_g 的整数倍. 考虑到热电子有一定初速度，而且各极间因材料不同而有一定的接触电势差等原因，整个曲线发生偏移，使各极大值处的电压改变，但各相邻极值间的距离不变，所以相邻两个极大值(或极小值)处对应的栅压差就是第一激发电势 U_g. 即，凡加速栅压 U_{GK} 为

$$U_{GK}=nU_g+U_0,\quad n=1,2,\cdots \tag{1.3.1}$$

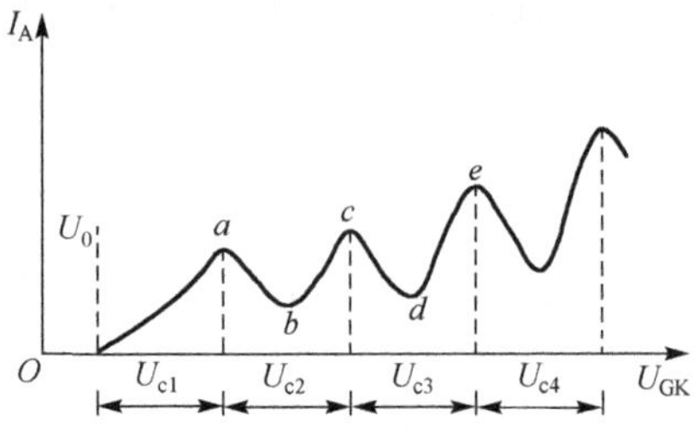

图 1.3.2 I_A-U_{GK} 曲线

时，相应的板流 I_A 就会下降形成谷点. 把测出的板流中各谷点对应的栅压，代入式(1.3.1)即可求出汞原子的第一激发电势 U_g.

影响实验的主要因素有：

(1)接触电势差的影响. F-H 管阴极、栅极和板极往往采用不同的金属材料，因此会产生接触电势差，使真正加到电子上的加速电压不等于 U_{GK}，而是 U_{GK} 与接触电势差的代数和. 所以接触电势差的存在会使 I_A-U_{GK} 曲线左右偏移.

(2)热电子发射的影响. 由于阴极发出的热电子能量服从麦克斯韦统计分布规律，因此 I_A-U_{GK} 曲线中板流不是陡然下降的，而是在极大、极小值附近出现的"峰"、"谷"有一定宽度.

(3)碰撞概率的影响. 由于电子与稀薄汞原子碰撞有一定概率，即一部分电子与汞原子发生非弹性碰撞损失能量后，不能克服拒斥电压到达板极从而造成板流下降，而另一部分电子未与汞原子发生非弹性碰撞，因此能够到达板极形成板流，所以板极电流下降不为零；又因加速电压越高电子的能量就越大，电子与汞原子的碰撞概率就越小，因此"谷"点电流值随着加速电压的增大而增大.

(4)炉温对实验的影响. 炉温改变时，汞原子饱和蒸气压 P 发生改变，从而引起电子与汞原子碰撞平均自由程 λ 的变化. 温度 $t=150℃$ 时，电子热运动平均速率的数量级为 $\bar{v}_e \approx 10^5\,\text{m/s}$，而蒸气中汞原子热运动平均速率的数量级为 $v_{Hg} \approx 10^2\,\text{m/s}$，所以在研究电子与原子碰撞时，可认为汞原子不动. 与汞原子相比，电子的尺寸很小，可用图 1.3.3 所示的模型计算一个电子在单位时间内与汞原子碰撞的次数

$$Z=\pi r^2 \bar{v}_e n_0 \tag{1.3.2}$$

式中，r 为汞原子半径，n_0 为单位体积内的气体原子数(汞原子浓度).

电子的平均自由程

$$\bar{\lambda}=\frac{\bar{v}_e}{Z}=\frac{1}{\pi r^2 n_0}$$

由分子物理可知 $n_0=P/kT$，将之代人上式得

$$\bar{\lambda}=\frac{kT}{\pi r^2 P} \tag{1.3.3}$$

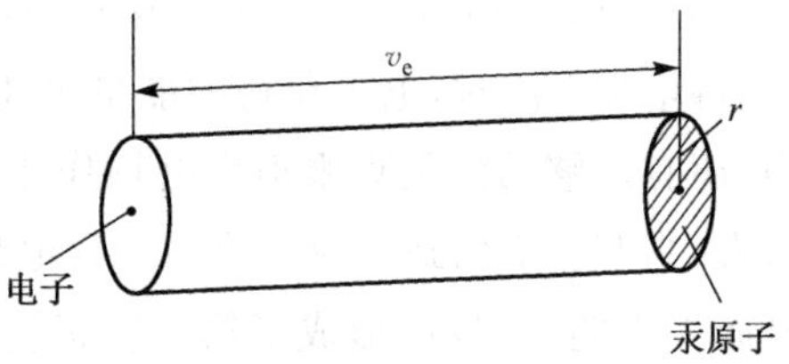

图 1.3.3 碰撞模型

式中，T 为汞蒸气温度(K)，P 为饱和汞蒸气压强. 已知汞原子的半径 $r=1.50\times10^{-10}\,\text{m}$；$k=1.38\times10^{-23}\,\text{J/K}$. 100℃，150℃，200℃时，饱和汞蒸气压强 P 分别为 36.377Pa，37.173Pa，230.357Pa.

炉温的大小决定汞原子低能级或高能级的激发. 在 KG 空间的加速电场中，电子在每个平均自由程内获得的能量为

$$W = eE\bar{\lambda} \tag{1.3.4}$$

式中，E 为 KG 空间加速电场的场强，e 为电子电量. 温度较高时，平均自由程短(150℃时，$\lambda \approx 0.2$mm)，W 值较小，因而激发汞原子较低能级的概率大；反之，温度较低，则 λ 大(100℃时，$\lambda \approx 2$mm)，W 值较大，电子有可能激发汞原子到较高能级乃至使汞原子电离. 因此，在 F-H 管中激发的是什么跃迁，取决于温度的控制. 一般测量激发电势的温度控制在 150～180℃.

1.3.3　实验仪器装置

F-H 实验仪(包括控温加热炉、F-H 管、温度计、微电流测量放大器)、慢扫描示波器或 X-Y 函数记录仪、万用电表. 其结构如图 1.3.4 所示.

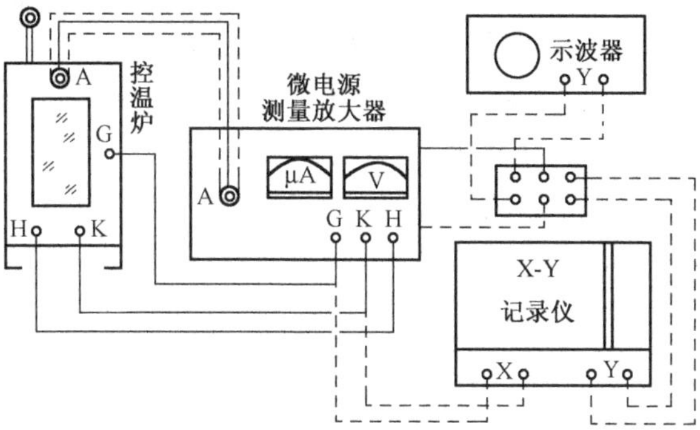

图 1.3.4　F-H 实验装置图

微电流测量放大器包括：

(1)F-H 管灯丝电源，开路时为交流 10V，接入灯丝后，可调节范围 3～8V.

(2)F-H 管栅极电源，提供 0～50V 可调直流电源和周期约为 10s、幅度 50V 的锯齿波电压，分别供手动操作和示波器显示或 X-Y 函数记录仪自动记录时用.

(3)反向拒斥电压电源，约为 1.4V，产生 GA 空间的反向拒斥电场.

(4)微电流测量放大器，采用高输入阻抗($\geq 10^{10}\,\Omega$)，测量范围10^{-5}～10^{-13}A.

1.3.4　实验内容和步骤

1. 仪器的安装调试

(1)预热. 将仪器妥善接地(不要用电源零线作地线)，灯丝电压置于最低，U_{GK} 调到最小，插好 F-H 管温度计. 接通电源开关，使加热炉与微电流测量放大器预热. 调节温控旋钮，使炉温上升并稳定在 150～180℃内的某一温度上.

(2)连机. 将微电流测量放大器"栅压选择"开关拨向"DC"，按图 1.3.4 用专用导线将加热炉与测量放大器上的各对应电极(A，G，K，H)接通. 根据 F-H 管的实验参数调节好灯丝电压、拒斥电压.

2. 逐点手动测量激发电位

(1)粗测:逐渐增加栅极加速电压,观察板极电流的变化,大致记下电流峰值与谷值时的电压数值.栅极加速电压接近满量程时,板极电流应达到或接近满量程,如果板极电流较小,应调节电流放大倍数或增加灯丝电压,降低拒斥电压或降低F-H管温度;如果板极电流超过量程,则反之.在增加栅极加速电压过程中,如果发现板极电流突然增加,此时是F-H管内发生电离现象,应立即减小或去掉栅极加速电压,以防损坏F-H管或烧坏微电流放大器.电离产生往往是由于F-H管温度太低,应加温到规定管温后再进行实验.

(2)逐点测量:加速电势U_{GK}逐渐增加,每隔0.5V测一对应板流值.为便于作图,在电流极值(峰、谷值)附近每隔0.1V或0.2V测一次板流值.改变温度(如140℃、150℃、160℃、180℃等),分别测量U_{GK}和I值.

(3)数据处理:在同一张坐标纸上作出不同温度下的I_A-U_{GK}曲线,由曲线确定出各极值电势值,由式(1.3.1)作逐差法或回归法计算,求出汞原子第一激发态电势U_g,U_0和相关系数,求出U_g的测量误差(公认值为4.9V).

3. 示波器观察或作X-Y记录

在输出"X"、"Y"插座接入慢扫描示波器或X-Y函数记录仪即可进行观察和记录.

4. 电离电势的观察和测量

根据F-H管说明书中提供的电离电势测量参数,调节好各种电压和温度(70~90℃),其他内容同2,用手动测量的调节即可观察到电离现象,即电流I_A突然剧增时,测出栅极加速电压,通过第一个峰(4.9V)定标可确定电离电势的大小.

1.3.5 注意事项

(1)操作一定要按顺序进行,在操作前要全面阅读该实验全文,拟定操作要点.

(2)连机时,要先接好加热炉一端,再接放大器一端,以免电源短路.

(3)要根据实验要求调节好实验参数和状态.

(4)加热炉外壳温度很高,操作时注意避免灼伤.

(5)实验中可从加热炉前观察窗看到K和G间有明暗相间的淡蓝色光带.这是正常现象,如蓝白色光充满全管,说明管内气体被电离击穿,应立即降低U_{GK},以保持F-H管不损坏.

(6)装卸F-H管时,因极板引出头处玻壳很薄,务必小心.

(7)为达到理想的I_A-U_{GK}曲线的第一峰值及谷值,炉温低点约为140℃,并把测量放大器的灵敏度适当提高(倍率用$\times10^{-5}$挡).

(8)外接电表时切勿使两极短路,烧坏机内稳压电源.

(9)关机时要先将栅极加速电压调至 0V,温控旋到最小位置,断开电炉电源,待炉温降到 120℃以下时,再断开测量放大器电源,延长管子的使用寿命.

思 考 题

(1)F-H 实验是如何观测到原子能级变化的?

(2)当加速电压超过电离电势时,在什么情况下可使原子激发而不电离,实验时又如何使原子激发和电离的?

(3)用逐差法求汞原子第一激发态电势平均值 U_g 时,对于逐差数据为奇数个的情况如何计算?

(4)造成 I_A-U_{GK} 曲线峰-峰之间电压值为 4.9V 的主要因素是什么?

(5)实验中得到的 I_A-U_{GK} 曲线为什么呈周期性变化?

(6)选择不同的 U_{GA} 和 U_{GK},对 I-U_{GK} 曲线会产生什么影响?

(7)举出实验误差产生的诸因素.

(8)弗兰克-赫兹实验的实验原理是什么?

(9)弗兰克-赫兹实验验证了什么?

(10)弗兰克-赫兹实验的目的是什么?

(11)I_A-U_{GK} 曲线各极小值处 I_A 的值均不为零,且随 U_{GK} 的增加而上升,这是为什么?

(12)解释温度较高时 I_A-U_{GK} 曲线中第一个峰容易消失的原因.

(13)为什么第一峰值不在 4.9V 处?

参 考 文 献

唐贵德,马长山,杨连祥,等. 2003. 近代物理实验. 石家庄:河北科学技术出版社

(赵滨华 编)

1.4 密立根油滴实验

美国物理学家密立根通过油滴实验,不仅证明了电荷的不连续性,即所有的电荷都是基本电荷 e 的整数倍,而且测得了基本电荷的准确值. 电荷 e 是一个基本物理量,它的测定还为从实验上测定电子质量、普朗克常数等其他物理量提供了可能性,密立根因此获得了 1923 年的诺贝尔物理学奖.

1.4.1 实验目的

(1)验证电荷的不连续性.

(2)测定电子的电荷 e.

1.4.2 实验原理

以下对油滴法测量电子的电荷常用的两种方法，即平衡测量法和动态测量法，进行简介：

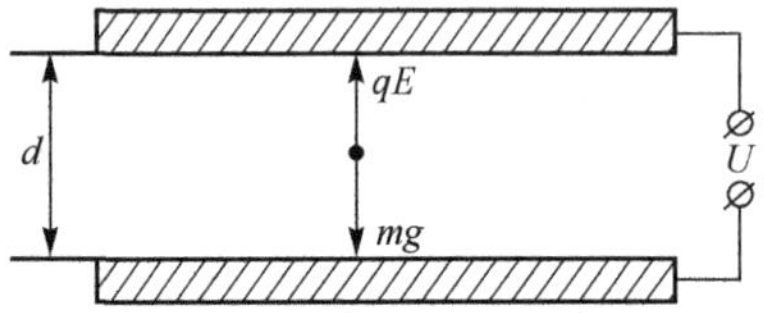

图 1.4.1 油滴在两平行极板之间静止

1. 平衡测量法

位于平行极板之间的一个质量为 m，所带电量为 q 的油滴，当两极板之间电压为 U 时，油滴会同时受重力 mg 和静电力 $qE=qU/d$ 的作用，如图 1.4.1 所示.

通过调节电压 U，可使两力相互平衡，油滴静止，即满足

$$mg=\frac{qU}{d} \tag{1.4.1}$$

去掉极板电压，油滴受重力作用下降，下落一小段距离达到某一速度 v_g 后，阻力与重力平衡(空气浮力忽略不计)，油滴匀速下降. 由斯托克斯定律可知

$$mg=6\pi r\eta v_g \tag{1.4.2}$$

式中，η 为空气的黏滞系数，r 为油滴的半径(由于表面张力的原因，油滴呈小球状).

设油滴密度为 ρ，油滴质量 m 可用下式表示：

$$m=\frac{4}{3}\pi r^3\rho \tag{1.4.3}$$

将式(1.4.2)代入式(1.4.3)，油滴的半径为

$$r=\sqrt{\frac{9\eta v_g}{2\rho g}} \tag{1.4.4}$$

斯托克斯定律以连续介质为前提，对半径小到 10^{-6} m 的微小油滴而言，空气已不能视为连续介质，空气的黏滞系数 η 应作如下修正：

$$\eta'=\frac{\eta}{1+\dfrac{b}{Pr}} \tag{1.4.5}$$

式中，b 为一修正常数，$b=8.23\times10^{-3}\,\mathrm{m\cdot Pa}$，$P$ 为大气压强，单位为 Pa.

将式(1.4.5)代入式(1.4.4)，得

$$r=\sqrt{\frac{9\eta v_g}{2\rho g}\cdot\frac{1}{1+\dfrac{b}{Pr}}} \tag{1.4.6}$$

式中，根号中仍包含油滴半径 r，但因为它处于修正项中，不需要十分精确，故它仍可以用式(1.4.5)计算.

将式(1.4.6)代入式(1.4.3)，得

$$m=\frac{4}{3}\pi\left(\frac{9\eta v_g}{2\rho g}\cdot\frac{1}{1+\frac{b}{Pr}}\right)^{\frac{3}{2}}\cdot\rho \tag{1.4.7}$$

油滴匀速下降的速度 v_g，可用油滴匀速下降的距离 l 和时间 t_g 给出，即

$$v_g=\frac{l}{t_g} \tag{1.4.8}$$

由式(1.4.1)，式(1.4.7)，式(1.4.8)，可得到平衡法测定油滴所带电荷的公式

$$q=\frac{18\pi}{\sqrt{2\rho g}}\left(\frac{\eta l}{t_g\left(1+\frac{b}{Pr}\right)}\right)^{\frac{3}{2}}\cdot\frac{d}{U} \tag{1.4.9}$$

2. 动态测量法

在动态测量法中，两极板上加一适当的电压 U_E 并使 $qE>mg$，而且这两个力方向相反，油滴就会加速上升，油滴向上运动同样受到与速度成正比的空气阻力的作用. 当油滴的速度增大到某一数值 v_E 后，作用在油滴上的电场力、重力和阻力达到平衡，油滴以速度 v_E 匀速上升，此时

$$q\frac{U_E}{d}=mg+6\pi r\eta v_E \tag{1.4.10}$$

去掉两极板间的电压 U_E 后，油滴在重力的作用下加速下降，当空气阻力和重力平衡时

$$mg=6\pi r\eta v_g \tag{1.4.11}$$

式(1.4.11)代入式(1.4.10)

$$q=mg\frac{d}{U_E}\left(1+\frac{v_E}{v_g}\right) \tag{1.4.12}$$

实验时，如果油滴匀速下降和匀速上升的距离相等，均为 l，匀速上升的时间为 t_E，匀速下降的时间为 t_g，则

$$v_E=\frac{l}{t_E},\quad v_g=\frac{l}{t_g} \tag{1.4.13}$$

将式(1.4.11)～式(1.4.13)代入式(1.4.10)得

$$q=\frac{18\pi}{\sqrt{2\rho g}}\left(\frac{\eta l}{t_g\left(1+\frac{b}{Pr}\right)}\right)^{\frac{3}{2}}\cdot\frac{d}{U_E}\left(1+\frac{t_g}{t_E}\right) \tag{1.4.14}$$

上式为动态法测定油滴所带电荷的公式.

1.4.3　实验仪器装置

主要仪器有油滴仪、大气压计、喷雾器、秒表等. MOD-4 型仪器的外观如图 1.4.2 所示.

油滴仪包括油滴盒、防风罩、照明装置、显微镜、水准仪、电源等部分组成.

油滴盒是由两块经过精磨的平行极板组成的,间距为5.00mm,上极板的中央有一个直径为0.4mm的小孔,以供油滴落入.油滴盒放在防风罩中,以防止周围空气流动对油滴的影响.防风罩上面是油雾室,用喷雾器可将油滴从喷雾口喷入,并经油雾孔落入油滴盒,油雾孔由油雾孔开关控制,它打开后油滴才能落入油滴盒.照明装置由高亮度发光二极管照明.显微镜是用来观察和测量油滴运动的.目镜中装有分划板,上下共分6格,其垂直总长度相当于视场中的3.00mm,用以测量油滴运动的距离 l 和速度 v.在防风罩内(或外)有一水准泡,用于调节极板水平.对于同一个油滴,可用紫外线照射的方法改变其所带的电量.

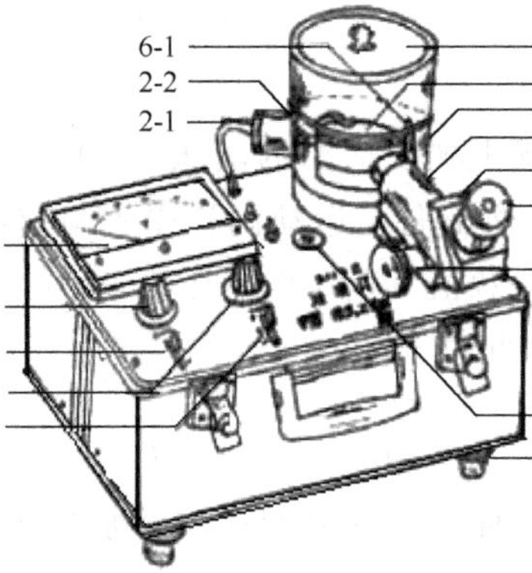

图 1.4.2 MOD-4 型油滴仪

1-1.油滴盒;1-2.有机玻璃防风罩;1-3.有机玻璃油雾室;2-1.油滴照明灯室;2-2.导光棒;3-1.调平螺旋;3-2.水准泡;4-1.测量显微镜;4-2.目镜头;4-3.接目镜;4-4.调焦手轮;5-1.电压表;5-2.平衡电压调节旋钮;5-3.平衡电压反向开关;5-4.升降电压调节旋钮;5-5.升降电压反向开关;6-1.特制紫外灯;6-2.紫外灯按钮开关(在测量显微镜右侧,图上看不见)

电源部分包括:①2.2V交流电压,给照明灯泡供电;②500V直流平衡电压,连续可调,数值可从电压表上读出."平衡电压"换向开关用来改变上、下极板的极性.开关位于"+"时,达到平衡的油滴带正电.开关位于"0"时,两极板间不加电压,同时被短路;③300V直流升降电压,连续可调,用于改变油滴的位置."升降电压"和"平衡电压"两开关拨向同侧时,平行极板上的电压为两个电压之和;异侧时,极板上的电压为两个电压之差.

1.4.4 实验内容和步骤

1. 调节仪器

(1)调节调平螺丝,使水准仪气泡处在中心位置,以保证电场力方向与重力方向平行,否则,油滴几经上下就会离开显微镜视场,无法继续测量.

(2)打开电源开关,调节照明电路,使视场均匀明亮.

(3)转动显微镜的目镜,使分划板刻线清晰;转动目镜头,将分划板放正.

(4)用喷雾器将油从喷雾口喷入,调节测量显微镜的调焦手轮,随即可以从显微镜或监视器上中看到大量清晰的油滴.

2. 静态法测量油滴所带电量

(1)将"平衡电压"和"升降电压"开关均拨到"0"位置,用喷雾器将油从喷雾口喷入,看到清晰的油滴后,把事先调好的平衡电压(200～300V)加到平行极板上,多数油滴以各种不同的速度向上或向下运动而消失.

(2)当视场中剩下几个运动缓慢的油滴时,从中选择一个,仔细调节平衡电压的大小,使它静止不动.此时记下表上的平衡电压的读数 U.

(3)用平衡电压及升降电压将选静止的油滴调到接近上极板处,去掉电压,待油滴下降速度稳定后,并通过某一刻线时开始计时,记录油滴下降四格所用的时间 t_g,反复几次,求出平均值.

(4)用大气压计读出 P.之后代入式(1.4.9)求出油滴所带电量 q.

(5)改变油滴的电量(可使用汞灯或重新喷油),重复以上步骤测量油滴所带电量.

注:油滴的选择.选择一个大小合适,带电量适中的油滴,是做好本实验的关键.选的油滴不能太大,太大的油滴虽然比较亮,但是一般带电荷比较多,下降速度也比较快,时间不容易测准确.油滴也不能选得太小,油滴太小受布朗运动或气流的影响太大,时间也不容易测准确.通常可以选择平衡电压在 200V 以上,匀速下降 2mm 所用时间为 15～30s 的油滴,其大小和带电量都比较合适.

3. 动态法测量油滴所带电量

由式(1.4.14)可知,在动态测量法中,也需要测量三个量,除大气压强 P 外,还有油滴通过相同距离所用时间 t_g 和 t_E.

选择一个平衡电压约 200V,匀速下降 2mm 所用时间为 15～30s 的油滴.先去掉极板电压测出时间 t_g,然后在极板上加 400V 左右的电压,使油滴反转运动,再测量时间 t_E. t_g 和 t_E 交替进行,连续测量 5～10 次,并分别求出它们的平均值.

4. 数据处理

将 $\rho=981\text{kg/m}^3$,$g=9.80\text{m/s}^2$,$\eta=1.83\times10^{-5}\text{kg/(m}\cdot\text{s)}$,$l=2.00\times10^{-3}\text{m}$(分划板中央四格的距离)代入式(1.4.9)和式(1.4.14)得

$$q=\frac{1.43\times10^{-14}}{\left[t_g\left(1+\frac{1.99\times10^3}{P}\sqrt{t_g}\right)\right]^{3/2}\cdot U}\qquad\text{(平衡法)}$$

$$q=\frac{1.43\times10^{-14}}{\left[t_g\left(1+\frac{1.49\times10^3}{P}\sqrt{t_g}\right)\right]^{3/2}\cdot U_E}\cdot\left(1+\frac{t_g}{t_E}\right)\qquad\text{(动态法)}$$

将实验测得的 U、t 和 P 代入上式，就可以计算出油滴所带的电量 q.

求基本电荷 e 值的常用方法有两种，即逐差法和作图法. 前者是对测得的各个油滴电量求最大公约数，这个最大公约数就是电子电荷 e 值. 后者是以纵坐标表示电量，横坐标表示电子个数 n，根据实验数据作过原点的直线，使各个油滴所带的电量 q 与正整数 n 的交点都位于这条直线上(因测量有误差，实验数据点应分布在该直线的两侧，并且很靠近直线). 该直线的斜率即为基本电荷 e 值.

1.4.5 注意事项

(1)实验时必须保持上下两极板水平.

(2)喷油时不要加电压.

思 考 题

(1)两极板不水平对测量有什么影响?

(2)为什么要测量油滴匀速运动的速度? 在实验中怎样才能保证油滴作匀速运动?

(3)实验中应该选择什么样的油滴? 如何选择?

(4)喷油时"平衡电压"拨动开关应该处在什么位置? 为什么?

(5)"升降电压"拨动开关起什么作用? 测量平衡电压时，它应该处于什么位置?

(6)两极板加电压后，油滴有的向上运动，有的向下运动，要使某一油滴静止，需调节什么电压? 欲改变该静止油滴在视场中的位置，需调节什么电压?

(7)油滴下落极快，说明了什么? 若平衡电压太小又说明了什么?

(8)为了减小计时误差，油滴下落是否越慢越好? 为什么?

(9)对一个油滴测量过程中发现平衡电压有显著变化，说明了什么? 如果平衡电压在不大的范围内逐渐变小，又说明了什么问题?

(10)实验中发现油滴逐渐变模糊是什么原因? 为什么会发生? 又如何处理?

参 考 文 献

唐贵德，马长山，杨连祥，等. 2003. 近代物理实验. 石家庄：河北科学技术出版社

(郭革新 编)

第2章　核物理实验

核能的开发应用，是20世纪人类取得的最伟大的科学成就之一.核武器的出现和核能的应用改变了世界的面貌.原子核物理学的发展始终和核物理实验技术的发展紧密联系在一起.这种实验技术的一个重要方面是对于微观粒子性质的探测和研究，它包括探测器的原理和使用、实验方法和数据处理等内容.在核能工程、同位素应用、医疗卫生、环境保护等领域也经常需要对核辐射粒子、放射性元素进行测量分析，因此，核物理实验技术已日益普及.

2.0　核物理实验基础知识

2.0.1　射线和物质的互相作用

各种类型的快速微观粒子.例如，α、β、γ射线和中子等都称为核辐射或射线，射线有三类.

(1)带电粒子：α粒子、正负电子(β射线)、±π、±μ介子等.

(2)中性粒子：中子、中微子等.

(3)电磁辐射：X射线、γ光子.

本节只讲述带电粒子、电磁辐射和物质的相互作用.中子和物质的相互作用要复杂得多，有弹性散射、非弹性散射、吸收及核反应等，可参阅有关书籍.

1.带电粒子

带电粒子的主要作用是使对它所穿过的物质电离和激发.放射性同位素辐射的α、β等射线不可能深入到原子核的核力场范围之内，因此它们同物质中原子核和核外电子的作用主要是电磁作用，其效果是使原子的电子受到激发或电离，而带电粒子本身能量逐渐损失.我们把由于电离和激发作用而在单位路程上损失的能量叫做能量损失率，它与粒子电荷、速度及通过物质的原子序数等有关.α粒子的能量损失率较大，它在物质中射程很小，对于$^{239}P_u$的能量为5.1MeV的α粒子，它在空气中射程只有3.5cm，在固体中的射程只有几十微米.β射线的射程较α粒子大得多，在空气中可达数米，对金属如铝为若干毫米.

2.γ射线与物质的互相作用

γ射线光子与物质的互相作用有三种方式，即光电效应、康普顿散射和电子偶效应.通过这三种作用，γ射线被物质吸收，X射线与γ射线相同，只是光子能量较低，来源不同，故以下所讨论的γ射线的性质同样适用于X射线.

γ 射线和 X 射线同物质发生上述三种效应，将其能量转化为次级电子（光电子、康普顿电子、电子偶）的能量，这些次级电子在物质中运动，其效果同带电粒子的作用一样，产生激发和电离作用，从而导致物质的受激发光和电离，而射线本身则由于上述效应而被物质吸收，强度随吸收层的厚度逐渐减弱. 令 I 为穿过厚度为 x 的物质层后，窄束准直的 γ 射线束的强度，I_0 为原来的强度，则有关系式

$$I = I_0 e^{-\mu x}$$

式中，μ 为 γ 射线的吸收系数，由上式可知 γ 射线通过物质时呈指数减弱. 它不像带电粒子那样有固定的射程，吸收系数 μ 是三种效应共同作用的结果，它与 γ 射线所穿过物质的原子序数 Z、密度 ρ 有关，和 γ 射线能量有关，一般地说，Z 越大，则越 μ 大，故最好用 Pb 作为 γ 射线屏蔽物.

2.0.2 探测器的原理和性能

微观粒子是不被人们的感官所能感知的，必须借助于特殊的探测器. 随着物理学的发展，探测器已经发展为各种各样的装置，最初的探测器不过是照相底片，如今可以根据不同的探测对象选用不同的探测器，和现代电子仪器相结合，实现了对各种粒子的探测.

一般说来，探测各种射线，主要是利用它们穿过物质的电离和激发作用，或者探测由电离产生的信号，或者探测电子退激时发射的光信号；对于带电粒子，是直接产生的电离和激发；对于 γ 射线和中子，则是由次级粒子产生的电离和激发.

1. G-M 探测器

G-M 探测器即盖革-米勒探测器（又称计数管），它是以被封闭在容器中的气体作为探测物质的，射线在物质中产生电离，并加以放大，由电极收集，电子仪器记录. 这种探测器曾在核物理技术上起过很大的作用，目前仍在使用.

常用的 G-M 探测器有圆柱形和钟罩形两种，它们都是以中心钨丝作阳极，玻璃壳内表面涂以导电物质作阴极，管内充有惰性气体，主要是 Ar、Ne 等，还加一点酒精、Br_2（溴）等，充气压 $1.3\times10^4 \sim 4.0\times10^4$ Pa 圆柱形计数管主要用于测 γ 射线，钟罩形计数管设有云母窗口用于测 α 和 β 射线. G-M 探测器设备简单、信号幅度大、应用方便，但只能记录粒子的个数，难以鉴别粒子的性质和能量.

2. 闪烁探测器

闪烁探测器是目前核物理测量中使用最广的探测器. 它主要由闪烁体、光电倍增管和前置放大器构成. 具体结构，如图 2.0.1 所示.

1）闪烁体

闪烁体是将辐射粒子能量变化为光能从而探测粒子的物质. 它接收一个粒子产生一次光脉冲信号，此信号再由光电倍增管转化为电脉冲，即可由电子仪器记录.

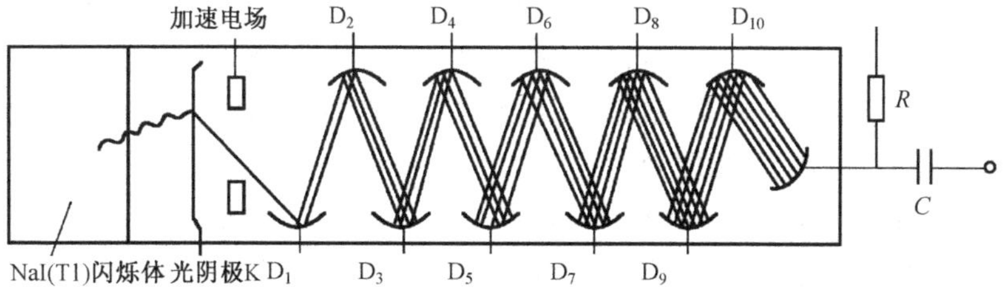

图 2.0.1　闪烁探测器结构示意图

a. 闪烁体的性能

发光效率 η:发出的光能与闪烁体所吸收的粒子能量之比. 当然,希望 η 要大.

发光时间:闪烁体中被粒子激发的原子并非同时退激,而是和放射性衰变一样呈指数衰减. 发射全部光子数的 63%(即受激原子退激 63%)所需的时间 τ_0 称为发光衰减时间,τ_0 越小,发光时间越短,闪烁体时间分辨本领越强,一般闪烁体 τ_0 为 $10^{-9}\sim10^{-5}$s.

发射光谱:同一闪烁体发出的光有一个确定的光谱,对于每种闪烁体,总可找到一两种波长的光,它所占比例较大,是光谱中主要成分,如 NaI(Tl)为 4100Å,蒽为 4120Å 和 4720Å,ZnS(Ag)为 4500Å 等.

b. 闪烁体的种类

无机闪烁体:ZnS(Ag)晶体,白色多晶粉末,发光效率高,但时间分辨本领较差,主要用于探测 α 粒子. NaI(Tl),透明单晶. η 较高(约 10%),密度大,主要用于测量 γ 射线,τ_0 约10^{-6}s,光脉冲和粒子能量正比性较好,故其能量分辨和时间分辨本领都较好. 无机闪烁分子式后括号中的符号,如 Tl、Ag 等是晶体中的掺杂,称为激活剂.

有机闪烁体:蒽晶体、塑体闪烁体等都是有机化合物,大多用于测量电子. 主要优点是 τ_0 约10^{-8}s,可用于需要高时间分辨本领的实验中.

2)光电倍增管

光电倍增管是利用光电效应的原理把光信号转变成电信号,并使之放大的一种光电器件.

a. 构造

光电倍增管主要由真空玻璃管中的光阴极,十多个次阴极和阳极构成. 光阴极,大多由 Sb-Cs 合金构成,也有用其他合金,这些合金的电子逸出功较低,因而容易由光子打出电子来,次阴极表面也敷有 Sb-Cs 合金,当电子在电场加速下打在次阴极上时,可以打出数个次级电子,从而实现电子倍增作用. 阳极收集倍增后的电子,形成电流脉冲.

b. 性能

光阴极的微分灵敏度 ε 和光谱响应:不同波长的光在阴极上打出电子的概率是不同的,一个光子在阴极上打出电子的概率 ε 称为光阴极的微分灵敏度. 显然,ε 和波

长 λ 有关，是随波长变化的函数. $\varepsilon(\lambda)$ 称为光阴极的光谱响应，它表示阴极发射电子的效率随入射光波长变化的关系，如对透明的 Sb-Cs 光阴极，400～600nm 波长范围内响应能力强，其他波长较差. 很显然，在组成一个闪烁探测器时，闪烁体的发光光谱响应和光阴极的光谱响应相配合.

放大倍数：光阴极发射一个电子，倍增之后在阳极得到的电子平均数 M，称为光电倍增管的放大倍数. 通常 M 在 10^5 ～ 10^8. 放大倍数 M 和管子所加电压关系极大，实验表明 $M \propto U^7$，取微分 $dM \propto 7U^6 dU$. 两式相除得

$$\frac{dM}{M} = 7\frac{dU}{U} \quad 或 \frac{\Delta M}{M} = 7\frac{\Delta U}{U}$$

即当电压相对变化 $\Delta U/U$ 时，则 M 的相对变化 $\Delta M/M$ 等于电压相对变化的 7 倍. 所以要使闪烁探测器的 M 稳定，则需要高稳定的电源.

3）闪烁探测器的能量与时间分辨能力

将闪烁体和光电倍增管密封在暗盒中，就组成了闪烁探测器. 闪烁体和管子之间要涂有折射系数和闪烁体接近的硅油，以实现两者之间的光耦合. 因为空气隙使光由闪烁体射出时易发生全反射而使能量损失掉.

设进入闪烁体内的粒子能量为 E，其能量全部交给闪烁体，那么转变成光能的部分就是 ηE，其中 η 是闪烁体的发光效率. 这些光能只有一部分被光阴极收集，因而光阴极得到的光能只有 $A\eta E$，其中 A 是收集系数. 在光阴极，这些光能打出电子，这些电子的总电荷 $\propto(A、\eta、E、\varepsilon)$，经光电倍增管放大 M 倍，最后阳极收集到的电荷 $Q \propto (A、\eta、E、\varepsilon、M)$. 对于给定的探测系统，$A、\varepsilon、\eta、M$ 等都可以认为是常数，所以 $Q \propto E$，即阳极的电流脉冲和粒子能量成正比. 因而测定粒子引起的脉冲大小，就可以测量粒子能量.

如果能量完全相同的粒子射入闪烁体，其能量全部损失在内部，那么似乎所得脉冲幅度应当完全相同，其实不然，由于每个相同能量的粒子入射后，闪烁光在光阴极上打出的电子数的涨落（它是由于光阴极不均匀等因素造成的），以及外加电压涨落造成的放大倍数 M 的涨落等因素，最后得到的脉冲幅度不完全相同，而是有一定的涨落. 若以脉冲高度 h 为横坐标，计数率（单位时间计数）为纵坐标，画出脉冲的幅度分布，则看到脉冲幅度围绕一平均值 H 有一宽度分布如图 2.0.2 所示，图中 $N/2$ 为分布曲线高度的一半，Δh 是 $N/2$ 直线在分布曲线所截的幅度涨落宽度，称为分布曲线的半高宽度，那么比例式 $\Delta h/H = W$ 即表示整个闪烁探测器能量分辨本领，称为能量分辨率. 这个比数越小，表示脉冲幅度分布的峰越窄，也就是相同能量的粒子，形成的脉冲幅度越接近，因而不同能量的粒子分辨越容易，即能量分辨本领越强. 一般 NaI(Tl) 闪烁探测器的能量分辨率在 6%～10%. 高纯锗探测器的能量分辨率在 1%以下.

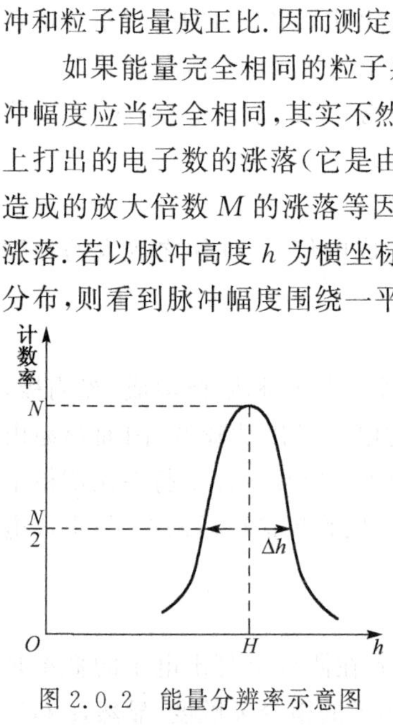

图 2.0.2 能量分辨率示意图

所谓时间分辨能力，是指仪器对时间相隔很短的核事件(如两个粒子相继射入)能否分辨得开而言. 很显然，时间分辨本领与脉冲宽度和电子线路的反应时间有关. 一般电子线路总能跟的上，故主要取决于脉宽，而脉宽主要决定于闪烁体的发光时间，同其他探测器比较，闪烁探测器的分辨时间是比较短的，因而适于快速计数.

3. 半导体探测器

半导体探测器是近年来发展起来的新型探测组件，它很像一种特殊的二极管，只是面积较大，耗尽层较厚，在探测器的 pn 结上加反向电压，当带电粒子使 pn 结的耗尽层内产生电离时，电路导通，输出一个电脉冲. 半导体探测器组件效率较高，输出信号和能量成正比，但信号较弱，需用特殊的放大器进行放大才能由仪器记录和分析.

4. 核物理探测器的探测效率

应用一套测量仪器对一个放射源进行活度测量，单位时间内的计数(称为计数率)一般地不等于源的放射性活度或源强. 由于测量的种种条件所限，计数率一般小于源强，其比例系数可以称为整个测量系统的效率. 它和仪器本身的性能、射线的种类和能量、探测器和源的相对位置等因素有关，其中特别值得提到的是探测器对所测量的射线的探测效率，它定义为被记录到粒子数和进入探测器灵敏部分的粒子数之比. 数值一般要由实验测定.

带电粒子(如 α、β 粒子)只要进入探测器的灵敏部分，大多数都能被记录. 由于受到粒子射程的限制，G-M 计数管要有一薄窗(云母窗)粒子才能进入而被记录. 对于 γ 光子，探测器只能记录它的次级电子(由光电效应、康普顿效应、电子偶效应产生). 因而其探测效率与次级电子的产生概率和次级电子进入探测器的多少有关. G-M 管内充气体，密度小，主要能够记录管壁产生的次级电子，因而效率较低，只有 1%左右，NaI 闪烁体密度大，次级电子在闪烁体内产生，对 γ 光子探测效率较高.

2.0.3　核辐射安全与防护

核辐射通过对生物体的直接和间接的电离作用，会对人体的有机物质和细胞造成损伤，核物理实验要同种种射线打交道，放射性的知识很不普及，再加上一些对科学的偏见，使得人们对核辐射存在一些不必要的恐惧心理，所以学习必要的安全与防护知识是非常有必要的.

1. 放射性活度及其单位

放射性活度，即单位时间内所发生的核衰变次数. 其单位是贝可勒尔(Bq)和居里(Ci)，每秒钟内发生一次核衰变称为 1Bq. 单位换算如下：

$$1\mathrm{Bq}=1\mathrm{s}^{-1}$$

$$1\mathrm{Ci}=3.7\times10^{10}\mathrm{Bq}=37\mathrm{GBq}$$

$$1\mathrm{Ci}=10^{3}\mathrm{mCi}=10^{6}\mu\mathrm{Ci}$$

$$1\mathrm{Bq}=2.703\times10^{-11}\mathrm{Ci}$$

放射性活度，不是某种放射性元素所包含的原子核数目，而是这种元素的原子核在单位时间内所发生核衰变的个数，虽然这两者之间有联系，但概念是不同的．当然，某种放射性物质越多，放射性活度就越大．

2. 辐射剂量及其单位

任何物理量只有达到某种程度才会产生某种作用．辐射量的多少通常用“剂量”来表示．本书首先介绍辐射剂量的概念．

吸收剂量：用以量度核辐射与任何物质相互作用时在单位质量物质中吸收辐射能量多少的一种物理量．专用单位是拉德(rad)：即1g物质吸收100erg的辐射能为1rad.

SI单位是焦耳/千克(J/kg)，专用名称是戈瑞(Gy).

$$1\text{Gy} = 1\text{J/kg}$$

$$1\text{rad} = 0.01\text{J/kg} = 0.01\text{Gy}$$

线质因数 Q：又称品质因数和相对生物效应，它表示相同吸收剂量的不同种辐射粒子所引起的生物体损伤的程度不同，各种辐射粒子的线质因数如下．

X射线、γ、正负电子	1
快中子(普通中子源、裂变中子)	10
α粒子、裂变碎片段	20

剂量当量：吸收剂量和线质因数的乘积反映辐射对机体的损伤程度，这个乘积称为剂量当量．专用单位叫雷姆(rem)．SI单位是J/kg，专用名称为希沃特(Sv).

$$1\text{Sv} = 1\text{J/kg}$$

$$1\text{rem} = 0.01\text{Sv}$$

$$1\text{Sv} = 100\text{rem}$$

如某人受到快中子照射，吸收剂量 $D=5\text{rad}$．则剂量当量 $H=10\times5=50\text{rem}$.

又如某人受到X射线照射，吸收剂量 $D=1.5\text{rad}$，则剂量当量 $H=1\times1.5=1.5\text{rem}$.

X、γ射线的照射量及其单位：由于历史原因，目前对于X、γ射线的照射量仍在应用“伦琴”作为单位来表示物体在辐射场中受X、γ射线照射量的多少，定义为 1cm^3 标准状空气中产生1静电系单位的正负离子的辐射量称为1R．1RX射线、γ射线的照射量对人体造成的剂量大约1rem.

X射线、γ射线的照射量率：即单位时间的照射量，单位用R/h或μR/s表示．1rem剂量当量有多少？人们普通胸透一次，为0.1～2rem．本底辐射，由宇宙射线，人体内放射性物质，空气里的放射性物质，以及大地辐射对每个人所造成的本底辐射剂量，总共为每年0.13rem.

3. 最大允许剂量

毫无疑问，大剂量的射线照射，对人体会造成危害．比如，一次照射600rem，80%的人死亡．1000rem以上，全部死亡．然而，本底剂量世世代代作用于人体，并未造成什么危害，说明对于微小剂量，人体能够通过自身新陈代谢对机体损伤给予修复，对人体不至于造成什么危害. 剂量限值是针对个人在各种不同的照射情况下接受的当量剂量的限值. 国际防护委员会规定,人体接受到某一数量的剂量当量,不会产生为现代医学所能发现的任何危害. 这一剂量称为最大允许剂量. 国际防护委员会规定职业性工作人员的最大允许剂量(所列数值均不包括医疗及天然本底照射)如下.

全身照射、性腺、眼睛、骨髓　　5rem/y

手、足　　75rem/y

4. 射线防护措施与放射源的安全操作

在操作放射源前应做好充分准备工作,应佩戴口罩,手套等防护用品. 对于 γ 和 β 源要利用铅板、铁块进行屏蔽,减少接触放射源的时间,尽量远离放射源(辐射剂量和距离的平方成反比),防止 γ 射线照射人体造成体内深部损伤,以及 β 射线对皮肤和眼睛的伤害,更要防止放射性物质通过吸入、吃入或伤口渗入等途经进入体内,造成放射性物质发出的射线及其化学毒性对人体器官的双重危害. 在实际工作中,应该按科学规律办事,把人身所受辐射剂量减至最低.

放射源应置于固定存放地点,并加铅室屏蔽,实验结束后立即归还原处. 任何形式封装的放射源,均不得直接用手接触,取放放射源必需使用专用镊子或托盘等专用工具,用毕应立即归还原处. 操作 γ、β 放射源时,应佩戴防护眼镜,切忌用眼睛直视活性区. 若遇有放射源跌落、封装破裂等意外事故发生,应及时报告实验室管理人员妥善处理,并检查出事地点及附近污染情况.

参 考 文 献

唐贵德,马长山,杨连祥,等. 2003. 近代物理实验. 石家庄:河北科学技术出版社

(严振庄　李壮志　编)

2.1　核衰变的统计规律

在一定时间内放射性原子核的衰变数、带电粒子在介质中损耗能量所产生的离子对数都是随机的,即有统计涨落. 在任何一次核衰变测量中,即使所有的测量条件都是稳定的,如源的放射性活度、源的位置、探测器的工作电压等都保持不变,多次记录探测器在相同时间内所测到的粒子数目就会发现每次测到的计数并不完全相同,而是围绕某个平均数值上下涨落. 这种现象称为放射性计数的统计涨落. 它是微观粒子运动过程中的一种规律性现象,是放射性原子核衰变的随机性引起的. 根据数理统计理论可推导出其统计分布规律.

2.1.1　实验目的

(1)验证核衰变的统计规律.

(2)掌握放射性测量结果的误差表示方法.

(3)了解测量时间和本底计数对测量准确度的影响.

(4)了解空气中放射性微尘的成分及来源.

2.1.2 实验原理

1. 核衰变的统计规律

用一套计数系统对一个长寿命的放射源在相同时间内进行多次测量,会发现每次计数大多不相等,但是围绕某一数值上下涨落,这种情况并非仪器所造成,也不是测量者的测量方法不当所致,而是核衰变的统计性质造成的.

放射性原子核各自独立地按其本身的性质发生衰变,各个核之间互不影响.根据衰变规律,在单位时间内发生衰变的核数由下式确定:

$$\frac{\mathrm{d}M}{\mathrm{d}t}=-\lambda M$$

式中,M为t时刻存在的核数,而式中λ为衰变常数,实际上是单个原子核在单位时间内衰变的概率,对于某种同位素是一个确定的常数.例如,对于Ra(镭)而言,$\lambda=8.14\times10^{-10}$,而$\mathrm{d}M/\mathrm{d}t$可由测量$\Delta M/\Delta t$而得到;对于半衰期很长的元素,在给定时刻,$M$是确定的,故单位时间内发生衰变的核数$\Delta M/\Delta t$也应是确定的.然而,在实际测量中,每次测量得到的$\Delta M/\Delta t$一般是不同的,即并不是一个确定的数,而是围绕$\lambda M$上下涨落.对于长寿命的放射性同位素来说,相同时间内衰变的核数N,符合泊松公式

$$P(N)=\frac{Y^N}{N!}\cdot \mathrm{e}^{-Y}$$

式中,$P(N)$为衰变数N出现的概率,Y为N的平均值.

这一公式可以用数学方法推导出来,假定有M个核,且M很大在10^{10}以上,经多次测量得到一定时间内平均衰变核数为Y,这元素半衰期很长.在测量时间内M几乎不变,故$Y\ll M$,则一定时间内平均每个核衰变的概率就是Y/M,而不衰变的概率是$1-Y/M$,现考虑某次测量时有N核衰变,则出现N的概率可由概率乘法原理得到

$$P(N)=C_M^N\cdot\left(\frac{Y}{M}\right)^N\cdot\left(1-\frac{Y}{M}\right)^{M-N}$$

式中,C_M^N为M个核中任取N个的组合数.

$$C_M^N=\frac{M(M-1)(M-2)\cdots(M-(N-1))}{N!}$$

由于$N\ll M$,故可用M来代替$M-1,M-2,\cdots,(M-(N-1))$,于是上式变为

$$C_M^N=\frac{M^N}{N!}$$

所以

$$P(N) \cong \frac{M^N}{N!} \cdot \left(\frac{Y}{M}\right)^N \cdot \left(1-\frac{Y}{M}\right)^{M-N} = \frac{Y^N}{N!}\left(1-\frac{Y}{M}\right)^{M-N}$$

因$\left(1-\frac{Y}{M}\right)^{M-N}$中，$M \gg N$，所以

$$\left(1-\frac{Y}{M}\right)^{M-N} \approx \lim_{M\to\infty}\left(1-\frac{Y}{M}\right)^{M-N}$$

令 $u=-\frac{Y}{M}$，则上式变为

$$\begin{aligned}\lim_{M\to\infty}\left(1-\frac{Y}{M}\right)^{M-N} &= \lim_{u\to 0}(1+u)^{-\frac{Y}{u}} \cdot (1+u)^{-N} \\ &= \lim_{u\to 0}(1+u)^{-\frac{Y}{u}} \cdot \lim_{u\to 0}(1+u)^{-N} \\ &= \lim_{u\to 0}\left[(1+u)^{\frac{1}{u}}\right]^{-Y} = \mathrm{e}^{-Y}\end{aligned}$$

所以

$$P(N) = \frac{Y^N}{N!} \cdot \mathrm{e}^{-Y}$$

这就是泊松公式.

若将衰变数 N 乘以探测系统的探测效率 η(常数)，就得到一定时间内测得的粒子计数. 我们本节也用 N 来代表. 显然，测得的粒子数 N 同衰变核数 N 遵从相同的统计规律——泊松分布.

如果对放射源进行一定时间的多次测量. 比如，500 次统计出每个计数出现的次数 $A(N)$，从而得到每个不同的 N 出现的概率 $P(N)=A(N)/500$，并将它画在坐标纸上，可得出其曲线与理论曲线基本符合，即放射性计数和核衰变遵从同一规律. 图 2.1.1为泊松分布曲线. 由图可见曲线是不对称的. 曲线最高(概率最大)处所对应的计数 N_p，即最概然的计数，和平均计数值 Y 不重合. 平均计数 Y 越大，两者相对距离越小，曲线越接近对称，当 Y 较大时，此分布曲线接近于高斯分布曲线.

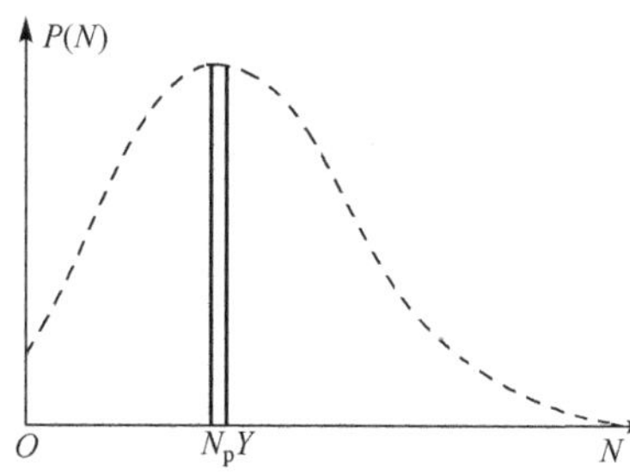

图 2.1.1　泊松分布

高斯公式即

$$P(N) = \frac{1}{\sqrt{2\pi\sigma^2}} \cdot \mathrm{e}^{\frac{-(Y-N)^2}{2\sigma^2}}$$

式中，σ 为多次测量的均方误差，即

$$\sigma^2 = \overline{(Y-N_i)^2} = \sum_{N=0}^{\infty}(Y-N)^2 \cdot P(N)$$

高斯分布公式也可由数学推导，当 N 很大时用斯特林近似公式

$$N! = \sqrt{2\pi N} \cdot N^N \cdot e^{-N}$$

代入泊松公式即可导出.

高斯分布曲线是对称于 $N=Y$ 的一条曲线,其形状由 σ 决定,当放射性测量中计数较大时,一般都符合高斯分布.

2. 核辐射计数的统计误差

核辐射计数和核衰变遵从同一个统计规律,因而严格来说,要真正准确地测出结果,就必须测量许多次(几百次),最后得出平均值 Y,以此作为真值,并算出误差. 一般地,往往用均方误差来表示统计涨落的大小,那么最后结果就是 $Y\pm\sigma$. 这一测量结果表示什么意思呢?

本节中 σ 同一般的误差的含义有所不同,它仅仅表示计数 N 的涨落范围. 对泊松分布函数或者高斯分布函数从 $Y-\sigma$ 到 $Y+\sigma$ 积分,可以得出积分值等于 0.683,即图 2.1.2 中阴影部分的面积. 所以,将测量结果写为 $Y\pm\sigma$ 的意义就是:在进行多次测量时,其测量结果落在 $Y-\sigma\sim Y+\sigma$ 范围内的测量次数占总次数的 68.3%;对某一次测量,则结果落在 $Y-\sigma\sim Y+\sigma$ 范围内的概率是 0.683. 这也就是说:平均值 Y(我们把它作为真值)在任意一次测量结果在 $Y-\sigma\sim N+\sigma$ 的概率是 0.683,因为 N 有 0.683 的概率落在阴影中.

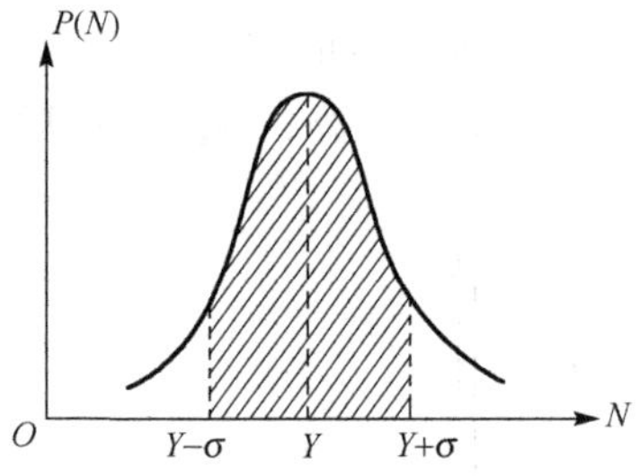

图 2.1.2　标准误差含义

若把误差表示为 $Y\pm 3\sigma$,那么这就表示,任一次测量结果落在 $Y-3\sigma\sim Y+3\sigma$ 的概率是 99.7%,接近 100%,也可以说 Y 在任一次结果在 $N-3\sigma$ 与 $N+3\sigma$ 的概率接近 100%,这就将涨落范围以及真值 Y 所在范围完全确定了.

比如,若 $Y=100$,那么 N 在 90～110 的概率差不多有 68%,而在 70～130 的概率几乎是 1,超出这个范围的几乎没有.

均方误差又称标准误差,对于放射性计数来说,又称为统计误差,具有特殊的性质,下面加以讨论.

$$\begin{aligned}
\sigma^2 = \overline{(Y-N_i)^2} &= \sum_{N=0}^{\infty}(Y-N)^2 \cdot P(N) \\
&= \sum_{N=0}^{\infty}(Y^2-2YN+N^2)\cdot P(N) \\
&= \sum_{N=0}^{\infty}Y^2 \cdot P(N) - 2Y\cdot\sum_{N=0}^{\infty}N\cdot P(N) + \sum_{N=0}^{\infty}N^2\cdot P(N) \\
&= Y^2\sum_{N=0}^{\infty}P(N) - 2YY + \sum_{N=0}^{\infty}N^2\cdot P(N) \\
&= -Y^2 + \sum_{N=0}^{\infty}N^2\cdot P(N)
\end{aligned}$$

式中，$P(N)$即 N 的概率函数 $\sum_{N=0}^{\infty} P(N)=1$，在实际测量中 $P(N)=A(N)/M$，其中 $A(N)$是重复测量 M 次当中 N 出现的次数. 因此得出

$$\sigma^2 = -Y^2 + \frac{1}{M}\sum_{N=0}^{\infty}[N^2 \cdot A(N)]$$

若 $P(N)$代之以泊松公式，则得出

$$\begin{aligned}
\sum_{N=0}^{\infty} N^2 P(N) &= \sum_{N=0}^{\infty} N^2 \frac{Y^N}{N!} \cdot e^{-Y} \\
&= \left(0 + 1^2 \cdot \frac{Y^1}{1!} + 2^2 \cdot \frac{Y^2}{2!} + 3^2 \cdot \frac{Y^3}{3!} + 4^2 \cdot \frac{Y^4}{4!} + \cdots\right) \cdot e^{-Y} \\
&= Y\left(1 + 2 \cdot \frac{Y^1}{1!} + 3 \cdot \frac{Y^2}{2!} + 4 \cdot \frac{Y^3}{3!} + 5 \cdot \frac{Y^4}{4!} + \cdots\right) \cdot e^{-Y} \\
&= Y\left[\left(1 + Y + \frac{Y^2}{2!} + \frac{Y^3}{3!} + \frac{Y^4}{4!} + \cdots\right)\right. \\
&\quad \left. + \left(Y + 2 \cdot \frac{Y^2}{2!} + 3 \cdot \frac{Y^3}{3!} + 4 \cdot \frac{Y^4}{4!} + \cdots\right)\right] \cdot e^{-Y} \\
&= Y\left[e^Y + Y\left(1 + Y + \frac{Y^2}{2!} + \frac{Y^3}{3!} + \cdots\right)\right] \cdot e^{-Y} \\
&= Y(e^Y + Y \cdot e^Y) \cdot e^{-Y} \\
&= Y + Y^2
\end{aligned}$$

代入上式

$$\sigma^2 = -Y^2 + Y + Y^2 = Y$$

即 $\sigma = \sqrt{Y}$.

这是一个很重要的结论，由统计涨落所造成的统计误差，如果用均方误差 σ 表示，它正好等于平均值的平方根，于是测量结果就可表示为 $Y \pm \sigma$，它的含义是任一次测量的测量结果落在 $Y-\sigma \sim Y+\sigma$ 的概率是 0.683，也就是说，平均值 Y 在任一次测量值 $N-\sigma \sim N+\sigma$ 的概率是 0.683.

以上的讨论只是理论的探讨，在实际上行不通，因为实际测量中不能测量那么多次，Y 不能得到. 在实际测量中，当 N 较大时往往只测一次，测量结果就表示为 $N \pm \sqrt{N}$，这又是什么意思呢？

在实际测量中 N 往往较大，若不够大可延长测量时间使 N 较大. 所得结果 N 和多次测量的平均值相对差别往往不太大，那么 σ 和 $\sqrt{N}$之间的相对差别就更小了. 于是我们把 $\sqrt{N}$当作 σ，一次测量值表示为 $N \pm \sqrt{N}$，含义就相当于 $N \pm \sigma$，这就是说：多次测量平均值 Y（我们把它当作真值）在 $N-\sqrt{N} \sim N+\sqrt{N}$的概率是 0.683，在 $N-3\sqrt{N} \sim N+3\sqrt{N}$的概率差不多是 100%，这就将 Y 所在范围画定了.

核辐射测量的统计误差和其他量的测量误差有本质的区别. 在进行其他量的测

量时，即使仪器是正常的、方法是正确的，每次测量结果也总会产生偶然误差. 对这种误差的处理方法和上述的统计误差的处理方法是类似的，然而在测量其他量如长度时，被测对象客观存在一个真值 L，误差是由测量中的偶然因素引起的，而统计误差的问题并不存在一个真值，我们仅仅是将 Y 当作真值而已，它每次测量值之间的差别不是由测量造成，而是由核衰变的统计规律所决定的. 两种误差的另一个区别是：长度测量误差 σ 大小由测量水平所决定，它可以随测量条件和技术的提高而改善，但统计误差本身却是完全确定的，它取决于测量结果 N 的大小，即它并不因测量水平的提高而改善. 如果将统计误差用相对误差表示，可写成

$$N\pm\sqrt{N}=N\left(1\pm\frac{\sqrt{N}}{N}\right)=N\left(1\pm\frac{1}{\sqrt{N}}\right)$$

可以看出，N 越大，相对误差 $\sqrt{N}/N=1/\sqrt{N}$ 就越小，如 $N=100$，相对误差为 10%，$N=10000$，相对误差为 $1/\sqrt{10000}=1/100$，所以 N 越大测量的准确性越好，因为准确性是由相对误差表示的.

3. 本底对测量结果的影响

在测量中，即使不放放射源，计数器也会有一定计数，这是宇宙射线和周围环境的放射性元素引起的. 这种计数叫做本底，本底计数也服从统计规律，其涨落也造成测量中的统计误差.

若在时间 t 内测得本底计数 N_b，加上放射源后，在相同时间内得计数 N_c，根据误差理论，完全由放射源造成的计数 N 的标准误差等于两次测量的标准误差平方和的平方根(均方根).

$$\text{本底计数}=N_b\pm\sqrt{N_b}$$

$$(\text{源}+\text{本底})\text{计数}=N_c\pm\sqrt{N_c}$$

$$\text{源计数 } N=(N_c-N_b)\pm\sqrt{N_c+N_b}$$

$$\text{其相对标准误差 } E=\frac{\sqrt{N_c+N_b}}{N_c-N_b}$$

由此可见，本底计数越大，测得的源的计数 N 的准确度越差. 因此，在测量中总是尽量减少本底，这可以将探测器装置于屏蔽室当中.

4. 空气中放射性微尘的检测

在正常情况下，空气中始终存在着放射性气体和微尘，它是人类自然环境的一部分. 放射性气体主要是氡气(^{222}Rn 和^{220}Rn)，而放射性微尘则是它们的衰变产物附着在空气中的微尘而形成. 氡气是由广泛存在于地表及建筑材料中的铀和钍产生的. 同位素^{238}U 和^{232}Th，每一种都有一个长衰变链.

铀系：

$$^{238}\mathrm{U}\xrightarrow{\alpha}{}^{234}\mathrm{Th}\xrightarrow{\beta}{}^{234}\mathrm{Pa}\xrightarrow{\beta}{}^{234}\mathrm{U}\xrightarrow{\alpha}{}^{230}\mathrm{Th}\xrightarrow{\alpha}{}^{226}\mathrm{Ra}\xrightarrow{\alpha}{}^{222}\mathrm{Rn}(\text{气体})$$

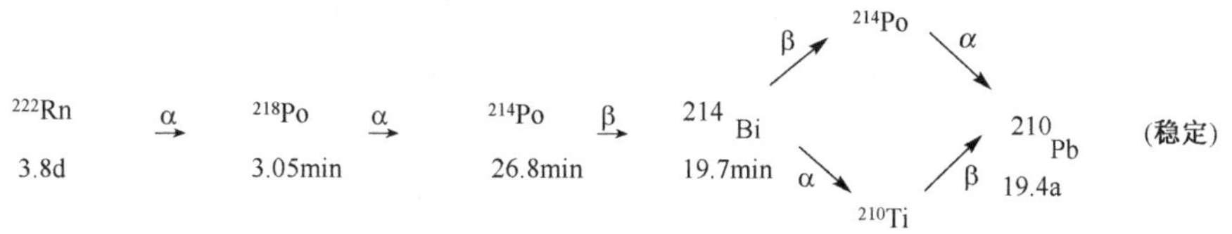

钍系：

$$^{232}\mathrm{Th}\xrightarrow{\alpha}{}^{228}\mathrm{Ra}\xrightarrow{\beta}{}^{228}\mathrm{Ac}\xrightarrow{\beta}{}^{228}\mathrm{Th}\xrightarrow{\alpha}{}^{224}\mathrm{Ra}\xrightarrow{\alpha}{}^{220}\mathrm{Rn}(\text{气体})$$

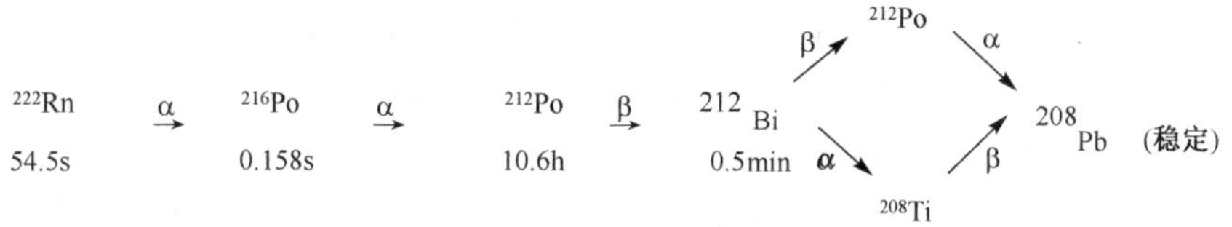

上述衰变链的第二、四两行即氡和其衰变子体，其中铀系的 ^{222}Rn 半衰期为 3.8d，钍系中的 ^{220}Rn 半衰期为 54.5s. ^{220}Rn 又称为钍射气. Rn 是惰性气体，可从土壤转移至空气中. 虽然地壳中钍含量高于铀含量，但因 ^{222}Rn 半衰期（3.8d）远大于 ^{220}Rn（54.5s），故 ^{222}Rn 能更多地向大气转移. 在空气中钍射气及其子体的总放射性约为氡（^{222}Rn）及其子体的 1/5. 空气中存在的以上这些放射性物质的浓度随地区而不同. 在同一地区则与气象情况、昼夜变化、季节变化、地表状态等条件有关.

使用空气抽气泵抽取空气，用特殊滤纸过滤，便将放射微尘截留在滤纸上. 取样器上流量计指示出空气流量升/分，流量乘以抽气时间便得出过滤的空气体积. 滤纸上存在的放射性物质有许多种，它们放出的辐射粒子有 α、β，还有 γ 射线，可以用不同仪器测量和分析，以便得出空气中的浓度和同位素种类，并能发现核爆炸及核电站事故所造成的空气污染. 我们的实验装置（闪烁探测器）只能测出 α、β 粒子的总计数.

单一放射性物质衰变按下列指数衰变：

$$N = N_0 e^{-\lambda t}$$

$$\lambda = \frac{\ln 2}{T}$$

式中，N 为 t 时刻的计数，N_0 为 t_0 时刻的计数，λ 为衰变常数，T 为半衰期.

然而我们在实验中测出的计数是滤纸上多种同位素粒子计数的总和，故不呈现简单的指数关系曲线. 故将总和计数减少一半所用的时间称为这个空气微尘样的混合半衰期.

2.1.3 实验仪器装置

本实验所用仪器有 FJ-367 型通用闪烁探头，FH463B 自动定标器，放射源等，下面介绍前置放大器和定标器.

1. 前置放大器

一般探测器都可看作内阻很高的电流信号源，信号较弱不能经受传输过程中的衰减和干扰.因此探测器往往和前置放大器紧密结合在一起，以便在传输前就被放大，前置放大器一般是由射极输出器和一个较简单的放大器相结合，或者仅仅是一个射极输出器，其作用是将探测元件输出的电压脉冲和电流放大，可理解为输出信号的“功率”提高了. FJ-367探头的前置放大器有两种放大倍数，当测量β放射源时；用×10；测α放射源时，用×1.

2. 定标器

定标器又称计数器，是用来记录探测器测到的粒子数目的，定标器的形式是各种各样的，内部电路有简有繁，目前常用的自动定标器，由输入电路、计数系统、定时系统、控制系统组成，此外，还有仪器本身用的低压电源和探测器用的直流高压电源.

输入电路将来自探测器并经放大器放大的脉冲信号通过跟随触发器整形改造成适于计数系统计数的信号，并根据需要将信号中不必要的杂乱小脉冲甄别掉，然后进入计数系统记录脉冲数目，并数字显示，控制器控制仪器工作的起止，以及工作方式(手动计数，自动计数，半自动计数)，定时系统是在系统自动或半自动计数时用来控制计数时间的，以便在计数中控制仪器实现定时计数. FH-454型定标器中主放大器电势器每转一圈放大倍数提高2倍，阈值电势器每转一圈阈值提高0.5V.

2.1.4 实验内容和步骤

1. 开机

打开电源，数码管亮，高压细调左旋到底，加高压700V，预热3min.

2. 检查仪器状态

检查数码管进位是否正常，仪器工作开关置于“自检”位置，选用“自动”状态，按一下“计数”之后，当用不同时间进行计数时，仪器应指示下列数值.

1s：10000±1　　3s：30000±1　　10s：100000±1

仪器应能自动停止、复位、重新计数.

3. 统计误差和测量时间及本底的关系

(1)准备好仪器，将工作开关置于“工作”位置，测本底.

(2)放大倍数调至2，阈值调至0.5V，测量本底5min和1min各1次.

(3)放入放射源，测出5min和1min的总计数 N_c，计算下表所示各项，时间单位用min.

测量时间 t	1min	5min
总计数 $N_c\pm\sqrt{N_c}$		
总计数的相对误差 $1/\sqrt{N_c}$		
本底计数 $=N_b\pm\sqrt{N_b}$		
源计数 $N=(N_c-N_b)\pm\sqrt{N_c+N_b}$		
N 的相对误差 $\sqrt{N_c+N_b}/(N_c-N_b)$		

4. 验证泊松分布及统计误差的含义

(1)使定标器工作于自动状态，放入较弱的放射源，调节阈值和放大倍数，定时 1s，使每秒钟计数 N 在 20 以内，重复测量 500 次，用在 $N=1,2,3\cdots$ 下面画“正”字的方法记录各个 N 值出现的次数 $A(N)$.

(2)算出总测量次数 M 和算术平均 Y，并按公式 $\sigma=\sqrt{Y}$ 得出 σ.

(3)由实验数据计算出 N 在 $Y\pm\sigma$ 和 $Y\pm3\sigma$ 范围当中的概率.

(4)计算 N 的概率值 $P(N)=\dfrac{A(N)}{M}$

5. 测量空气中放射性微尘的混合半衰期 T

(1)测量装置调至正常，放入滤纸，测本底 5min.

(2)将滤纸放入空气取样器中，启动抽气泵抽气 10～20min. 流量计指示为 120L/min.

(3)抽气停止后，迅速取出滤纸开始计数测量，每 5min 读数一次，记录每次测量的时间和计数.

(4)将第一次计数减去本底，即为滤纸的净计数，其减半再加上本底之和，即为所测半衰期计数. 将所得数据列成表格，并计算出混合半衰期 T.

(5)测量完毕，先关高压，后关电源.

思　考　题

(1)闪烁探测器的主要由哪儿部分构成？各部分的功能是什么？

(2)简述一个带电粒子形成脉冲信号的过程.

(3)相同时间间隔内核衰变数或粒子计数符合怎样的统计规律？泊松分布和高斯分布各有何特点？

(4)标准误差的定义式是什么？$Y\pm\sigma$ 的物理意义是什么？统计误差 σ 具有什么特点？

(5)一次测量结果 N 的物理意义是什么？N 的相对误差如何计算？

(6)假定在相同条件下重复测量的两次结果为 9983 和 7689，这两个结果是否合理？

(7)本底计数对测量结果的误差有何影响？

(8)如何减小本底计数对测量结果的误差影响？

(9)放射性计数的统计误差和其他宏观物理量的测量误差有何本质不同？

(10)空气中放射性微尘中主要放射性核素是什么？来源是什么？

参 考 文 献

唐贵德，马长山，杨连祥，等. 2003. 近代物理实验. 石家庄：河北科学技术出版社

吴思诚，王祖铨. 1999. 近代物理实验. 北京：北京大学出版社

（严振庄　李壮志　编）

2.2 γ射线能谱测量

γ射线强度和能量的测量是核辐射探测的一个重要方面. γ射线是原子核从激发态跃迁到较低能态或基态时所发出的一种辐射,它的能量与原子核激发态的能级密切相关. γ射线能谱测量技术在科研、工农业生产、医疗和环境保护等方面都有很广泛的应用. 利用它可以进行物质的成分分析,获得物质中微量元素的含量;对γ射线能谱进行标定后,就可测得未知放射源. γ射线能谱测量对了解原子核的结构、获得原子核内部的信息是一个十分重要的途径.

2.2.1 实验目的

(1)了解γ射线能谱形成和测量的基本原理.

(2)掌握用多道γ能谱仪测量γ能谱的基本方法.

(3)了解闪烁探测器的时间与能量特性.

2.2.2 实验原理

1. 什么是能谱

所谓能谱,就是辐射粒子的能量分布.

闪烁探测器的输出脉冲幅度和射入闪烁体的带电粒子交给闪烁体的能量成正比,如果交给闪烁体的是全部能量,那么此脉冲幅度就取决于粒子的能量. 这样,脉冲的幅度分布就反映了粒子的能量分布. 若以幅度为横坐标,相同时间内不同幅度的计数为纵坐标,绘出脉冲幅度分布曲线,这就是能谱图,它真实地反映了带电粒子的能量分布.

γ射线能谱要复杂一些,用于测γ能谱的闪烁体是NaI(Tl),γ射线穿过NaI(Tl)时,只有当其在闪烁体内发生光电效应、康普顿效应、电子偶效应,产生具有一定能量的次级电子,这电子运动使闪烁体激发而发光,才能产生脉冲信号,否则γ射线穿过闪烁体也不能探测到. 因此γ射线的脉冲信号归根结底是由次级电子产生的,所以测量得到的脉冲幅度分布图(能谱图)归根结底反映的是次级电子的能量分布,不是γ射线本身的能量分布,然而,由于次级电子的能量分布是由γ光子本身能量所决定,因而通过分析次级电子的能量分布图,就可测定γ射线本身的能量,通常,我们就把次级电子的能量分布图叫做γ射线能谱图.

2. γ射线次级电子能量分布

γ射线射入闪烁体内,在其内部发生光电效应,或康普顿效应,当γ射线能量E大于1.02MeV时还可能发生电子偶效应. 下面我们分析三种效应产生的次级电子的能量.

1)光电效应

在光电效应中，γ 射线将全部能量交给原子的束缚电子(主要是K层，其次是L层)，电子克服原子束缚射出成为光电子，其动能 $T=E_\gamma-E_i$，式中 E_γ 为 γ 射线光子的能量，E_i 为电子束缚能，一般 $E_\gamma\gg E_i$. 发出光电子的原子随后即发出特征X射线光子，此光子同样会发生光电效应或康普顿效应而使闪烁体发光. 致使光电效应中 γ 射线全部能量都用于引起发光，故发光总能量基本反映了 γ 射线能量. 在 γ 射线能谱测量中，正是利用由光电效应形成的脉冲幅度来代表 γ 射线能量.

2)康普顿效应

在康普顿效应中，我们可以把所有电子都看作自由电子，γ 射线和电子碰撞被散射，将部分能量交给电子(图2.2.1)，散射之后光子能量 E'_γ 和电子动能 T 与散射角 θ 有关，若 $\theta=0$，即光子不改变原来方向，相当于两者擦肩而过. 没有发生作用，光子能量不变，$T=0$；若 $\theta>0$，则 $E'_\gamma<E_\gamma$，$T>0$，即电子由光子获得了部分能量；若 $\theta=\pi$，这是“迎头相碰”，γ 射线原路返回，电子沿 γ 射线原来方向运动($\varphi=0$)，这称为反散射，这时电子动能 T 最大，称为反散射电子，而 E'_γ 最小，称为反散射光子，即电子从光子得到的能量最多.

所以，由康普顿效应形成的次级电子能量 T 是由0到反散射电子能量之间连续分布，而散射光子能量 E'_γ，则由反散射光子能量到 E_γ 之间连续分布. γ 光子在闪烁体内发生一次散射之后，多数散射光子射出闪烁体，但也有一部分仍要发生康普顿效应或光电效应，当 E'_γ 大于1.02MeV时还可发生电子偶效应，考虑一下发生光电效应的情况，此时 E'_γ 又将能量完全交给另一电子，这样原来光子先后将能量全部交给两个电子. 这两个电子能量之和约等于原来光子能量 E_γ，同时引起闪烁体发光.

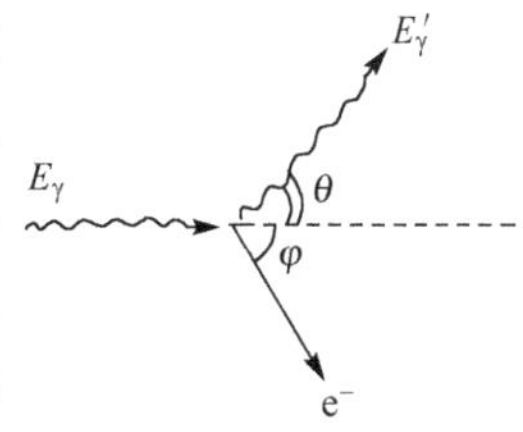

图2.2.1　康普顿效应

下面计算一下反散射时散射光子和电子的能量，散射前后，要遵守能量和动量守恒.

$$E_\gamma=E'_\gamma+mc^2-m_0c^2=E'_\gamma+\frac{m_0c^2}{\sqrt{1-\left(\frac{v}{c}\right)^2}}-m_0c^2 \tag{2.2.1}$$

$$\frac{E_\gamma}{c}=mv-\frac{E'_\gamma}{c}=\frac{m_0v}{\sqrt{1-\left(\frac{v}{c}\right)^2}}-\frac{E'_\gamma}{c} \tag{2.2.2}$$

式中，m 为电子运动质量，m_0 为静止质量，v 为电子运动速度. 用 m_0c^2 除式(2.2.1)，用 m_0c 除式(2.2.2)，并令 $\frac{E_\gamma}{m_0c^2}=K$，$\frac{E'_\gamma}{m_0c^2}=K'$，$\frac{v}{c}=\beta$，则

$$K=K'+\frac{1}{\sqrt{1-\beta^2}}-1 \tag{2.2.3}$$

$$K=\frac{\beta}{\sqrt{1-\beta^2}}-K' \tag{2.2.4}$$

联立式(2.2.3)和式(2.2.4)解得

$$K'=\frac{K}{1+2K}$$

代回得

$$E'_\gamma=\frac{E_\gamma}{1+2\cdot\frac{E_\gamma}{m_0c^2}}$$

若能量单位用 MeV，$m_0c^2=0.51\text{MeV}$ 则有

$$E'_\gamma=\frac{E_\gamma}{1+3.9E_\gamma}$$

反散射电子动能

$$T=E_\gamma-E'_\gamma$$

即

$$T=E_\gamma-\frac{E_\gamma}{1+3.9E_\gamma}=\frac{3.9E_\gamma^2}{1+3.9E_\gamma}$$

例如，^{137}Cs 能量 $E_\gamma=0.662\text{MeV}$，则有

$$E'_\gamma=\frac{0.662}{1+3.9\times0.662}=0.182\text{MeV}$$

$$T=\frac{3.9\times0.662^2}{1+3.9\times0.662}=0.48\text{MeV}$$

3)电子偶效应

所谓电子偶效应，就是高能 γ 光子和物质原子核相作用，转化为一对正负电子，同时光子消失. γ 光子发生电子偶效应，其能量需要大于 1.02MeV，因为正负两个电子的静止质量相当于 1.02MeV 的能量，而正负电子的总动能 $T=T^++T^-=E_\gamma-2m_0c^2=E_\gamma-1.02\text{MeV}$. 正负电子在闪烁体内运动，消耗动能使闪烁体发光，当正电子的动能消耗完时，它要同另外的电子发生湮没辐射，在多数情况下，转化为两个 0.51MeV$_\gamma$ 光子，这两个 γ 光子在闪烁体内又可产生光电效应和康普顿效应，其命运有三种情况：①两个 0.51MeV 光子都射出闪烁体，此时引起闪烁体发光的总能量即正负电子总动能 $E_\gamma-1.02\text{MeV}$. ②其中一个射出另一个发生光电效应，生成一个约 0.51MeV 的光电子，和原来的正负电子同时引起发光．于是引起发光的总能量为 $E_\gamma-0.51\text{MeV}$. ③两个光子都发生光电效应，产生两个光电子，和正负电子对同时引起发光，于是引起发光的总能量恰好等于 E_γ.

总之，电子偶效应引起闪烁体发生光信号的能量有三种：E_γ，$E_\gamma-0.51$，$E_\gamma-1.02$，即形成的脉冲信号有三种.

需要注意的是，在 γ 射线形成脉冲信号过程中，有两种光电效应：γ 光子在闪烁体中的光电效应；闪烁光在阴极上的光电效应，必须加以区别. 前者光电子能量与 γ

光子几乎相等,使闪烁体产生光脉冲,包含数十万个光子(可见光). 后者是可见光的光电效应,光电子能量很小,一个由 γ 光子引起的闪烁光脉冲可在阴极上打出许多光电子.

3. γ 射线的能谱

如上所述,γ 射线在闪烁体内引起发光的次级电子,能量是多种多样的因而 γ 射线的能谱十分复杂.

例 1　^{137}Cs 的单能(0.662MeV)γ 射线能谱(图 2.2.2).

因能量小于 1.02MeV,故只能发生光电效应和康普顿效应,光电效应引起发光的总能量与 E_γ 有关:①康普顿效应中,当散射光子又发生光电效应时,则引起发光的总能量等于 E_γ,这两者前者为主,在能谱图上形成一个高峰 A 称为全能峰,也叫光电峰,它是 γ 光子全部能量都消耗在闪烁体内所形成的. 由于 NaI(Tl)探测器的能量分辨性能不理想,故形成一个小山峰而不是一条线. ②只发生一次康普顿效应形成的次级电子,如前所述,能量从 0 到 $3.9E_\gamma^2/(1+3.9E_\gamma)$(对 ^{137}Cs 来说即 0.48MeV)连续分布,于是在能谱图上形成平台 BC,B 点相当于反散射电子的能量,称为康普顿边缘,它同光电峰的距离恰好是反散射光子的能量(0.182MeV),以上即 ^{137}Cs 的 γ 射线能谱.

如图 2.2.2 所示,γ 射线能谱图中,全能峰位于最右边,即脉冲幅度最大,左右对称,容易识别,而且根据它可直接判断 γ 射线能量,因而最重要. 某种单一能量的 γ 光子形成的全能峰的半高宽 Δh 和峰位置 H 之比,就是闪烁探测器该能量 γ 射线的能量分辨率(见闪烁探测器部分). 若 γ 射线能谱在横轴用能量刻度,则分辨率就是全能峰半高宽 ΔE 和 γ 能量之比.

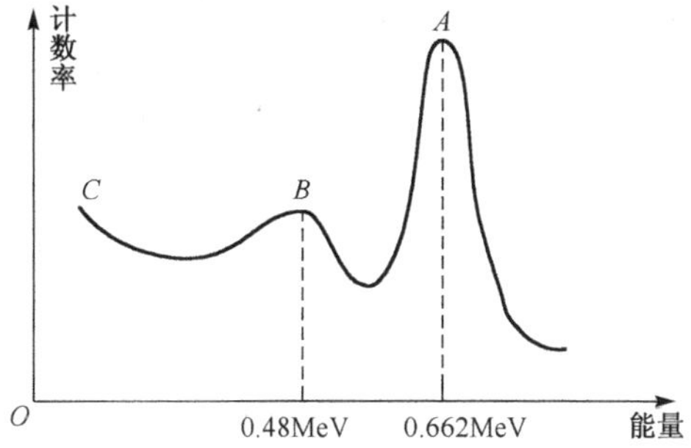

图 2.2.2　^{137}Cs 的 γ 能谱

例 2　^{24}Na 的 γ 能谱图.

Na 放射源放出两种能量的 γ 射线:1.38MeV、2.76MeV,除光电效应和康普顿效应外,还有电子偶效应,1.38MeV 的射线能量比 1.02MeV 高出不多,电子偶效应截面较小,故对能谱形状影响很小,而 2.76MeV 的 γ 光子,电子偶效应截面很大,使能谱图形状变成,如图 2.2.3 所示.

图 2.2.3 中 A、D 分别为 2.76MeV 和 1.38MeV 的全能峰,F、E 分别为它们的康普顿边缘. 当然,D 和 E 都叠加在 A 的康谱顿平台上,因而较高,图中峰 B 和 C,即由 2.76MeV$_\gamma$ 光子的电子偶效应所形成. 如前所述,电子偶效应形成光电信号时引起发光的总能量有三种:E_γ,$E_\gamma-0.51$,$E_\gamma-1.02$,其中 E_γ 形成的脉冲即叠加在全能峰 A 上,另外两种即形成 B 和 C,而且 A、B、C 三者相距 0.51MeV. B 叫做单逃逸峰,即一个

湮没光子逃出闪烁体，C 叫做双逃逸峰，即两个湮没光子逃出闪烁体，峰 A、D 三种效应都有贡献（光电效应为主），γ 光子的全部能量通过转变为次级电子能量而全部在闪烁体内消耗了，因此，称为全能峰.

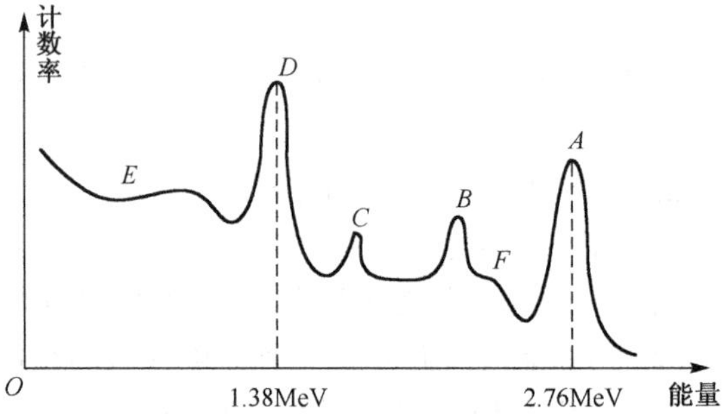

图 2.2.3 ^{24}Na 的 γ 射线能谱图

4. 测量条件对能谱形状的影响

以上所讲的 γ 射线能谱形状是在理想的测量条件下，由放射源放出的能量单纯的 γ 射线形成的，所谓理想条件，即闪烁体周围没有任何物体，进入闪烁体内的射线只是由放射源发出的. 然而，实际上周围不可能没有任何物体，因此必须有光电倍增管和外壳同闪烁体在一起，且周围必须有支架、桌子、地板、墙壁等. 有时为了安全还要有屏蔽 γ 射线的铅板等，由放射源发出的 γ 射线，在上述这些物体上发生散射，甚至反复散射，然后进入闪烁体，这样进入闪烁体的 γ 光子，就具有各种能量了，散射光子能量一般比原来的 γ 能量小得多，因而在闪烁体内发生光电效应和康普顿效应，特别是前者的截面就很大，于是在能谱图上原来的康普顿平台上低能部分形成一个高高的大山包，（图 2.2.4）. 若源和探测器未加屏蔽，周围物体也少，则山包较小（图 2.2.4中实线），若加以屏蔽，则可能形成高大的山包（图 2.2.4 中虚线），甚至高于全能峰. 上述这种由散射造成的影响，在能谱测量中就是一种干扰，要注意此山包与全能峰的识别.

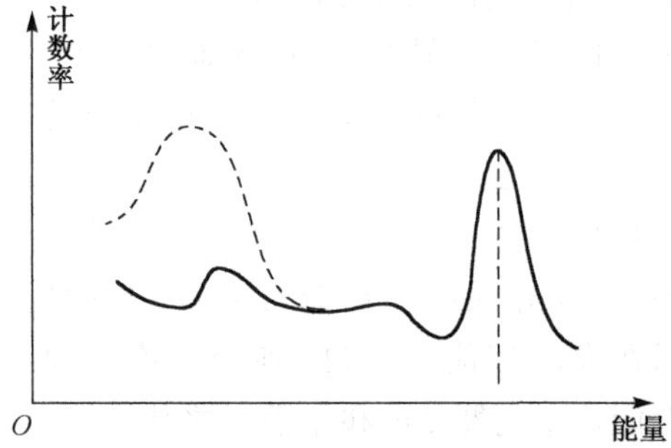

图 2.2.4 测试条件对能谱的影响

5. 能谱的实际测量

能谱可以用相应于某种射线的能量的脉冲幅度分布来表示，它和粒子的能量分布图等效. 由闪烁探测器输出的脉冲信号之间的时间隔大小是随机的，而每个脉冲的幅度也是随机的，其信号幅度在数百毫伏以内，脉冲宽度约为 1μs，如图 2.2.5 所示.

图 2.2.5　能谱图

多道 γ 能谱仪的功能就是将这些随机脉冲进行按幅分类计数，并随时将累计的脉冲幅度分布图在屏幕上显示，它的主要部分是多道脉冲分析器(multichannel pulse analyzer，MCA)，MCA 的快速高精度的模数转换电路(analog digital converter，ADC)每接收一个脉冲，即将其模拟量转变为二进制的数字量. 例如，将 5.22V 的脉冲转换为 2^{10}，即 1024，2.61V 转为 2^9，即 512 等，很显然，转换后的数字量每个单位 1 相当于 5.1mV，由于这种仪器的发展历史，习惯上将转换后的数字量称为“道数”，而每道相当于一定的电压值，计算机程序随即将变换后的道数取走并在记录这种道数的脉冲累计数的特定存储器加一，这就实现了脉冲按幅度的分类计数. 同时，程序将分类计数的结果在屏幕上显示，横轴是道数，纵轴是累计的脉冲数，这就是能谱图. 由于道数在能谱图中占据横轴的特定点，并且它又与计算机内存的特定存储区的地址相联系，故在 MCA 中通常称为道址.

测量 γ 能谱之后的关键问题是在能谱图上找出全能峰，并确定全能峰所在的道数，这称为峰定位. 由于峰有一定宽度，只能确定一个中心线，全能峰应该是左右对称的，但测得的数据不一定对称，况且由于峰之间的互相影响以及散射的影响，峰形状也可能畸变，这可以在全能峰内找出一个中心线，使峰的上部中心线左右的面积相等，中心线和横轴的交叉点道数即峰位置.

要测定未知 γ 射线的能量，必须用已知标准源对谱仪进行能量刻度，确定道数(幅度)和能量的比例关系，然后在仪器工作条件相同的情况下测量未知的 γ 射线能谱. 道数 $CH^{\#}$ 和能量 E 的比例关系可用下式表示：

$$E=K\cdot CH^{\#}+b$$

一般情况下 b 不等于 0，这是由闪烁探测器和 MCA 的线性不佳所致. 所谓能量刻度就是确定式中的 K 和 b，若已知能量 E_1 和 E_2 的 γ 光子全能峰分别在 CH_1 和 CH_2，代入上式即得出 K 和 b，得到了刻度公式，能谱上任何一道都可知其能量，反之任一能量值也可反推其道数.

2.2.3　实验仪器装置

BH1224 型多道 γ 能谱仪的组成见图 2.2.6. 其中闪烁探测器由碘化钠闪烁体、光电倍增管和线性放大器构成.

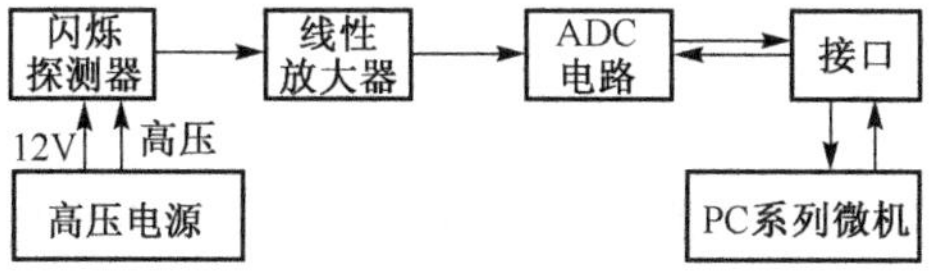

图 2.2.6　BH1224 型多道脉冲幅度分析器方框

模数转换电路 ADC 采用线性放电型，输入脉冲进入 ADC，首先给记忆电容充电，当充电电压和脉冲幅度一致时充电结束，开使经过恒流源电路放电，同时打开时钟门让 50MHz 的时钟脉冲进入时钟计数器，放电结束，关闭时钟门，很显然，时钟脉冲计数器的计数 N 和放电时间 T 成正比，而 T 又和输入脉冲幅度 V 成正比，故 N 和 V 成正比，这就实现了模数转换，时钟计数 N 就是这个脉冲相对应的数字量——道数. 程序将依照 N 找到记录这个幅度的脉冲的特定存储地址，并使其存储的脉冲数加一. 在内存中，这些特定存储地址按其道数大小顺序排列.

计算机运行 UMS 软件(universal multichannel spectrometer，通用多道谱仪)，控制 MCA 工作，显示谱形，并可进行简单的数据处理，放大器，ADC 和接口均装在 PC 主机内，谱仪道数选择有四种(512 道、1024 道、2048 道、4096 道)，可通过键盘选择，ADC 的脉冲输入范围为 100mV～5.22V.

2.2.4 实验内容和步骤

1. 开机

(1)打开电源，预热 5min，调高压至 320V.

(2)打开计算机，转子目录 UMS(CD\UMS ↙)；运行程序 UMS(UMS ↙)，进入显示状态. 然后把探测器移至放射源的上方.

2. 能谱测量

(1)按 F1 进入采集状态，练习使用多道谱仪，测量^{137}Cs 的 γ 能谱，观察谱形.

(2)分别采集^{137}Cs 源和^{60}Co 源的能谱，每次不少于 20min.

(3)使用的^{137}Cs 的 662keV 和^{60}Co 的 1332keV 两个全能峰对谱仪进行能量刻度(按 Ctrl+F1，用“能量处理”功能)，记录此时的道址和能量值，推导出刻度公式 $E=K\cdot CH^{\#}+b$.

(4)测量^{60}Co 的完整谱形，详细记录各点的道数、能量和计数，以此数据在坐标纸上描出^{60}Co 谱形. 记录数据时在两个全能峰和康普顿边缘部分取点要密些.

(5)算判定^{60}Co 谱上的康普顿边缘是哪一种能量的 γ 射线(1332keV 还是 1173keV)形成的，并思考 1173keV 的全能峰为什么左右不对称?

(6)维持谱仪的工作状态和能量刻度不变，然后测量未知辐射源能谱，找出所有全能峰，并记录其能量值，与文献中能谱图比对，找出未知辐射源.

2.2.5 注意事项

(1)存取放射源时应佩戴防护眼镜，切忌眼睛直视. 不要直接用手接触放射源，应使用专用工具.

(2)放射源使用完毕必须放入铅室，不得带出室外或随意丢弃.

思 考 题

(1)闪烁探测器的主要部件及其功能是什么?

(2)各种能量的 γ 射线光子在闪烁体中发光的物理过程如何?

(3)什么是带电粒子的能谱? 为什么说 γ 射线闪烁能谱实际上是它的次级电子的能谱?

(4)在闪烁体中一次散射的康普顿电子能量如何分布? 康普顿边缘位置如何确定? 全能峰是如何形成的?

(5)^{137}Cs 和 ^{24}Na 两种同位素的 γ 能谱有何不同? 若有某种同位素可以放出两种能量不同的光子 0.5MeV 和 1MeV,其 γ 闪烁谱大概形状如何?

(6)辐射源周围的物体对谱形有什么影响?

(7)多道 γ 能谱仪由哪几部分构成? ADC 的作用是什么?

(8)道数和脉冲幅度是什么关系? 如何对谱仪进行能量刻度?

(9)在对谱仪进行了能量刻度之后,能否调节线性放大器的放大倍数和探头的工作电压? 为什么?

(10)如何确定 γ 谱仪的能量分辨率?

参 考 文 献

刘运祚. 1982. 常用放射性同位素衰变图纲. 北京:原子能出版社

张家骅. 1981. 放射性同位素 X 射线荧光分析. 北京:原子能出版社

(严振庄　李壮志　编)

第 3 章　激光和光学实验

本章涉及全息照相、全息干涉计量、彩虹全息、晶体电光效应、光电效应、光谱灵敏度、薄膜厚度测量和光速测量等方面的 8 个实验.

3.1　全 息 照 相

光学全息照相是 20 世纪 60 年代发展起来的一门立体摄影和波阵面再现的新技术. 由于全息照相能够把物体表面上发出的光波的全部信息(即光波的振幅和相位)记录下来,并能完全再现被摄物光波的全部信息,因此它在精密计量、无损检验、信息存储和处理、遥感技术和生物医学等方面有着广泛的应用.

全息照相的基本原理是以波的干涉和衍射为基础的,对于其他波动过程,如红外、微波、X 射线、声波、超声波等也可适用,故有相应的微波全息,X 射线全息、超声全息等,使全息技术发展成为科学技术上的一个新领域.

本实验将通过对静态光学全息照片的拍摄和再现观察,了解光学全息照相的基本原理、主要特征以及操作要领.

3.1.1　实验目的

(1)了解全息照相的基本原理.

(2)学习静物全息照相的拍摄方法.

(3)了解再现全息物象的性质和方法.

3.1.2　实验原理

普通照相只记录了物体各点的光强信息(反映在振幅上),丢掉了相位信息,得到的是一个二维平面图像,毫无立体感. 全息照相是利用相干光叠加发生干涉的原理,借助于所谓参考光波与原物光波的相互作用,记录下两种光波在记录介质上的干涉条纹,这种干涉条纹不仅保存了物光波(从物体反射的光波)的振幅信息,同时还保存了物光波的相位信息,它只有在高倍显微镜下才能观察得到. 记录了干涉条纹的全息照片可以看成是个复杂的衍射光栅,当用与原参考光波相同的光再照射该光栅时,其衍射波能重现原来的物光波,在照片后原物的位置就可以观察到原被照物的三维图像.

1. 全息照相记录过程

全息照相是利用光的干涉进行全息记录的. 以拍摄全息照片的光路(图 3.1.1)为例说明该光路记录光波的强度信息和相位信息的原理.

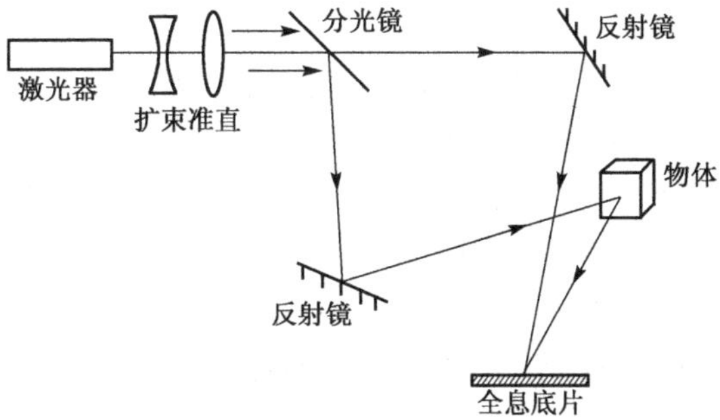

图 3.1.1　全息片记录光路

在图 3.1.1 中，激光束经扩束、准直后由分光镜后分成两束相干光束，其中一束相干光经反射镜反射后均匀地照射在被摄物体上，再从物体表面反射到感光板上，这束光称为物光，同时另一束相干光通过反射镜反射后直接投射到感光底板上，这束光称为参考光，物光与参考光在感光底板上叠加发生干涉，形成许多明暗不同、疏密不同的条纹，感光底板经过曝光将这种图像记录下来，再经过显影定影处理后就得到了一张全息照相的照片.

设 X-Y 平面为干涉场中照相底版所在平面，物光波 O 和参考光波 R 均为平面波，令

$$O(x,y)=O_0(x,y)\exp\left[\mathrm{i}\psi_0(x,y)\right] \tag{3.1.1}$$

$$R(x,y)=R_0(x,y)\exp\left[\mathrm{i}\psi_R(x,y)\right] \tag{3.1.2}$$

根据叠加原理，底版上的总场为

$$\begin{aligned}U(x,y)&=O(x,y)+R(x,y)\\&=O_0\exp\left[\mathrm{i}\psi_0(x,y)\right]+R_0\exp\left[\mathrm{i}\psi_R(x,y)\right]\end{aligned} \tag{3.1.3}$$

到达它们在底版上的光强是它们合振幅的平方，即

$$\begin{aligned}I(x,y)&=U^*(x,y)U(x,y)\\&=(O_0^2+R_0^2)+O_0R_0\exp\left[\mathrm{i}(\psi_0-\psi_R)\right]+O_0R_0\exp\left[-\mathrm{i}(\psi_0-\psi_R)\right]\end{aligned} \tag{3.1.4}$$

式中，O_0^2，R_0^2 分别为物光波与参考光波各自独立照射底版时的光强度；第三、四项为物光与参考光之间的相干项，相干项把物光的相位信息转化成不同光强的干涉条纹记录在照相底版上. 由于物光的振幅和相位与物体表面各点的分布有关，从不同物点来的物光光程不同，所以形成的干涉图像与被摄物有一一对应关系，全息底片把物光波的全部信息都记录下来.

可见，底版记录下来的干涉条纹光强分布包含了物光波在底版上各点的振幅和相位. 因为底版上某点的光强是到达该点的参考光波与到达该点的整个物光波干涉的结果，物体上不同点由不同方向射到该点的物光都对该点的光强有贡献，所以全息照片底版上的任何一小部分都记录着所有物点的信息，这一点与普通照相底版上的点与物点一一对应不同. 因此，通过全息照片的一块碎片也能看到整个物体的像.

2. 全息照相再现过程

曝光后的底版经过显影与定影后，得到透光率各处不同（由曝光时间及光强分布决定）的全息片，考虑振幅透射率 T（透射光的复振幅/入射光的复振幅）是曝光量的函数，选择合适的曝光量及冲洗条件，可以使得 T 与曝光时的光强 I 之间为线性关系：

$$T(x,y)=T_0+KI=T_0+K(O_0^2+R_0^2)+KO_0R_0\exp[\mathrm{i}(\psi_0-\psi_R)]+KO_0R_0\exp[-\mathrm{i}(\psi_o-\psi_R)] \quad (3.1.5)$$

式中，T_0 为未曝光部分的透射率，K 为小于 1 的比例系数，它们均为常量.

当以原参考光为再现光入射全息照片时，透射光波应是

$$U'(x,y)=R(x,y)T(x,y)=[T_0+K(O_0^2+R_0^2)]R_0\exp(\mathrm{i}\psi_R)+KO_0R_0^2\exp(\mathrm{i}\psi_0)+KO_0R_0^2\exp[-\mathrm{i}(\psi_0-2\psi_R)] \quad (3.1.6)$$

上式表明，透射光包含三部分，如图 3.1.2 所示.

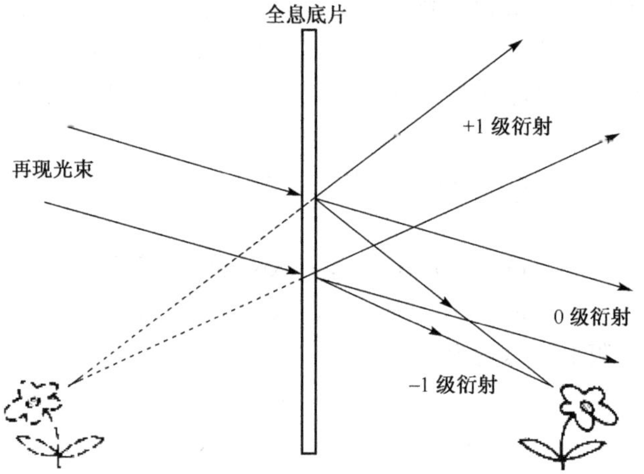

图 3.1.2　全息照相的再现过程

第一项 $[T_0+K(O_0^2+R_0^2)]R_0\exp(\mathrm{i}\psi_R)$ 是按一定比例重建的参考光，沿原来方向传播，即光栅的零级衍射.

第二项 $KO_0R_0^2\exp(\mathrm{i}\psi_0)$ 与物光振动方程完全一样，只不过振幅乘了一个系数，这便是按一定比例重建的物光波，相当于一级衍射波. 根据基尔霍夫衍射原理，这一场分布决定了全息图后面的衍射空间有一个与原始物光波振幅和相位的相对分布完全相同的衍射波. 正是这一光波形成了与物体完全逼真的三维立体图像，当从不同角度观察时，就像观察原物一样可看到它的不同的侧面.

第三项 $KO_0R_0^2\mathrm{cxp}[-\mathrm{i}(\psi_0-2\psi_R)]$ 与物光波的共轭光波有关，它是因衍射而产生的另一个一级衍射波，称为孪生波，它在有些情况下会形成一个发生畸变的，并且在观察者看来物体的前后关系与实物相反的实像.

全息照相具有多次记录性，用几束不同方向的参考光可以在同一张底版上分别

记录几个不同的物体，用相应方向的参考光可以分别再现各自独立、互不干涉的图像. 如果一个物体的形状随时间发生变化，那么若在同一张全息干版上相继进行两次重复曝光，再现时，前后两个全息图同时再现，并且两个像的再现光之间会因干涉而形成干涉条纹. 根据干涉条纹的分布可以计算物体表面各点位移的大小和方向. 在此基础上发展了一门新的测量物体微小变化的全息干涉技术.

3.1.3　实验仪器装置

根据全息照相原理，只要将物光和参考光光路设计得能够发生干涉，那么实验一般就会成功，因此说来光路不是唯一的. 实验的具体装置如图 3.1.3 所示.

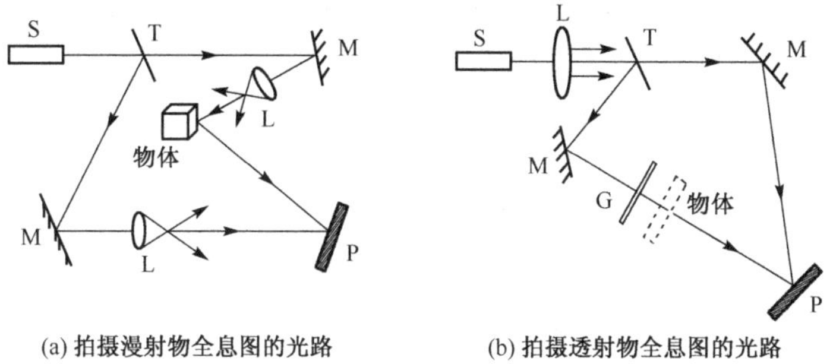

图 3.1.3　拍摄全息照片的参考光路图

光源 S：保证其相干性，全息照相只能使用激光光源. 常用的激光器是 He-Ne 激光器（波长为 632.8nm，功率为 3～30mW），由于激光谱线有一定宽度 $\Delta\lambda \approx 0.002$nm，相应的相干长度 $L=\lambda^2/\Delta\lambda=20$cm，为保证物光和参考光发生干涉，布置光路时必须使两条光束的光程差不大于相干长度，一般常使两者光程大致相等.

分光镜 T：它把光分成相十的两束，其中一束作为物光照射到被摄物体上，另一束作为参考光照射到记录介质上.

反射镜 M：能根据需要改变光束方向.

扩束镜 L：能扩大激光束的光斑.

全息感光版 P：常采用分辨率为 3000 条/mm 的天津 GS-I 型全息干版.

漫射屏 G：让物光束漫射后再照到物体上去，使照明更均匀，再现物像观察效果更好.

全息图片记录了参考光束和物光束之间的干涉条纹，极小的扰动都会使干涉条纹模糊不清. 为了成功地记录干涉条纹，光源、各光学元件、被摄物和感光版的底座都应固定在一个防震台上，如常见的光具架下面有一块方形磁铁，把支架牢牢吸附在台面上，使系统稳定. 曝光期间应避免大声喧哗、走动、吹风等；还可以增大光源强度，缩短曝光时间以降低对系统稳定性的要求. 另外，在布置光路时要求物光束与参考光束之间的夹角 θ 小些，这样条纹的间距就会大些，对防震措施要求就可以低一些.

3.1.4 实验内容和步骤

1. 全息记录

(1)按图 3.1.3 布置光路,根据被摄物体选择参考光路(a)或(b),并作如下调整:①使各元件等高;②使物光和参考光的光程大致相等;③当参考光均匀照亮胶片夹上的白纸屏时,使被摄物体各部分得到均匀照亮,两光束夹角小于 30°,使尽量多的物光射到屏上.

(2)曝光拍摄.满足上述要求后,取下白纸屏:①确定曝光时间,为 2~20s;②在暗室的暗绿灯下把全息干版夹在胶片夹上,感光药面朝着被摄物;③静等 1~2min,待整个系统稳定后,打开光源进行曝光,曝光后取下干版,放入暗盒.

2. 全息照片的冲洗

在照相暗室中,可在暗绿灯下操作,整个过程不能用手摸药面.

(1)用 D-9 显影液显影 2~3min,显影温度为 20℃,不断摇晃显影盆;

(2)水洗后放在温度为 19~20℃的停显液中 20~30s;

(3)在温度为 19~20℃的 F-5 定影液中定影 5min,定影过程中不断摇晃定影盆;

(4)用自来水冲洗 1~2min,晾干.

3. 物像再现与观察

根据前面的知识已知,全息照相在感光底板上记录的不是物体的直观形象,而是无数组干涉条纹的复杂组合,观察全息照片记录的物像时,一般用与原参考光相同的光束去照射底片(也可以把激光束直接扩束后照明全息底片),这束光称为再现光.把制作好的全息片放回原来位置(药面仍对着光),遮住物光束,只让参考光照明全息片,在全息片后面原物所在的方位可以观察到物的虚像,观察示意图如图 3.1.4 所示.

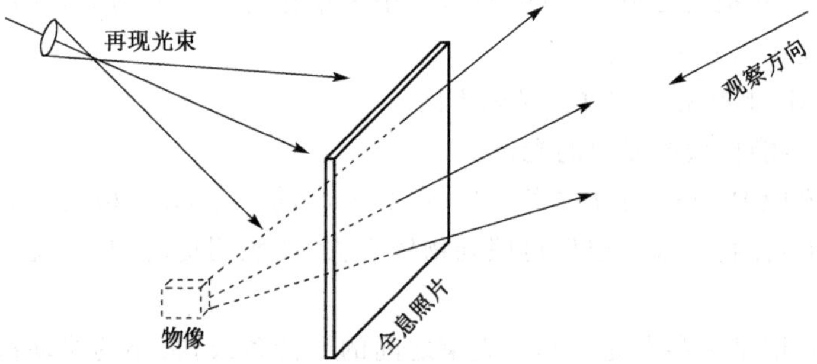

图 3.1.4 全息照片的再现观察方式

(1)从不同方向反复观察,比较再现的像有何变化并记录观察结果;

(2)用一张带有小孔的纸片贴近全息片,人眼通过小孔观察虚像;改变小孔在全息片上的不同位置做同样观察,记录观察结果.

(3)改变光的波长或再现光束的曲率,观察再现像的变化,记录观察结果.

(4)改变再现光的强度,再观察像的情况,记录观察结果.

3.1.5　注意事项

(1)绝对不允许直视经过聚焦的或经镜面反射后再聚焦的激光光束,防止视网膜的损伤.

(2)不用手触摸实验仪器的光学元件的镜面.

(3)在拍摄全息照片时,要保持室内安静,一定不要触及防震平台.

(4)本实验中曝光时间、显影时间以及光路都不是唯一的,需要根据实际情况调整到最佳.

思　考　题

(1)简述全息照相的基本原理.

(2)光学全息实验的条件主要是哪些?

(3)根据理论和实验观察写出全息照相和普通照相的异同?

(4)全息物像再现有什么特点?

(5)全息物像再现有什么要求?

(6)绘制"三维漫射物"拍摄的全息光路图.

(7)绘制"三维透射物"拍摄的全息光路图.

(8)如果一张拍好的全息片打碎了或部分污染了,用其中一部分再现,看到的是部分物像?还是整个物像?为什么?

(9)观察全息图再现像放大、缩小、等大的条件是什么?

(10)全息实验中为什么要求物光程和参考光光程尽量相等?

(11)在观察全息照片(虚像)时,你能否尝试用手去触及再现物像?而当你的手移近或远离再现物像时,能否据此来判断像的位置,大小及深度?

参 考 文 献

唐贵德,马长山,杨连祥,等.2003.近代物理实验.石家庄:河北科学技术出版社

(庞兆广　编)

3.2　全息干涉计量

全息干涉现象是人们在全息照相实践中发现的.全息干涉计量双曝光法,即实时全息干涉计量法,在精密测量、无损检测、动态监控、生物技术等方面有着广泛的应用前景.全息干涉计量又是科学技术上的一个新领域,涉及诸多相关学科技术.

本实验采用连续波工作的激光器,摄取和再现被计量或监控物的静态形变状态.重点了解全息双曝光技术的基本原理、主要特征和操作要领.

3.2.1 实验目的

(1)了解全息干涉计量的原理,有关应用及特点.

(2)掌握全息干涉计量的双曝光法.

3.2.2 实验原理

全息干涉计量是全息照相技术目前应用最广泛的应用领域之一.它的基本原理是:借助全息干涉测量确定物体表面上的静态与动态的形变,即将没有形变的物体表面形状在第一次曝光中记录在一张全息图上,再将变形的该物体的表面形状在第二次曝光中记录在同一张全息图上.这种方法我们称为双曝光法.在全息图再现时就必定同时出现两个有细微差异的物体表面图像.在全息图上衍射的光互相重叠,并产生肉眼可见的干涉条纹,这些干涉条纹就是衡量物体表面形变的尺度.利用全息干涉图能够记录物光相位的变动和光程的变动.要是在形变的测量中,折射率是常数,光程的变动是由几何光程的变化而产生的干涉条纹.但也可以反过来,使几何光程为常数,折射率变化.具体操作可以这样来做,例如,将一物体放到一个玻璃容器中.在做两次曝光时变换填充于容器内的气体,或改变压力(加温).这样,就会产生间隔可调的等高线;同样也可利用发射两种不同波长的一台激光器来达到.

在前面介绍的一个物体处在两种状态下通过两次曝光被记录在同一张感光材料上,物像再现时把这些变化状态同时再现出来.在静态形变状态下光源可以采用连续波工作的激光器,而在动态形变一般就必须采用脉冲激光器.

下面再介绍全息干涉计量另一种实验方法——瞬时观察法(实时法).

在这种方法中是将初始状态物体利用全息技术拍摄下来,在经光化学显影、定影之后,将感光版再极精确地放回到原拍摄位置上,或将感光材料留在原处实现使显影、定影.这样,就会在由全息图再现的图像上出现实际的物体.如果物体形变的话,就在物体上反射的光与在全息图上衍射的光相叠加,可以通过全息图看到衡量光程变化的干涉条纹.与双曝光法相比,这种方法的优点是它不仅能够观察和测量两个变形状态,而且还能够测量诸如与时间、温度或机械力有关的任意形变状态.这种因在物体形变的同一瞬间就可以观察相应的干涉花样的变化,故又称为实时干涉计量法.实时全息干涉计量法的优点在于:可观察和测量干涉条纹随温度或压力的变化情况,以及去除干扰后干涉条纹的恢复及变化情况,在实验中一目了然.有关全息干涉计量干涉条纹的定量分析问题比较复杂,涉及相关面也比较多,这里不作介绍.

由于全息干涉计量能对物体表面形变作图示性的测量,干涉条纹的疏密形态直接反应表面形变的尺度,可直接鉴别出存在强应力的范围及变化趋势.因此,全息干涉计量法在技术上的应用有广阔的前景,另外,在材料无损检测方面除了减少材料的浪费之外,另一个优点就是增大了工作的可靠性,还可以大大提高工作效率.全息无损检测方法主要用来检验那些用一般方法检测有困难的材料.例如,飞机机翼蜂窝板材、橡胶制件、橡胶—金属黏合件、黏接胶合件,也有金属材料等.过去这些材料多采用统计性的破坏爆裂压力等检测方法.

全息干涉计量的主要优势在于:①可做微量形变的检测;②测量时不必要接触检测物即非接触检测;③非破坏性检测.

3.2.3　实验仪器装置

氦氖激光器,分光镜(T),反射镜(M),透镜(L),扩束镜(E),干版架(H),加力架,毛玻璃屏(G),全息防震平台,全息记录材料,暗室必要设备及相关药品.

3.2.4　实验内容和步骤

(1)根据实验要求及实验室提供的条件,按参考光路(图 3.2.1)设计布置所做实验光路.

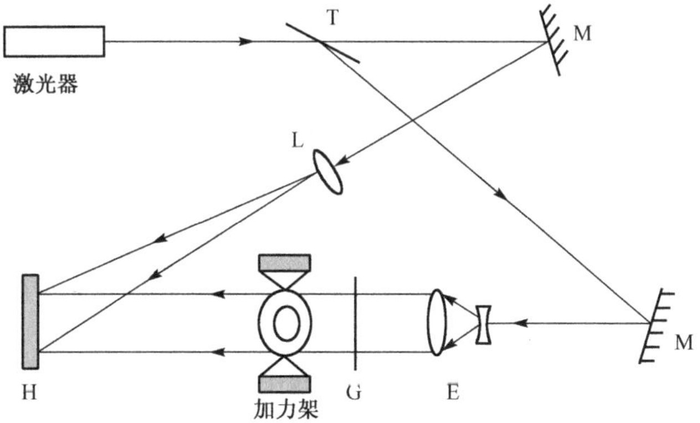

图 3.2.1　双曝光实验参考光路

(2)打开激光器,根据要计量物的特性设计和安排光路,调节光程及物光和参考光的光强比.

(3)关上快门,装好感光版(乳胶面对着光),静置几分钟后,物体未变形时,将感光版曝光一次,时间 2～6s,底版固定不动,挡住光源,让物体发生微小形变(加压力或温度),物体形变稳定达到平衡后,再将全息感光版曝光一次,取下感光版装进暗袋到暗室进行冲洗处理.

(4)将处理好的全息图片放回原光路中,挡住物光,用原参考光作再现光.也可直接用激光器全部光实现参考光条件来再现.根据再现图上的干涉花样来分析判断物体的变化.

思 考 题

(1)简述全息干涉计量的实验原理.

(2)设计并绘制一漫射物体的双曝光全息干涉光路.

(3)绘制出你所做全息干涉计量的实验光路.

(4)画出你所做全息干涉计量全息图再现的干涉花样.

(5)全息干涉计量技术有什么独特计量优势?

(6)说出干涉计量双曝光实验成功的关键步骤.

(7)如何实现全息干涉计量物再现的保真性?

(8)实时全息干涉计量有什么特点?

(9)如果实验光路中要求平行光束怎样获得? 如何检查光束的平行性?

(10)物体加压发生微小形变部位受力未达平衡状态做第二次曝光,对再现图示有无影响?

参考文献

唐贵德,马长山,杨连祥,等.2003.近代物理实验.石家庄:河北科学技术出版社

(庞兆广 编)

3.3 彩虹全息

彩虹全息是用激光记录全息图,用白光照明再现单色像的一种全息术,彩虹全息通过在观察者与物体的再现像之间形成一狭缝像,通过狭缝像来看物体的像,从而实现白光再现单色像.由于狭缝的作用,观察者在不同位置将会看到不同颜色的像,如果眼睛的位置能使几种颜色的光同时进入眼睛中,就会看到物体有连续变化的颜色,因此称为彩虹全息.彩虹全息术在制作透射型彩色全息图、彩色图像存储、全息干涉计量等方面具有许多用途.

3.3.1 实验目的

(1)掌握彩虹全息照相的基本原理.

(2)了解二步彩虹全息图及一步彩虹全息图的实验原理和方法.

(3)掌握一步彩虹全息图真像记录的实验过程.

3.3.2 实验原理

根据彩虹全息的发展历程,可以分为二步彩虹全息图和一步彩虹全息图,无论是二步彩虹全息还是一步彩虹全息,彩虹全息术的本质都是要在观察者与物体的再现像之间形成一个狭缝像,使观察者通过狭缝像来观察物体的像,以实现白光再现.两

种方法各有其优缺点，二步彩虹全息具有视场大、立体感强的优点但制作过程比较复杂，要用两次激光曝光，散斑噪声大；一步彩虹全息图记录方式简捷，噪声较小，但由于需要通过成像透镜获得物体的像，景深和视场受到透镜限制，因而全息图像与真实物体相比三维效果较差. 下面分别介绍这两种彩虹全息图的实验方法.

1. 二步彩虹全息图

二步彩虹全息图实验是本顿(Benton)于 1969 年提出的，二步彩虹全息的记录过程分为两步：

(1)首先按照全息照相的实验步骤拍摄一张物体的离轴全息图(详细实验过程参考全息照相实验)，图 3.3.1 为示意图，所得全息图称为主全息图 H_1.

(2)以主全息图 H_1 的赝实像作为拍摄物，在主全息图 H_1 后面加一个狭缝 S，在主全息图 H_1 的再现像前放置全息干板，然后在利用参考光的照射对干板 H_2 进行曝光，干板 H_2 经与干板 H_1 相同的处理后(显影、定影、冲洗等线性处理)即可得到彩虹全息图 H_2，拍摄光路如图 3.3.2 所示.

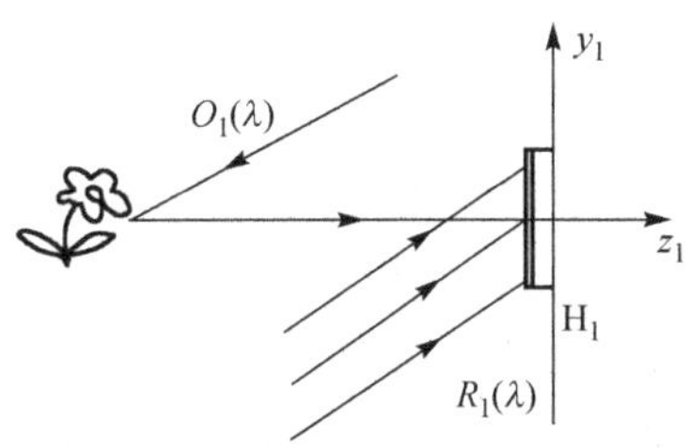

图 3.3.1　拍摄主全息图 H_1 光路示意图

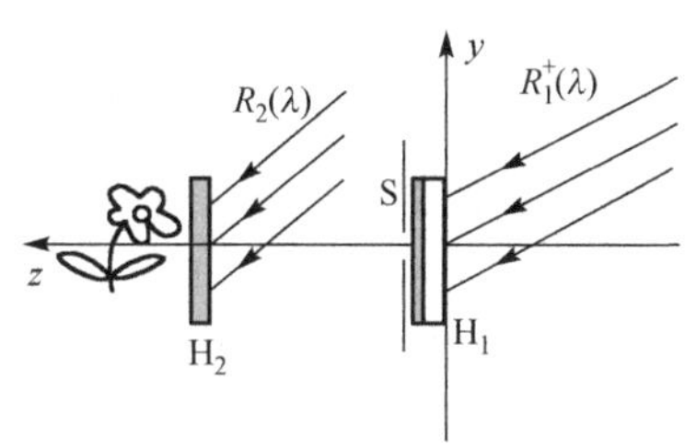

图 3.3.2　彩虹全息图 H_2 拍摄光路示意图

再现时，若用与 $R_2(\lambda)$ 共轭的激光束照明全息图，则在全息图的后面出现狭缝 S 的再现实像，若将眼睛置于狭缝实像的位置处，就可以看到物体的再现虚像. 如用白光照明，由于对于不同波长的光，狭缝的像和物体的像位置都不同，拍摄过程中的物体越靠近全息干板，物体像的位置变化越小；特别对于像面全息来说，物体再现像的位置基本不随波长而变，而狭缝的像仍随波长改变. 所以若将眼睛分别置于不同的狭缝位置处，会看到不同颜色的单色像，如果眼睛的位置能使几种颜色的光同时进入眼睛，就会看到物体颜色有连续变化的彩色出现.

2. 一步彩虹全息图

考虑到二步彩虹全息制作过程复杂，需要用到两次激光曝光，同时散斑噪声大，直接应用不方便. 1977 年底，杨振寰等研究成功了一步彩虹全息术，一步彩虹全息相对于二步彩虹全息而言，方法较为简便，容易推广到实际应用. 当然，一步彩虹全息和二步彩虹全息在本质上并没有区别，只是在记录彩虹全息图的步骤上更为简单实用.

一步彩虹全息图的记录光路是在普通离轴全息照相光路中，在记录干板与物体之间插入一个成像透镜和一个水平狭缝，以便用一次曝光就能把物体的像和狭缝的像同时记录下来.按照狭缝放置的位置不同，一步彩虹全息图的记录光路可分为两种：一种是赝像记录光路；另一种是真像记录光路.

赝像记录原理如图 3.3.3 所示.狭缝 S 紧贴成像透镜放置，位置位于透镜焦点之内，在焦点外成虚像；物体放置在焦点以外，透镜对物体成实像，用会聚光作参考光照射干板 H；拍摄完成后用参考光的共轭光照明再现时，会形成狭缝的实像和物体的虚像，眼睛位于狭缝实像处可以观察到重现的物体虚像，它是一个赝像(即重现像的凹凸与物体正好相反)，当用白光照明再现时，不同波长的光都将形成不同的狭缝实像和物体的虚像，它们的位置随波长变化，在观测时形成彩虹全息图.

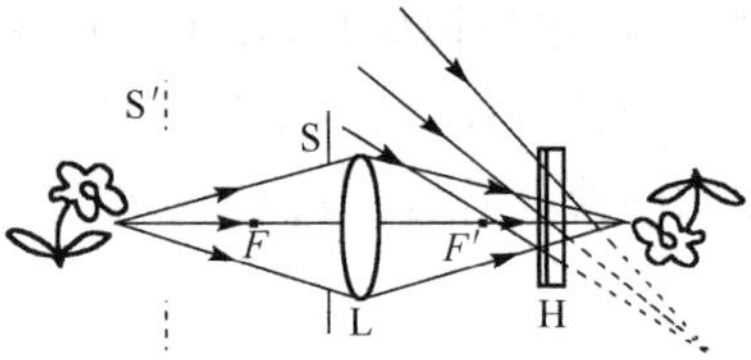

图 3.3.3　赝像记录光路示意图

真像记录原理如图 3.3.4 所示，狭缝和物体均放在透镜的焦点以外，狭缝位于物体和透镜之间，成像透镜对物体和狭缝成实像，记录干版位于物体的实像和狭缝的实像之间，并靠近物体的实像.用原参考光再现时，得到物的原始像是虚像，狭缝的像是实像.用白光再现时由于白光波长连续变化，不同波长的光在不同的位置形成物体的重现虚像及狭缝实像，在这些狭缝像的位置上可看到不同色彩的单色像；同理，当眼睛沿垂直于狭缝实像方向移动时，会形成彩虹全息图.

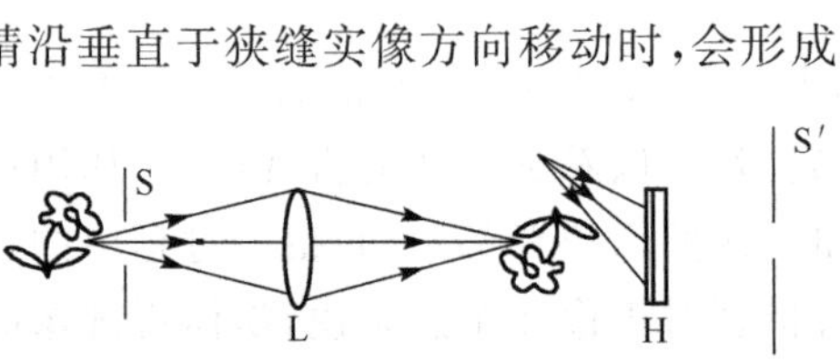

图 3.3.4　真像记录光路示意图

需要指出的是，在记录彩虹全息图时，由于成像光束受到了狭缝的限制，被拍摄物体信息只记录在全息图沿狭缝方向上的狭小的区域中，因此彩虹全息图在垂直于狭缝的方向上失去了立体感；同时，彩虹全息图的碎片已无法重现完整的物体像.

3.3.3　实验仪器与装置

氦氖激光器；全息照相实验成套装置：实验台、平面反射镜、扩束镜、准直镜、成像透镜、狭缝、干版架、载物台、全息干版；显影液、定影液.

3.3.4　实验内容和步骤

1. 彩虹全息图的拍摄

本实验利用一步彩虹全息图的真像记录光路进行拍摄，光路图如图 3.3.5 所示.

其中S为激光器B为分束镜，M为反射镜，L为成像透镜，L_0为扩束镜，H为全息底片，F为狭缝.

实验光路中的物体与干版之间插入成像透镜L和狭缝F，狭缝和物体均位于成像透镜的焦点之外，二者的像均成在透镜的同一侧，全息干板H置于两个像之间靠近物像处来记录全息图.由于物体O经透镜L成实像于干版平面附近，因此全息干版记录的是被摄物O经透镜L和狭缝F后形成的像全息图，狭缝F的位置贴近成像透镜，狭缝的宽度一般为5～10mm.

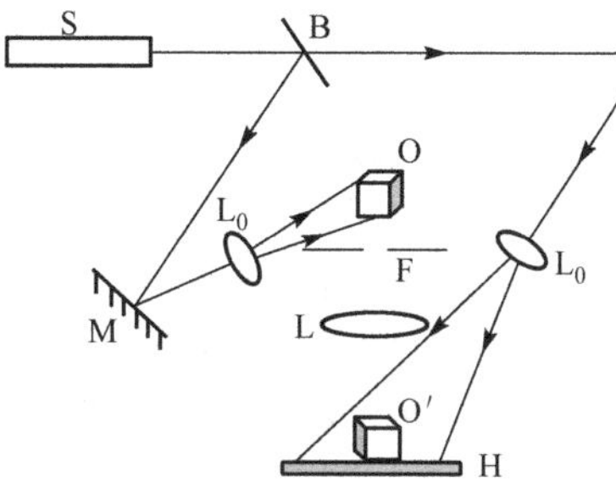

图3.3.5　一步彩虹全息图记录光路

具体实验步骤如下：

(1)按照图3.3.5所示的实验光路图，选择合适的光学元件及镜架.调整分束镜B和反射镜M的位置，使激光光束均匀照射在物体的中央，然后调整扩束镜，使激光束经扩束后均匀照明物体.

(2)加入成像透镜L，并在其后放置毛玻璃，通过调整物距和像距在毛玻璃上形成物体的实像.一般将物体置于透镜的两倍焦距处，使之成1∶1像，以防止像的失真.调整好后在实像后放置干版架，干版架距离像面约1cm.

(3)放置狭缝，在干版架后面利用毛玻璃找到狭缝像，调整狭缝F的位置，使狭缝像距离干版H的距离为10cm左右，通过狭缝像观察物体的实像是否完整.若物体实像左右不全，可适当加大狭缝宽度，或更换较小的物体.

(4)调整物光和参考光的光程，使其光程差接近于零.

(5)调整分束镜B，使参考光与物光的光强比为2∶1～4∶1.

(6)将全息干版装夹到干版架上，使乳剂面朝向物体，待稳定后30～60s进行曝光；曝光后对干版进行常规处理(具体处理过程见“全息照相实验”)，即得一步彩虹全息图.

2.再现观察

再现观察时，需要将全息图相对原来记录的位置在面内旋转90°，使倒立的物体像正立，照明的方向应与原参考光的方向基本一致.进行以下两方面再现观察：

(1)用原参考光照明，在狭缝像的位置上观察物体的全息虚像.

(2)用白光再现，出现按彩虹颜色排列的狭缝实像，在狭缝实像的位置上观察不同色彩的单色物体像；改变观察位置，观察物体再现像的颜色变化.

3.3.5　注意事项

(1)激光电源输出有高压，使用时要注意安全.

(2)不要让激光直射眼睛，避免灼伤眼睛，防止视网膜的损伤.

(3)保持光学仪器的清洁,禁止用手触摸实验仪器的光学元件的镜面.

(4)拍摄过程中保持室内安静,保持防震平台稳定.

思 考 题

(1)简述彩虹全息照相的实验原理;与普通的全息照相相比较,彩虹全息图在记录和再现方面各有哪些特点?

(2)说明一步彩虹全息图和二步彩虹全息图记录的异同点.

(3)为什么彩虹全息可以用白光再现,而且能观察到彩色像?

(4)试设计一步彩虹全息图的赝像记录光路和再现光路.

参考文献

吕乃光.2006.傅里叶光学.北京:机械工业出版社

苏显渝,李继陶.1999.信息光学.北京:科学出版社

(庞兆广 编)

3.4 晶体的电光效应及电光调制

电场施加在晶体上会引起晶体折射率发生变化,这种现象称为电光效应,电光调制的物理基础即是电光效应.电光效应在工程技术和科学研究中有许多重要应用,特别是在激光出现以后,电光效应的研究和应用得到迅速的发展,电光器件被广泛应用在激光通信、激光测距、激光显示和光学数据处理等方面.

本实验主要内容为通过学习和掌握晶体电光调制的原理和实验方法,对晶体的电光调制进行观察和测量.通过观察电光效应所引起的晶体性能的变化,并对铌酸锂晶体电光特性曲线的进行测量研究,掌握利用实验装置测量晶体半波电压、电光常数的实验方法.

3.4.1 实验目的

(1)掌握晶体电光调制的原理和实验方法.

(2)观察电光调制实验现象,掌握测量晶体半波电压及电光晶体的参数的实验方法.

(3)进行激光通信演示实验,实现模拟光通信.

3.4.2 实验原理

1.铌酸锂晶体的电光效应

铌酸锂($LiNbO_3$)晶体属于三方晶系 3m 晶类负单轴晶体,具有优良的压电、电光、声光以及非线性等性能,是目前用途非常广泛的新型无机材料之一,广泛应用于

压电换能材料、铁电材料、电光材料、非线性光学材料以及表面波基质材料中.晶体的电光效应可以分为纵向电光效应和横向电光效应两种:当加在晶体上的电场方向与光在晶体里传播方向平行时称为纵向电光效应;加在晶体上的电场方向与光在晶体中传播方向垂直时产生的电光效应称为横向电光效应.本实验利用铌酸锂的横向电光效应进行光调制实验.

根据晶体学理论可知,当光线穿过某些晶体如方解石、铌酸锂等会折射成两束光.其中一束称为寻常光,简称o光,折射率以 n_o 表示;而另一束的折射率随入射角不同而改变,称为非常光,简称e光,折射率以 n_e 表示.一般来讲晶体中总存在一个或两个方向,当光在晶体中沿此方向传播时不发生双折射现象,把这个方向称为晶体的光轴方向,由晶体光轴和光线所决定的平面称为晶体的主截面.o光和e光都是线偏振光,但它们的电场矢量 E 的振动方向不同,o光的光矢量振动方向垂直于晶体的主截面,e光的光矢量振动方向平行于晶体的主截面.

通常用折射率椭球来描述光在各向异性晶体中传播时折射率与光的传播方向、振动方向的关系.若把坐标轴 x、y、z 取在晶体的3个主轴方向上,分别用 n_x、n_y、n_z 表示晶体3个主轴上的折射率,并以 n_x、n_y、n_z 分别为3个半轴长做一椭球,这个椭球可表示光在晶体内的传播情况,称为折射率椭球,铌酸锂晶体的折射率椭球是以 z 轴为对称轴的旋转椭球,垂直于 z 轴的截面为圆,在三个主轴方向上有 $n_x=n_y=n_o$,$n_z=n_e$,如图3.4.1所示.

没有加电场之前,铌酸锂晶体的折射率椭球为

$$\frac{x^2+y^2}{n_o^2}+\frac{z^2}{n_e^2}=1 \qquad (3.4.1)$$

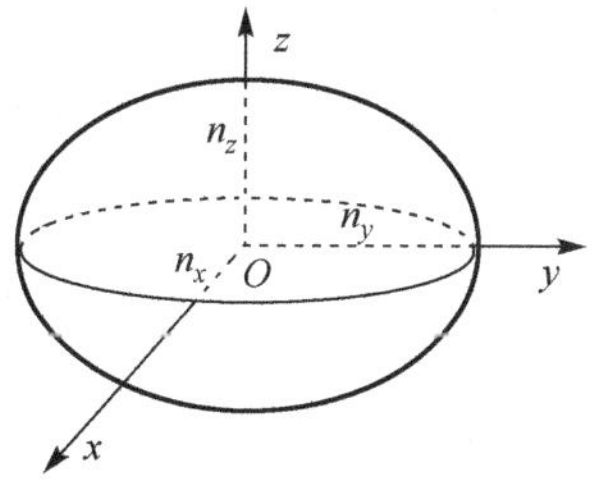

图3.4.1　铌酸锂晶体折射率椭球示意图

在任意外加电场 $E(E_x,E_y,E_z)$ 作用后,其折射率椭球系数 $\frac{1}{n^2}$ 的变化如下:

$$\Delta\left(\frac{1}{n^2}\right)_I=\sum_{j=1}^{3}\gamma_{Ij}E_j \qquad (3.4.2)$$

其中,铌酸锂晶体的电光系数矩阵表达式为

$$\gamma_{Ij}=\begin{pmatrix} 0 & -\gamma_{22} & \gamma_{13} \\ 0 & \gamma_{22} & \gamma_{13} \\ 0 & 0 & \gamma_{33} \\ 0 & \gamma_{51} & 0 \\ \gamma_{51} & 0 & 0 \\ -\gamma_{22} & 0 & 0 \end{pmatrix} \qquad (3.4.3)$$

结合式(3.4.1)和式(3.4.2),可得加电场之后铌酸锂晶体的折射率椭球表达式为

$$\left(\frac{1}{n_o^2}-\gamma_{22}E_y+\gamma_{13}E_z\right)x^2+\left(\frac{1}{n_o^2}+\gamma_{22}E_y+\gamma_{13}E_z\right)y^2+\left(\frac{1}{n_e^2}+\gamma_{32}E_z\right)z^2$$
$$+2\gamma_{51}E_y yz+2\gamma_{51}E_x zx-2\gamma_{22}E_x xy=1 \tag{3.4.4}$$

在本实验中利用铌酸锂的横向电光效应进行光调制实验，采用的是 z 轴方向通光，x 轴方向上加电场 E，如图 3.4.2 所示.

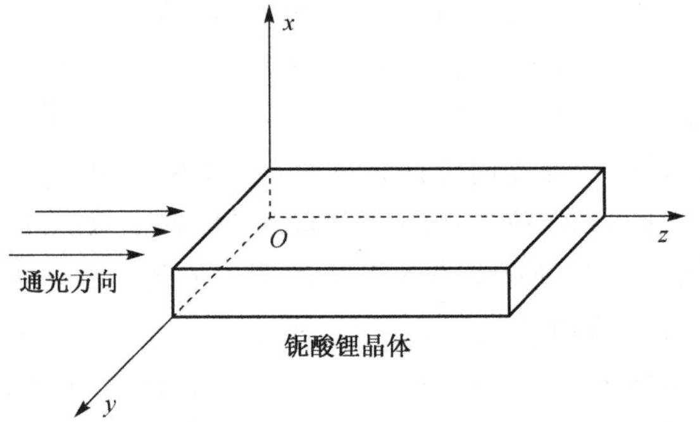

图 3.4.2 铌酸锂晶体横向电光效应示意图

此时有 $E=E_x, E_y=E_z=0$，代入式(3.4.4)并令 $z=0$ 可得

$$\frac{x^2}{n_o^2}+\frac{y^2}{n_o^2}-2\gamma_{22}E_x xy=1 \tag{3.4.5}$$

式(3.4.5)中出现了交叉项 $-2\gamma_{22}E_x xy$，说明铌酸锂晶体在 x 轴方向的电场作用下，折射率椭球绕着 z 轴发生了转动. 通过将式(3.4.5)主轴化：绕 z 轴旋转 45°角，转角的大小与外加电场的大小无关，可得在新坐标轴下的表达式为

$$\left(\frac{1}{n_o^2}-\gamma_{22}E_x x\right)x'^2+\left(\frac{1}{n_o^2}+\gamma_{22}E_x\right)y'^2=1 \tag{3.4.6}$$

式(3.4.6)说明，在 x 轴方向上加电场后，垂直于光轴 z 方向折射率椭球截面由圆变为椭圆. 进一步计算可得

$$n'_x=n_o+\frac{1}{2}n_o^3\gamma_{22}E_x$$
$$n'_y=n_o-\frac{1}{2}n_o^3\gamma_{22}E_x \tag{3.4.7}$$

经过晶体后，o 光和 e 光产生的相位差为

$$\delta=k(n'_x-n'_y)l=\frac{2\pi}{\lambda}n_o^3\gamma_{22}U\frac{l}{d} \tag{3.4.8}$$

式中，d 为晶体在 x 方向的横向尺寸，U_x 为加在晶体 x 方向两端面间的电压，l 为晶体的长度，通过晶体使光波两分量产生相位差 π 所需的电压 U_x 称为半波电压，以 U_π 表示. 由式(3.4.8)可得出铌酸锂晶体在 z 轴方向通光，x 轴方向上加电场时的半波电压为

$$U_\pi=\frac{\lambda}{2n_o^3\gamma_{22}}\frac{d}{l} \tag{3.4.9}$$

式中，U_π 为描述晶体电光效应的重要参数，在实际应用中这个电压越小越好. 结合式(3.4.8)、式(3.4.9)，相位差 δ 还可以写为

$$\delta=\pi\frac{U}{U_\pi} \tag{3.4.10}$$

从以上计算结果可以看出，铌酸锂晶体横向电光效应产生的相位差不仅与外加电压成正比，还与晶体长度比 l/d 有关系. 因此，实际运用中，为了减小外加电压，通常使 l/d 有较大值，即晶体通常被加工成细长的扁长方体.

2. 电光调制器的工作原理

典型的铌酸锂电光调制器工作原理如图 3.4.3 所示. 其中，起偏器的偏振方向平行于电光晶体 x 轴，检偏器的偏振方向平行于 y 轴，入射光经起偏器后偏振方向为平行于 x 轴的线偏振光，设入射线偏振光的光强为 I_0，振幅为 A_0，它在晶体的感应轴 x'、y' 轴上的投影和相位都相等(晶体表面 $z=0$ 处)，分别为

$$\begin{aligned}E_{x'}&=\frac{\sqrt{2}}{2}A_0\cos\omega t\\E_{y'}&=\frac{\sqrt{2}}{2}A_0\cos\omega t\end{aligned} \tag{3.4.11}$$

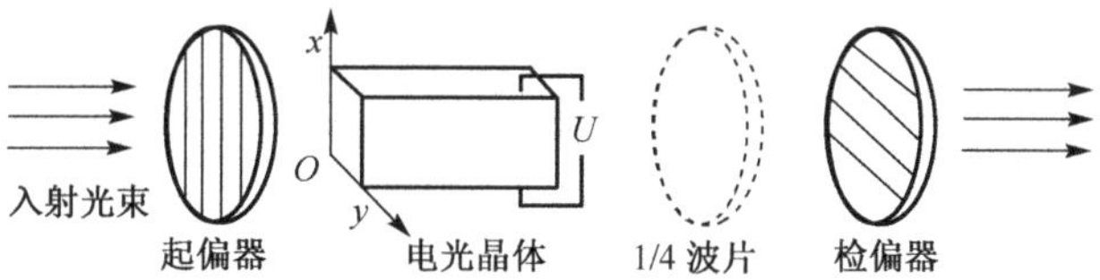

图 3.4.3　电光调制器工作原理图

为计算方便，常采用复振幅表示方法. 将位于晶体表面($z=0$)的光波复振幅表示为

$$\begin{aligned}E_{x'}(0)&=\frac{\sqrt{2}}{2}A_0\\E_{y'}(0)&=\frac{\sqrt{2}}{2}A_0\end{aligned} \tag{3.4.12}$$

线偏振光进入电光晶体后，分解为振动方向互相垂直的两个线偏振光，由于它们在晶体感应轴 x'、y' 轴上具有不同的主折射率，因而具有不同的传播速度，它们之间的相位差随着光在晶体中传播距离的增大而增大，离开电光晶体时 x'、y' 轴上两分量的复振幅分布为

$$\begin{aligned}E_{x'}(l)&=\frac{\sqrt{2}}{2}A_0\exp\left[\mathrm{i}kn'_x l\right]\\E_{y'}(l)&=\frac{\sqrt{2}}{2}A_0\exp\left[\mathrm{i}kn'_y l\right]\end{aligned} \tag{3.4.13}$$

通过检偏器出射的光，为 E'_x、E'_y 两分量在 y 轴上的投影的和：

$$E_y(l)=\frac{1}{2}A_0\exp[ikn'_yl]-\frac{1}{2}A_0\exp[ikn'_xl] \tag{3.4.14}$$

结合式(3.4.8)，可得其对应的输出光强 I_1：

$$I_1=E_y(l)E_y^*(l)=A_0^2\sin^2\left(\frac{\delta}{2}\right)=I_0\sin^2\left(\frac{\delta}{2}\right) \tag{3.4.15}$$

光强透过率为

$$T=\frac{I_0}{I}=\sin^2\frac{\delta}{2} \tag{3.4.16}$$

结合式(3.4.10)和式(3.4.16)，可知透过率随加在晶体两端的电压而变化，因此外加电信号调制了光强度，这就是电光调制的原理. 外加电压通常由直流偏压和交流调制信号两部分组成，因此透过率表达式可以写为

$$T=\sin^2\frac{\pi}{2U_\pi}U=\sin^2\frac{\pi}{2U_\pi}(U_0+U_m\sin\omega t) \tag{3.4.17}$$

式中，U_0 为直流偏压，$U_m\sin\omega t$ 为交流调制信号，U_m 为其振幅，ω 为调制频率，从式(3.4.17)可以看出，改变 U_0 或 U_m 输出特性，透过率将相应的发生变化. 下面具体讨论在不同信号源参数情况下对输出特性的影响：

(1)当 $U_0=\frac{U_\pi}{2}$，$U_m\ll U_\pi$ 时，此时将工作点选定在线性工作区的中心处，如图 3.3.4(a)所示. 把 $U_0=\frac{U_\pi}{2}$代入式(3.4.17)，得

$$\begin{aligned}T&=\sin^2\left(\frac{\pi}{4}+\frac{\pi}{2U_\pi}U_m\sin\omega t\right)\\&=\frac{1}{2}\left[1-\cos\left(\frac{\pi}{2}+\frac{\pi}{U_\pi}U_m\sin\omega t\right)\right]\\&=\frac{1}{2}\left[1+\sin\left(\frac{\pi}{U_\pi}U_m\sin\omega t\right)\right]\end{aligned}$$

当 $U_m\ll U_\pi$ 时，

$$T\approx\frac{1}{2}\left[1+\left(\frac{\pi U_m}{U_\pi}\right)\sin\omega t\right] \tag{3.4.18}$$

这时调制器输出的信号和调制信号虽然振幅不同，但是两者的频率却是相同的，输出信号不失真，称为线性调制，这一直线部分称为线性工作区.

(2)当 $U_0=0$，$U_m\ll U_\pi$ 时，把 $U_0=0$ 代入式(3.4.17)

$$\begin{aligned}T&=\sin^2\left(\frac{\pi}{2U_\pi}U_m\sin\omega t\right)\\&=\frac{1}{2}\left[1-\cos\left(\frac{\pi U_m}{U_\pi}\sin\omega t\right)\right]\\&\approx\frac{1}{4}\left(\frac{\pi U_m}{U_\pi}\right)^2\sin^2\omega t\end{aligned}$$

$$\approx \frac{1}{8}\left(\frac{\pi U_m}{U_\pi}\right)^2(1-\cos 2\omega t) \tag{3.4.19}$$

从式(3.4.19)可以看出 $T \propto \cos 2\omega t$，说明输出光是调制信号频率的两倍，即产生"倍频"失真，如图 3.4.4(b)所示. 同理，若把 $U_0=U_\pi$ 代入，经类似的推导，可得

$$T \approx 1-\frac{1}{8}\left(\frac{\pi U_m}{U_0}\right)^2(1-\cos 2\omega t) \tag{3.4.20}$$

结合式(3.4.19)和式(3.4.20)，说明直流偏压选择在 0 或者 U_π 附近时，输出调制信号为"倍频"失真的波形.

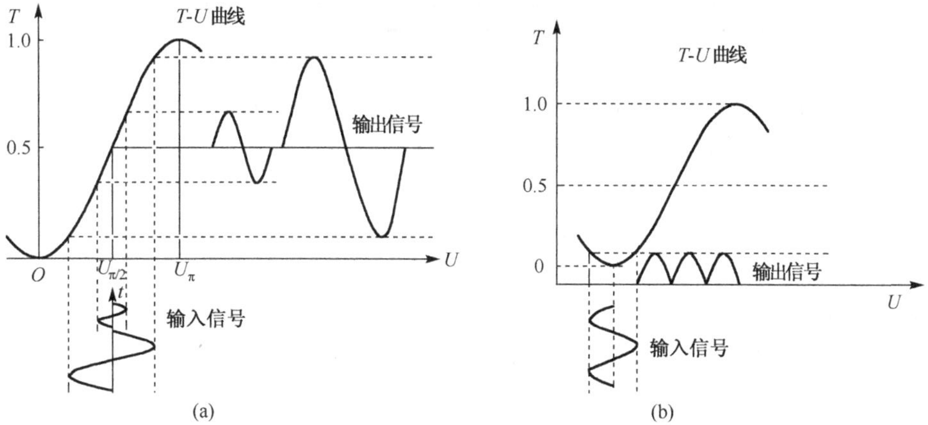

图 3.4.4　晶体电光调制 T-U 曲线

(3) 当 $U_0=\frac{U_\pi}{2}$，$U_m>U_\pi$ 时

此时调制器的工作点虽然选定在线性工作区的中心，但不满足小信号调制的要求，不能写成式(3.4.17)的形式，此时应展开为贝塞尔函数，可得

$$T=\frac{1}{2}\left[1+\sin\left(\frac{\pi}{U_\pi}U_m\sin\omega t\right)\right]$$
$$=2\left[J_1\left(\frac{\pi U_m}{U_\pi}\right)\sin\omega t-J_3\left(\frac{\pi U_m}{U_\pi}\right)\sin 2\omega t+J_5\left(\frac{\pi U_m}{U_\pi}\right)\sin 5\omega t+\cdots\right] \tag{3.4.21}$$

由式(3.4.21)可以看出，输出的光束除包含交流的基波外，还含有奇次谐波. 此时调制信号的幅度较大，奇次谐波不能忽略，因此这时虽然工作点选定在线性区，输出波形仍然失真. 通过以上分析说明，T 与 U 的关系是非线性的，若工作点选择不适合，会使输出信号发生畸变.

3.4.3　实验仪器装置

He-Ne 激光器，起偏器，检偏器，$\lambda/4$ 波片，电光调制器，光电探测器，电光调制实验仪信号源，双踪示波器.

3.4.4 实验内容和步骤

1. 调整光路系统

电光调制实验光路系统及光学器件的放置，如图 3.4.5 所示.

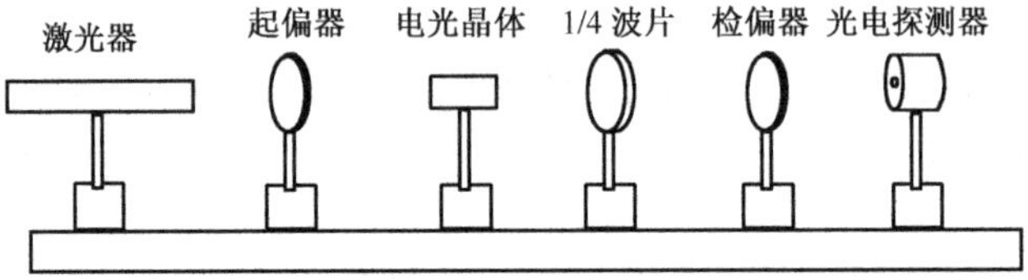

图 3.4.5 电光调制实验光路系统

(1)打开激光器电源，调节光路. 在光路调节过程中，可首先将小孔光阑置于调节台上，移动调节光阑位置使激光通过光阑，以保证近场远场整个光路处于一条直线. 然后将各光学元件放置在调节台上，调节各元件的高度使激光从光学元件中心通过，调节完毕后，锁紧滑动座固定各部件，使其固定于调节台上.

(2)调节起偏器和检偏器的偏振状态. 调整起偏器使其表面与激光束垂直，且使光束在元件中心穿过，调整其偏振方向为 x 轴方向；放上检偏器，使其表面也与激光束垂直，转动检偏器，出现消光状态时，说明与起偏器正交.

(3)将铌酸锂晶体置于导轨上，调节晶体使其通光表面(xy 平面)垂直于激光束，调节晶体的二维调整架，观察晶体前后表面查看光束是否在晶体中心，并且从晶体表面的反射光是否与激光器的出射光束重合.

(4)去掉 1/4 波片，在晶体前端放置毛玻璃，检偏器后放上像屏，晶体偏压为零，观察晶体的单轴锥光干涉图案. 它由暗十字线和明暗相间的同心圆环组成，暗十字线两臂分别平行于起偏镜和检偏镜的起偏镜和检偏镜偏振方向，并将整个光场分成均匀的四瓣，如图 3.4.6 所示；如果干涉图案不均匀，可通过调节铌酸锂晶体位置使干涉图样完整、对称，以确保光束既与晶体光轴平行，又从晶体中心穿过；旋转检偏器使其偏振方向和起偏器相互平行，所出现的锥光干涉图应与偏振片垂直时互补.

图 3.4.6 铌酸锂晶体单轴锥光干涉图

2. $LiNbO_3$ 晶体的特性测量

主要内容包括：选择合适的工作点，测量铌酸锂晶体透过率曲线(T-U 曲线)；测出半波电压；计算铌酸锂电光系数 γ_{22} 并和理论值($\gamma_{22}=3.4\times10^{-12}\,\mathrm{m/V}$)进行比较. 具体实验过程如下.

1)利用极值法测量半波电压

晶体上只加直流电压，不加交流信号，并把直流偏压从小到大逐渐改变时，示波器上可看到输出光强出现极小值和极大值，极小值和极大值对应的直流电压之差即为半波电压. 具体步骤：去掉 1/4 波片，然后将信号源中交流信号输出幅度调节至零，打开高压开关，加在晶体上的电压从零开始，直流偏压数值由电源面板上的数字表上读出. 逐渐增加直流偏压，每隔 10V 测一次光强，在坐标纸上作出 T-U 关系曲线，极小值和极大值对应的直流电压之差即为该晶体的半波电压.

2)利用调制法测量半波电压

将直流电压和交流正弦信号同时加到电光晶体上，当直流电压调到输出光强出现极小值或极大值时，通过示波器可以观测到输出的交流信号出现倍频失真. 相邻两次出现倍频失真对应的直流电压之差即为半波电压.

具体实验步骤：将电源面板上的“信号输出”端的调制信号连接到示波器的 y_1 端，另一路经过电光调制器后的输出信号接到示波器的 y_2 端；从零开始缓慢增加直流电压，通过示波器观察到倍频失真现象时，记录该电压值；继续加大电压，直到出现第二次倍频失真现象，则出现两次倍频现象之间的电压之差即为半波电压.

3)用 1/4 波片来改变工作点，观察输出特性

去掉晶体上加的直流偏压，把 1/4 波片置入晶体和偏振片之间，绕光轴缓慢旋转时，可以看到输出波形随着发生变化. 当波片的快慢轴平行于晶体的感应轴方向时，输出光线性调制；当波片的快慢轴分别平行于晶体的 x、y 轴时，输出光失真，出现“倍频”失真. 因此，把波片旋转一周时，出现四次线性调制和四次“倍频”失真. 因此，用 1/4 波片选择工作点和通过晶体上加直流偏压可以改变调制器的工作点的效果是一样的.

3. 光通信的演示

在控制面板上信号选择开关中选择“音频”，将音频信号接入的“音频输入”端，经过电光调制后的信号经过放大后由输出端接扬声器播放. 首先通过选择合适的工作点使电光晶体进入调制特性曲线的线性区域，然后改变调制器工作点(改变偏压或旋转波片)，比较所听到音频信号的音质变化；也可以用光纤把输出信号和接收端连接起来，实现模拟激光光纤通信. 实验中可通过不透光物体的通光和遮光，观察音频信号的存在和消失，证明音频信号是调制在激光上的，从而验证光通信.

3.4.5　注意事项

(1)加在电光晶体上的电压不能超过晶体的最大安全电压，否则易损坏晶体.

(2)实验中的激光电源两极有高压，使用时要注意安全.

(3)在实验过程中，应避免激光直射到人眼，以免对眼睛造成伤害.

(4)实验中的光学器件均为精密仪器，应小心使用，避免剧烈的震动.

思　考　题

(1)简述晶体电光调制的工作原理.

(2)什么是横向电光效应？在实际应用中，为什么晶体通常被加工成细长的扁长方体？

(3)调整光路时，如何实现光束正入射于晶体的端面？应该怎样判断？

(4)实验过程中，如果起偏器和检偏器既不正交又不平行时，会出现何种情况？

(5)了解 1/4 波片的工作原理，简述为什么 1/4 波片也可以实现改变调制器的工作点？

参考文献

俞宽新. 2009. 高等光学. 北京：北京工业大学出版社

赵建林. 2003. 高等光学. 北京：国防工业出版社

（庞兆广　编）

3.5　普朗克常数的光电效应法测定

普朗克常量(公认值 $h=6.62620\times10^{-34}$ J·s)是自然界中一个很重要的普适常量，它可以利用光电效应法简单而又较准确地求出.

1887 年物理学家赫兹在验证电磁波存在时意外发现，当一束光照射到金属表面时，会有电子从金属表面逸出，这个物理现象被称为光电效应(外光电效应). 然而这一现象无法用麦克斯韦的经典理论来加以的解释.

1905 年，爱因斯坦推广了普朗克的基本假设，提出“光量子”概念，从而成功地解释了光电效应的基本规律. 对于爱因斯坦的假设，许多学者都作了大量的工作，企图验证爱因斯坦方程的正确性. 卓有成效的工作应该属于芝加哥大学莱尔孙实验室的密立根. 他经过全面的实验研究，于 1916 年发表了详细的实验论文，证实了爱因斯坦方程的正确，并精确测出了普朗克常量 $h=6.56\times10^{-27}$ erg·s，它与普朗克按绝对黑体辐射定律中的常量计算的值完全一致. 爱因斯坦和密立根都因光电效应等方面的杰出贡献，分别于 1921 年和 1923 年获得了诺贝尔奖.

3.5.1　实验目的

(1)通过光电效应实验了解光的量子性；

(2)验证爱因斯坦方程，并由此求出普朗克常量.

3.5.2　实验原理

1. 利用光电效应测定普朗克常量的基本原理

爱因斯坦认为从一点发出的光不是按麦克斯韦电磁学说指出的那样以连续分布的形式把能量传播到空间，而是频率为 ν 的光以 $h\nu$ 为能量单位(光量子)的形式一份一份地向外辐射. 至于光电效应，是具有能量 $h\nu$ 的一个光子作用于金属中的一个自由电子，并把它的全部能量都交给这个电子而造成的. 如果电子脱离金属表面耗费的能量为 W_s，则由光电效应打出来的电子的动能为

$$E = h\nu - W_s, \quad \text{或} \frac{1}{2}mv^2 = h\nu - W_s \tag{3.5.1}$$

式中，h 为普克朗常量，公认值为 $h=6.62620\times10^{-34}\,\mathrm{J\cdot s}$，$\nu$ 为入射光的频率，m 为电子的质量，v 为光电子逸出金属表面时的初速度，W_s 为受光线照射的金属材料的逸出功（或功函数）.

在式(3.5.1)中，$\frac{1}{2}mv^2$ 是没有受到空间电荷阻止，从金属中逸出的光电子的最大初动能. 由式(3.5.1)可见，入射到金属表面的光频率越高，逸出来的电子最大初动能必然也越大，如图 3.5.1(a)所示.

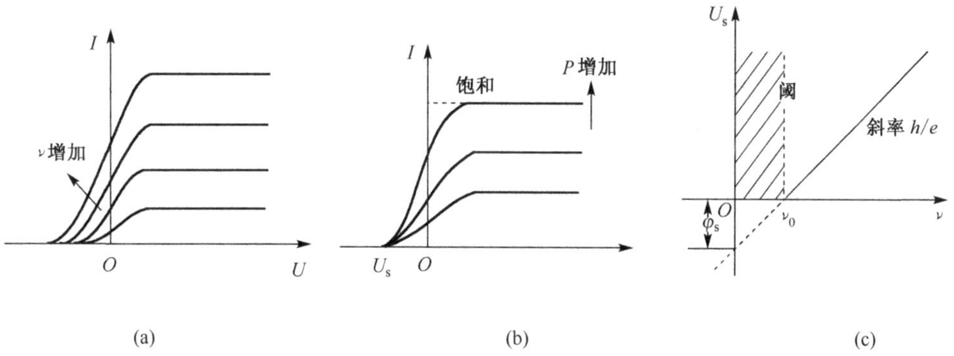

图 3.5.1　光电效应的几个特性

正因为光电子具有最大初动能，所以即使阳极不加电压也会有光电子落入而形成光电流，甚至阳极相对于阴极的电势低时也会有光电子落到阳极，直到阳极电势低于某一数值时，所有光电子都不能到达阳极，光电流才为零，如图 3.5.1(a)所示. 这个相对于阴极为负值的阳极电势 U_s 被称为光电效应的遏制电势（或称作遏制电压）. 显然，此时有

$$eU_s - \frac{1}{2}mv^2 = 0 \tag{3.5.2}$$

代入式(3.5.1)即有

$$eU_s = h\nu - W_s \tag{3.5.3}$$

由于金属材料的逸出功 W_s 是金属的固有属性，对于给定的金属材料，W_s 是一个定值，它与入射光的频率无关. 令 $W_s = h\nu_0$，ν_0 称为阈频率；即具有阈频率 ν_0 的光子能量恰恰等于逸出功 W_s，而没有多余的动能.

将式(3.5.3)改写为

$$U_s = \frac{h}{e}\nu - \frac{W_s}{e} = \frac{h}{e}(\nu - \nu_0) \tag{3.5.4}$$

式(3.5.4)表明，遏制电势 U_s 是入射光频率 ν 的线性函数. 当入射光的频率 $\nu=$

ν_0 时，遏制电压 $U_s=0$，没有光电子逸出，见图 3.5.1(c). 式(3.5.4)的斜率 $K=h/e$ 是一个常数，从而得

$$h=eK \tag{3.5.5}$$

可见，只要用实验方法作出不同频率下的 U_s-ν 曲线，并求出此曲线的斜率 K，就可以通过式(3.5.5)求出普朗克常量 h 的数值. 其中 $e=1.60\times10^{-19}$C，是电子的电荷量.

图 3.5.2 是用光电管进行光电效应实验，从而测量普朗克常量的实验原理图. 频率为 ν、强度为 P 的光线照射到光电管阴极上，即有光电子从阴极逸出. 如图 3.5.2 所示，在阴极 K 和阳极 A 之间加有反向电势 U_{KA}，它使电极 K、A 之间建立起的电场对光电阴极逸出的光电子起减速作用，随着电势 U_{KA} 的增加，到达阳极的光电子将逐渐减少，导致光电流减小.

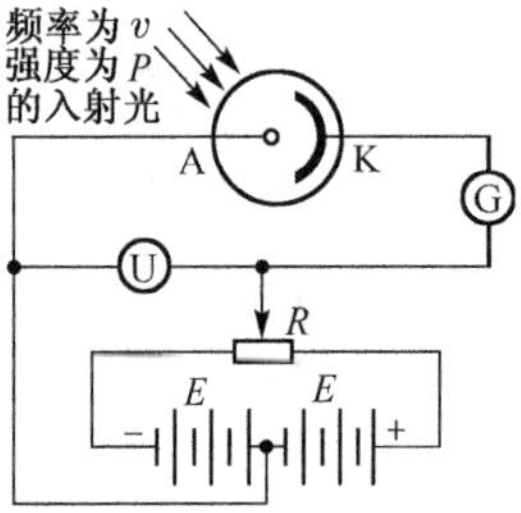

图 3.5.2 实验原理图

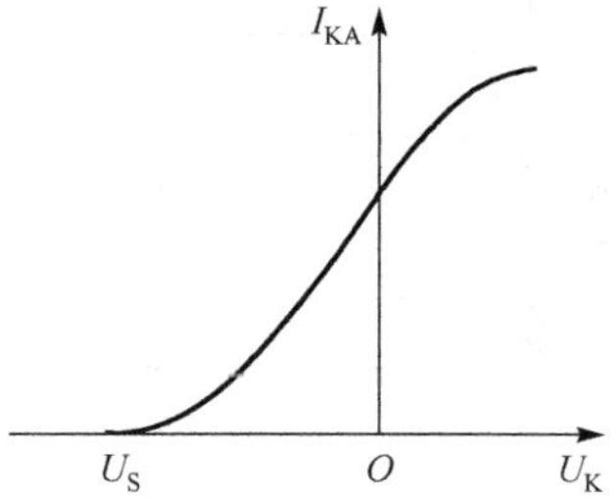

图 3.5.3 光电管的起始 I-U 特性

当 $U_{KA}=U_s$ 时，光电流降为零(见图 3.5.3，光电管的起始 I-U 特性). 利用不同频率的光照射，可以得到与之相对应的 I-U 特性曲线和对应的 U_s 值. 在直角坐标中作出 U_s-ν 关系曲线，如果它是一条直线，就证明了爱因斯坦光电效应方程的正确. 而由该直线的斜率 K 可求出普朗克常量($h=eK$). 另外，由该直线与坐标横轴的交点可求出该光电阴极的遏制频率(阈频率)ν_0，由该直线的延长线与坐标纵轴的交点又可求出光电阴极的逸出电势 φ_s，见图 3.5.1(c).

2. 实际的伏安特性曲线

图 3.5.4 是实验测得的伏安特性曲线，它和图中虚线表示的理论曲线明显不同，其原因是测出的光电流中包含有①漏电流：光电管阴极和阳极间的管壳，由于被玷污或受潮而产生的附加电流；②由于各种杂散光的影响而引起的本底电流；③阳极光电流：因为制作光阴极时，阳极上也溅射上少量光阴极材料，所以只要有光照到阳极上，就能产生阳极电流；④少数电子的热运动能量较大，无光照时，也能形成热电子电流. 其中以漏电流和阳极光电流影响最大. 实验中实际伏安特性曲线的拐点(或抬头点)U_s'，即相当于理论曲线的 U_s.

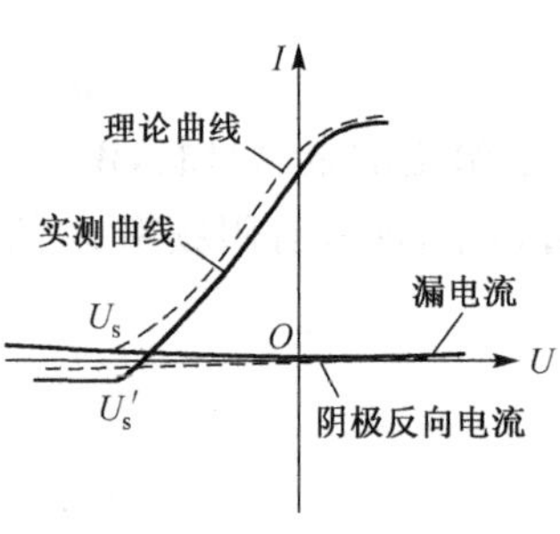

图 3.5.4 实际的伏安特性曲线

3.5.3　实验仪器装置

实验所用仪器为:GY-IIIA 型普朗克常量测试仪,仪器分为以下四个部分(图 3.5.5):

(1)GDH-1 型光电管,阳极为镍圈,阴极成分为银-氧-钾(Ag-O-K),光谱范围为 340～700nm,光窗为无铅多硼硅玻璃,最高灵敏波长是 410±10nm,阴极光灵敏度约 1μA/Lm,暗电流约10^{-12}A.

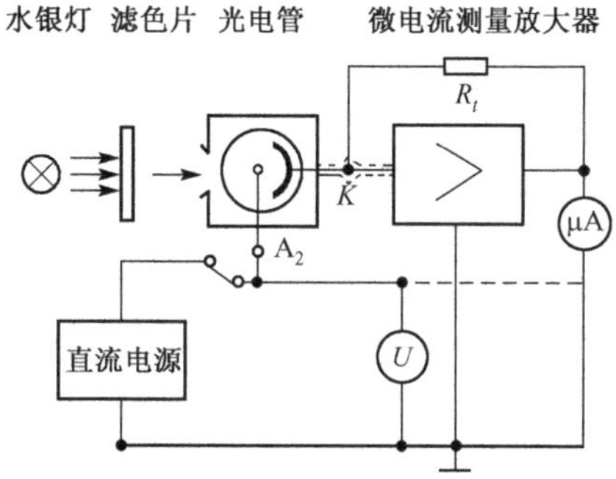

图 3.5.5　实验电路框图

为了避免杂散光和外界电磁场对微弱光电流的干扰,光电管安装在铝质暗盒中,暗盒窗口可以安放 ϕ5mm 孔径的光阑和 ϕ36mm 的各种带通滤色片.

(2)光源采用 GGQ-50WHg 仪器用高压汞灯.在 302.3～872.0nm 的谱线范围内有 365.0nm、404.7nm、435.8nm、491.6nm、546.1nm、577.0nm 等谱线可供实验使用.

(3)NG 型滤色片:是一组外径为 φ36mm 的宽带通有色玻璃组合滤色片.它具有滤选 365.0nm、404.7nm、435.8nm、546.1nm、577.0nm 等谱线的能力.

(4)GY-IIIA 型微电流测量放大器:电流测量范围在10^{-7}～10^{-13}A,分七挡十进变换.机内附有稳定度不大于 1‰、−2～+3V 精密连续可调的光电管工作电源,电压量程分−2V 和 20V,读数精度为 0.01V 和 0.1V.

3.5.4　实验内容和步骤

1. 测试前的准备

参照图 3.5.5,GY-IIIA 型成套整机图,安放好仪器.用遮光罩盖住光电管暗盒的光窗,接通电源预热 15～20min.然后调整测量放大器的零点和满度.

2. 测量光电管的暗电流

(1)连接好光电管暗盒与测量放大器之间的屏蔽电缆、地线和阳极电源线.测量放大器“倍率”旋扭至“$\times10^{-6}$”.

(2)顺时针缓慢旋转“电压调节”旋扭,仔细记录从−2～+2V 不同电压下的相应电流值(电流值=倍率×电表读数×μA).此时所读得的即为光电管的暗电流.

3. 手动测量光电管的 *I-U* 特性

(1)让光源出射孔对准暗盒窗口,并使暗盒离开光源 30～50cm.测量放大器“倍率”置“$\times10^{-5}$”.罩上光源遮光罩,换上滤色片,“电压调节”从−2V 调起,缓慢增加,先观察一遍不同滤色片下的电流变化情况,记下电流明显变化的电压值以便精测.

(2)在粗测的基础上进行精测记录.从短波长起小心地逐次换入滤色片,仔细读出不同频率的入射光照射下的光电流.并记入表 3.5.1(在电流开始变化的地方多读几个值).

表 3.5.1 波长与 I_{AK}、U_{KA} 的关系

距离 L=________ cm,光阑孔 ϕ=________ mm

365nm		405nm		436nm		546nm		577nm	
U_{KA}/V	$I_{KA}/10^{-12}$A	U_{KA}/V	$I_{KA}/10^{-12}$A	U_{KA}/V	$I_{KA}/10^{-12}$A	U_{KA}/V	$I_{KA}/10^{-12}$A	U_{KA}/V	$I_{KA}/10^{-12}$A

(3)仔细作出不同波长(频率)的 I-U 曲线.从曲线中认真找出电流开始变化的"抬头点",确定 I_{AK}的遏制电压 U_s,并记入表 3.5.2.

表 3.5.2 波长、频率与 U_s(V)的关系

波长/nm	365	405	436	546	577	$h/(10^{-34}$J·s)	δ/%
频率/10^{-12}Hz	8.22	7.41	6.88	5.49	5.20		
U_s/V							

(4)描绘出遏制电压 U_s与频率关系的数据点和直线,求出直线的斜率:$K=\dfrac{\Delta U_s}{\Delta \nu}$.代入式(3.5.5)求出普朗克常量 $h=eK$.并算出所测值与公认值之间的误差.

3.5.5 注意事项

(1)关闭汞灯后不要立即再开,需待汞灯冷却后再开启.

(2)用光电管时切忌强光照射,故在更换滤色片前先用遮光罩遮住汞灯.

(3)实验后要立即用遮光罩罩住光电管暗盒进光孔.

(4)使用滤色片时应注意保持清洁,其表面不得用手触摸.

思　考　题

(1)简述高压汞灯、滤色片在实验中的用途?

(2)简述外光电效应的实验原理?画出实验原理图.

(3)什么是遏制电压?

(4)实验中电流为零的点所对应的电压是否为要测的遏制电压?为什么?

(5)什么是抬头点?如何才能比较精确地找到抬头点?

(6)反向电流的来源是什么?

(7)光电子的最大初动能与入射光频率有什么样的关系?与实验中测得的遏制电压有何联系?

(8)更换滤色片时应注意什么?能不能直接使高压汞灯照射光电管?为什么?

(9)暗电流的来源是什么?

(10)怎样确定逸出电势?逸出电势与逸出功的关系是什么?

参考文献

唐贵德,马长山,杨连祥,等.2003.近代物理实验.石家庄:河北科学技术出版社

(唐贵德　编)

3.6　光电器件的光谱灵敏度

光电器件是能把光信号转变成电信号的器件,它作为光电传感器在现代电子技术中具有广泛的应用,特别是随着计算机技术的发展,它已成为自动化检测和控制系统获取信息的重要部件,而光谱特性是光电器件的一项很重要的性质.

3.6.1　实验目的

(1)了解光电器件的光谱特性;

(2)了解测量光电器件光谱灵敏度的基本原理;

(3)掌握光电器件光谱灵敏度的测量方法.

3.6.2　实验原理

在光的照射下,电路中产生电流或电流变化的现象称为光电效应.根据产生的光电效应不同,光电器件可分为三类:在光的作用下能使电子从物体表面逸出的称为外光电效应(光电发射),而制成的器件有各种光电管和光电倍增管(参见本书"核衰变的统计规律");能使物体电阻值改变的称为内光电效应(光电导效应),而制成的器件有各种光敏电阻(也称光导管);能够产生一定方向电动势的称为光生伏特效应(阻挡层光电效应),而制成的器件有光电池、光敏二极管和光敏三极管.

光电池是一种在光照下产生电动势的半导体器件.常用的有硒光电池、硅光电池和硫化铊、硫化银光电池等.

光电管是一种利用光电效应制成的二极管.其阴极在光照下发射电子,阳极收集电子形成电流.若阳极电压保持不变,则电流的大小随光的强弱而变.光电管分真空光电管和充气光电管两种,应用在测光、自动控制、电影放映等设备中.

光敏电阻是利用半导体受光照射后导电性能显著变化的特性而制成的电阻器.能使光信号转变为电信号.不同材料制成的光敏电阻适用于不同波长的光,如可见光和 X 射线.常用的有硫化镉光敏电阻,主要用在自动控制、红外探测、电影等设备中.

无论哪种光电器件,它们在正常的条件下所产生的光电流(或电压)都与被照表面吸收的光通量成正比,同时与照射光的波长有关.如果不考虑照射光的波长,则单位辐射通量引起的光电流的大小称为响应率或积分灵敏度,简称灵敏度.如果只对单色光而言,其响应灵敏度则叫做光谱灵敏度,该光谱灵敏度是波长的函数.若把光谱灵敏度作为纵坐标,照射光的波长为横坐标,所画出的曲线就叫做光谱灵敏度分布或光谱响应曲线.

各种光电器件的光谱灵敏度分布情况与它们所采用的材料有关.对于光电管或光电倍增管来说则取决于它们的阴极材料和封装它们的玻璃泡壳材料;对于光敏电阻、光电池、光敏二极管和光敏三极管,它们的光谱灵敏度分布也都取决于所用材料.

本实验中,我们利用单色仪将白炽灯发出的光分成单色光,利用单色光来测定光电器件的光谱灵敏度分布,测试用的基本光路图,如图 3.6.1 所示.

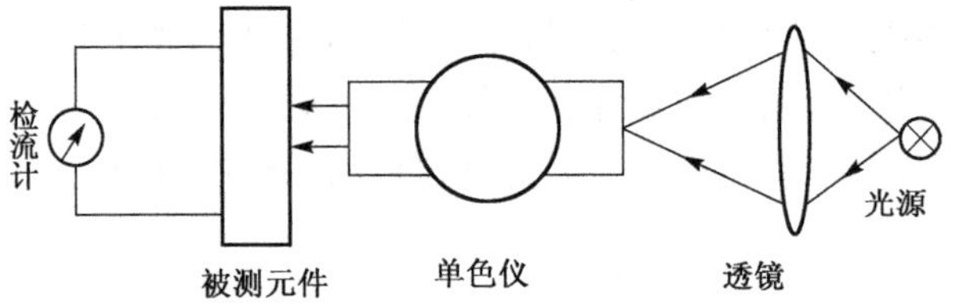

图 3.6.1 测试光路示意图

由光源发出的白光经透镜汇聚到单色仪的入射狭缝上,经单色仪分光,在出射狭缝处得到波长为 $\lambda+\Delta\lambda$ 的单色光,它照射到被测光电器件上,电流表检测出光电器件的输出电流 $i(\lambda)$,$i(\lambda)$ 与照射到它上面的光辐射通量 $\Phi(\lambda)$ 成正比.比值即为光谱灵敏度

$$S(\lambda)=\frac{i(\lambda)}{\Phi(\lambda)} \tag{3.6.1}$$

其中的二个量都是波长的函数,其中辐射通量与光源在该波长的分谱辐照度 $E(\lambda)$、单色仪和透镜的分谱透射率 $T(\lambda)$ 以及单色仪的狭缝所通过的波长宽度 $\Delta\lambda$ 成正比

$$\Phi(\lambda)=KE(\lambda)T(\lambda)\Delta\lambda,\quad K\text{ 为常数} \tag{3.6.2}$$

将式(3.6.2)代入式(3.6.1)得

$$S(\lambda)=\frac{i(\lambda)}{K\cdot E(\lambda)\cdot T(\lambda)\cdot \Delta\lambda} \tag{3.6.3}$$

若想逐一测得公式中的各量而求得 $S(\lambda)$是比较困难的. 为此,我们用辐射热电偶代替被测器件,做同样的测试. 如果我们用 $S'(\lambda)$和 $I'(\lambda)$代表辐射热电偶的光谱灵敏度和光电流,在产生单色光的系统条件与前述相同的情况下,有

$$S'(\lambda)=\frac{i'(\lambda)}{K'\cdot E(\lambda)\cdot T(\lambda)\cdot \Delta\lambda} \tag{3.6.4}$$

式中,K'为考虑到辐射热电偶和被测器件所接受的光通量数值可能不同而引入的,在一般情况下,$K\neq K'$,将式(3.6.4)代入式(3.6.3)得

$$S(\lambda)=\frac{m\cdot i(\lambda)\cdot S'(\lambda)}{i'(\lambda)},\quad m=\frac{K'}{K}$$

由于辐射热电偶对不同波长的灵敏度是一常数,故令:$S'(\lambda)=C$,于是有

$$S(\lambda)=Cm\frac{i(\lambda)}{i'(\lambda)} \tag{3.6.5}$$

由此可知,我们只要将被测元件与辐射热电偶在同一波长时所测得的电流值相比,并取常数 $Cm=1$,就可以得到被测器件的光谱灵敏度(相对值). 在实际测量时,我们先作出被测元件的 $i(\lambda)$-λ 曲线. 再作出热电偶的 $i'(\lambda)$-λ 曲线,取两曲线上与相同的 λ 对应点的纵坐标读数相除,即求得被测元件的 $S(\lambda)$-λ 曲线. 因为此曲线是相对光谱灵敏度曲线,为了简化,常常取光谱灵敏度的峰值为 1,因此只要将曲线上各个点的 $S(\lambda)$值除以峰值 $S_{max}(\lambda_0)$即可. 图 3.6.2 给出了上述各曲线的示意图.

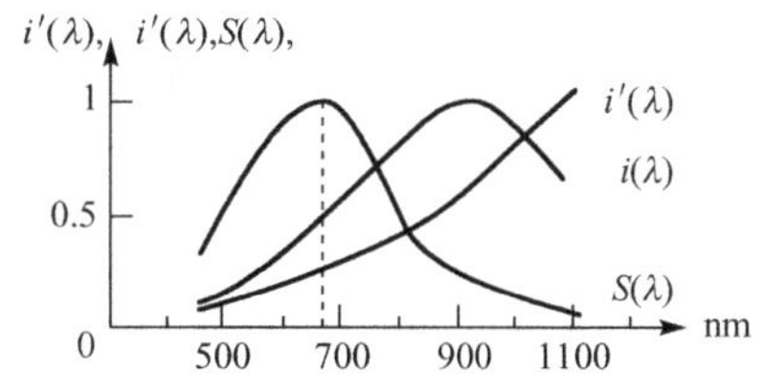

图 3.6.2　光谱特性曲线

3.6.3　实验仪器装置

所用实验仪器有:单色仪、电源、光点检流计、辐射热电偶、透镜、光源及支架. 图 3.6.3是单色仪的光学系统工作原理图

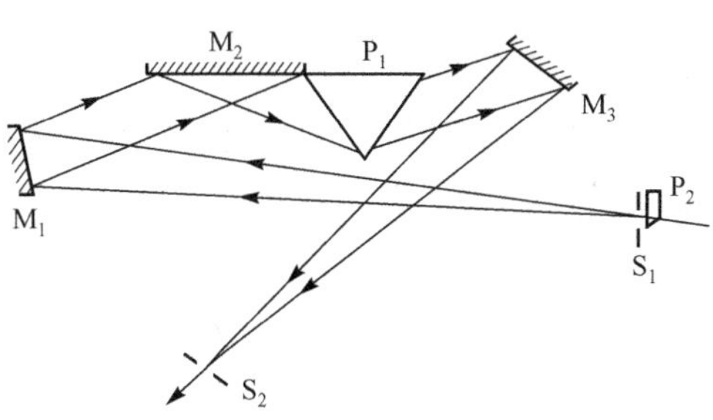

图 3.6.3　单色仪的光学系统工作原理

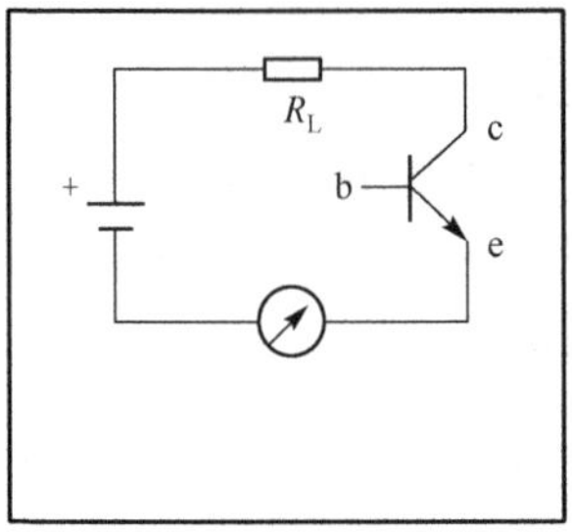

图 3.6.4　光敏三极管工作线路

在图 3.6.3 中，光源所发出的光通过入射狭缝 S_1，经准直镜 M_1 反射成平行光，此光再由平面镜 M_2 反射而投入棱镜 P_1，经棱镜分光，各种波长的光将由不同的方向投到曲面镜 M_3 上，各波长的光由 M_3 成像于一个曲面上. 这个曲面上置有出光狭缝 S_2，其位置恒使通过棱镜具有最小偏向角的光线成像于出射狭缝刃口中间.

图 3.6.4 是光敏三极管的工作线路图.

3.6.4　实验内容和步骤

1. 接通电源

把光源的灯泡与供电稳压电源接通，并用电压表监视其电压（可根据光源灯泡的耐压确定，一般在 10V），如图 3.6.5 所示.

2. 调整光路

调整光源和透镜的位置，使它们都处在单色仪入射光路的主光轴上，并使光源最佳成像在单色仪的入射狭缝平面上.

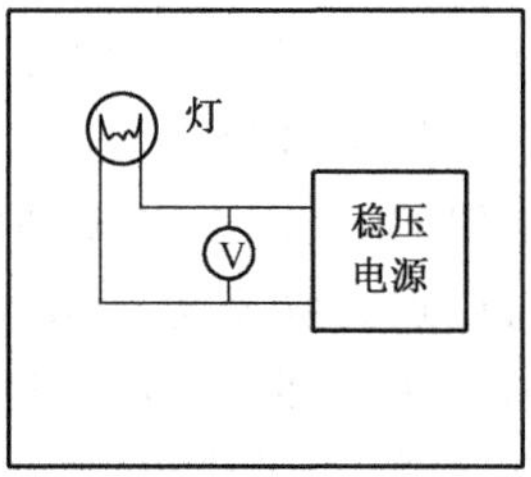

图 3.6.5　光源接线图

3. 检查单色仪

旋转单色仪的鼓轮手柄，由出射狭缝处观察出射单色光，看单色仪工作是否正常（主要看旋转鼓轮手柄时单色光是否变化），各色光出现时看鼓轮读数是否和波长-鼓轮读数表上的数据一致.

4. 测量被测器件光电流随波长的变化

本实验测量光敏二极管、光敏三极管和光敏电阻的光谱灵敏度分布. 将被测器件置于单色仪的出射狭缝处，调整其位置使其对准出射狭缝，旋转鼓轮，观察被测器件光电流随波长变化的范围，从而确定出光电器件的感光范围，在此范围内测出 20～30 个点.

5. 测量辐射热电偶光电流随波长的变化

用辐射热电偶代替光电器件，它的测试波长范围应和被测光电器件的相同（此步也可不测试，直接利用辐射热电偶数据表的数据）.

6. 数据处理

整理测得数据作出 $i(\lambda)$-λ 曲线、$i'(\lambda)$-λ 曲线及 $S(\lambda)$-λ 曲线（要求归一化），并找出光电器件的响应波长范围和峰值波长.

3.6.5 注意事项

(1)测灵敏度曲线时,在读数前先用较快的速度旋转鼓轮,大致看一下曲线分布的波长范围,然后在实际测量时在峰值附近变化较快处多测几个点,分测试点时可按鼓轮读数分.表3.6.1、表3.6.2给出了参考数据.

表 3.6.1 真空辐射热电偶数据表

鼓轮读数	相应波长/nm	热电偶电流 $i'(\lambda)$	$i'(\lambda)$ 归一	鼓轮读数	相应波长/nm	热电偶电流 $i'(\lambda)$	$i'(\lambda)$ 归一
11.10	1058.29	94.0	1.0000	12.20	711.74	22.0	0.2340
11.15	1034.31	93.0	0.9894	12.30	692.67	19.0	0.2021
11.20	1011.45	90.0	0.9574	12.40	674.89	17.0	0.1809
11.25	989.64	86.0	0.9149	12.50	658.28	15.0	0.1596
11.30	968.81	84.0	0.8936	12.60	642.75	14.0	0.1489
11.35	948.90	80.0	0.8511	12.70	628.19	12.0	0.1277
11.40	929.87	75.0	0.7979	12.80	614.53	10.0	0.1064
11.45	911.66	70.0	0.7447	12.90	601.71	9.5	0.1011
11.50	894.22	65.0	0.6915	13.00	589.64	9.0	0.0957
11.55	877.52	60.0	0.6383	13.10	578.28	8.5	0.0904
11.60	861.51	55.0	0.5851	13.20	567.56	8.0	0.0851
11.65	846.15	50.0	0.5319	13.30	557.45	6.5	0.0691
11.70	831.40	45.0	0.4787	13.40	547.89	6.0	0.0638
11.75	817.25	40.0	0.4255	13.50	538.85	5.0	0.0532
11.80	803.65	36.0	0.3830	13.60	530.29	4.5	0.0479
11.85	790.57	33.0	0.3511	13.70	522.18	4.0	0.0426
11.90	778.00	30.0	0.3191	13.80	514.48	3.5	0.0372
12.00	754.25	27.0	0.2872	13.90	507.17	3.0	0.0319
12.10	732.22	24.0	0.2553	14.00	500.22	2.0	0.0213

(2)在测试过程中,为避免螺纹间隙而造成的偏差,应保持鼓轮向同一个方向旋转,避免来回旋转.

(3)如果被测器件有暗电流,应从被测得的光电流中扣除.

(4)光敏二极管和光敏三极管在工作时需要加工作电压,在没有光照时它们不导通,但有一定的暗电流,在有光照时它们就导通.在光敏三极管中由光照产生基极电流,从集电极获得的电流是经过放大的.实验时可直接测集电极电流或从负载上测电压.

(5)辐射热电偶在工作时不要加工作电压,也不要用万用表测其内阻.否则会烧毁热电偶.

(6)单色仪的入射狭缝和出射狭缝宽度一般均调整为0.3mm.

表 3.6.2 被测器件数据表

鼓轮读数	相应波长/nm	$i(\lambda)$	$i(\lambda)$ 归一	$S(\lambda)$	$S(\lambda)$ 归一	鼓轮读数	相应波长/nm	$i(\lambda)$	$i(\lambda)$ 归一	$S(\lambda)$	$S(\lambda)$ 归一
11.10	1058.29					12.20	711.74				
11.15	1034.31					12.30	692.67				
11.20	1011.45					12.40	674.89				
11.25	989.64					12.50	658.28				
11.30	968.81					12.60	642.75				
11.35	948.90					12.70	628.19				
11.40	929.87					12.80	614.53				
11.45	911.66					12.90	601.71				
11.50	894.22					13.00	589.64				
11.55	877.52					13.10	578.28				
11.60	861.51					13.20	567.56				
11.65	846.15					13.30	557.45				
11.70	831.40					13.40	547.89				
11.75	817.25					13.50	538.85				
11.80	803.65					13.60	530.29				
11.85	790.57					13.70	522.18				
11.90	778.00					13.80	514.48				
12.00	754.25					13.90	507.17				
12.10	732.22					14.00	500.22				

思 考 题

(1)什么是光电器件的积分灵敏度、光谱灵敏度和光谱灵敏度分布？它们之间有什么区别？

(2)在什么条件下从被测器件的光电流与辐射热电偶电流之比可以得出被测器件的光谱灵敏度？

(3)画出光敏三极管的工作线路图.

(4)简述单色仪的工作原理.

(5)按产生的光电效应不同来分，光电器件分哪几类？并分别举例说明.

(6)分别指出本实验中所测器件光谱灵敏度最大值所对应的波长，说明它们分别可应用于什么环境.

(7)简述本实验的实验步骤.

(8)如何减少测量误差？

(9)实验中光源的调节应注意什么问题？

(10)本实验的主要仪器设备是什么？

参考文献

唐贵德，马长山，杨连祥，马丽梅．2003．近代物理实验．石家庄：河北科学技术出版社

聂向富，欧阳芳丽．1993．近代物理实验．河北师范大学物理系实验讲义

（唐贵德　编）

3.7　椭偏法测薄膜厚度和折射率

薄膜厚度和折射率是薄膜光电子器件设计和制备中不可缺少的两个参数．当样品对光存在着强烈吸收（如金属）或者待测薄膜厚度远小于光的波长时，通常用来测量折射率的几何光学方法和测量薄膜厚度的干涉法均不再适用．本节介绍的“椭圆偏振光法”测量膜厚和折射率是目前最实用的方法之一．其测量精度最高可达10Å，并且具有非破坏性和快速的优点，因而可用于薄膜生长过程的实时监控，此外，在测量过程中还能同时测出薄膜的折射率和厚度．

这种方法的应用范围比较广，特别近年来，在半导体工业中常用它测量半导体器件中各种高吸收衬底上介质薄膜，如氧化硅膜、氮化硅膜、氧化铝膜及多层钝化膜等的光学特性并对表面过程进行研究．此法在金属工业、化学工业、生物学的研究等方面也有广泛的应用．

3.7.1　实验目的

（1）掌握椭偏法测量的基本原理．

（2）学会使用椭偏仪测量固体表面上介质薄膜的折射率和厚度．

3.7.2　实验原理

椭偏法测量薄膜厚度和折射率的基本思想是，用一束单色椭圆偏振光投射到薄膜表面，反射光的椭偏状态与薄膜厚度和折射率有关．设法测出反射前后椭偏光状态的变化，就可以求出薄膜的厚度和折射率，若再选定适当的条件，可使测量结果的计算方法进一步得到简化．

薄膜的折射率和厚度与光的偏振状态的变化有怎样的关系呢？众所周知，光是电磁波，光的性质除了用波长、频率和传播方向描述外，还需用振幅、相位和偏振方向来描述．普通光源发出的光是非偏振光，它是由许多没有固定相位关系的偏振光组成的，它的电矢量方向均匀地分布在垂直于光传播方向的平面上．偏振光分为线偏振光、圆偏振光和椭圆偏振光，其中线偏振光的电矢量的方向限定在一定方向上振动，椭圆偏振光电矢量端点的轨迹在垂直于光传播方向平面上的投影为一椭圆，这些光均可用分解在两个互相垂直的方向上的分量来表示（这两个分量一个

是振动平面平行于入射面的分量 p 或称 p 波，另一个是振动面垂直于入射面的分量 s 或称 s 波)，如此分解，那么光在不同介质的分界面上所发生的现象，便可借助于两个特定的线偏振光(p 波和 s 波)来进行分析，参见图 3.7.1. 从图中我们还看出，光入射到界面以后，将分成两束，一束反射，一束透射. r 和 t 分别表示反射系数和透射系数，用 a_i、a_r、a_t 分别表示入射光、反射光和透射光的振幅，依反射系数和透射系数的定义则有

$$r=\frac{a_r}{a_i},\quad t=\frac{a_t}{a_i} \tag{3.7.1}$$

将式(3.7.1)分解到 p 与 s 两分量上，则反射系数和透射系数有如下表示形式. 即菲涅耳公式(参见母国光《光学》12－3)

$$\begin{cases} r_p=\dfrac{\tan(\varphi_1-\varphi_2)}{\tan(\varphi_1+\varphi_2)} \\ r_s=\dfrac{-\sin(\varphi_1-\varphi_2)}{\sin(\varphi_1+\varphi_2)} \\ t_p=\dfrac{2\cos\varphi_1\sin\varphi_2}{\sin(\varphi_1+\varphi_2)\cos(\varphi_1-\varphi_2)} \\ t_s=\dfrac{2\cos\varphi_1\sin\varphi}{\sin(\varphi_1+\varphi_2)} \end{cases} \tag{3.7.2}$$

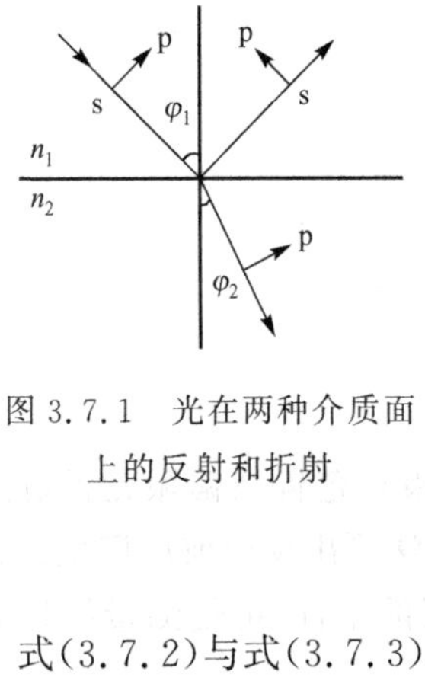

图 3.7.1　光在两种介质面上的反射和折射

当光线由 n_2 进入 n_1 时，入射角为 φ_2，则折射角为 φ_1，利用折射定律，此时的反射系数与透射系数分别用 r^* 和 t^* 表示，则

$$\begin{cases} r_p^*=\dfrac{\tan(\varphi_2-\varphi_1)}{\tan(\varphi_2+\varphi_1)} \\ r_s^*=\dfrac{-\sin(\varphi_2-\varphi_1)}{\sin(\varphi_2+\varphi_1)} \\ t_p^*=\dfrac{2\cos\varphi_2\sin\varphi_1}{\sin(\varphi_2+\varphi_1)\cos(\varphi_2-\varphi_1)} \\ t_s^*=\dfrac{2\cos\varphi_2\sin\varphi_1}{\sin(\varphi_2+\varphi_1)} \end{cases} \tag{3.7.3}$$

式(3.7.2)与式(3.7.3)相比：

$$\begin{cases} r_p^*=-r_p \\ r_s^*=-r_s \\ t_p^*\,t_p=1-r_p^2 \\ t_s^*\,t_s=1-r_s^2 \end{cases} \tag{3.7.4}$$

现在我们来分析光从空气(折射率为 n_1)入射到单层膜系(由折射率为 n_3 的衬底和折射率为 n_2、厚度为 d 的薄膜构成的系统)的情况，如图 3.7.2 所示.

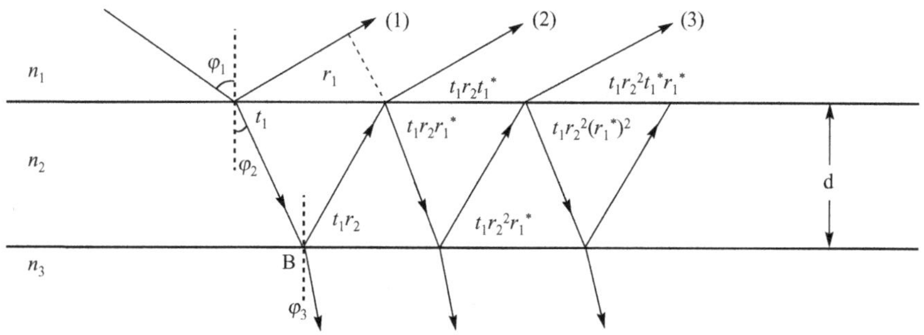

图 3.7.2　光波在单层介膜中传播

由图 3.7.2 不难看出，反射光是由(1)，(2)，(3)，…，(m)条光构成的，并且在它们之间有一定的相位差. 入射光的振幅为 A_1，设它为 1，则(1)光的振幅为 r_1，(2)光的振幅为 $t_1r_2t_1^*$，(3)光的振幅为 $t_tr_2^2r_1^*t_1^*$，……以此类推，m 条光的振幅为 $t_1t_2^{(m-1)}(r_1^*)^{(m-2)}t_1^*$，每相邻两条光之间的相位差是

$$2\delta=\frac{4\pi d}{\lambda}\sqrt{n_2^2-n_1^2\sin^2\varphi_1} \tag{3.7.5}$$

由图 3.7.2 可知，A_r 为总的反射光的振幅，它应是(1)，(2)，(3)，…，(m)条光叠加的结果，即

$$\begin{aligned}A_r&=r_1+t_1t_1^*r_2e^{-i2\delta}+t_1r_2^2r_1^*t_1^*e^{-i4\delta}+\cdots\\&=r_1+t_1t_1^*r_2e^{-i2\delta}\sum_{i=0}^{\infty}r_2r_1^*e^{-i2\delta}=r_1+\frac{t_1t_1^*r_2e^{-i2\delta}}{1-r_2r_1^*e^{-i2\delta}}\end{aligned}$$

应用前述

$$r_1^*=-r_1,\quad t_1t_1^*=1-r_1^2$$

$$A_r=r_1+\frac{(1-r_1^2)r_2e^{-i2\delta}}{1+r_1r_2e^{-i2\delta}}=\frac{r_1+r_1^2r_2e^{-i2\delta}+(r_2-r_1^2r_2)e^{-i2\delta}}{1+r_1r_2e^{-i2\delta}}=\frac{r_1+r_2e^{-i2\delta}}{1+r_1r_2e^{-i2\delta}}$$

总的反射系数为 R，根据反射系数的定义：

$$\begin{aligned}R&=\frac{A_r}{A_i}=\frac{r_1+r_2\cos 2\delta-ir_2\sin 2\delta}{1+r_1r_2\cos 2\delta-ir_1r_2\sin 2\delta}\\&=\frac{(r_1+r_2\cos 2\delta-ir_2\sin 2\delta)}{(1+r_1r_2\cos 2\delta)^2+(r_1r_2\sin 2\delta)^2}(1+r_1r_2\cos 2\delta+ir_1r_2\sin 2\delta)\\&=\frac{r_1(1+r_2^2)+r_2(1+r_1^2)\cos 2\delta-ir_2(1-r_1)\sin 2\delta}{(1+r_1r_2\cos 2\delta)^2+(r_1r_2\sin 2\delta)^2}\end{aligned} \tag{3.7.6}$$

由此看来，光在单层膜上的总反射系数可视为光在一等效界面上的反射系数，如果把它沿 p 和 s 分量分解式(3.7.6)便可写成

$$R_p=\frac{r_{1p}+r_{2p}e^{-i2\delta}}{1+r_{1p}r_{2p}e^{-i2\delta}}\quad R_s=\frac{r_{1s}+r_{2s}e^{-i2\delta}}{1+r_{1s}r_{2s}e^{-i2\delta}} \tag{3.7.7}$$

本实验是通过反射系数比 G 来测出反射前后光的偏振状态的变化，即

$$G=\frac{R_p}{R_s}=\tan\psi e^{i\Delta} \tag{3.7.8}$$

式中，R_p 与 R_s 为复数，所以可用它的模数和一个相因子表示出来，即

$$\begin{cases} R_p=|R_p|e^{i\beta_p} \\ R_s=|R_s|e^{i\beta_s} \\ \tan\psi=\dfrac{|R_p|}{|R_s|} \\ \Delta=\beta_p-\beta_s \end{cases} \tag{3.7.9}$$

式(3.7.9)与式(3.7.7)相比较，代入式(3.7.8)，参照式(3.7.6)整理后得

$$\begin{cases} \tan\psi=\left(\dfrac{r_{1p}^2+r_{2p}^2+2r_{1p}r_{2p}\cos 2\delta}{1+r_{1p}^2r_{2p}^2+2r_{1p}r_{2p}\cos 2\delta}\cdot\dfrac{1+r_{1s}^2r_{2s}^2+2r_{1s}r_{2s}\cos 2\delta}{r_{1s}^2+r_{2s}^2+2r_{1p}r_{2p}\cos 2\delta}\right)^{\frac{1}{2}} \\ \Delta=\arctan\left[\dfrac{-r_{2p}(1-r_{1p}^2)\sin 2\delta}{r_{1p}(1+r_{2p}^2)+r_{2p}(1+r_{1p}^2)\cos 2\delta}\right]-\arctan\left[\dfrac{-r_{2s}(1-r_{1s}^2)\sin 2\delta}{r_{1s}(1+r_{2s}^2)+r_{2s}(1+r_{1s}^2)\cos 2\delta}\right] \end{cases} \tag{3.7.10}$$

由式(3.7.10)不难看出，反射系数比中的参量 ψ 和 Δ 与 n_1、n_2、n_3、φ_1、λ 有关. 如果 n_1、n_3、φ_1 和 λ 都是已知的，此时给一个 n_2 值便对应一组确定的 r_{1p}、r_{2p}、r_{1s} 和 r_{2s} 的值，当 n_2 确定后，又每一个 δ，便可得到一组相应的 ψ 和 Δ 的值，可分别作出 ψ-δ 曲线和 Δ-δ 曲线，并从而得到一条 ψ-Δ 曲线，因此，若以 ψ 为纵坐标，以 Δ 为横坐标作图，连续改变 δ，便可描绘出一条曲线，并每当确定一个 n_2 值时，再连续改变 δ 后，便又可得到一条相应的 ψ-Δ 关系曲线. 图 3.7.3 为 $n_1=1$，$n_3=3.95$(硅衬底)，$\varphi_1=70°$，$\lambda=632.8$nm 时的 ψ-Δ 与参量 n_2 的关系曲线，因此，如果通过实验测出 ψ 和 Δ 之后，利用图 3.7.3 便可查出 n_2，再由测出的 Δ 在 Δ-δ 曲线上查出 δ 的值，将 δ 代入式(3.7.5)，便可求出薄膜的厚度 d.

对反射系数比中用来描述光的偏振状态变化的参量 ψ 和 Δ 的物理意义可作如下分析：根据式(3.7.8)

$$\tan\psi e^{i\Delta}=\frac{R_p}{R_s}$$

引入反射系数的定义，则

$$\tan\psi e^{i\Delta}=\frac{\dfrac{(A_p)_r}{(A_p)_i}}{\dfrac{(A_s)_r}{(A_s)_i}}=\frac{\left(\dfrac{A_p}{A_s}\right)_r}{\left(\dfrac{A_p}{A_s}\right)_i}=\frac{\left|\dfrac{A_p}{A_s}\right|_r e^{i(\beta_p-\beta_s)_r}}{\left|\dfrac{A_p}{A_s}\right|_i e^{i(\beta_p-\beta_s)_i}}$$

令

$$\beta_r=(\beta_p-\beta_s)_r,\quad \beta_i=(\beta_p-\beta_s)_i$$

$$\tan\psi e^{i\Delta}=\frac{\left|\dfrac{A_p}{A_s}\right|_r}{\left|\dfrac{A_p}{A_s}\right|_i}\cdot e^{i(\beta_r-\beta_i)}$$

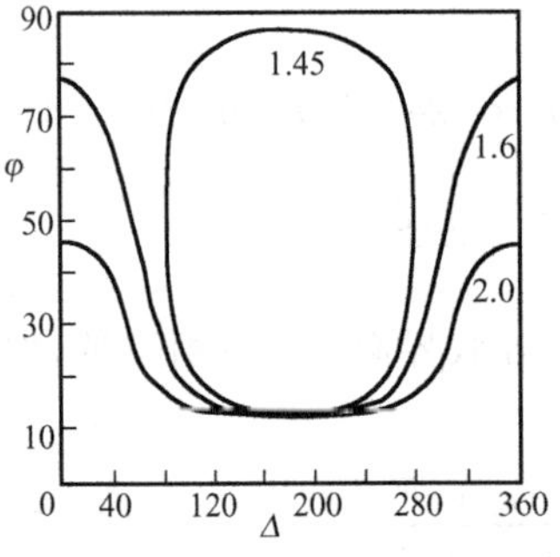

图 3.7.3　ψ-Δ 与参量 n_2 的关系曲线

$$
\begin{cases}
\tan\phi=\dfrac{\left|\dfrac{A_p}{A_s}\right|_r}{\left|\dfrac{A_p}{A_s}\right|_i} \\
\Delta=\beta_r-\beta_i
\end{cases}
\tag{3.7.11}
$$

通过式(3.7.11)可以看出 Δ 的物理意义是 p 波和 s 波的相位差经系统反射后的变化,而 $\tan\phi$ 是 p 波与 s 波的相对振幅的比.

3.7.3　实验仪器装置

通过上述分析,得知薄膜的折射率及厚度的测量,是通过反射系数比中的参量 ϕ 和 Δ 的测量来实现的. 式(3.7.11)中如果使分母 $\left|\dfrac{A_p}{A_s}\right|_i=1$,即入射光的 p 波与 s 波的振幅相等,于是 $\tan\phi=\left|\dfrac{A_p}{A_s}\right|_r$. 如果使反射光为线偏振光. A 是线偏振光的偏振方位角,则 $\left|\dfrac{A_p}{A_s}\right|_r=\tan A$,所以 $\phi=A$,又当反射光为线偏振光时,β_r 只能取 0 或 π 的数值. 则 $\Delta=0-\beta_i$ 或 $\Delta=\pi-\beta_i$. 从而使 ϕ、Δ 的计算得以简化.

我们先用椭偏仪来测量 ϕ 和 Δ,其光路图如图 3.7.4 所示,由氦氖激光器发出的单一波长(632.8nm)的光,它不是线偏振光,经起偏器之后,变成为线偏振光,再经其快轴与 s 方向成 45°角方位放置的 1/4 波片后又变成椭圆偏振光,并且此椭圆光的 p 波与 s 波的振幅是相等的,而且是处处相等的(后面将作定量的计算). 只要适当的选取入射到样品上的入射光的椭圆度,将能使反射光变为线偏振光. 为达到此目的,可转动起偏器改变入射光的线偏振方位角. 再转动检偏器,如果出现了消光状态,说明从样品上反射的光为线偏振光. 这时的检偏角所转过的角度恰好就是反射线偏振光的线偏振方位角 A,从而实现了上述 $\phi=A$ 和 $\Delta=0-\beta_i$ 或 $\Delta=\pi-\beta_i$ 的简化.

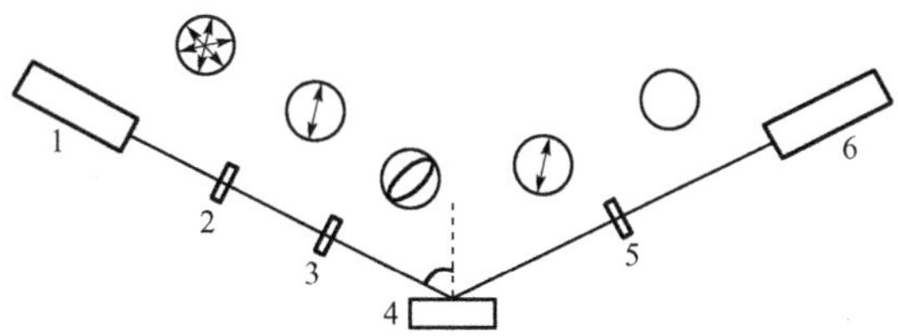

图 3.7.4　椭偏仪的光路图

下面我们定量的分析光经 1/4 波片(1/4 波片的快轴与 s 轴的夹角称为 +45°)后,它的振幅与相位差(β_i)的情况,如图 3.7.5 所示.

A_0 是经过起偏器后的线偏振光的电矢量. 它与 x 轴(s)的夹角称为起偏角以 P 表示,A_0 经 1/4 波片后将沿快、慢轴分解而成椭圆偏振光,并且 $A_{快}$ 比 $A_{慢}$ 在相位上

超前$\frac{\pi}{2}$，$A_{快}$和$A_{慢}$可作如下表示

$$\begin{cases} A_{快}=A_0\cos(P-45°)e^{i\frac{\pi}{2}} \\ A_{慢}=A_0\sin(P-45°) \end{cases}$$

把$A_{快}$、$A_{慢}$再沿p和s分解为A_p和A_s，那么

$$\begin{cases} A_p=A_{快}\sin 45°+A_{慢}\cos 45°=\frac{\sqrt{2}}{2}A_0[i\cos(P-45°)+\sin(P-45°)] \\ A_s=A_{快}\cos 45°-A_{慢}\sin 45°=\frac{\sqrt{2}}{2}A_0[i\cos(P-45°)-\sin(P-45°)] \end{cases}$$

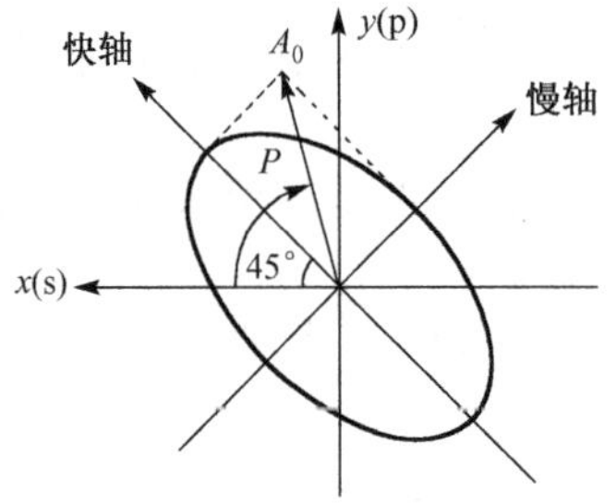

图 3.7.5　等幅椭圆偏振光的获得

将$A_{快}$、$A_{慢}$代入上式，则

$$\begin{cases} A_p=\frac{\sqrt{2}}{2}A_0 e^{i(\frac{3}{4}\pi-P)} \\ A_s=\frac{\sqrt{2}}{2}A_0 e^{i(P+\frac{\pi}{4})} \end{cases} \quad (3.7.12)$$

由式(3.7.12)不难看出，A_p、A_s这两个分量的振幅确实相等，而且$\beta_i=\frac{\pi}{2}-2P$.

下面再来分析当反射消光时，β_r的取值与检偏角A的关系，并进一步确定ϕ和Δ. JT75-1型椭偏仪规定，检偏轴与反射光的p波方向重合时，检偏角$A=0°$，并且将面对光线沿顺时针方向转过的角度规定为正值，反之为负值，其转角范围最大为$\pm 90°$，而起偏角p的规定是，起偏轴与s轴重合时为$P=0°$，面对光线沿顺时针方向转角，转角范围为0～180°，有以下两种情况：

(1)当$\beta_r=0$时，反射偏振光在Ⅰ、Ⅲ象限内振动，它与s轴的夹角叫反射线偏振光的线偏振方位角，如果上述角度是A，那么检偏角必然在角度是$+A$时消失，见图3.7.6，此时A和P规定为(A_1，P_1)，则根据式(3.7.11)和相关的讨论

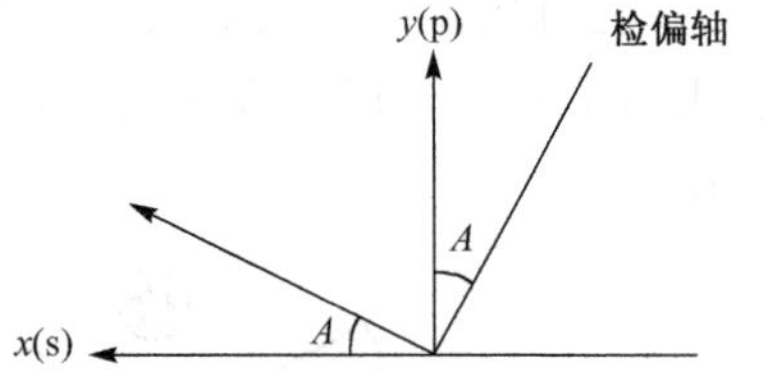

图 3.7.6　反射线偏方位角与检偏角的关系

$$\begin{cases} \phi=A_1 \\ \Delta=0-\left(\frac{\pi}{2}-2P_1\right)=2P_1-\frac{\pi}{2} \end{cases}$$

(2)当$\beta_r=\pi$时，反射线偏光一定在Ⅱ、Ⅳ象限内振动，因而反射消光时检偏角必定是负值，令它为A_2、相应的起偏角为P_2，则

$$\begin{cases} \phi=-A_2 \\ \Delta=\pi-\left(\frac{\pi}{2}-2P_2\right)=2P_2+\frac{\pi}{2}=2P_2-\frac{3}{2}\pi \end{cases}$$

以上结论可综合成下面的反射消光判据表,见表 3.7.1.

此表中(A_1,P_1)与(A_2,P_2)之间有如下转换关系,即 A_1 与 A_2 的绝对值应相等,而 P_1 和 P_2 间相差 90°。

表 3.7.1　反射消光判据表

(当快轴与 s 夹角$=+45°$时)

(A_1,P_1)组	(A_2,P_2)组
$0<A_1<\frac{\pi}{2}$	$-\frac{\pi}{2}<A_2<0$
$\phi=A_1$	$\varphi=-A_2$
$\Delta=2P_1-\frac{\pi}{2}$	$\Delta=2P_2-\frac{3\pi}{2}$

综上所述,只要测得反射消光时的(A_1,P_1),和(A_2,P_2)便可依据反射消光判据表算出 ϕ 和 Δ,从而完成 ϕ 和 Δ 的测量.用(ϕ,Δ)与(n,δ)的关系曲线定出 n_2 和 δ,再由式(3.7.5)算出 d,这就完成了薄膜折射率与厚度的测量.

3.7.4　实验内容和步骤

1. 实验内容

(1)测量砷化镓衬底上的介质膜的折射率和厚度,判定它们是什么材料,改变光点在样品上的位置,测量膜厚的均匀性.

(2)测量硅抛光表面天然氧化层的 n 和 d.

(3)根据式(3.7.11)分析所测样品,它们膜厚相差多少埃时所得到的 ϕ 和 Δ 相同.

2. 实验步骤(对指定样品测其 n_2 和 d)

(1)对已知衬底的样品按 $\phi\Delta$-$n\delta$ 关系曲线要求选取入射角(已调整好).

(2)1/4 波片置于45°位置(已固定好).

(3)开启激光器电源,预热 30min,激光管电流调到 5～6mA,激光稳定之后即可测量.

(4)将样品置于样品台上,把光电池接收转换开关转到红点上(此时为目视位置),调整样品台的高度,使光从反射光路的光阑中射入,并且在观察窗中间有一亮点.

(5)交替转动起偏器 2 和检偏器 5,直至在观察测窗孔中出现消光状态,记下此时的起偏角读数 P 和检偏角读数 A.

(6)重复 5,测出另一消光点,记下相应 P 和 A.

(7)重复 5、6 两步,多次测量,求其平均值,算出 ϕ 和 Δ.

(8)用 ϕ-Δ,n 曲线查出 n_2,再从 Δ-δ 曲线查出 δ,通过式(3.7.5)计算出 d.

思　考　题

(1)从物理意义讲 Δ 和 $\tan\phi$ 的表达式是什么?

(2)用反射型椭偏仪测量材料的折射率和薄膜厚度时,对样品的制备有什么要求?

(3)试分析在图 3.7.1 和图 3.7.2 中,如果介质 1 不是各向同性的或者对光有吸收,则对反射系数比的测量有什么影响?对我们所用的测量公式是否依然成立?为什么?

(4)试述本实验的实验步骤.

(5)线偏振光、椭圆偏振光和自然光有什么区别?

(6)线偏振光和椭圆偏振光的电矢量都可分解为分量 p 和分量 s,这两个方向与光的传播方向及入射平面有什么关系?

(7)根据图 3.7.2 导出总的反射系数表达式(3.7.6).

(8)设真空中光的波长为 λ,则在折射率为 n_1 和 n_2 的介质中,波长分别为多少?

(9)证明式(3.7.5).

(10)试述椭圆法测膜厚与干涉法测膜厚有什么区别?

参考文献

唐贵德,马长山,杨连祥,等.2003.近代物理实验.石家庄:河北科学技术出版社

(甄聪棉 编)

3.8 光拍频法测量光速

光波是电磁波,光速是一个极其重要的物理常量.光速的准确测量有重要的物理意义,也有重要的实用价值.

测量光速的方法很多,而激光的出现把光速的测量推向一个新阶段,1972 年美国标准局埃文森(K. M. Evenson)等测量了甲烷稳频激光的频率,又以 ^{36}Kr 原子的基准波长测定了该激光的波长值,从而得到光速的新数值 $c=299792458\text{m/s}$,不确定度为 4×10^{-9}.此值为 1975 年第十五届国际计量大会所确认.

我们知道,光速 $c=s/\Delta t$,s 是光传播的距离,Δt 是光传播 s 所需的时间.而 $c=f\lambda$ 中,λ 相当上式的 s,可以方便的测得,但光频 f 大约为 10^{14} Hz,如此高的频率,一般的频率计很难测得,同样传播 λ 距离所需的时间 $\Delta t=1/f$ 也很难测量.如果能使光频 f 变得很低,就可以使测量变得十分方便的.这种使光频"变低"的方法就是所谓"光拍频法".

3.8.1 实验目的

(1)掌握光拍频法测量光速的原理和实验方法,并对声光效应有一初步了解.

(2)通过测量光拍的波长和频率来确定光速.

3.8.2 实验原理

1.光拍的产生与传播

根据振动叠加原理,速度相同、频差较小的两列同向共线传播的简谐波叠加即形成拍.

拍频波的频率(即拍频)是相叠加二简谐波的频差.若有振幅相同为 E_0、圆频率分别为 ω_1 和 ω_2(频差 $\Delta\omega=\omega_1-\omega_2$ 较小)的二光束:

$$E_1=E_0\cos\left[\omega_1\left(t-\frac{x}{c}\right)+\varphi_1\right]$$

$$E_2=E_0\cos\left[\omega_2\left(t-\frac{x}{c}\right)+\varphi_2\right]$$

式中，φ_1和φ_2分别为两列波在坐标原点的初相位.若这两列光波的偏振方向相同，则叠加后的总场为

$$E=E_1+E_2=2E_0\cos\left[\frac{\omega_1-\omega_2}{2}\left(t-\frac{x}{c}\right)+\frac{\varphi_1-\varphi_2}{2}\right]\cdot\cos\left[\frac{\omega_1+\omega_2}{2}\left(t-\frac{x}{c}\right)+\frac{\varphi_1+\varphi_2}{2}\right] \tag{3.8.1}$$

上式是沿x轴方向的前进波，其圆频率为$(\omega_1+\omega_2)/2$，振幅为

$$2E_0\cos\left[\frac{\Delta\omega}{2}\left(t-\frac{x}{c}\right)+\frac{\varphi_1-\varphi_2}{2}\right]$$

显然，E的振幅是时间和空间的函数，以频率$f=\Delta f/2=(\omega_1-\omega_2)/4\pi$周期性地缓慢变化，称这种低频的行波为光拍频波，$\Delta f$就是拍频.图3.8.1(a)所示为拍频波场在某一时刻t的空间分布，振幅的空间分布周期就是拍频波长，以Λ表示.

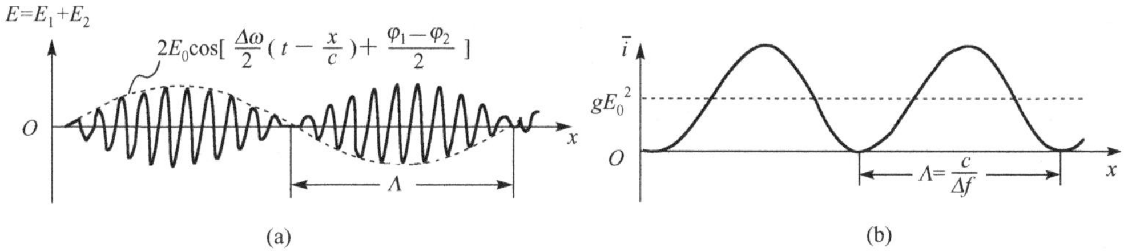

图3.8.1　拍频波场在某一时刻t的空间分布

用光电探测器接收光的拍频波，探测器所产生的光电流与光强(即电场强度的平方)成正比：

$$i=gE^2$$

式中，g为探测器的光电转换常数.由于光波频率f_0高达10^{14}Hz，而一般光电器件仅能对10^8Hz以下的光强变化作出响应.实际得到的光电流i近似为拍频波场强中缓变项在响应时间$\tau\left(\frac{1}{f_0}<\tau<\frac{1}{\Delta f}\right)$内的平均值

$$\bar{i}=\frac{1}{\tau}\int_\tau i\,\mathrm{d}t$$

$$\bar{i}=gE_0^2\left\{1+\cos\left[\Delta\omega\left(t-\frac{x}{c}\right)+(\varphi_1-\varphi_2)\right]\right\} \tag{3.8.2}$$

式中，$\Delta\omega$为与拍频Δf相应的圆频率，$(\varphi_1-\varphi_2)$为初相位.在某一时刻t，光电流i的空间分布如图3.8.1(b)所示，可见探测器输出的光电流含有直流和光拍信号两种成分.将直流成分滤掉，即得频率为拍频Δf的光拍信号.

光拍信号的相位又与空间位置有关，即处在不同位置的探测器所输出的光拍信

号具有不同的相位.设空间某两点之间的光程差为 ΔL，该两点的光拍信号的相位差为 $\Delta\varphi$，根据式(3.8.2)应有

$$\Delta\varphi=\frac{\Delta\omega\cdot\Delta L}{c}=\frac{2\pi\Delta f\cdot\Delta L}{c} \qquad (3.8.3)$$

如果将光拍频波分为两路，使其通过不同的光程后入射同一光电探测器，则该探测器所输出的两个光拍信号的相位差 $\Delta\varphi$ 与两路光的光程差 ΔL 之间的关系仍由上式确定.当 $\Delta\varphi=2\pi$ 时，$\Delta L=\Lambda$，即光程差恰为光拍波长，此时式(3.8.3)简化为

$$c=\Delta f.\Lambda \qquad (3.8.4)$$

可见，只要测定了 Δf 和 Λ，即可确定光速 c.

2.相拍二光波的获得

光拍频波要求相拍二光束具一定的频差.使激光束产生固定频移的办法有很多，用得最多的是声光频移法.利用声光互作用产生频移的方法有两种，一种是行波法，如图 3.8.2(a)所示，在声光介质与声源(压电换能器)相对的端面敷以吸声材料，防止声反射，以保证只有声行波通过介质.当激光束通过相当于相位光栅的介质时，使激光束产生对称多级衍射和频移，第 L 级衍射光的圆频率为

$$\omega_L=\omega_0+L\Omega$$

式中，ω_0 为入射光的圆频率，Ω 为超声波的圆频率，$L=0,\pm1,\pm2,\cdots$为衍射级.利用适当的光路使零级与+1级衍射光汇合起来，沿同一条路径传播，即可产生频差为 Ω 的光拍频波.

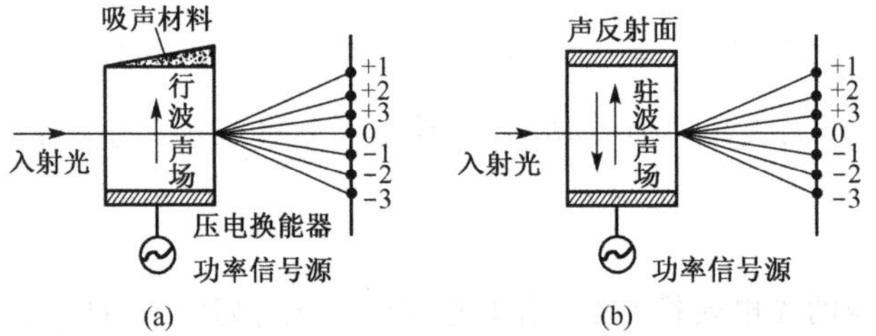

图 3.8.2 相拍二光波获得示意图

另一种是驻波法，如图 3.8.2(b)所示，在声光介质与声源相对的端面敷以声反射材料，以增强声反射.沿超声传播方向，当介质的厚度恰为超声半波长的整数倍时，前进波与反射波在介质中形成驻波超声场，这样的介质也是一个超声相位光栅，激光束通过时也要发生衍射，且衍射效率比行波法要高.第 L 级衍射光的圆频率为

$$\omega_{L,m}=\omega_0+(L+2m)\Omega$$

若超声波功率信号源的频率为 $F=\Omega/2\pi$，则第 L 级衍射光的频率为

$$f_{L,m}=f_0+(L+2m)F$$

式中，$L,m=0,\pm1,\pm2,\cdots$可见，除不同衍射级的光波可以产生频移外，在同一级衍

射光内也有不同频率的光波. 因此,用同一级衍射光就可获得不同的拍频波. 比较两种方法,显然驻波法有利. 本实验所采用的是驻波法制成的声光频移器.

3.8.3　实验仪器装置

本实验所用仪器有 CG-III 型光速测定仪、ST-16 型示波器和数字频率计各一台.

1. 光拍法测光速的电路原理

光拍法测光速的电路原理图如图 3.8.3 所示.

1)发射部分

长 250mm 的氦氖激光管输出激光的波长为 632.8nm,功率大于 1mW 的激光束射入声光移频器中,同时高频信号源输出的频率为 15MHz 左右、功率 1W 左右的正弦信号加在频移器的晶体换能器上,在声光介质中产生声驻波,使介质产生相应的疏密变化,形成一相位光栅,则出射光具有两种以上的光频,其产生的光拍信号为高频信号的倍频.

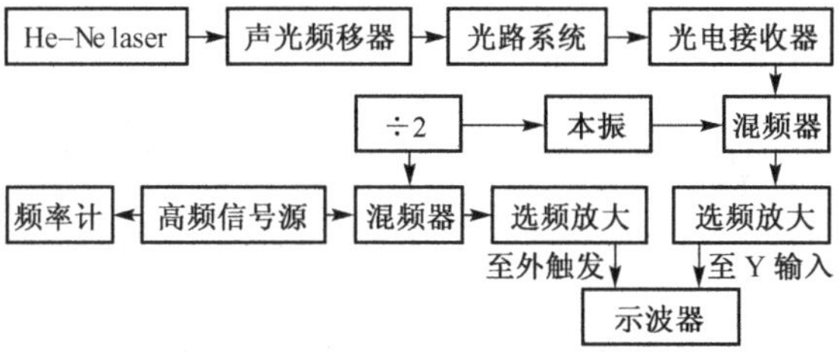

图 3.8.3　光拍法测光速的电路原理图

2)光电接收和信号处理部分

由光路系统出射的拍频光,经光电二极管接收并转化为频率为光拍频的电信号,输入至混频电路盒. 该信号与本机振荡信号混频,选频放大,输出到 ST-16 示波器的 Y 输入端. 与此同时,高频信号源的另一路输出信号与经过二分频后的本振信号混频. 选频放大后作为 ST-16 示波器的外触发信号. 需要指出的是,如果使用示波器内触发,将不能正确显示二路光波之间的相位差.

3)电源

激光电源采用倍压整流电路,工作电压部分采用大电解电容,使之有一定的电流输出,触发电压采用小容量电容,利用其时间常数小的性质,使该部分电路在有工作负载的情况下形同短路,结构简洁有效.

±12V 电源采用三端固定集成稳压器件,负载大于 300mA,供给光电接受器和信号处理部分以及功率信号源. ±12V 降压调节处理后供给斩光器的小电机.

2. 光拍法测光速的光路

图 3.8.4 为光速测量仪的光路图. 实验中,用斩光器依次切断光束①和②,则在

示波器屏上同时显示光束①和②的拍频信号正弦波形. 调节两路光的光程差,当光程差恰好等于一个拍频波长 Λ 时,两正弦波的相位差恰为 2π,波形第一次完全重合,根据式(3.8.4)得

$$c=\Delta f \cdot \Lambda=2F\Lambda \tag{3.8.5}$$

由光路测得 Λ,用数字频率计测得高频信号源的输出频率 F,根据上式可得出空气中的光速 c.

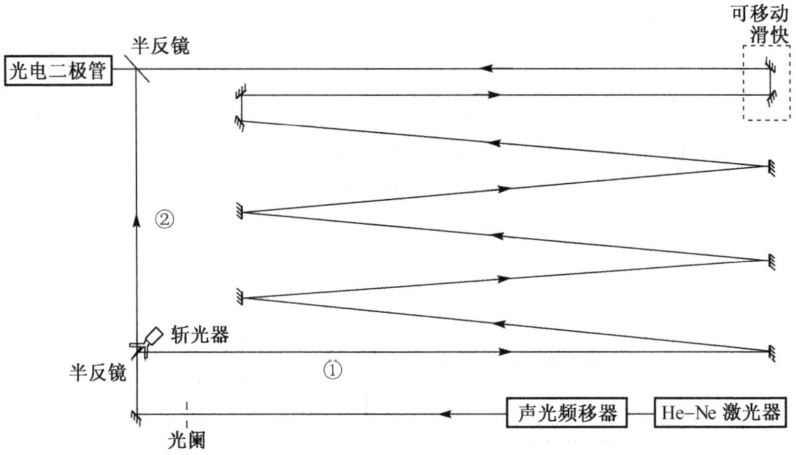

图 3.8.4 CG-III 型光速测定仪光路图

因为实验中的拍频波长约为 10m,为了使装置紧凑,远程光路采用折叠式,如图 3.8.4 所示. 图 3.8.4 中光束①表示远程光路,光束②表示近程光路. ①②实验中用圆孔光阑取出第 0 级衍射光产生拍频波,将其他级衍射光滤掉.

3.8.4 实验内容

1. 调节水平

调节光速测定仪底脚螺丝,使仪器处于水平状态.

2. 连接线路,开机预热

按图 3.8.3 连接线路,接通激光电源,调节电流至 5mA,接通 12V 直流稳压电源,预热 15min 后,使它们处于稳定工作状态.

3. 调节高频信号源

调节高频信号源的输出频率(15MHz 左右)使衍射光最强.

4. 调整光路和拍频波长的测量

按图 3.8.4 依次调整光路. 步骤如下:

(1)调节光阑 2 的高度与反射镜 3 的中心等高,使 0 级衍射光通过光阑入射到全反镜 3 的中心.

(2)用斩光器 13 挡住远程光,调节全反射镜 3 和半反射镜 12,使近程光沿光电二极管前透镜的光轴入射到光电二极管的光敏面上.接通示波器,并使其处于外触发状态,这时示波器屏上将出现近程光的光拍信号.

(3)用斩光器 13 挡住近程光,调节半反射镜 4、全反射镜 5～10 和正交全反射镜组 11,经半反射镜 12 与近程光同路入射到光电二极管的光敏面上.这时示波器屏上应有远程光的光拍信号.

(4)接通斩光器 13 的电机开关,调节微调旋扭使斩光频率约为 30Hz,这时将在示波器上显示出近程光和远程光的拍频波信号.

(5)在光电接收盒上有两个旋扭,调节这两个旋扭可以改变光电二极管的方位,使示波器屏上显示的远程光波形的振幅最大且使近程光与远程光的振幅大小相近但不相等,如果他们的振幅相差很大,再调节光电二极管前的透镜,改变入射到光敏面上的光强大小,使近程光束和远程光束的幅值相近.

(6)缓慢移动导轨上装有正交反射镜的滑块 11,改变远程光束的光程,使示波器中两束光的正旋波形的相位重合,此时,两路光的光程差等于拍频波长 Λ.测出拍频波长 Λ.

5.光速的计算

将测出的拍频波长 Λ,和从数字频率计读出的高频信号发生器的输出频率 F,代入式(3.8.4)求得光速 c.反复进行多次测量,并记录测量数据,求出平均值及标准偏差.

3.8.5　注意事项

(1)声光频移器引线及冷却铜块不得拆卸.

(2)切勿用手或其他污物接触光学表面.

(3)切勿带电触摸激光管电极等高压部位.

思　考　题

(1)什么是光拍频波?

(2)斩光器的作用是什么?

(3)为什么采用光拍频法测光速?

(4)获得光拍频波的两种方法是什么? 本实验采取哪一种?

(5)分析本实验的主要误差来源,并讨论提高测量精确度的方法.

参 考 文 献

唐贵德,马长山,杨连祥,等.2003.近代物理实验.石家庄:河北科学技术出版社,86～90

邬鸿彦,朱明刚.1998.近代物理实验.北京:科学出版社,150～163

(赵　旭　编)

第 4 章　微波和磁共振实验

微波技术和磁共振技术的发展和应用已深入到国防、通信、科研、医学等多个领域. 本章首先介绍了微波的基本知识，其次是微波分光实验和磁共振方面的实验.

4.0　微波基础知识

随着科学技术的现代化，微波的应用越来越广泛. 已经深入到国防军事(如雷达、导航、导弹等)，国民经济(如原子能、卫星通信、多路通信、微波加热、大地测量等)以及科学文化(如电视转播、射电天文、微波波谱学、量子电子学、微波加速器等)各个领域. 所以目前它不但在国防、科研和国民经济中起着重大的作用，而且已成为发展尖端科学不可缺少的重要技术手段.

微波，像广播电台和电视台发送的无线电波一样，也是一种电磁波. 顾名思义，微波就是指波长很短，也就是频率很高的电磁波，如本实验所用微波的波长只有 3cm，频率高达近 10^4 MHz，比一般广播所用的电磁波要高得多. 微波比一般播送电视用的波长还要短，故称其为微波.

微波具体指波长从 1m 到 1mm 的电磁波，它的频率范围由公式 $f=c/\lambda$ 可以算出为 300MHz 到 3×10^5 MHz，所以也称为超高频. 习惯上把微波细分成四个波段即分米波(波长从 1m 到 10cm)、厘米波(波长 10cm 至 1cm)、毫米波(波长 1cm 至 1mm)、还有一个正在开发的亚毫米波即波长在 1mm 以下至红外线之间的电磁波. 故目前微波技术的进展已将普通无线电波到光波的一段电磁波谱的空白填满.

微波和无线电波虽然都是电磁波，但是由于微波比无线电波的波长短、频率高，因此除了具备一般电磁波的性质外，还出现了一些不同于一般频率较低的无线电波的特点：

(1)因为微波波长很短，在一般无线电电路中所用的集中参数元件，如电阻、电容、电感以及导线等由于辐射效应和趋肤效应都不能用了，而必须使用原理上完全不同的微波元件即分布参数元件，如谐振腔、波导管、驻波测量线等，这些微波元件的线度与微波的波长有相近的数量级，如本实验用的 BJ-100 型 3cm 微波波导的截面为 2.286cm×1.016cm.

(2)考虑微波问题时总的思路与波长较长的无线电波以至于波长更长的电工中的交流电不同. 在低频电路中，电路及元件的尺寸比波长小得多，处理时只需用电路的概念和方法，而微波系统的尺寸已能与波长相比较，故必须用场的概念和电动力学所用的一套方法，如表征微波系统的参量常用驻波比，波阻抗，反射系数等新概念，而普通无线电路中所用的电压、电流、电阻等量在微波电磁场都失去确定的意义了.

(3)微波电磁振荡的周期可以短到 $10^{-12}\sim10^{-9}$s,已经和电子在电子管或晶体管的电极间渡越时间(约 10^{-9}s)相比拟,低频电路这么短的渡越时间与其周期相比完全可以忽略,而在微波中就不行了,因此微波的振荡、放大、检波已经不能用普通的电子管和一般的晶体管,必须采用原理上完全不同的微波电子管,如速调管、磁控管、行波管等.

(4)因为微波波长已经接近光波的波长,故微波在空间传播的特点和几何光学中的光线很接近,具有直线传播的性质,利用这个特点能制成方向性极高的微波天线,当辐射出去的微波遇到比其波长要大的物体,如飞机、航船、火箭等要发生反射,用微波天线接收后测出其返回时间差可确定物体的方位和距离,由此发展成雷达技术.微波传播的另一个特点是可以畅通无阻地穿过地球上空的电离层,而一般的无线电波是无法穿过的,故微波波段是无线电波谱中的"宇宙窗户",为宇宙通信、射电天文学、宇航的导航、定位的研究和发展提供了广阔的前途.

(5)许多原子和分子发射和吸收的电磁波的波长正好在微波波段内,人们利用这一特点来研究分子和原子核的结构,发展了微波波谱学和量子无线电物理等尖端学科,目前已利用微波技术研制出了噪声极低的量子放大器和极为准确的分子钟和原子钟.

(6)微波频率极高,在通信中使用时频宽极宽,在一个通信线路中能容纳的信息量极大,即微波通信的信道极宽,如邮电部在我国各主要城市开通使用的微波线路中,一条线路可同时容纳 960 对人通电话和传送几路电视节目.与光纤通信相比,尽管微波通信在带宽,抗干扰性能方面比光纤通信差,但是在施工成本,特别是复杂地理环境施工方面比光纤通信要低.尤其在卫星通信方面更有其独特的不可替代的优势.另外由于微波通信方向性强,抗干扰性能较好,频宽较宽,能保证信号不失真,我国各大广播电台的播音室与市外的发射台间及各电视台间交换节目都使用了微波传送.美国宇宙飞船从火星表面传送回地球的照片也使用了微波系统.微波通信在通信领域依然占据及其重要的地位.

综上所述,在微波波段,不论在处理理论问题所用的概念和方法上,还是在实际技术应用的微波系统的原理和结构上,都与低频和射频电路迥然不同.这就清楚地说明了目前把微波作为一门独立的学科来研究的必要性和重要性.

在微波技术中,微波的产生,微波的传输以及微波的测量是最基本的,本实验就围绕这三方面安排一些最简单和基本的实验内容,以期加强在电动力学中所学的微波理论的理解和初步掌握近代物理实验技术中的这一重要技术手段.

4.0.1　微波的产生

1.微波谐振腔的原理

我们知道,在低频电路中电磁振荡是靠由电感 L 和电容 C 组成的振荡回路在外电路提供给的能量激发下产生的.其振荡频率由公式

$$\nu=\frac{1}{2\pi\sqrt{LC}} \tag{4.0.1}$$

中的 L 和 C 决定.看起来,要获得微波即超高频的电磁振荡,只要减小 L 和 C 数值就可以了,但实际上做不到.因为要产生 $\nu=9000\text{MHz}(\lambda=3.33\text{cm})$ 的微波,L 要小到 $0.016\mu\text{H}$,C 要小到 0.02pF,这样小的数值,不要说线圈和专门用的电容,就是 1cm 长,直径 2mm,相距 5cm 的双平行导线就存在分布电容 $C_0>0.07\text{pF}$,分布电感 $L_0>0.016\mu\text{H}$,即一般电路元件的分布参数就远比振荡回路所需 LC 值大.

实际的微波振荡回路是一个叫做"谐振腔"的空心金属圆柱体.由于电磁场全部集中在空腔内部,故没有辐射损失,由于作为高频电路的空腔内表面积大增,故电阻损耗很小,所以是一个理想的微波谐振回路.

2.反射式速调管振荡器和体效应振荡器的工作原理

产生微波电磁振荡的微波电子管有很多种,现在只简单介绍一下本实验所用的反射式速调管和体效应振荡器的基本工作原理.

1)反射式速调管振荡器的工作原理

速调管的构造示意图如图 4.0.1(a)所示,它主要由电子枪、谐振腔和反射极三部分组成.这三部分使电子束在管内产生速度调制和密度调制而获得高频能量,这三部分的构造和作用如下.

电子枪:产生热电子发射和形成电子束;谐振腔:又称阳极,对电子进行速度调制,在腔内产生微波振荡后由耦合环将能量引出到波导管;反射极:对电子进行密度调制,使电子产生"群聚"形成电子团,反射极相对于阴极,处于负电势,故对电子起拒斥作用,使从栅网过来的电子减速为零并最后被斥回谐振腔,反射极与谐振腔之间叫"制动空间".

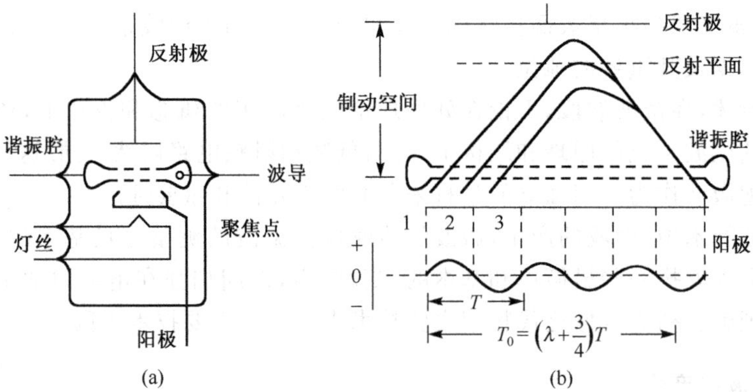

图 4.0.1 速调管构造及管内电子运动轨迹图

速调管的工作过程是:电子从阴极发射出来后,被谐振腔的正电场加速,把直流电源的能量转变成电子的动能.电子加速后穿过谐振腔,在腔中激起感应电流,使谐振腔发生衰减的电磁振荡，从而在上下栅网间产生交变电场，这个交变的电场对穿过上下栅网的电子的速度进行调制. 在正半周内电子受到加速，微波电场把能量交给电子，使其穿出上栅网进入制动空间时速度变大；在负半周时电子受到减速，微波场从电子取得能量，使其进入制动空间时速度减小. 这样使通过栅网后的电子的速度发生变化得到了调制. 但是电子是均匀连续地从阴极发出，所以在负半周内电子交给谐振腔的能量等于正半周内谐振腔交给电子的能量，总起来说一周期内腔中微波电场净得能量为零，无法产生稳定的微波振荡而输出能量.

为了产生振荡必须要在正半周电子不进入谐振腔，或进入的比负半周时少，那么关键在于：①怎样把密度均匀的电子流变成疏密相间的电子团；②怎样使密集的电子团从制动空间返回谐振腔时，正好腔中交变电场为负，电子受到减速，而将能量交给腔中电磁场. 这两点要求都是通过给反射极加一个合适的负电压来实现的. 为了解释电子团的形成，我们来研究三个在不同时刻穿通腔网的电子的运动并画出它们的空间-时间图，如图 4.0.1(b)所示，设电子 2 在被腔加速第一次穿入腔中时，腔中的正弦交变电场刚好过零，其速度不变，进入制调空间后被反射极减速，当到达虚线所示的平面速度为零开始返回，我们称此平面为反射平面，比电子 2 晚一些时候穿入腔中的电子 3 因此时交变电场变负被减速，故进入制动空间速度比电子 2 小，在尚未到达反射平面时速度已被反射极减速为零，而提前返回，这样电子 3 就有可能在返回时和电子 2 相遇或一齐返回腔中，而比电子 2 早一些时候穿过腔体的电子 1，由于在穿腔过程中腔内电场为正而对其加速，而使它进入制动空间的速度比电子 2 大. 所以电子 1 在穿过反射平面以后才被反射极减速为零后斥回，电子 1 虽然在阴极比电子 2 早出发，但因在制动空间多走了一段路程也有可能被电子 2 追上. 这样由于在电子 2 之前、后出发的电子 1 和 3 被谐振腔进行了速度调制，这一组被调速的电子在制动空间被反射极进行了密度调制. 即这一组电子以电子 2 为中心发生了群聚. 原来均匀连续的电子束被这两种调制过程变成一群一群的电子团，断续地返回谐振腔，形成对腔的周期性的激发. 如果再使每一电子团返回谐振腔的时机合适，即返回时腔中交变电场都是负，这样每一团电子都把能量交给腔中电磁场，平衡腔对外输出的能量，就可能激发起有输出的稳定电磁振荡.

选择合适的电子团返回时机是通过调整反射极电压完成的. 反射极电压越高，假想的反射平面越靠近腔，电子团返回越快. 如果把电子第一次穿过腔体到再被反射极斥回腔体的时间叫做渡越时间 τ_0. 从图 4.0.1(b)可以看出，如果我们改变反射极电压控制渡越时间 τ_0 与谐振腔的固有周期 T 满足下列关系时，

$$\tau_0=(n+3/4)T, \quad n=0,l,2,\cdots \tag{4.0.2}$$

电子团返回腔体时腔中交变电场正对电子团减速而获得能量，从而使稳定的微波振荡能得以维持.

对于反射式速调管，若谐振腔的尺寸和谐振腔所加的加速电压保持不变，则只有

反射极电压 U_R 处于某些范围，使电子团的渡越时间满足式(4.0.2)时，才能发生稳定的振荡并输出微波能量. 这些区域叫做该速调管的振荡电压区或叫一个振荡模.

对于一个特定的速调管，如本实验中所用的 K-27 型速调管可以通过实验方法测出其输出功率 P 及输出微波的频率和反射极电压的关系. 此关系称为该速调管的输出特性，此特性在电子管手册上一般以输出特性曲线表示，如图 4.0.2 所示. 其横坐标是反射极电压 U_R，纵标分别为微波输出功率 P 和微波振荡频率 ν.

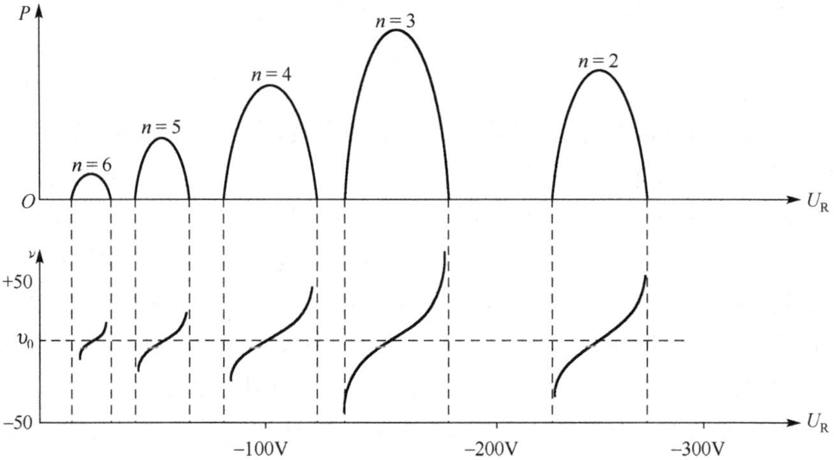

图 4.0.2 反射式速调管 K-27 的输出特性曲线

从图 4.0.2 可以看出速调管的输出特性有下列特点：

(1)只有在反射极电压 U_R 为某些值时，才有微波输出. 而每一个有输出功率的区域，叫速调管的一个“振荡模”.

(2)对于每一个“振荡模”，速调管的反射极电压 U_R 发生变化时，不但其输出功率 P 变化，两且其振荡频率 ν 也要发生一个较小的变化 $\Delta\nu$，一般在振荡模区域内 $\Delta\nu$ 约为 1%. 在“振荡模”中心输出功率最大，而且 U_R 变化时，P 和 ν 的变化量最小.

(3)对于每一个“振荡模”，输出功率并不相等，其中有一个最大的，叫“最佳振荡模”，如图 4.0.2 中 $n=3$ 的振荡模. 为了使速调管具有最大的输出功率和较稳定的工作频率，一般的微波信号发生器中速调管都可以调整到其“最佳振荡模”的中心反射极电压上.

速调管 K-27 的灯丝电压为 6.3V 直流或交流，谐振腔(或加速极)电压为直流 240～300V，反射极电压为负直流 0～750V.

2)体效应振荡器

近年来微波振荡器除了用速调管外，还采用体效应二极管或耿氏二极管(Gunn)作为振荡管组成微波功率发生器，也称固态源.

负阻效应：体效应管的工作原理是基于 n 型砷化镓(CaAs)的导电能谷-高能谷

和低能谷结构，如图 4.0.3 所示，它们的能量相差是 0.36eV. 处于这两类能谷中的电子具有不同的有效质量和不同的迁移率，在常温下低电场时，大部分导电的电子处在电子迁移率高而有效质量较低的低能谷中，当随外加电场增大，许多电子被激发跃迁到高能谷中，在那里电子迁移率低而有效质量较大，因此，低电场时，导电率高，而在高电场时导电率低. 这种效应的结果使电子迁移率急剧下降，这种随电场的增加而导致电流下降的现象称为负阻效应，如图 4.0.4 所示.

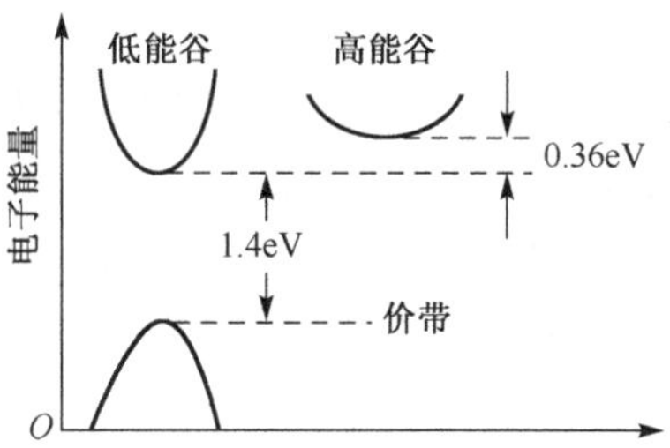

图 4.0.3　n 型 GaAs 的能带结构

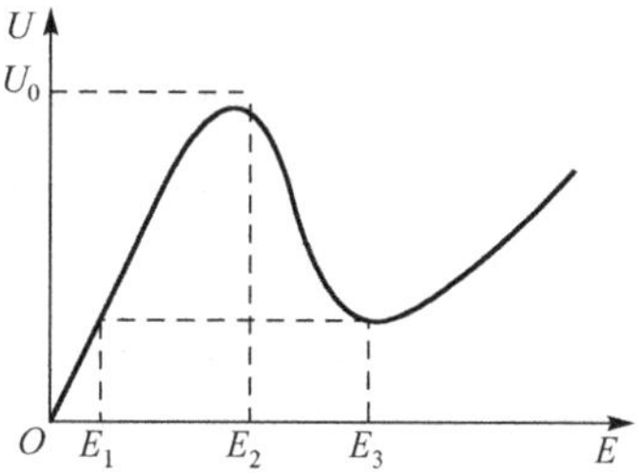

图 4.0.4　n 型 GaAs 的电子平均速度与外场的关系

体效应管的工作原理：在 n 型砷化镓半导体材料上施加直流偏压 U 后，电流随电压线性增长，但 $E > E_T$ 时（E_T 为负阻效应起始电场），由于负阻特性，形成所谓“负电阻效应”.“负电阻效应”形成的原因在于半导体内的载流子（如电子）速度呈“负迁移率”特性. 速度随电场的变化，见图 4.0.4，即当电场的强度增加到某个数值以后，速度不是随电场增加而是减小. 但是，电压在体效应管上的分布并非均匀，在电压的负极端，因半导体与金属电极有接触电阻，加上电子之间的排斥作用，使该端的等效电阻较大，因此，在电压的负极端首先出现“负电阻效应”. 这里的电子速度下降，而前面的电子速度较快，这些电子将把速度慢的电子抛在后面，结果在快电子和慢电子之间出现了电荷的不平衡，该区域呈现正电性，见图 4.0.5. 正电荷和后面赶上来的电子之间形或一个偶极层（偶极畴），该区域内的电场方向与外加电场方向一致，使电子的速度更慢，所以，偶极畴在向正极移动的同时将不断扩大. 但是，由于所加的总电压是一定的，当偶极畴上分担的电压较多时，没有进入“负电阻效应”的区域上的电压将下降，电场减弱，电子速度减小，当该速度等于后面赶上来的电子的速度时，偶极畴不再扩大，以匀速向正极渡越，当到达正极时，偶极畴很快地消失，同时，在负极又形成新的偶极畴，重复上述的过程. 我们看到，当负极刚开始进入“负电阻效应”时，体效应管内的电场最强，此时电流最大；在偶极畴以匀速运动时，区外的电场已经减弱，此时的电流由区外的电场决定，该电流显然是下降了. 因此，通过体效应管的电流如图 4.0.6 所示，呈现周期性振荡，其振荡频率与材料的尺寸（电压正负极间的距离）有关，如果尺寸合适，振荡频率将在微波范围.

通过砷化镓的电流是一连串很狭窄的尖峰波，其周期等于偶极畴的渡越时间.

$$T = \frac{1}{\nu_0} \approx \frac{L}{U_s} \tag{4.0.3}$$

式中，ν_0 为体效应管工作频率（也称固有频率），L 为晶体的厚度，U_s 为电子漂移速度.

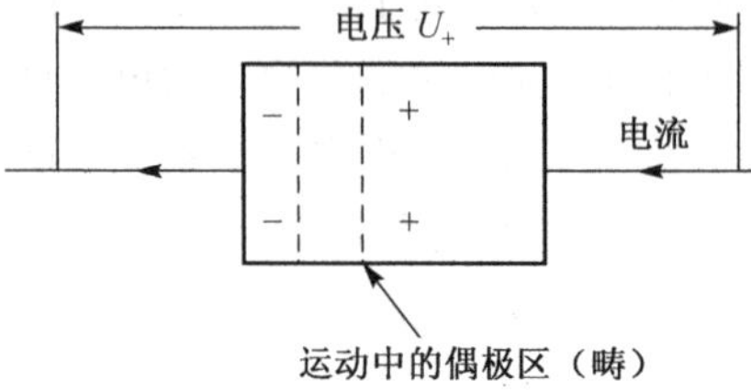

图 4.0.5 偶极畴的出现和运动

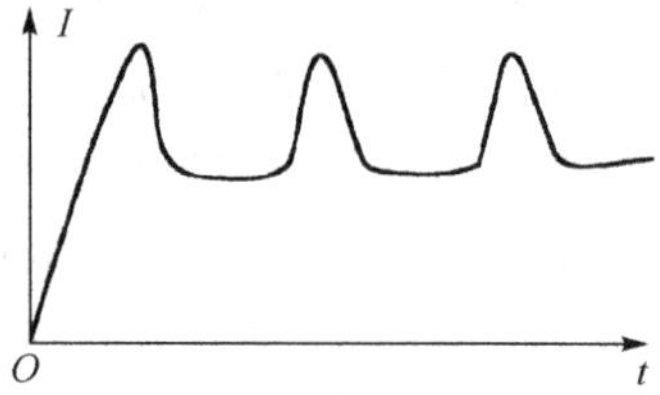

图 4.0.6 体效应管内的电流

体效应管的振荡频率与偶极畴的渡越时间有关.只要砷化镓的厚度足够小,体效应管可以产生类似脉冲尖峰的振荡波形,振荡频率就可很高.实际应用中,是将体效应管装在金属谐振腔中做成振荡器,通过改变腔体内的机械调谐装置可在一定范围内改变体效应管振荡器的工作频率.因体效应管具有可调谐频率范围宽、噪声比较低、寿命长、构造简单以及价格低廉等特点,所以适合于测量用信号源.

4.0.2 微波的传输

1.矩形波导管的构造和特性

由于高频辐射和损耗使普通两线式导线已不能用来传输微波,对于厘米波段,常用波导管来传输.所谓波导管就是尺寸精确、内表面光洁的空心金属管,按其截面形状分,有圆形波导和矩形波导.矩形较为常用,如本实验用的 3cm 微波标准矩形波导 BJ-100,如图 4.0.7 所示.

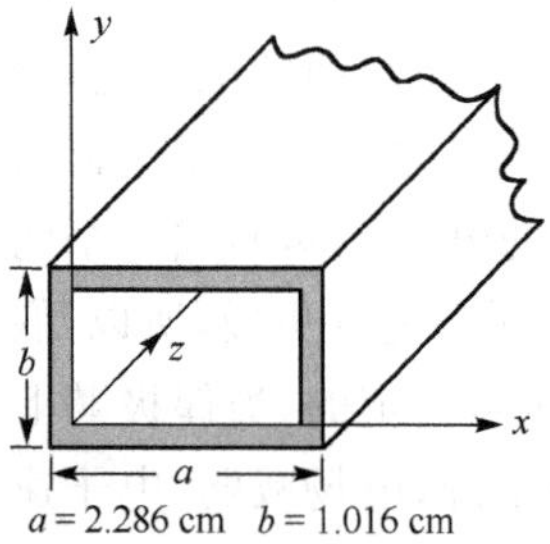

图 4.0.7 BJ-100 矩形波导管

根据电磁理论,在波导管中能传播的电磁波不是纯横波.即在波导管中不存在电场向量的纵分量和磁场向量纵分量同时为零的电磁波,在波导中能传播的电磁波可以归纳成两大类:①横电波(又称磁波)简称 TE 波(或 H 波),即其磁场可以有纵分量和横分量,但电场只有横分量,故对电向量来说是横波;②横磁波(又称电波)简称 TM 波(或 E 波)电场可以有纵的和横的分量,但磁场只有横分量.这两大类中的电磁波又可能在波导中有不同的分布和传播形式,每一种称为一种波型,分别用下标标明.

在实际应用中,总是把波导设计成只能传输某一种单一的波形,如现在普遍使用的标准矩形波导中,都只能传播 TE_{10} 波,它属于横电波的一种.

2.矩形波导中的 TE_{10} 波

在横截面为 $a\times b$ 的均匀、无耗、无限长的矩形波导中,充以介电常数为 ε 磁导率为 μ 的均匀介质(一般为空气),如在一端开口输入角频率为 ω 的电磁波,使它沿 z 轴(波导纵轴向)传播,则管内的电磁场分布由麦克斯韦方程组和边界条件决定.

在无损耗，介质均匀，波导无限长的理想简化条件下，TE_{10}波的电磁场的诸分量可以解出为

$$
\begin{aligned}
&E_y = E_0 \sin\left(\frac{\pi}{a}x\right) e^{j(\omega \cdot t - \beta \cdot z)} \\
&E_x = E_z = 0 \\
&H_x = -\frac{\beta}{\omega\mu} E_0 \sin\left(\frac{\pi}{a}x\right) e^{j(\omega \cdot t - \beta \cdot z)} \\
&H_z = j\,\frac{\pi}{\omega\mu a} E_0 \cos\left(\frac{\pi}{a}x\right) e^{j(\omega \cdot t - \beta \cdot z)} \\
&H_y = 0
\end{aligned}
\tag{4.0.4}
$$

式中，a 为波导宽边长度，ω 为入射电磁波角频率，β 为相位常数，即

$$\beta = \frac{2\pi}{\lambda_g} \tag{4.0.5}$$

而式(4.0.5)中的 λ_g 为波导波长，有

$$\lambda_g = \frac{\lambda}{\sqrt{1-(\lambda/2a)^2}} \tag{4.0.6}$$

其中，λ 为该电磁波在自由空间的波长 $\lambda = c/\nu$，c 为光速．从上面的解可以看出在矩形波导中的 TE_{10} 波具有下列特性：

(1)存在有一个临界波长 $\lambda_0 = 2a$，只有其自由空间波长 $\lambda < \lambda_0$ 的电磁波才能在此宽边为 a 的波导管中传播．

(2)TE_{10}波在波导中的波长 λ_g大于自由空间波长 λ．

(3)电场矢量垂直于波导的宽边(因为有 $E_y \neq 0$)，而磁场矢量平行于波导宽壁平面($H_x \neq 0$，$H_z \neq 0$ 而 $H_y = 0$)．

(4)电场在 x 方向的分布：当 $x=0$ 和 $x=a$ 时都为零，而在 $x=a/2$ 时最大且沿正弦线曲线分布，即在 X 方向形成一个驻波，而沿 y 方向是均匀分布的．

(5)电磁场在波导纵向(z)上形成行波．在 z 方向上 E_y和 H_x的分布规律相同，也就是说，E_y最大处 H_x也最大，E_y为零处 H_x也为零．场的这种结构是行波的特点．故 z 方向即波导纵向是电磁波的传播方向．同时在 z 方向上，H_z的相位超前 $\pi/2$，所以，磁矢量 $\boldsymbol{H}$ 是一个椭圆偏振波．

从上面的分析可以看出“TE_{10} 波”的含义，TE_{10} 表明电场没有纵分量 $E_z=0$，第一个脚标表明场沿波导宽边只有一个最大值，即形成一个驻波；第二个脚标表明场沿波导窄边没有变化，类似地，波导中也可以形成其他波型，如 TE_{mn}．

一般都使波导只传播一种波型——TE_{10}波．必须采用合适的激发方式和设计波导尺寸，通常激发 TE_{10}波的装置，如图 4.0.7 所示．把一根探针像一根小天线一样放在波导宽边中央电场强度最大处，针长与电场方向平行．要使矩形波导只传输 TE_{10}波，波导截面应满足

$$\frac{\lambda}{2}<a<\lambda,\quad 0<b<\frac{\lambda}{2}$$,一般取 $a=0.7\lambda, b=0.3\lambda\sim0.35\lambda$.

3. 有限长度矩形波导中 TE_{10} 波的传播,反射系数,驻波比

上面讨论的是在均匀、无限长的波导中 TE_{10} 的传播情况. 在这种情况下波导中只有沿 z 方向传播的波,没有反射波,也即波导中传播的是行波. 电场的分量 E_y 是

$$E_y=E_0\sin\frac{\pi x}{a}e^{-j\beta\cdot z}e^{j\omega\cdot t} \tag{4.0.7}$$

因为我们只讨论某一时刻电磁场的分布,测量的也只是场随时间变化的平均值,故略去因子 $e^{j\omega\cdot t}$,并以 $x=a/2$ 为参考面研究电磁波沿 z 轴的传播情况. 则有

$$E_y=E_0e^{-j\beta\cdot z} \tag{4.0.8}$$

如果波导不是均匀、无限长的,而是在有限长的波导一端接有终端负载,那么一般地在波导中存在入射波和反射波,电场由入射波和反射波叠加而成:

$$E_y(z)=E_ie^{-j\beta\cdot z}+E_re^{j\beta\cdot z} \tag{4.0.9}$$

式中,E_i 和 E_r 分别为电场入射波和反射波的振幅. 这里我们为了计算方便把距离 z 的起点改为从终端负载算起(用 l 表示)而不是从信号源算起,则式(4.0.9)变成

$$E_y(l)=E_ie^{j\beta\cdot l}+E_re^{-j\beta\cdot l} \tag{4.0.10}$$

定义:波导中某截面处的电场反射波与入射波之比称为反射系数,即

$$r=\frac{\text{电场的反射波}}{\text{电场的入射波}}$$

将式(4.0.10)带入 r 得

$$r=\frac{E_re^{-j\beta\cdot l}}{E_ie^{j\beta\cdot l}}=\frac{E_r}{E_i}e^{-j2\beta\cdot l}=r_0e^{-j2\beta\cdot l} \tag{4.0.11}$$

其中

$$r_0=|r_0|e^{i\phi}$$

式中,r_0 为终端的反射系数,φ 表示在终端反射波与入射波的相位差.

根据 r 的定义,可以把式(4.0.10)写成

$$E_y(l)=E_ie^{j\beta\cdot l}(1+|r_0|e^{-j(2\beta\cdot l-\phi)}) \tag{4.0.12}$$

当 $2\beta l-\phi=2n\pi, n=0,1,2$ 时,驻波电场达到最大值(波腹)

$$|E_y|_{\max}=|E_i|(1+|r_0|) \tag{4.0.13}$$

当 $2\beta l-\phi=(2n+1)\pi$ 时,驻波电场达到最小值(波节)

$$|E_y|_{\min}=|E_i|(1-|r_0|) \tag{4.0.14}$$

定义:波导中驻波电场最大值与驻波电场最小值之比称为驻波比或驻波系数 ρ,即

$$\rho=\frac{|E_y|_{\max}}{|E_y|_{\min}} \tag{4.0.15}$$

反射系数 $|r_0|$ 与驻波系数 ρ 之间显然有

$$\rho=\frac{1+|r_0|}{1-|r_0|} \tag{4.0.16}$$

$$|r_0|=\frac{\rho-1}{\rho+1} \tag{4.0.17}$$

显然 $\rho\geqslant1,|r_0|\leqslant1$.

当微波功率全部为终端负载所吸收时，这种负载称为“匹配负载”，波导中不存在反射波. 此时 $|r_0|=0,\rho=1$，传播的是行波，$|E_r|=|E_i|$ 这种状态称为匹配状态. 波导中电场分布见图 4.0.8 中的(a)图.

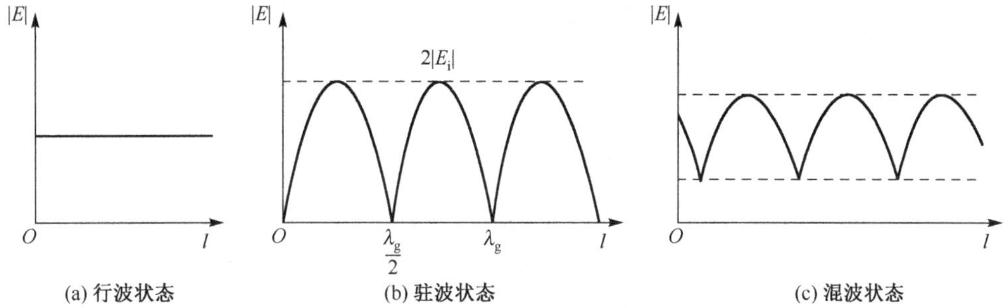

图 4.0.8　电场随 l 而变化的分布曲线

当波导终端是理想导体板时，形成全反射，微波技术中叫“终端短路”，因为在终端处 $E_y=E_i+E_r=0$，所以 $E_i=-E_r$，也即 $r_0=-1=e^{j\pi}$(终端处电场反射波与入射波的相位差为 π，即相位相反). 此时 $|r_0|=1,\rho=\infty$，波导中形成纯驻波状态，在驻波节处 $|E_y|_{min}=0$，在驻波波腹处 $|E_y|_{max}=2|E_i|$，这种状态称为驻波状态. 其电场分布如图 4.0.8(b)所示.

在一般情况下，波导种传播的不是单纯的行波或驻波，即

$$|r_0|<1,\rho>1,$$

$$|E_y|_{max}=|E_i|(1+|r_0|),\quad |E_y|_{min}=|E_i|(1-|r_0|)$$

这时称为混波状态，其电场分布如图 4.0.8 所示的(c)图.

上面我们已经说过，波节的相位满足：

$$2\beta l-\phi=(2n+1)\pi$$

由上式可得：两个相邻波节间的距离等于半个波导波长，即

$$l_{n+1}-l_n=\frac{\pi}{\beta}=\frac{\lambda_g}{2} \tag{4.0.18}$$

同理，也可以证明两个相邻波腹间的距离也等于半个波导波长.

4.0.3　微波的测量

在微波系统中一般经常要测的参数主要有波长、频率、功率和驻波比.

1. 频率的测量

测量频率的仪表有许多，本实验使用吸收式谐振腔波长表，它是一个能改变其长

度 L 的圆柱形谐振腔，有孔 C 与波导相连，以便耦合进一部分微波功率，如图 4.0.9 所示.

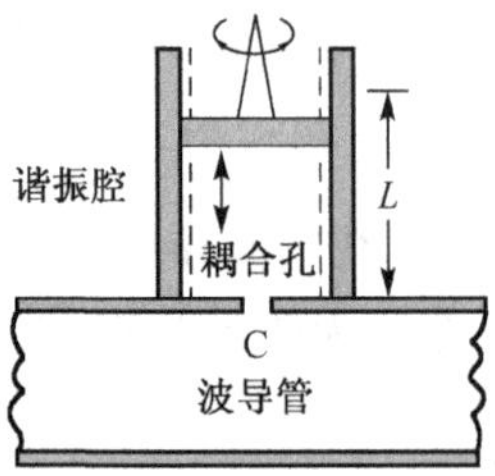

图 4.0.9 谐振腔波长表

当调整谐振腔的长度 L，使此谐振腔的固有频率与波导中被测的微波的频率相同时，谐振腔发生谐振，通过耦合孔 C 从波导中吸收微波功率，而使波导中总的微波功率有所减少，此减少可通过波导终端的功率监测器上检波电流的减小观察到. 找到此谐振点后，记下此时谐振膛的长度 L，它是通过一个螺旋测微器的刻度读出的，再由此刻度查波长计附有的波长校正表，即可知被测微波的振荡频率 f. 再由公式 $\lambda=c/f$，式中 c 为真空中光速，即可算出此微波在自由空间(真空)中的波长 λ_0.

2. 插入衰减(相对功率)的测量

在微波系统中，经常需要测量微波通过一个波导元件后功率的减小量，称为该元件的插入衰减. 插入衰减的测量可以通过一个有刻度的可变衰减器(或精密衰减器)进行. 其测量先记下未插入此元件时可变衰减器的衰减量，如 $N_2=40\text{dB}$，并记下此时终端功率监视器检波电流的大小. 然后插入被测波导元件. 因为此被测元件对功率有衰减，故终端的功率指示必然减小. 减小可变衰减器的衰减量使终端功率监视器检波电流的大小维持与被测元件未插入时之数值，记下此时可变衰减器的衰减量 $N_1=30\text{dB}$. 则此插入的波导元件的衰减量即其插入衰减 $N=N_2-N_1=40\text{dB}-30\text{dB}=10\text{dB}$.

3. 驻波比的测量

在微波系统中经常要测量某波导元件作为终端时引起的反射在波导中形成的驻波比，以定量地表征波导元件作为终端时匹配情况之好坏. 驻波比一般用驻波测量线进行测量.

驻波测量线的结构，如图 4.0.10 所示. 测量线的核心是一段直波导，微波从一端输入，由另一端输出，若负载不匹配，则会因反射在其中形成驻波. 为了测量在这段波导中的电场振幅的空间分布，在其宽边的中心轴线上开有一个纵向窄槽，由此槽插入一个探针，耦合出部分能量，进行测量. 探针可以沿此窄槽滑动，其位置可由游标尺读出.

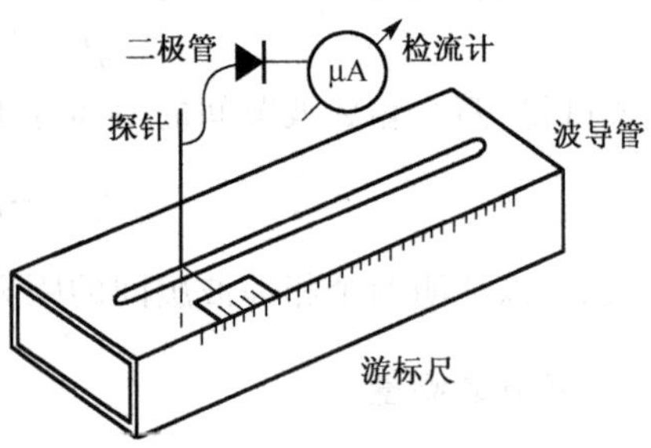

图 4.0.10 驻波测量线的结构

为了尽量少影响波导中的电磁场分布，槽线隙要尽量窄一些，探针伸入波导的深度也要尽量小一些(小于 1～2mm). 探针耦合出的电能,经微波二极管检波,由光点检波计或微安表指示出其检波电流值 I 的大小. 应该注意,经过二极管的电流并不是与加在其两端的电压成正比,而是与电压的平方成正比,而电压与探针所在点的电场强度 E 成正比,即 $I \propto E^2$. 所以驻波比:

$$\rho=\frac{E_{\max}}{E_{\min}}=\sqrt{\frac{I_{\max}}{I_{\min}}} \tag{4.0.19}$$

测量时慢慢滑动探针,找出检波电流的最大点和最小点,代入式(4.0.19),即可求出驻波比. 因为 $I_{\min}$ 往往很小,测量线的探针上有一调谐活塞,改善检波器的匹配,使用时应先调谐此活塞使检波电流最大,以免 $I_{\min}$ 的读数太小,测量误差过大.

4. 波长的测量

自由空间的波长 λ_0 可用波长表测出微波频率 f,在用 f 除真空光速即得,而波导波长则需在驻波测量线上测量.

因为波导中驻波的波蜂与波蜂以及波节与波节间的距离都是波导波长 λ_g 的 1/2,因为驻波在波节附近变化剧烈,故一般都用测两个驻波波节间的距离来求波导波长. 测量时慢慢滑动探针,找出检波电流最小点,并用游标尺读出此时探针的位置 L_2,再慢慢滑动探针找出相邻的另一个最小点,读出其位置 L_1,则波导波长 λ_g 为

$$\lambda_g = 2(L_2 - L_1) \tag{4.0.20}$$

参 考 文 献

唐贵德,马长山,杨连祥,等. 2003. 近代物理实验. 石家庄:河北科学技术出版社

(陈　伟　编)

4.1　微波分光实验

本实验是利用微波来定性验证电磁波的一些规律和特性. 例如,反射特性、衍射特性、干涉特性、偏振特性以及晶体对电磁波的衍射特性等. 通过本实验,实验者还能对微波的产生、传播和检验的知识与技术有所了解.

4.1.1　实验目的

(1)学会使用微波分光仪模拟各种光学实验.

(2)通过实验了解微波分光仪的结构及工作原理.

(3)利用微波来定性验证电磁波的一些特性和规律,进一步加深理解微波的反射、干涉、衍射、偏振等波动现象.

(4)了解微波的产生、传播及检测的知识与技术.

4.1.2 实验原理

1. 反射实验

电磁波在传播过程中遇到障碍物时必然发生反射，其入射角 i 与反射角 θ 相等，如图 4.1.1 所示，称为反射定律.

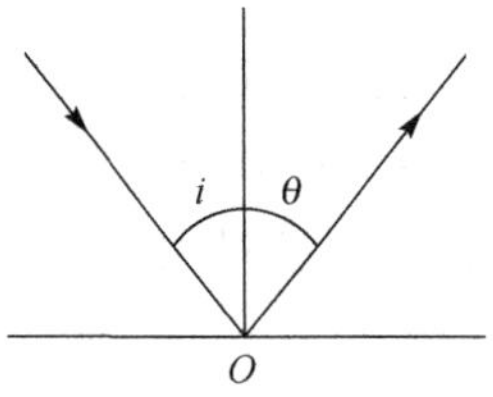

图 4.1.1 反射试验

2. 单缝衍射实验

当一个平面波入射到一个宽度可以与波长相比拟的狭缝时(本实验可以调至 7cm)，就可以发生衍射现象，根据物理光学知识可知，通过单缝后的衍射波强度分布满足方程：

$$I=I_0\left(\frac{\sin\beta}{\beta}\right)^2 \tag{4.1.1}$$

式中，$\beta=\pi\alpha\sin\varphi/\lambda$ 为狭缝边缘上的波阵面与中心波阵面在 φ 方向的相位差，如图 4.1.2 所示. α 为狭缝宽度可由单缝板上的刻度读出，φ 为入射方向与衍射方向的夹角. 各衍射极值相应的 β 如表 4.1.1 所示.

表 4.1.1 各衍射极值相应的 β

极大值	主	1	2	3
β	0	$3\pi/2$	$5\pi/2$	$7\pi/2$
极小值		1	2	3
β		π	2π	3π

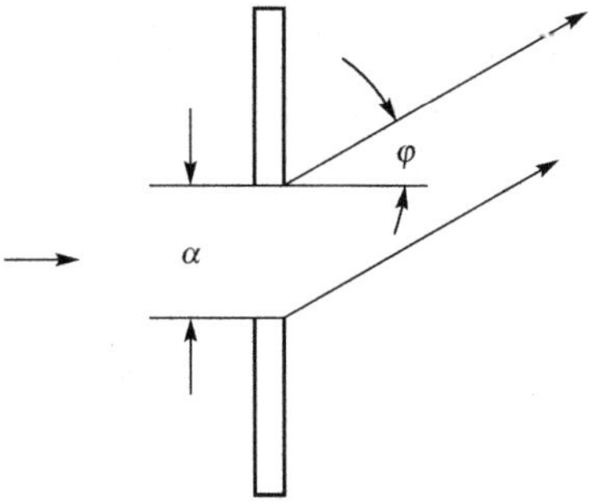

图 4.1.2 单缝衍射

由表 4.1.1 可求出相应的 φ 值，这说明在单缝后出现的波强度不是均匀的，中央最强同时最宽，两边的极大值依次迅速减小.

3. 双缝干涉实验

当一平面波入射到一金属板的两条狭缝上，则每一狭缝为一子波源，由两缝发生的次级波是相干波，因此在缝后能出现干涉现象，如图 4.1.3 所示.

因为微波通过每一个单缝也要有衍射，所以此实验是衍射和干涉相结合的结果. 为了只研究主要是由双缝的两束中央衍射波相互干涉结果，令双缝的宽度 a 接近 λ. 例如，当 $\lambda=32$mm 时可取 $a=40$mm，这时单缝的一级极小接近 53°. 因此如果再取较大的 $b=70$mm，则干涉强度受单缝衍射的影响可以忽略.

根据物理光学知识，我们可以得到干涉波强度 I 与为相差 δ 的关系为

$$I=4I_1\cos_2\left(\frac{\delta}{2}\right) \tag{4.1.2}$$

其中已设两条狭缝处的波的强度相等均为 I_1，相位差为

$$\delta=\frac{\pi}{\lambda}(a+b)\sin\varphi \tag{4.1.3}$$

干涉加强的角度为

$$\varphi=\arcsin\left(k\cdot\frac{\lambda}{a+b}\right),\quad k=1,2,3,\cdots \tag{4.1.4}$$

干涉减弱的角度为

$$\varphi=\arcsin\left(\frac{2k+1}{2}\cdot\frac{\lambda}{a+b}\right),\quad k=1,2,3,\cdots \tag{4.1.5}$$

由于衍射板的横向宽度尺寸较小，所以当 b 取值较大时，为了避免接收喇叭直接收到发射喇叭的发射波或通过边缘的绕射波，活动臂的转角最好不要超过 30°.

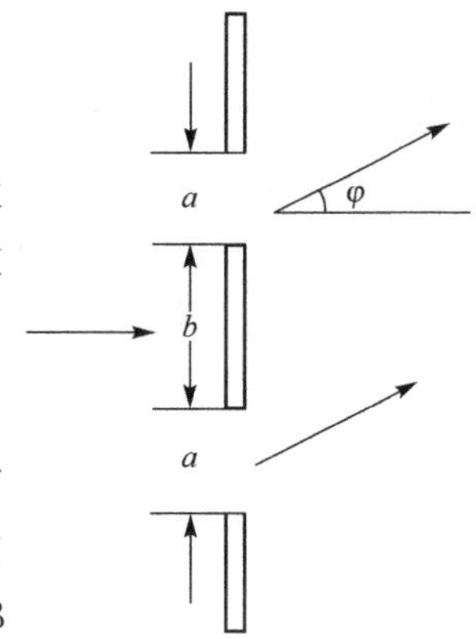

图 4.1.3　双缝干涉

4. 迈克耳孙干涉实验

迈克耳孙干涉仪原理见图 4.1.4，在平面波前进的方向上放置一块成 45°的半透射板（普通玻璃），由于该板的作用将入射波分为两束，一束向 A 方向传播，另一束向 B 方向传播. 由于 A、B 处全反射板的作用，两列波就再次通过半透射板并同时到达接收喇叭，因此这两列波频率相同，振动方向一致. 如果这两列波的相位差为 2π 的整数倍时，则干涉加强，若为 π 的奇数倍，干涉减弱.

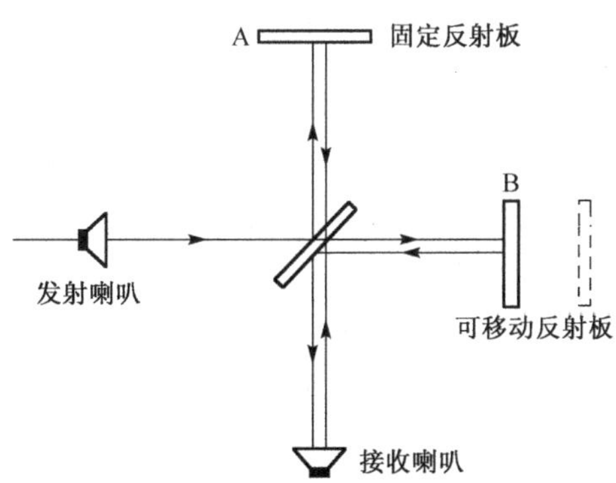

图 4.1.4　迈克耳孙干涉实验

因 A 为一固定反射板，所以当活动反射板移动，使接收电表从一次极大变到又一次极大时，B 就移动了 $\lambda/2$ 的距离，因此可以求出入射平面波的波长.

5. 马吕斯定律实验

平面电磁波是横波，它的电向量 E 与波的传播方向垂直. 如果 E 在垂直于传播方向的平面内，沿着一条固定的直线变化，这样的横电磁波叫线极化波或偏振波. 电磁场沿着某一方向的能量有 $\cos^2\alpha$ 的变化关系. 这就是光学中的马吕斯定律：

$$I=I_0\cos^2\alpha \tag{4.1.6}$$

式中，I_0为偏振波的强度，α 为线偏振光与光轴间的夹角. 注意微波只有在喇叭天线外的自由空间中传播才是横波，在波导管中传播时因受到边界条件的限制不是横波.

6. 布拉格衍射实验

任何真实的晶体，都具有自然外形和各向异性的性质. 这与晶体内的离子、原子或分子在空间按一定的几何规律排列密切相关. 晶体内离子、原子或分子占据着点阵结构，两相邻结点的距离叫晶体的晶格常数. 真实晶体的晶格常数约为 10^{-8}cm 数量级，X 射线的波长与晶体的晶格常数属于同一数量级，实际上晶体起着衍射光栅的作用. 因此可利用 X 射线在晶体点阵上的衍射现象来研究晶体点阵间的间距和相互位置的排列，以达到对晶体结构的了解.

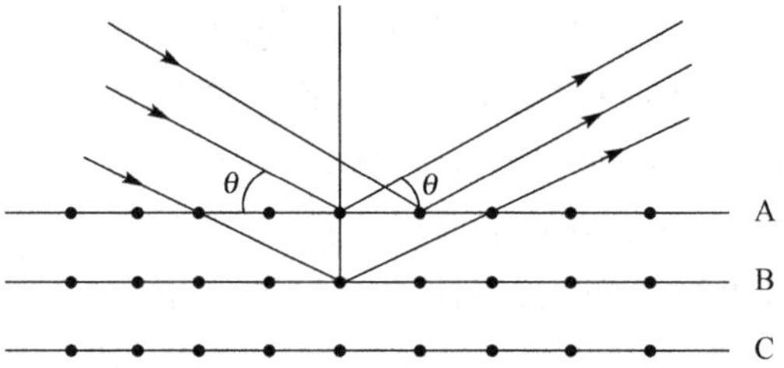

图 4.1.5 晶体衍射原理

仿照 X 射线在真实晶体上的衍射，我们可以用微波代替 X 射线，人为制作一个立方行点阵的模拟晶体，其间距可大到几厘米可和微波的波长相比较，这样可以直观地观察到微波入射到模拟晶体上时，在不同晶面上点阵的反射波产生干涉所应符合的条件. 这个条件就是布拉格衍射方程，即波长为 λ 的平面波入射到面间距为 d 的晶面上，掠射角为 θ(图 4.1.5)，当满足

$$2d\sin\theta=n\lambda,\quad n\text{ 为整数} \tag{4.1.7}$$

时发生衍射，衍射线在所考虑的晶面的反射线方向.

4.1.3 实验仪器装置

微波和光波都是电磁波，都具有波动这一特性，即能产生反射、衍射、折射、干涉等现象. 因此用微波和光波所做的波动实验结果是一致的. 由于本实验中使用的微波波长为 3cm，比一般的可见光的波长要长的多，因而用微波做波动实验比用光波更为直观和方便，其实验装置也比较简单.

本实验所用的微波分光仪装置组成示意图如图 4.1.6 所示. 固定臂上装有三厘米微波发生器的电源、谐振腔、体效应管、衰减器、波导和发射天线，活动壁上装有接收天线、检波管、波导和直流电流表，分波元件放在一个带有刻度的可旋转的载物台上. 使用时先将微波信号发生器电源打开预热 15min，然后选择等幅，使其产生 3cm 微波，经可变衰减器控制其大小，由喇叭状发射天线以 20°方向角向空间辐射微波.

仪器中央的载物台圆周上刻有 0～360°刻度且可沿其垂直轴旋转. 仪器的活动臂也可以沿此垂直轴转动,臂上装有喇叭状接收天线,它所接收的微波,经晶体检波器变成直流信号,用此臂上的 100μA 直流微安表指示接收到的微波强度.

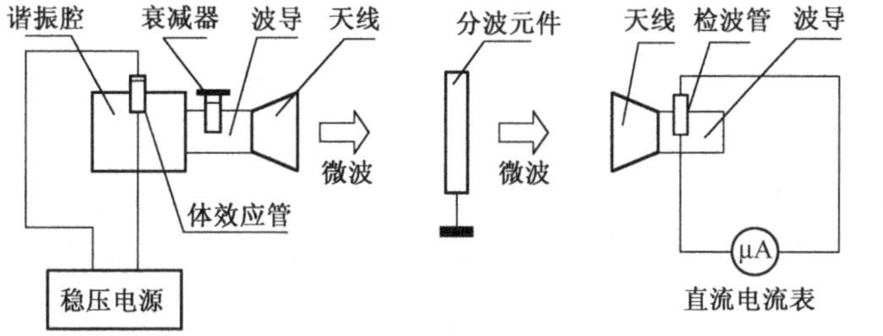

图 4.1.6　微波分光仪装置组成示意图

圆盘载物台上可根据实验内容放置旋转反射板、单缝板、双缝板、衍射晶体等. 载物台旋转的角度可通过固定臂上的指针读出,活动臂的角度也可通过此臂上的指针在载物台上指示的刻度读出.

实验开始时,先把发射天线和接收天线调整到一条直线上. 方法是,载物台上不要放任何装置,旋转载物台,使其刻度的零度对准固定臂指针. 载物台不要再动,移动活动臂,使此臂上的指针对准载物台上的 180°刻度,松开发射天线和接收天线支架上的紧固螺丝,慢慢调整两个天线的方位,使微安表上的读数最大(如果指针超过满刻度,可适当增大可变衰减器的衰减量),此时两个天线即再一条直线上.

注意:每个实验开始之前都要先调节衰减,使接收电流的最大值小于电流表的量程 100μA.

4.1.4　实验内容和步骤

1. 反射实验

(1)载物台上装上反射板,使反射板的法线与载物台刻度的 0°对齐,利用载物台上的四个压脚螺丝将反射板压紧固定.

(2)转动载物台,使固定臂上的指针指到某一角度. 例如,30°,即为入射角,然后转动活动臂找到一个微安表指示最大位置,从活动臂指针读出刻度即为反射角.

(3)入射角可以从 30°～65°每隔 5°做一次,并从左右方向入射各作一次取平均值,并与理论值比较.

2. 单缝衍射实验

(1)将固定臂和活动臂的指针分别指向 180°和 0°线处.

(2)上单缝板(缝宽 7cm),使其板面与圆盘的两个 90°线重合,调整微波发生器的输出衰减器旋钮,使电流表的指针接近 100μA.

(3)衍射角从负 30°到正 30°,每隔一度记录一次电流表的读数.

(4)画出单缝衍射强度与衍射角的关系曲线.计算一级极大和极小的衍射角并与理论值比较.

3.双缝干涉实验

(1)将固定臂和活动臂的指针分别指向 180°和 0°线处.

(2)装上双缝板,使其板面与圆盘的两个 90°线重合,调整微波发生器的输出衰减器旋钮,使电流表的指针接近 100μA.

(3)衍射角从负 30°到正 30°,每隔一度记录一次电流表的读数.

(4)画出单双缝衍射强度与衍射角的关系曲线.计算一级极大和极小的衍射角并与理论值比较.

4.迈克耳孙干涉实验

(1)使固定臂和活动臂的指针分别指向 0°和 90°,并将活动臂的紧固螺丝上紧固定.在载物台上放半透板,使其法线对准 45°.

(2)分别在载物台后和右面装上反射板 A 和 B(应互相垂直),B 反射板法线应与发射喇叭的轴线一致(活动反射板应装在读数机上).

(3)转动读数机上的手柄使 B 反射板移动,从表头上测出$(n+1)$个极大值,并记录读数机上的每个极大值的位置,求出相邻极大值之间的间隔 $L_1, L_2, \cdots, L_n$,相加再取平均值乘以 2 即得波长 λ 的值.

$$\lambda=\frac{L_1+L_2+L_3+\cdots+L_n}{n}\times 2 \tag{4.1.8}$$

5.马吕斯定律实验

(1)活动臂与固定臂的指针分别指于载物圆盘刻度的 0°及 180°处固定,并使两喇叭口对正,轴线在一直线上.

(2)使接收喇叭在竖直面内旋转,可发现 μA 表指示有变化.

(3)在两喇叭天线对正时,以接收喇叭后的指针指向 0°线为最大值位置,并记下此时的电流读数,然后接收喇叭每转动 5°记下电流读数,最后将实验结果与理论值比较.

6.布拉格衍射实验

实验中两喇叭的调整同反射实验一样,为了避免两喇叭之间波的直接入射,掠射角取值范围最好在 20°~70°.调整刻度盘使入射掠射角和反射掠射角相等以满足布拉格衍射方程的条件.要注意的是由于模拟晶体的衍射效率较低,实验时应适当减小衰减增加微波强度.

思 考 题

(1)本实验模拟了哪几个光学实验?

(2)本实验中是怎样验证微波是线极化电磁波的?

(3)本实验只能"定性"观察和验证电磁波的特性,你认为是什么原因?

(4)双缝干射实验中,缝宽 a 和双缝间距 b 应当怎样选取?

(5)在布拉格衍射实验中,反射级数 $n \geqslant 3$ 的极大值是否存在为什么?

(6)为什么微波与光波有许多相似特性?

(7)画出迈克耳孙干涉实验的光路图,并说明如何用此装置测量微波的波长?

(8)试分析本实验测量误差较大的原因.

(9)微波和普通无线电波有什么不同?

(10)在模拟布拉格衍射实验中,已知微波波长为 3.2cm,测得[100]晶面的一级衍射峰的掠射角为 23°,请画出布拉格衍射示意图,写出布拉格衍射公式,并计算模拟晶体的晶格常数.

参 考 文 献

唐贵德,马长山,杨连祥,等. 2003. 近代物理实验. 石家庄:河北科学技术出版社

(陈　伟　编)

4.2　微波顺磁共振

电子自旋的概念是 Pauli 在 1924 年首先提出的. 1925 年,S. A. Goudsmit 和 G. Uhlenbeck 用它来解释某种元素的光谱精细结构获得成功. Stern 和 Gerlaok 也以实验直接证明了电子自旋磁矩的存在.

电子自旋共振(electron spin resonance,ESR),又称顺磁共振(paramagnetic resonance). 它是指处于恒定磁场中的电子自旋磁矩在射频电磁场作用下发生的一种磁能级间的共振跃迁现象. 这种共振跃迁现象只能发生在原子的固有磁矩不为零的顺磁材料中,也称为电子顺磁共振(EPR). 1944 年由苏联的柴伏依斯基首先发现. 它与核磁共振(NMR)现象十分相似,所以 1945 年 Purcell、Paund、Bloch 和 Hanson 等提出的 NMR 实验技术后来也被用来观测 ESR 现象.

ESR 已成功地被应用于顺磁物质的研究,目前它在化学、物理、生物和医学等各方面都获得了极其广泛的应用. 例如,发现过渡族元素的离子;研究半导体中的杂质和缺陷;离子晶体的结构;金属和半导体中电子交换的速度以及导电电子的性质等. 所以,ESR 也是一种重要的近代物理实验技术.

ESR 的研究对象是具有不成对电子的物质,如①具有奇数个电子的原子,像氢原子;②内电子壳层未被充满的离子,如过渡族元素的离子;③具有奇数个电子的分子,如 NO;④某些虽不含奇数个电子,但总角动量不为零的分子,如 O_2;⑤在反应过程中或物质因受辐射作用产生的自由基;⑥金属半导体中的未偶电子等,通过对电子自旋共振波谱的研究,即可得到有关分子、原子或离子中未偶电子的状态及其周围环境方面的信息,从而得到有关的物理结构和化学键方面的知识.

“电子自旋共振”,与“核磁共振”的不同点在于电子磁矩较核磁矩大三个数量级,因此在实验中,若二者的共振频率大致相同,则电子自旋共振所需的外加静磁场要小得多,由螺线管产生就够了.

用电子自旋共振方法研究未成对的电子,可以获得其他方法不能得到或不能准确得到的数据,如电子所在的位置,游离基所占的百分数等.

4.2.1　实验目的

(1)了解顺磁共振的基本原理.

(2)观察在微波段的 EPR 现象,测量 DPPH 自由基中电子的 g 因子.

(3)利用样品有机自由基 DPPH 在谐振腔中的位置变化,探测微波磁场的情况,确定微波的波导波长 λ_g.

4.2.2　实验原理

由原子物理可知,自旋量子数 $s=\frac{1}{2}$ 的自由电子其自旋角动量 $\sqrt{s(s+1)}\hbar$,$\hbar=\frac{h}{2\pi}$,$h=6.626\times10^{-34}\,\text{J}\cdot\text{s}$,称为普朗克常量,因为电子带电荷,所以自旋电子还具有平行于角动量的磁矩 μ_e,当它在磁场中时,由于受磁感应强度 B_0 的作用,则电子的单个能级将分裂成 $2s+1$(即两个)子能级,称作塞曼能级,如图 4.2.1 所示.

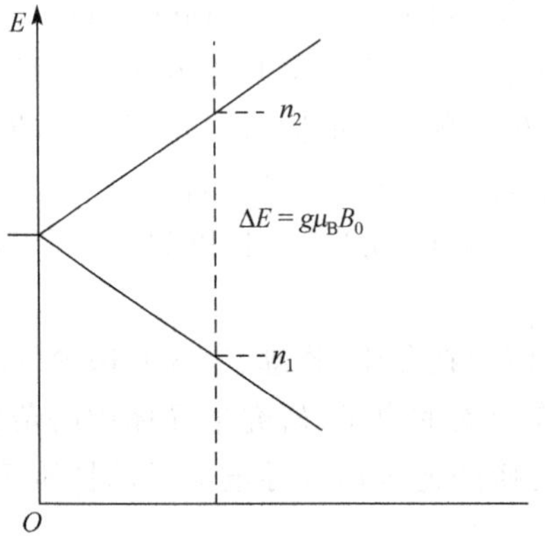

图 4.2.1　电子自旋共振能级分裂示意图

两相邻子能级间的能级差为

$$\Delta E=g\mu_B B_0 \tag{4.2.1}$$

式中,$\mu_B=\frac{e\hbar}{2m_e}=9.2741\times10^{-24}\,\text{J/T}$,称为玻尔磁子,$g$ 为电子的朗德因子,是一个无量纲的量,其数值与粒子的种类有关,如 $s=\frac{1}{2}$ 的自由电子 $g=2.0023$. 从图 4.2.1 中可以看出,这两个子能级之间的分裂将随着磁感应强度 B_0 的增加而线性地增加. 自由电子在直流静磁场 B_0 中,不仅做自旋运动,而且将绕磁感应强度 B_0 进动,其进动频率为 ν,如果在直流磁场区叠加一个垂直于 B_0 频率为 ν 的微波磁场 B_1,当微波能量子的能量等于两个子能级间的能量差 ΔE 时,则处在低能级上的电子有少量将从微波磁场 B_1 吸收能量而跃进到高能级上去. 因而吸收能量为

$$\Delta E=g\mu_B B_0=h\nu \tag{4.2.2}$$

即发生 EPR 现象,式(4.2.2)称为 EPR 条件. 式(4.2.2)也可写成

$$\nu=\frac{g\mu_B}{h}B_0 \tag{4.2.3}$$

将 g、μ_B、h 值代入上式可得 $\nu=2.8024B_0\times10^{10}$ Hz. 此处 B_0 的单位为 T(特斯拉). 如果微波的波长 $\lambda\approx3$cm，即 $\nu\approx10000$MHz，则共振时相应的 B_0 要求在 0.3T 以上.

在静磁场中，当处于热平衡时，这两个能级上的电子数将服从玻尔兹曼分布，即高能级上的电子数 n_2 与低能级上的电子数 n_1 之比为

$$\frac{n_2}{n_1}=\exp\left(-\frac{\Delta E}{kT}\right)=\exp\left(-\frac{g\mu_B B_0}{kT}\right) \tag{4.2.4}$$

一般 $g\mu_B B_0$ 比 kT 小三个数量级，即 $g\mu_B B_0\ll kT$，所以式(4.2.4)可展开为

$$\frac{n_2}{n_1}\approx1-\frac{g\mu_B B_0}{kT}\approx1-\frac{h\nu}{kT} \tag{4.2.5}$$

式中，$k=1.3807\times10^{-23}$J/K，为玻尔兹曼常量，在室温下 $T=300$K，如微波的 $\nu\approx10^{10}$ Hz 时，则 $\frac{n_2}{n_1}=0.9984$. 可以看出，实际上只有很小一部分电子吸收能量而跃迁，故电子自旋共振吸收信号是十分微弱的.

设 $n_+=n_1+n_2$ 为总电子数，则容易求得热平衡时二子能级间的电子数差值为

$$n_-=n_1-n_2=\frac{g\mu_B B_0}{2kT}n_+=\frac{h\nu}{2kT}n_+ \tag{4.2.6}$$

由于 EPR 信号的强度正比于 n_-，因比在 n_+ 一定时，式(4.2.6)说明温度越低和磁场越强，或微波频率越高，对观察 EPR 信号越有利.

实验所采用的样品为含有自由基的二苯基-苦基肼基(DPPH)，其分子式为 $(C_6H_5)_2N-NC_6H_2(NO_2)_3$，结构式如图 4.2.2 所示.

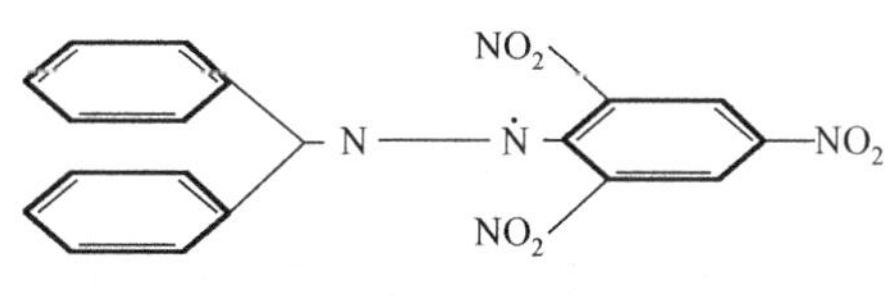

图 4.2.2　DPPH 的结构图

由此可见，在中间的 N 原子少一个共价键，有一个未偶电子，或者说有一个未配对的自由电子，这个自由电子就是实验研究的对象，它无轨道磁矩，因此实验中观察到的是电子自旋共振的情况，故通常又称为电子自旋共振(ESR)，由于 DPPH 中的“自由电子”并不是完全自由的，故其 g 因子值不等于 2.0023，而是 2.0036.

4.2.3　实验仪器装置

顺磁共振最初是在射频电路中观测的，后来为了提高灵敏度，从提高频率着手，于是微波系统取代了射频电路.

微波顺磁共振实验是在 3cm 频段(9370MHz 附近)进行电子自旋共振实验的. 采用可调式矩形谐振腔.

微波顺磁共振实验系统方框图见图 4.2.3. 图中信号发生器为系统提供频率约

为 9370MHz 的微波信号,微波信号经过隔离器,衰减器,波长计到魔 T 的 H 臂,魔 T 将信号平分后分别进入相邻的两臂.

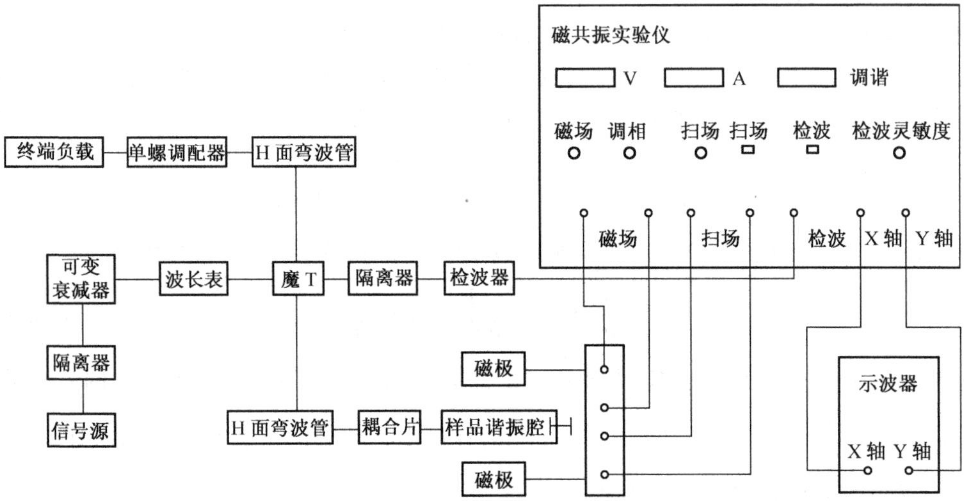

图 4.2.3　实验装置示意图

可调矩形样品谐振腔,通过输入端的耦合片,可使微波能量进入微波谐振腔,矩形谐振腔的末端是可移动的活塞,用来改变谐振腔的长度.为了保证样品总是处于微波磁场的最强处,在谐振腔的宽边正中开了一条窄缝,通过机械传动装置可使实验样品处于谐振腔中的任意位置,并可从贴在窄边的刻度直接读出,实验样品为密封于一段玻璃管中的有机自由基 DPPH.

系统中,磁共振实验仪的“X 轴”输出为示波器提供同步信号,调节“调相”旋钮可使正弦波的负半周扫描的共振吸收峰与正半周的共振吸收峰重合.当用示波器观察时,扫描信号为磁共振实验仪的 X 轴提供的 50Hz 正弦波信号,Y 轴为检波器输出的微波信号.

将磁感应强度 B_0 的数值及微波频率 ν 的数值代入磁共振条件,就可以求得朗德因子 g 的值.

下面对微波源,磁场系统,样品谐振腔,魔 T 系统等作简单介绍.

1)微波源

微波源可采用反射式速调管微波源或固态微波源.本实验采用 3cm 固态微波源,它具有寿命长、输出频率较稳定等优点,用其作微波源时,ESR 的实验装置比采用速调管简单.因此固态微波源目前使用比较广泛.通过调节固态微波源谐振腔中心位置的调谐螺钉,可使谐振腔固有频率发生变化.调节二极管的工作电流或谐振腔前法兰盘中心处的调配螺钉可改变微波输出功率.

2)魔 T

魔 T 是一个具有与低频电桥相类似特征的微波元器件,如图 4.2.4 所示.它有四个臂，相当于一个 E～T 和一个 H～T 组成，故又称双 T，是一种互易无损耗四端口网络，具有“对臂隔离，旁臂平分”的特性．利用四端口 S 矩阵可证明，只要1、4臂同时调到匹配，则2、3臂也自动获得匹配；反之亦然．E 臂和 H 臂之间固有隔离，反向臂2、3之间彼此隔离，即从任一臂输入信号都不能从相对臂输出，只能从旁臂输出．信号从 H 臂输入，同相等分给2、3臂；E 臂输入则反相等分给2、3臂．由于互易性原理，若信号从反向臂2、3同相输入，则 E 臂得到它们的差信号，H 臂得到它们的和信号；反之，若2、3臂反相输入，则 E 臂得到和信号，H 臂得到差信号．

当输出的微波信号经隔离器、衰减器进入魔 T 的 H 臂，同相等分给2、3臂，而不能进入 E 臂．3臂接单螺调配器和终端负载；2臂接可调的反射式矩形样品谐振腔，样品 DPPH 在腔内的位置可调整．E 臂接隔离器和晶体检波器；2、3臂的反射信号只能等分给 E，H 臂，当3臂匹配时，E 臂上微波功率仅取自于2臂的反射．

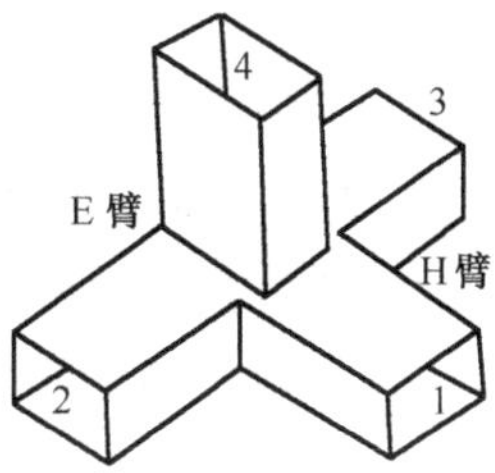

图 4.2.4　魔 T 示意图

3）样品腔

样品腔结构，是一个反射式终端活塞可调的矩型谐振腔．谐振腔的末端是可移动的活塞，调节活塞位置，使腔长度等于半个波导波长的整数倍$\left(l=P\dfrac{\lambda_g}{2}\right)$时，谐振腔谐振．当谐振腔谐振时，电磁场沿谐振腔长 l 方向出现 P 个长度为$\dfrac{\lambda_g}{2}$的驻立半波，即 TE_{109} 模式．腔内闭合磁力线平行于波导宽壁，且同一驻立半波磁力线的方向相同、相邻驻立半波磁力线的方向相反．在相邻两驻立半波空间交界处，微波磁场强度最大，微波电场最弱．满足样品磁共振吸收强，非共振的介质损耗小的要求，所以，是放置样品最理想的位置．

在实验中应使外加恒定磁场 B 垂直于波导宽边，以满足 ESR 共振条件的要求．样品腔的宽边正中开有一条窄槽，通过机械传动装置可使样品处于谐振腔中的任何位置并可以从窄边上的刻度直接读数，调节腔长或移动样品的位置，可测出波导波长 λ_g．

4）磁场系统

磁场系统由带调制磁场的永久磁铁扫场源和移相器组成．永久磁铁提供与谱仪工作频率相匹配的样品磁能级分裂所必需的恒定磁场 B_0，扫场源在调制线圈上加上50Hz 的低频电流，这样便产生一个交变磁场，设为 $B_m\sin\omega t$．如果调制磁场变化的幅度，比磁共振信号的宽度大，则可以扫出整个共振信号．若将50Hz 调制场加至示波器 X 轴扫描，这样示波器屏幕的横轴电子束留下的每一个亮点，都对应着一个确定的瞬时磁场值 $B_0+B_m\sin(2\pi\times50t)$，其中，$B_m$ 为调制场幅值$(B_0 /\!/ B_m)$．与此同时再将微波信号经过检波后接至示波器 Y 轴，则发生共振时，吸收信号便以脉冲形式显示在示波器上．因调制场变化一周时，有两次通过共振区，可看到两个共振信号，这时再通过移相器给示波器 X 轴提供可移相的 50Hz 扫描信号，适当调节移相器中的电位器，使两个共振信号重合.

4.2.4 实验内容和步骤

1. 开机预热

(1)连接系统，将可变衰减器顺时针旋至最大，将磁共振实验仪器的旋钮和按钮作如下设置："磁场"逆时针调到最低，"扫场"逆时针调到最低，按下"检波"按钮(注：必须按下)，"扫场"按钮弹起，处于检波状态.

(2)开启系统中各仪器的电源，预热 20min.

2. 电子共振信号的调节

(1)将样品位置刻度尺置于 90mm 处，样品置于磁场正中央.

(2)将单螺调配器的探针逆时针旋至"0"刻度.

(3)信号源工作于等幅工作状态，调节可变衰减器使调谐电表有指示，然后调节"检波灵敏度"旋钮，使磁共振实验仪的调谐电表指示占满度的 2/3 以上.

(4)用波长表测定微波信号的频率. 方法是旋转波长表的测微头，找到电表跌破点，查波长表——刻度表即可确定振荡频率，使振荡频率在 9370MHz 左右，如相差较大，应调节信号源的振荡频率，使其接近 9370MHz 的振荡频率. 测定完频率后，将波长表旋开谐振点.

(5)为使样品谐振腔对微波信号谐振，调节样品谐振腔的可调终端活塞，使调谐电表指示最小，此时，样品谐振腔中的驻波分布，如图 4.2.5 所示.

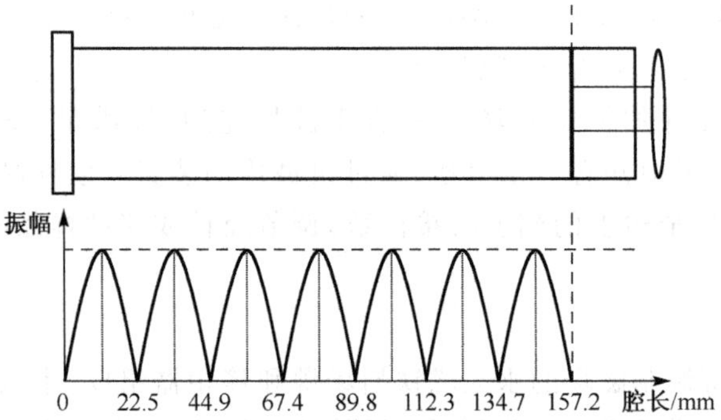

图 4.2.5 样品谐振腔中的驻波分布示意图

(6)为了提高系统的灵敏度，可减小可变衰减器的衰减量，使调谐电表显示尽可能提高. 然后，调节魔 T 另一支臂单螺调配器探针，使调谐电表指示更小. 若磁共振仪电表指示太小，可调节灵敏度，使指示增大.

(7)按下"扫场"按钮. 此时调谐电表指示为扫场电流的相对指示，调节"扫场"旋钮使电表指示在满度的一半左右.

(8)由小到大调节恒磁场电流,当电流达到 1.7～2.1A 时,示波器上即可出现如图 4.2.6 所示的电子共振信号.

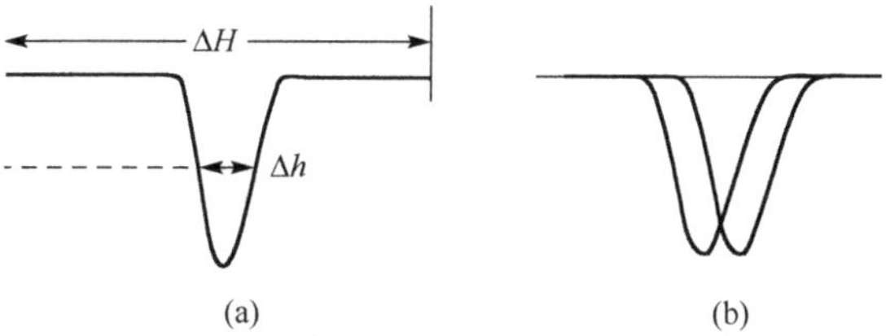

图 4.2.6　电子共振信号

(9)若共振波形值较小,或示波器图形显示欠佳,可采用以下方法:①将可变衰器反时针旋转,减小衰减量,增大微波功率;②顺时针调节"扫场"旋钮,加大扫场电流;③提高示波器的灵敏度;④调节微波信号源震荡腔法兰盘上的调节钉,可加大微波输出功率.

(10)若共振波形左右不对称,调节单螺调配器的深度及左右位置,或改变样品在磁场中的位置,通过微调样品谐振腔可使共振波形成为如图 4.2.6(a)所示的波形.

(11)若出现图 4.2.5(b)的双峰波形,调节"调相"旋钮即可使双峰波形重合.

(12)用斯特斯拉计测得外磁场 B_0,用式(4.2.2)计算 g 因子(g 因子一般为 1.95～2.05).

(13)为了得到腔体的波导波长 λ_g,可移动样品的位置,两信号之间距离即为$\frac{\lambda_g}{2}$.

思　考　题

(1)试述本实验的实验步骤.

(2)什么叫电子顺磁共振(EPR)?

(3)什么叫电子自旋共振(ESR)? 它与塞曼效应有什么关系?

(4)本实验所采用的样品是什么?

(5)式(4.2.6)的物理意义是什么?

(6)ESR 的研究对象是什么?

(7)本实验的主要目的是什么?

(8)发生 EPR 的条件是什么?

(9)试举出两个应用 EPR 的例子.

(10)电子自旋共振与核磁共振的不同点是什么?

(11)简述 ESR 的基本原理.

(12)样品 DPPH 应放在谐振腔的什么位置? 为什么?

参考文献

唐贵德，马长山，杨连祥，等. 2003. 近代物理实验. 石家庄：河北科学技术出版社

（赵滨华　编）

4.3　铁磁共振

微波铁磁共振(FMR)是指铁磁介质处在频率为 ν 的微波电磁场中，当改变外加恒磁场 $\boldsymbol{H}$ 的大小时，发生的共振吸收现象. 铁磁共振观察的对象是铁磁介质中的未偶电子，可以说它是铁磁介质中的电子自旋共振. 铁磁共振不仅是磁性材料在微波技术应用上的物理基础，也是研究其他宏观性能与微观结构的有效手段.

4.3.1　实验目的

(1)了解铁磁共振的基本原理和实验方法.

(2)通过测定多晶铁氧体 YIG(yttriumirongarnet)小球的磁共振谱线，求出共振线宽，朗德因子和弛豫时间.

(3)观察单晶铁氧体 YIG 小球的磁共振谱线(选做).

4.3.2　实验原理

由磁学理论可知，物质的铁磁性主要来源于原子或离子在未满壳层中存在的非成对电子自旋磁矩. 一块宏观的铁磁体包括许多磁畴，在每一个磁畴中，自旋磁矩平行排列产生自发磁化，但各个磁畴之间的取向并不完全一致，只有在外加饱和磁场的作用下，铁磁体内部的所有自旋磁矩才趋向同一方向，并围绕着外磁场方向做进动，这时的总磁矩或磁化强度可用 $\boldsymbol{M}$ 表示. 其进动方程和进动频率可分别写为

$$\begin{aligned} \frac{\mathrm{d}\boldsymbol{M}}{\mathrm{d}t} &= -\gamma(\boldsymbol{M}\times\boldsymbol{H}) \\ \omega &= \gamma \boldsymbol{H} \end{aligned} \tag{4.3.1}$$

式中，$\gamma=\frac{ge}{2mc}$为旋磁比，由于铁磁性反映了电子自旋磁矩的集体行为，取电子的朗德因子 $g=2$.

上述情况未考虑阻尼作用. 在外加恒磁场作用下，磁矩 $\boldsymbol{M}$ 绕 $\boldsymbol{H}$ 进动不会很久，因为磁介质内部有损耗存在，实际上铁磁物质的自旋磁矩与周围环境之间必定存在着能量的交换，与晶格或邻近的磁矩存在着某种耦合，使磁化强度矢量 $\boldsymbol{M}$ 的进动受到阻力，绕着外磁场进动的幅角 θ 会逐渐减小. 则 M 最终趋近磁场方向，如图 4.3.1 所示，这个过程就是磁化过程，磁性介质所以能被磁化，就说明其内部有损耗，如果要

维持其进动，必须另外提供能量．因此一般来说外加磁场由两部分组成：一是外加恒磁场 H；二是交变磁场 h（即微波磁场）．显然，此时系统从微波磁场吸收的全部能量恰好补充铁磁样品通过某种机制所损耗的能量．这正是铁磁共振可以用来研究铁磁材料的宏观性能和微观机制之间关系的物理基础．阻尼的大小还意味着进动角度 θ 减小的快慢，θ 减小得快，趋于平衡态的时间就短，反之亦然．因此，这种阻尼也可用弛豫时间 τ 来表示．τ 的定义是进动振幅减小到原来最大振幅的 $\frac{1}{\mathrm{e}}$ 的时间．磁化强度 M 进动时所受到的阻尼作用是一个极其复杂的过程，不仅其微观机理还在探讨中，其宏观表达式也并不统一，这里我们采用朗德阻尼力矩的形式：

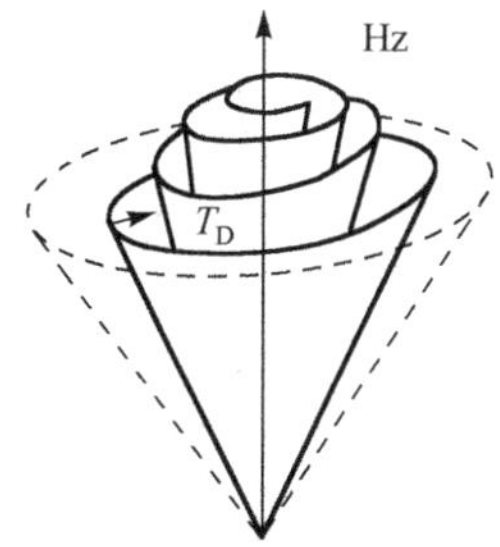

图 4.3.1　磁矩在磁场中阻尼进动

$$\boldsymbol{T}_{\mathrm{D}}=-\frac{1}{\tau}(\boldsymbol{M}-\boldsymbol{\chi}_0\boldsymbol{H}) \tag{4.3.2}$$

于是

$$\frac{\mathrm{d}M}{\mathrm{d}t}=-\gamma(\boldsymbol{M}\times\boldsymbol{H})+\boldsymbol{T}_{\mathrm{D}}=-\gamma(\boldsymbol{M}\times\boldsymbol{H})-\frac{1}{\tau}(\boldsymbol{M}-\chi_0\boldsymbol{H}) \tag{4.3.3}$$

式中，$\chi_0=\frac{M_0}{H_0}$ 为静磁化率．

磁学中通常用磁导率 μ 来表示磁性材料被磁化的难易程度．磁导率与磁化率的定义分别为

$$\mu=\frac{B}{\mu_0 H} \tag{4.3.4}$$

$$\chi=\frac{M}{H} \tag{4.3.5}$$

它们之间的关系可写为

$$\mu=1+\chi \tag{4.3.6}$$

在恒定磁场下，μ 可用实数表示；在交变磁场下，μ 要用复数表示：$\mu=\mu'-\mathrm{i}\mu''$，其中实部 μ' 为铁磁介质在恒定磁场中的磁导率，它决定了磁性材料中储存的磁能，虚部 μ'' 反映交变磁场能在磁性材料中的损耗．如果铁磁介质处在直流磁场和交变磁场的共同作用下，该铁磁样品就会出现两个新的特征——旋磁性和共振吸收．

我们关心的是铁磁介质的铁磁谐振特性．当改变直流磁场或微波频率时，我们总能发现在某一条件下，铁磁体会出现一个最大的磁损耗，也就是进动的磁矩会对微波能量产生一个强烈的吸收，这时 μ'' 最大，这就是共振吸收现象．在研究铁磁共振现象时，通常保持微波频率稳定，而改变直流磁场的强度．图 4.3.2 给出了 μ'' 随磁场 H 变化的规律．

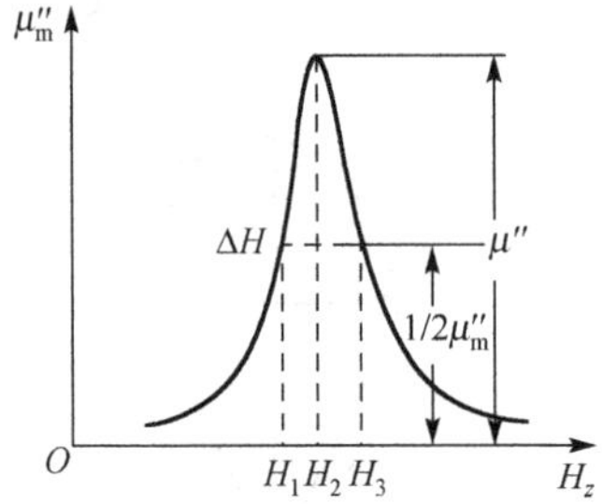

图 4.3.2 铁磁共振线宽 ΔH 的表示

在前面我们已经指出，磁矩 M 在进动时总要受到由磁损耗所表现出来的阻尼作用. 实际上铁磁谐振损耗并不用 μ''来说明，而是采用铁磁共振线宽 ΔH 来表示. ΔH 的定义可根据 μ''-H 曲线(图 4.3.2)来说明. 在发生共振时 μ''有最大值 μ''_m，令 $\mu''=\frac{1}{2}\mu''_m$处的磁场分别为 H_1 和 H_2，则 $\Delta H=H_2-H_1$ 就是共振吸收线宽. 一般 ΔH 越窄，磁损耗越低. ΔH 的大小也同样反映磁性材料对电磁波的吸收性能，并在实验中可以直接测定.

4.3.3 实验仪器装置

本实验采用微波通过矩形谐振腔法进行测量，如图 4.3.3 所示. 其测量原理是：由固态微波源产生微波信号，经隔离器，可变衰减器，波长计等到达谐振腔. 谐振腔由两端带耦合片的一段矩形直波导构成. 被测样品放在谐振腔微波磁场最大处. 外加恒磁场与微波磁场相互垂直，由通过时谐振腔输出的微波信号经晶体检波器送入检流计进行测量.

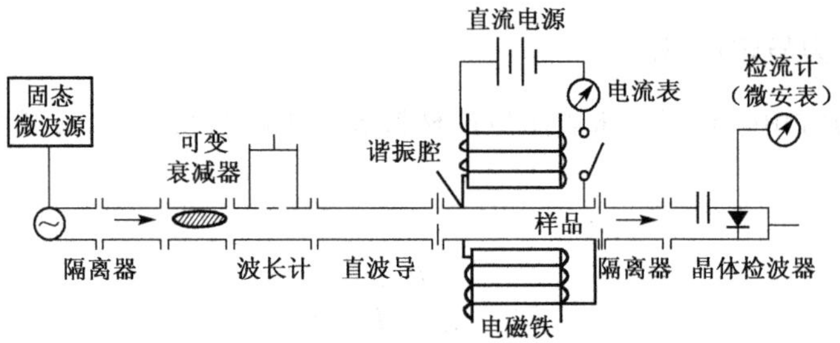

图 4.3.3 微波铁磁共振实验装置图

由实验原理可知，样品磁导率 μ' 和 μ''随恒定磁场 H 而发生变化，由 μ''-H 曲线可直接测得共振曲线的形状和共振线宽 ΔH.

在共振区附近，如改变 H 而保持微波频率 ν 不变，则由于铁磁共振，将会使谐振系统的参数发生变化，即样品的磁导率 μ 将随 H 相应改变，从而会引起腔的谐振频率 ν_0 和品质因数 Q 的改变，由腔的微扰理论可导出 ν_0、Q 与 $\mu=\mu'-\mathrm{i}\mu''$之间的关系

$$\begin{aligned}\frac{\nu-\nu_0}{\nu}&=A(\mu'-1)\\ \Delta\left(\frac{1}{Q_L}\right)&=2A\mu''\end{aligned} \tag{4.3.7}$$

式中，Q_L 为腔的有载 Q 值，ν_0、ν 分别为放置样品前后腔的谐振频率，A 为与腔的谐振模式和体积有关的常数.

腔的谐振特性通常用传播系数 $T(\nu)$ 来表示且当 $\nu=\nu_0$ 时有

$$T(\nu_0)=\frac{P_{出}(\nu_0)}{P_{入}(\nu_0)}=\frac{4Q_L^2}{Q_{e1}Q_{e2}} \tag{4.3.8}$$

所以

$$P_{出}(\nu_0)=\frac{4P_{入}(\nu_0)}{Q_{e1}Q_{e2}}Q_L^2 \tag{4.3.9}$$

式中，Q_{e1}、Q_{e2} 为腔的外界品质因数，在保证腔的输入功率 $P_{入}(\nu_0)$ 不变时，腔的输出功率 $P_{出}(\nu_0)\propto Q_L^2$，所以要测量 ΔH，就要测出 μ'' 值即要测量 Q_L 值的变化，而 Q_L 值的变化可通过测量 $P_{出}$ 的变化反映出来，因果关系可用程序表示：$P_{出}\to Q_L\to\mu''\to\Delta H$. 这就是测量铁磁共振基本原理.

图 4.3.4 为谐振腔输出功率与直流磁场 H 的关系曲线，半共振点时的输出功率 $P_{1/2}$ 与共振时的输出功率 P_r 和远离共振区时的输出功率 P_∞ 有如下关系：

$$P_{1/2}=\frac{4P_\infty}{\left(\sqrt{\frac{P_\infty}{P_r}}+1\right)^2} \tag{4.3.10}$$

与 $P_{1/2}$ 对应的外加恒磁场之差 (H_2-H_1) 即为共振线宽 ΔH.

但在进行共振曲线实测时，必须考虑样品的 μ' 会引起谐振频率的偏离(频散效应). 要消除频散，即使装有样品的谐振腔频率始终与输入谐振腔的微波频率相同(调谐)，才可以测得精确的共振曲线和 ΔH，这就需对输入的微波频率进行多次调谐，这在实验中很难做到，但频散效应又不能忽略. 因而考虑频散效应的影响，对式(4.3.10)进行修正后得到

$$P_{1/2}=\frac{2P_\infty P_r}{P_\infty+P_r} \tag{4.3.11}$$

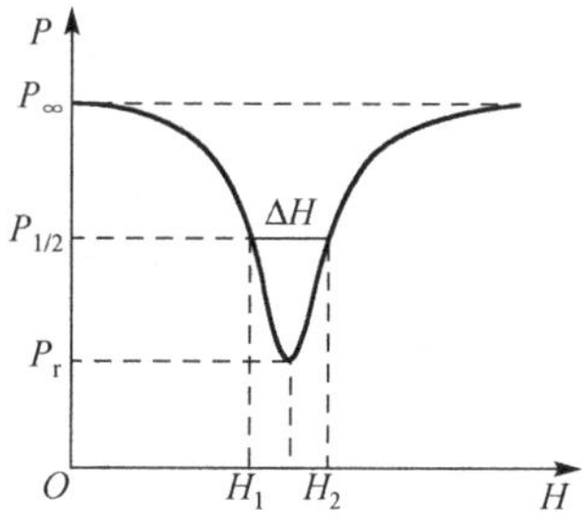

图 4.3.4　P-H 关系曲线

如果检波晶体管的检波满足平方律关系，则检波电流 $I\propto P$，则上式为

$$I_{1/2}=\frac{2I_\infty I_r}{I_\infty+I_r} \tag{4.3.12}$$

这样就可以由 I-H 曲线测定共振线宽 ΔH.

4.3.4　实验内容和步骤

1. 开机预热

(1)开启磁共振实验仪电源，调节“检波灵敏度”旋钮使检波电流表指针指示不超过满刻度，预热 30min.

(2)开启微波源电源，本实验采用固态微波源，将电源工作方式选择在等幅状态下(按下红色按钮).

2. 测定共振线宽 ΔH

(1)调节“检波灵敏度”旋钮，置检波电流初值在一适当大小(70～80)，逐渐加大磁场电流以改变磁场大小，粗略观察检波电流变化情况，可通过调节“衰减器”检波电流变化最大，即检波电流最大值和最小值的差值最大.

(2)重新缓慢增加磁场电流，同时记录检流电流 I 与磁场电流 i，作出检波电流 I 与磁场电流 i 的关系曲线.

(3)利用式(4.3.12)计算 $I_{1/2}$，根据实验数据得出相应 i_1 和 i_2，求出 $\Delta i=i_2-i_1$，并换算为 ΔH，[$\Delta H=K\cdot\Delta i$，其中 $K=133.7\text{kA}/(\text{m}\cdot\text{A})$].

3. 观测单晶铁氧体 YIG 小球的共振曲线(选做)

思 考 题

(1)什么叫铁磁共振？

(2)铁磁共振的基本原理是什么？

(3)什么叫铁磁共振吸收线宽？

(4)样品磁导率的 μ' 和 μ'' 分别反映什么？

(5)样品磁导率的 μ' 会在实验中造成什么影响？

(6)实验是怎样测量磁损耗的？

(7)如何精确消除频散效应？

(8)实验中是如何处理频散效应的？

(9)实验中磁损耗是通过什么来体现的？

(10)简述 ΔH 的计算过程.

参考文献

唐贵德，马长山，杨连祥，等. 2003. 近代物理实验. 石家庄：河北科学技术出版社

(陈 伟 编)

4.4 核磁共振

核磁共振(NMR)就是指处于某个静磁场中的物质的原子核系统受到相应频率的电磁辐射时，在它们的磁能级之间发生的共振跃迁现象. 它自问世以来已在物理、化学、生物、医学等方面获得广泛应用，是测定原子的核磁矩和研究核结构的直接而准确的方法，也是精确测量磁场的重要方法之一.

4.4.1 实验目的

(1)了解核磁共振的基本原理和实验方法.

(2)测量氟核^{19}F的旋磁比和 g 因子.

(3)用核磁共振稳态吸收法测量磁场强度(选做).

4.4.2　实验原理

其原理可从两个角度阐明.

1. 量子力学观点

1)单个核的磁共振

实验中以氢核为研究对象.

通常将原子核的总磁矩在其角动量 $\boldsymbol{P}$ 方向的投影 μ 称为核磁矩. 它们之间关系可写成

$$\mu=\gamma P \tag{4.4.1}$$

对于质子,式中 $\gamma=\dfrac{g_N e}{2m_p}$称为旋磁比. 其中 e 为质子电荷,m_p 为质子质量,g_N 为核的朗德因子. 按照量子力学,原子核角动量的大小由下式决定:

$$P=\sqrt{I(I+1)}\hbar \tag{4.4.2}$$

式中,$\hbar$ 为普朗克常量,I 为核自旋量子数,对于氢核 $I=\dfrac{1}{2}$.

把氢核放在外磁场 $\boldsymbol{B}$ 中,取坐标轴 z 方向为 $\boldsymbol{B}$ 的方向. 核角动量在 $\boldsymbol{B}$ 方向的投影值由下式决定:

$$P_z=m\hbar \tag{4.4.3}$$

式中,m 为核的磁量子数,可取 $m=I,I-1,\cdots,-I$. 对于氢核 $m=-\dfrac{1}{2},\dfrac{1}{2}$.

核磁矩在 $\boldsymbol{B}$ 方向的投影值

$$\mu_z=\gamma P_z=g_N\frac{e}{2m_p}m\hbar=g_N\left(\frac{e\hbar}{2m_p}\right)m \tag{4.4.4}$$

将式(4.4.4)写为

$$\mu_z=g_N\mu_N m \tag{4.4.5}$$

式中,$\mu_N=\dfrac{e\hbar}{2m_p}=5.050787\times10^{-27}$ J/T,称为核磁子,用作核磁矩的单位. 磁矩为 μ 的原子核在恒定磁场中具有势能

$$E=-\boldsymbol{\mu}\cdot\boldsymbol{B}=-\mu_z B=-g_N\mu_N mB \tag{4.4.6}$$

任何两个能级间能量差为

$$\Delta E=E_{m_1}-E_{m_2}=-g_N\mu_N B(m_1-m_2) \tag{4.4.7}$$

根据量子力学选择定则,只有 $\Delta m=\pm1$ 的两个能级之间才能发生跃迁,如图 4.4.1 所示,其能量差为

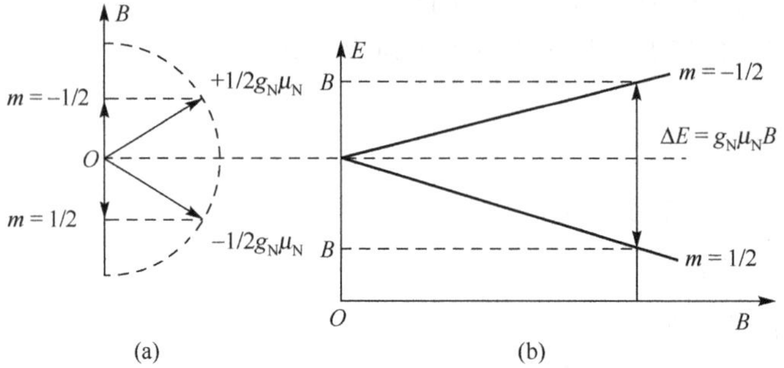

图 4.4.1 氢核能级在磁场中的分裂

$$\Delta E = g_N \mu_N B \tag{4.4.8}$$

若实验时外磁场为 B_0，用频率为 ν_0 的电磁波照射原子核，如果电磁波的能量 $h\nu_0$ 恰好等于氢原子核两能级能量差，即

$$h\nu_0 = g_N \mu_N B_0 \tag{4.4.9}$$

则氢原子核就会吸收电磁波的能量，由 $m-\frac{1}{2}$ 的能级跃迁到 $m--\frac{1}{2}$ 的能级，这就是核磁共振吸收现象，式(4.4.9)为核磁共振条件. 为使用上的方便，常把它写为

$$\nu_0 = \left(\frac{g_N \mu_N}{h}\right) B_0, \quad 或\ \omega_0 = \gamma B_0 \tag{4.4.10}$$

式(4.4.10)为本实验的理论公式. 对于氢核，$\gamma_H = 267.52\gamma \mathrm{MHz/T}$.

2)核磁共振信号强度

实验所用样品为大量同类核的集合，热平衡下，核在两个能级上的相对分布符合玻尔兹曼分布：

$$\frac{N_2}{N_1} = e^{-\frac{\Delta E}{kT}} = e^{-\frac{g_N \mu_N B_0}{kT}} \tag{4.4.11}$$

式中，N_1 为低能级的核数目，N_2 为高能级的核数目，ΔE 为上下两能级的能量差，k 为玻尔兹曼常量，T 为绝对温度. 一般情况下 $g_N \mu_N B_0 \ll kT$，式(4.4.11)可近似写为

$$\frac{N_2}{N_1} = 1 - \frac{g_N \mu_N B_0}{kT} \tag{4.4.12}$$

式(4.4.12)表明，低能级上的核数目比高能级上的核数目略微多些，但由于低能级上参与核磁共振吸收未被共振辐射抵消的核数目很少，所以核磁共振信号非常微弱.

由式(4.4.12)可知，T 越低，B_0 越高，则共振信号越强. 因而核磁共振实验要求磁场强些. 另外，还需磁场在样品范围内高度均匀，因为根据式(4.4.9)，若磁场不均匀，则样品内各部分的共振频率不同，对某个频率的电磁波将只有极少量核参与共振，结果信号被噪声所淹没，难以观察到核磁共振信号.

2. 经典理论观点

1)单个核的拉莫尔进动

具有磁矩 $\boldsymbol{\mu}$ 的原子核放在恒定磁场 $\boldsymbol{B}_0$ 中,设核角动量为 $\boldsymbol{P}$,则由经典理论可知

$$\frac{\mathrm{d}\boldsymbol{P}}{\mathrm{d}t}=\boldsymbol{\mu}\times\boldsymbol{B}_0 \tag{4.4.13}$$

将式(4.4.1)代入式(4.4.13)得

$$\frac{\mathrm{d}\boldsymbol{\mu}}{\mathrm{d}t}=\gamma(\boldsymbol{\mu}\times\boldsymbol{B}_0) \tag{4.4.14}$$

由推导可知核磁矩 $\boldsymbol{\mu}$ 在静磁场 $\boldsymbol{B}_0$ 中的运动特点为

(1)围绕外磁场 $\boldsymbol{B}_0$ 做进动,进动角频率 $\omega_0=\gamma B_0$,跟 $\boldsymbol{\mu}$ 和 $\boldsymbol{B}_0$ 间夹角 θ 无关;

(2)它在 xy 平面上的投影 $\mu_\perp$ 是一常数;

(3)它在外磁场 $\boldsymbol{B}_0$ 方向上的投影 μ_z 为常数;

其运动图像如图 4.4.2 所示.

如果在与 $\boldsymbol{B}_0$ 垂直方向上加一个旋转磁场 $\boldsymbol{B}_1$,且 $\boldsymbol{B}_1\ll\boldsymbol{B}_0$,设 $\boldsymbol{B}_1$ 的角频率为 ω_1,当 $\omega_1=\omega_0$ 时,则旋转磁场 $\boldsymbol{B}_1$ 与进动着的核磁矩 $\boldsymbol{\mu}$ 在运动中总是同步. 可设想建立一个旋转坐标系 x',y',z',z' 与固定坐标系 x,y,z 的 z 轴重合,x' 与 y' 以角速度 ω_1 绕 z 轴旋转. 则从旋转坐标系来看,$\boldsymbol{B}_1$ 对 $\boldsymbol{\mu}$ 的作用恰似恒定磁场,它必然要产生一个附加转矩. 因此 $\boldsymbol{\mu}$ 也要绕 $\boldsymbol{B}_1$ 做进动,使 $\boldsymbol{\mu}$ 与 $\boldsymbol{B}_0$ 间夹角 θ 发生变化,如图 4.4.3 所示. 由核磁矩的势能公式

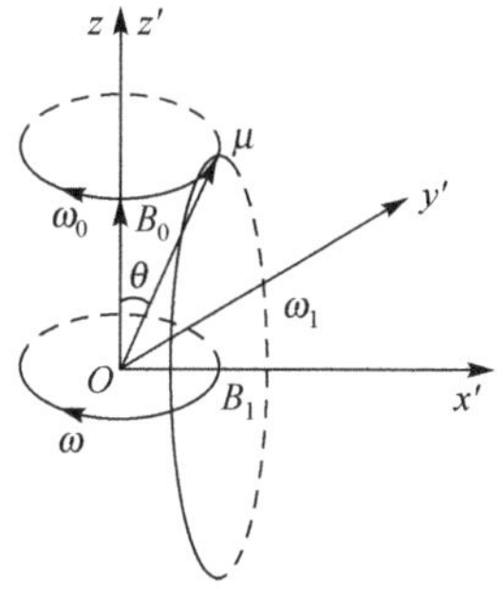

图 4.4.2　磁矩在外磁场中的进动

$$E=-\boldsymbol{\mu}\cdot\boldsymbol{B}=-\mu B\cos\theta \tag{4.4.15}$$

可知,θ 的变化意味着磁势能 E 的变化. 这个改变是以所加旋转磁场的能量变化为代价的. 即当 θ 增加时,核要从外磁场 $\boldsymbol{B}_1$ 中吸收能量,这就是核磁共振现象. 共振条件是

$$\omega_1=\omega_0=\gamma B_0 \tag{4.4.16}$$

这一结论与量子力学得出的结论一致.

如果外磁场 $\boldsymbol{B}_1$ 的旋转速度 $\omega_1\neq\omega_0$,则 θ 变化不显著,平均起来变化为零,观察不到核磁共振信号.

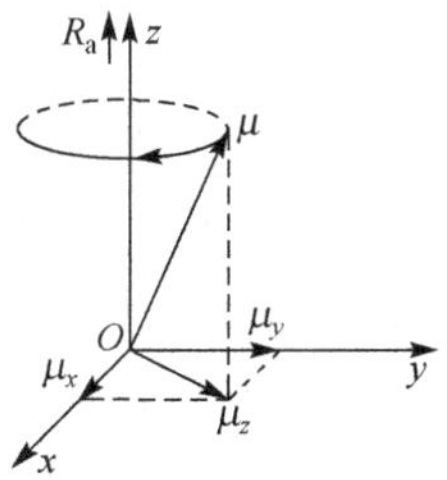

图 4.4.3　转动坐标系中的磁矩

2)布洛赫方程

上面讨论的是单个核的核磁共振,但实验中观察到的现象是样品中磁化强度矢量 $\boldsymbol{M}$ 变化的反映,所以必须研究 $\boldsymbol{M}$ 在外磁场 $\boldsymbol{B}$ 中的运动方程.

在核磁共振时,有两个过程同时起作用,一是受激

跃迁，核磁矩系统吸收电磁波能量，其效果是使上下能级的粒子数趋于相等；一是弛豫过程，核磁矩系统把能量传与晶格，其效果是使粒子数趋向于热平衡分布. 这两个过程达到一个动态平衡，于是粒子差数稳定在某一新的数值上，我们可以连续地观察到稳态的吸收.

现在首先研究磁场对 $\boldsymbol{M}$ 的作用. 在外磁场 $\boldsymbol{B}$ 作用下，由式(4.4.14)可得

$$\frac{\mathrm{d}\boldsymbol{M}}{\mathrm{d}t}=\gamma(\boldsymbol{M}\times\boldsymbol{B}) \tag{4.4.17}$$

可导出 $\boldsymbol{M}$ 围绕 $\boldsymbol{B}$ 做进动，进动角频率 $\omega=\gamma B$. 假定外磁场 $\boldsymbol{B}$ 沿 z 轴方向，再沿 x 轴方向加一线偏振磁场

$$\boldsymbol{B}_1=2\boldsymbol{B}_1(\cos\omega t)\boldsymbol{e}_x \tag{4.4.18}$$

式中，$\boldsymbol{e}_x$ 为沿 x 轴的单位矢量，$2B_1$ 为振幅. 根据振动理论，该线偏振场可看作左旋圆偏振场和右旋圆偏振场的叠加，只有当圆偏振场的旋转方向与进动方向相同时才起作用. 对于 γ 为正的系统，只有顺时针方向的圆偏振场起作用. 以此为例，$B_1=B_{1顺}$. 则 $\boldsymbol{B}_1$ 在坐标轴的投影为

$$B_{1x}=B_1\cos\omega t \tag{4.4.19}$$

$$B_{1y}=-B_1\sin\omega t \tag{4.4.20}$$

当旋转磁场 $\boldsymbol{B}_1$ 不存在且自旋系统与晶格处于热平衡时，$\boldsymbol{M}$ 只有沿外磁场 z 方向的分量 M_z，而 $M_x=M_y=0$ 则

$$M_z=M_0=\chi_0 H=\chi_0\frac{B}{\mu_0} \tag{4.4.21}$$

式中，χ_0 为静磁化率，μ_0 为真空磁导率，M_0 为自旋系统与晶格达到热平衡时的磁化强度.

其次考虑弛豫对 $\boldsymbol{M}$ 的影响. 核磁矩系统吸收了旋转磁场的能量后，处于高能态的核数目增大($M_z<M_0$)，偏离了热平衡态. 由于自旋与晶格的相互作用，晶格将吸收核的能量，使核跃迁到低能态而向热平衡过渡，表示这个过渡的特征时间称为纵向弛豫时间，以 T_1 表示. 假设 M_z 向平衡值 M_0 过渡的速度与 M_z 偏离 M_0 的程度(M_z-M_0)成正比，则 M_z 的运动方程可写成：

$$\frac{\mathrm{d}M_z}{\mathrm{d}t}=\frac{-(M_z-M_0)}{T_1} \tag{4.4.22}$$

此外，自旋和自旋间也存在相互作用，对每个核而言，都受邻近其他核磁矩所产生局部磁场的作用，而这个局部磁场对不同的核稍有不同，因而使每个核的进动角频率也不尽相同. 假若某时刻所有的核磁矩在 xy 平面上的投影方向相同，由于各个核的进动角频率不同，经过一段时间 T_2 后，各个核磁矩在 xy 平面上的投影方向将变为无规分布，从而使 M_x 和 M_y 最后变为零. T_2 称为横向弛豫时间. 与 M_z 类似，假设 M_x 和 M_y 向零过渡的速度分别与 M_x 和 M_y 成正比，则运动方程可写成

$$\begin{cases}\dfrac{\mathrm{d}M_x}{\mathrm{d}t}=-\dfrac{M_x}{T_2}\\ \dfrac{\mathrm{d}M_y}{\mathrm{d}t}=-\dfrac{M_y}{T_2}\end{cases}\tag{4.4.23}$$

同时考虑磁场 $\boldsymbol{B}=\boldsymbol{B}_0+\boldsymbol{B}_1$ 和弛豫过程对磁化强度 $\boldsymbol{M}$ 的作用，如果假设各自的规律性不受另一因素影响，由式(4.4.17)、式(4.4.19)、式(4.4.20)、式(4.4.22)、式(4.4.23)，就可简单地得到描述核磁共振现象的基本运动方程：

$$\frac{\mathrm{d}\boldsymbol{M}}{\mathrm{d}t}=\gamma\boldsymbol{M}\times\boldsymbol{B}-\frac{1}{T_2}(M_x\boldsymbol{i}+M_y\boldsymbol{j})-\frac{1}{T_1}(M_z-M_0)\boldsymbol{k}\tag{4.4.24}$$

该方程称为布洛赫方程. 其中 $\boldsymbol{B}=\boldsymbol{i}B_1\cos\omega t-\boldsymbol{j}B_1 sin\omega t+\boldsymbol{k}B_0$. 方程(4.4.24)的分量式为

$$\begin{cases}\dfrac{\mathrm{d}M_x}{\mathrm{d}t}=\gamma(M_yB_0+M_zB_1\sin\omega t)-\dfrac{M_x}{T_2}\\ \dfrac{\mathrm{d}M_y}{\mathrm{d}t}=\gamma(M_zB_1\cos\omega t-M_xB_0)-\dfrac{M_x}{T_2}\\ \dfrac{\mathrm{d}M_z}{\mathrm{d}t}=-\gamma(M_xB_1\sin\omega t+M_yB_1\cos\omega t)-\dfrac{1}{T_1(M_z-M_0)}\end{cases}\tag{4.4.25}$$

在各种条件下解上述方程，可以解释各种核磁共振现象，一般来说，对液体样品是相当正确的，而对固体样品不很理想. 本实验中，质子样品的实验结果就比氟样品精确.

如图 4.4.4 所示，建立旋转坐标系 x',y',z'，$\boldsymbol{B}_1$ 与 x' 重合，$\boldsymbol{M}_\perp$ 为 $\boldsymbol{M}$ 在 xy 平面内的分量，u 和 $-\nu$ 分别为 $\boldsymbol{M}_\perp$ 在 x' 和 y' 方向上的分量，推导可知 M_z 的变化是 ν 的函数而非 u 的函数，而 M_z 的变化表示核磁化强度矢量的能量变化，所以 ν 变化反映了系统能量的变化. 如果磁场或频率的变化十分缓慢，可得稳态解

$$\begin{aligned}u&=\frac{\gamma B_1T_2^2(\omega_0-\omega)M_0}{1+T_2^2\ (\omega_0-\omega)^2+\gamma^2B_1^2T_1T_2}\\ \nu&=-\frac{\gamma B_1M_0T_2}{1+T_2^2\ (\omega_0-\omega)^2+\gamma^2B_1^2T_1T_2}\\ M_z&=\frac{[1+T_2^2(\omega_0-\omega)]M_0}{1+T_2^2\ (\omega_0-\omega)^2+\gamma^2B_1^2T_1T_2}\end{aligned}\tag{4.4.26}$$

则可得 u,ν 随 ω 变化的函数关系曲线，图 4.4.5(a)称为色散信号，图 4.4.5(b)称为吸收信号. 可知当外加旋转磁场 $\boldsymbol{B}_1$ 的角频率 ω 等于 $\boldsymbol{M}$ 在磁场 $\boldsymbol{B}_0$ 中进动的角频率 ω_0 时，吸收信号最强，即出现共振吸收.

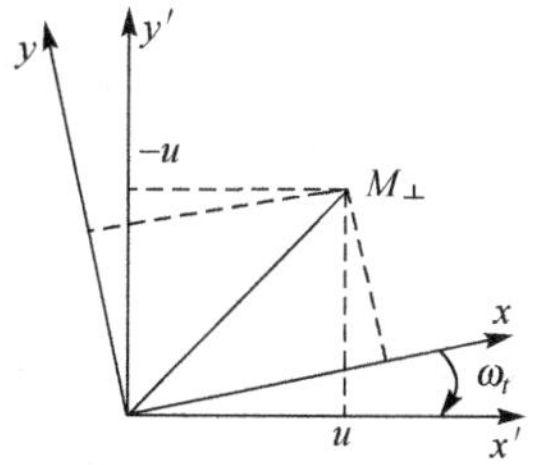

图 4.4.4　旋转坐标系

此外，在做核磁共振实验时，观察到的共振信号出现"尾波"，这是由于频率调制速度太快，不满足布洛赫方程稳态解的"通过共振"条件.

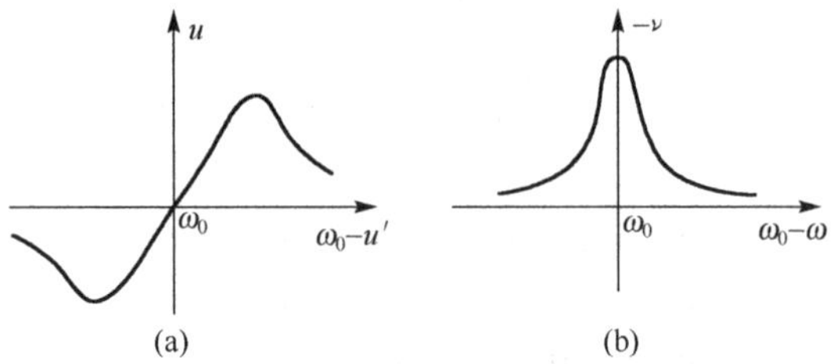

图 4.4.5　核磁共振时的色散信号和吸收信号

4.4.3　实验仪器装置

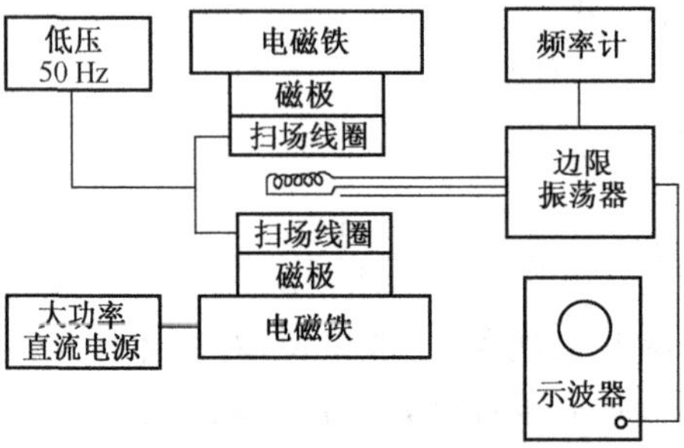

图 4.4.6　核磁共振实验装置方框图

如图 4.4.6 所示，核磁共振实验装置由探头、电磁铁及磁场调制系统、磁共振实验仪、外接示波器、频率计数器组成.

1. 磁场

磁场由稳流电源激励电磁铁产生，保证了磁场从 0 到几千高斯范围内连续可调，数字电压表和电流表使得磁场强度的调节得到直观的显示，稳流电源保证了磁场强度的高度稳定.

2. 扫场

观察核磁共振信号有两种方法：扫场法，即旋转场 $\boldsymbol{B}_1$ 的频率 ω_1 固定，而让磁场 $\boldsymbol{B}$ 连续变化通过共振区域；扫频法，即磁场 $\boldsymbol{B}$ 固定，让旋转磁场 $\boldsymbol{B}_1$ 的频率 ω_1 连续变化通过共振区域. 二者完全等效. 但后者更简单易行. 本实验采用扫频法，在稳恒磁场 $\boldsymbol{B}_0$ 上叠加一个低频调制磁场 $B'=B'_{\mathrm{m}}\sin\omega' t$，则样品所在区域为 $B_0+B'_{\mathrm{m}}\sin\omega' t$，由于扫场幅值 B'_{m} 很小，总磁场方向保持不变，只是磁场幅值按调制频率在 $B_0-B'_{\mathrm{m}}$～$B_0+B'_{\mathrm{m}}$ 范围内发生周期性变化. 可得相应的拉莫尔进动频率 ω_0 为

$$\omega_0=\gamma(B_0+B'_{\mathrm{m}}\sin\omega' t) \tag{4.4.27}$$

只要旋转场频率 ω_1 调在 ω_0 附近，同时 $B_0-B'_{\mathrm{m}}\leqslant B'_0\leqslant B_0+B'_{\mathrm{m}}$，则共振条件在调制场的一个周期内被满足两次. 在示波器上将观察到共振吸收信号.

3. 边限振荡器

边限振荡器是指振荡器调节至振荡与不振荡的边缘，当样品吸收能量不同也即线圈 Q 值改变时，振荡器的振幅将有较大变化. 边限振荡器既可避免旋转场过强产生饱和效应，也可使样品中少量的能量吸收即引起振荡器振幅较大的相对变化，提高检测共振信号的灵敏度. 当共振时样品吸收增强，振荡变弱，在示波器上就可显示出反映振荡器振幅大小变化的共振吸收信号.

4. 示波器触发信号的形式——内扫描和外扫描

示波器用内扫描时，当射频场角频率 ω_1 调节到 ω_0 附近，且 $B_0-B'_m \leqslant B'_0 \leqslant B_0+B'_m$ 时，则磁场变化曲线在一周内能观察到两个共振吸收信号. 当对应射频磁场频率发生共振的磁场 B'_0 的值不等于稳恒磁场 B_0 时，出现间隔不等的共振吸收信号，如图 4.4.7(a)所示.

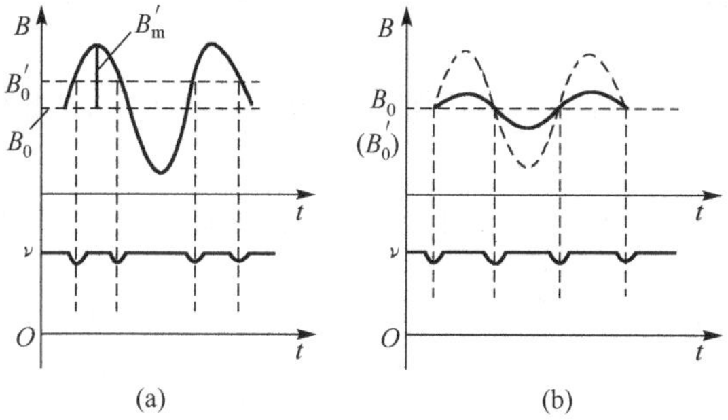

图 4.4.7　扫场法检测共振吸收信号

若间隔相等，则 $B'_0=B_0$，信号相对位置与 B'_m 的幅值无关，如图 4.4.7(b)所示. 改变 B 的大小或旋转场的频率 ω_1，均可使共振吸收信号的相对位置发生变化，出现"相对走动"的现象. 这也是区分共振信号和干扰信号的依据.

示波器用外扫描时，即从扫场分出一路，通过移相器接到示波器的水平输入轴，作为外触发信号. 当磁场扫描到共振点时，可在示波器上观察到如图 4.4.8所示的两个形状对称的信号波形，它对应于磁场 $\boldsymbol{B}$ 一周内发生两次核磁共振，再细心地把波形调节到示波器荧光屏的中心位置并使两峰重合，此时共振频率和磁场满足 $\omega_0=\gamma B_0$.

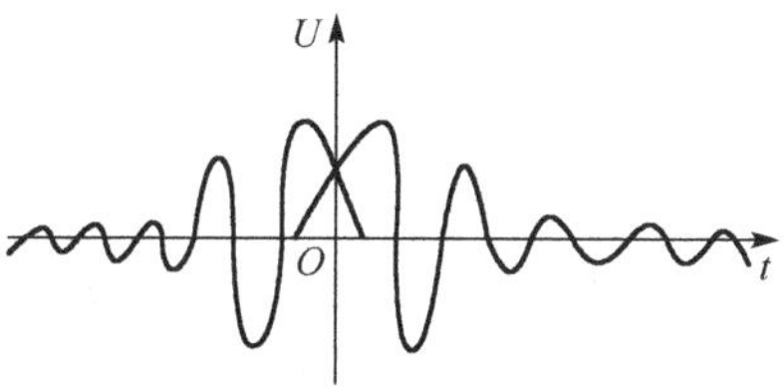

图 4.4.8　对称的共振吸收信号波形

4.4.4　实验内容和步骤

1. 开机预热

打开系统各仪器(磁共振实验仪、频率计数器、示波器)电源开关，示波器置于外扫描状态，把质子样品插入电磁铁均匀磁场中间，预热 20min.

2. 共振频率、旋磁比、g 因子及共振磁场强度的测量

(1)缓慢调节磁场电源或频率调节旋钮，直至示波器上出现共振信号，调节样品在磁场中的位置使共振信号最强.

(2)调节"调相"旋钮，使两波的第一峰重合，并通过调节磁场电流或频率调节旋

钮使之位于示波器的中央.此时的 f_H 即为样品在该磁场电流下的共振频率,记录相应数据 I 和 f_H.

(3)保持磁场电流不变,将示波器改为内扫描状态,微调频率调节旋钮,使共振信号间距相等,此时的 f_H 即为内扫描时样品在该磁场电流下的共振频率,记录相应数据 I 和 f_H.

(4)改变磁场电流,重复步骤(2)和(3),测定样品在其工作范围内不同磁场电流下的共振频率.

(5)把原质子样品更换为氟样品,保持磁场电流与前样品相对应,重复上述步骤(1),(2),(3)和(5).

(6)处理实验数据.根据式(4.4.16),当质子共振磁场 B_H 与氟共振磁场 B_F 相等时,有 $\gamma_F=\frac{f_F\gamma_F}{f_H}$,式中,$f_F$ 为氟样品的共振频率,f_H 为质子样品的共振频率,γ_F 和 γ_H 分别为氟样品和质子样品的旋磁比,其中,γ_H 为已知,所以以相同磁场电流下的 f_F 和 f_H,从而求出 γ_F 和 g 因子.

(7)根据式(4.4.16),由于已知 $\gamma_H=267.522\text{MHz/T}$,所以只要测出与待测磁场相对应的共振频率 f_H,即可由公式 $B_0=\frac{\omega}{\gamma_H}$ 算出待测磁场强度,式中频率单位为MHz.常用此方法校准高斯计.

思 考 题

(1)什么叫核磁共振?

(2)从量子力学角度推导满足核磁共振条件的公式.

(3)核磁共振中有哪两个过程同时起作用?

(4)观察核磁共振信号有哪两种方法?并解释之.

(5)内扫描时,核磁共振信号达到何种形式时,其共振磁场为 B_0?

(6)外扫描时,核磁共振信号达到何种形式时,其共振磁场为 B_0?

(7)如何判断共振信号和干扰信号,为什么?

(8)利用 $\gamma_F=\frac{f_F\gamma_F}{f_H}$ 时,为什么质子样品的共振频率 f_H 和氟样品的共振频率 f_F 必须在同一磁场电流下测出?

(9)怎样利用核磁共振测量磁场强度?

(10)布洛赫方程的稳态解是在何种条件下得到的?

参 考 文 献

唐贵德,马长山,杨连祥,等.2003.近代物理实验.石家庄:河北科学技术出版社

(李壮志 陈 伟 编)

4.5　脉冲核磁共振

从 1946 年发现核磁共振现象而产生的连续波核磁共振技术，到 20 世纪 70 年代初提出的脉冲傅里叶变换(PFT)技术和后来的核磁共振成像，在核磁共振这一领域中已多次获得诺贝尔物理学奖.

脉冲核磁共振是观察核磁共振的自发辐射过程. 它的工作方式是：①先用射频脉冲将原子核从低能级跃迁至高能级；②再观察原子核从高能级跃迁至低能级时辐射的电磁波.

4.5.1　实验目的

(1)学习脉冲核磁共振的基本概念和方法，观察核磁矩对射频脉冲的响应，加深对弛豫过程的理解.

(2)学会用基本脉冲序列来测量液体样品的横向和纵向弛豫时间.

4.5.2　实验原理

1. Bloch 方程的推导

Bloch 根据经典理论力学和部分量子力学的概念推导出 Bloch 方程. Feynman、Vernon、Hellwarth 在推导二能级原子系统与电磁场作用时从基本的薛定谔方程出发得到与 Bloch 方程完全相同的结果，从而得出 Bloch 方程适用一切能级跃迁理论，他们的理论称为 FVH 表象. FVH 表象是简单而严格的理论. 以下介绍半经典理论和弛豫时间的概念.

1)半经典理论

原子核具有磁矩

$$\boldsymbol{u}=\gamma\boldsymbol{L} \tag{4.5.1}$$

式中，γ 为回旋比，是一个参数，$\boldsymbol{L}$ 表示自旋的角动量

原子核在磁场中受到力矩

$$\boldsymbol{M}=\boldsymbol{u}\times\boldsymbol{B} \tag{4.5.2}$$

并且产生附加能量

$$E=\boldsymbol{u}\cdot\boldsymbol{B} \tag{4.5.3}$$

根据力学原理$\dfrac{\mathrm{d}\boldsymbol{L}}{\mathrm{d}t}=\boldsymbol{M}$ 和 $\boldsymbol{u}=\gamma\boldsymbol{L}$ 得

$$\frac{\mathrm{d}\boldsymbol{u}}{\mathrm{d}t}=\gamma\boldsymbol{u}\times\boldsymbol{B} \tag{4.5.4}$$

其分量式

$$\begin{cases} \dfrac{\mathrm{d}u_x}{\mathrm{d}t}=\gamma(B_y u_z-B_z u_y) \\ \dfrac{\mathrm{d}u_y}{\mathrm{d}t}=\gamma(B_z u_x-B_x u_z) \\ \dfrac{\mathrm{d}u_z}{\mathrm{d}t}=\gamma(B_x u_y-B_y u_x) \end{cases} \tag{4.5.5}$$

以上式(4.5.4)、式(4.5.5)称为 Bloch 方程.

2)弛豫过程

弛豫过程是原子核的核磁矩与物质相互作用产生的. 弛豫过程分为纵向弛豫过程和横向弛豫过程.

纵向弛豫:自旋与晶格热运动相互作用使得自旋无辐射的情况下按 $\exp\left(-\dfrac{t}{T_1}\right)$ 由高能级跃迁至低能级,T_1 称为纵向弛豫时间. 表征为:$M_z(t)=M_0\left[1-\exp\left(-\dfrac{t}{T_1}\right)\right]$.

横向弛豫:核自旋与核自旋之间相互作用使得自发辐射信号按 $\exp\left(-\dfrac{t}{T_2}\right)$ 衰减,T_2 称为横向弛豫时间. 表征为 $M_z(t)=M_0\left[1-\exp\left(-\dfrac{t}{T_2}\right)\right]$.

Bloch 方程改写为

$$\begin{cases} \dfrac{\mathrm{d}u_x}{\mathrm{d}t}=\gamma(B_y u_z-B_z u_y)-\dfrac{u_x}{T_2} \\ \dfrac{\mathrm{d}u_y}{\mathrm{d}t}=\gamma(B_z u_x-B_x u_z)-\dfrac{u_y}{T_2} \\ \dfrac{\mathrm{d}u_z}{\mathrm{d}t}=\gamma(B_x u_y-B_y u_x)-\dfrac{u_z}{T_1} \end{cases} \tag{4.5.6}$$

2. 脉冲核磁共振工作过程

1)脉冲激发过程工作原理

样品置于静磁场 B_0 磁场平行 z 轴,射频场以角频率 $\omega_0=\gamma B$ 加在样品上. 射频场 B 分量为

$$\begin{cases} B_x=B_1\cos(\omega_0 t) \\ B_y=B_1\sin(\omega_0 t) \end{cases} \tag{4.5.7}$$

式中,B_1 为射频场幅度.

如果脉冲作用时间远远小于弛豫时间,那么将式(4.5.7)代入式(4.5.5)得到

$$\begin{cases} u_x=c\cos(\omega_0 t)-a\sin(\gamma B_1 t+\phi_0)\sin(\omega_0 t) \\ u_y=a\sin(\gamma B_1 t+\phi_0)\cos(\omega_0 t)+c\sin(\omega_0 t) \\ u_z=a\cos(\gamma B_1 t+\phi_0) \end{cases} \tag{4.5.8}$$

式中,$a^2+c^2=|u|^2$.

根据脉冲时间 t 可见将脉冲分为90°脉冲、180°脉冲、270°脉冲、360°脉冲.以下介绍90°脉冲、180°脉冲.其中270°脉冲、360°脉冲很少使用所以不介绍.

i) $\gamma B_1 t=\frac{\pi}{4}$ 称为90°脉冲

根据初始条件分为

①基态 $u_x=0, u_y=0, u_z=-1$.

经过90°脉冲后得到 $u_x=-\sin(\omega_0 t), u_y=\cos(\omega_0 t), u_z=0$,因为对电磁辐射有贡献的是 B 的 x、y 方向,所以在基态经过90°脉冲后可以得到最强的电磁辐射.注意最强的辐射不是完全在激发态,因为完全在激发态时虽然激发态能量最高,但是和电磁场耦合最弱.

②激发态 $u_x=0, u_y=0, u_z=1$.

经过90°脉冲后得到 $u_x=\sin(\omega_0 t), u_y=-\cos(\omega_0 t), u_z=0$,所以在激发态经过90°脉冲后也可以得到最强的电磁辐射.

③辐射状态 $u_x=\sin(\omega_0 t), u_y=-\cos(\omega_0 t), u_z=0$ 或 $u_x=-\sin(\omega_0 t), u_y=\cos(\omega_0 t),, u_z=0$.

经过90°脉冲后得到 $u_x=0, u_y=0, u_z=-1$ 或 $u_x=0, u_y=0, u_z=1$ 因为对电磁辐射有贡献得是 B 的 x、y 所以在 B 横向最强时经过90°脉冲后不管处于激发态还是基态辐射为零.

ii) $\gamma B_1 t=\pi$ 称为180°脉冲

根据初始条件分为

基态 $u_x=0, u_y=0, u_z=-1$ 经过180°脉冲后得 $u_x=0, u_y=0, u_z=1$.基态跃迁至激发态.原子核在激发态下辐射为零.任意状态

$$\begin{cases}u_x=c\cos(\omega_0 t)-a\sin(\phi_0)\sin(\omega_0 t)\\ u_y=a\sin(\phi_0)\cos(\omega_0 t)+c\sin(\omega_0 t)\\ u_z=a\cos(\phi_0)\end{cases}$$

经过180°脉冲后得

$$\begin{cases}u_x=c\cos(\omega_0 t)-a\sin(\pi+\phi_0)\sin(\omega_0 t)\\ u_y=a\sin(\pi+\phi_0)\cos(\omega_0 t)+c\sin(\omega_0 t)\\ u_z=a\cos(\pi+\phi_0)\end{cases}\tag{4.5.9a}$$

又可表达为

$$\begin{cases}u_x=c\cos(\omega_0 t)+a\sin(\phi_0)\sin(\omega_0 t)\\ u_y=-a\sin(\phi_0)\cos(\omega_0 t)+c\sin(\omega_0 t)\\ u_z=-a\cos(\phi_0)\end{cases}\tag{4.5.9b}$$

即沿着 x 轴方向翻转180°

2)自由衰减过程(自发辐射)

不加射频场脉冲，由高灵敏放大器观察自由衰减过程. 因为不加射频场 $B_1=0$，所以式(4.5.6)变为

$$\begin{cases}\dfrac{\mathrm{d}u_x}{\mathrm{d}t}=-\gamma B_z u_y-\dfrac{u_x}{T_2}\\ \dfrac{\mathrm{d}u_y}{\mathrm{d}t}=\gamma B_z u_x-\dfrac{u_y}{T_2}\\ \dfrac{\mathrm{d}u_z}{\mathrm{d}t}=-\dfrac{u_z}{T_1}\end{cases} \tag{4.5.10}$$

其解为

$$\begin{cases}u_x=a\exp\left(-\dfrac{t+t_0}{T_2}\right)\cos(\omega_0 t+\phi_0)\\ u_y=a\exp\left(-\dfrac{t+t_0}{T_2}\right)\sin(\omega_0 t+\phi_0)\\ u_z=\exp\left(-\dfrac{t+t_0}{T_1}\right)-1\end{cases} \tag{4.5.11}$$

4.5.3 实验仪器装置

脉冲核磁共振设备由脉冲发生器、开关放大器、变频放大器、励磁电源、射频发生器、锁相放大器和计算机等部分组成. 仪器框图，如图 4.5.1 所示.

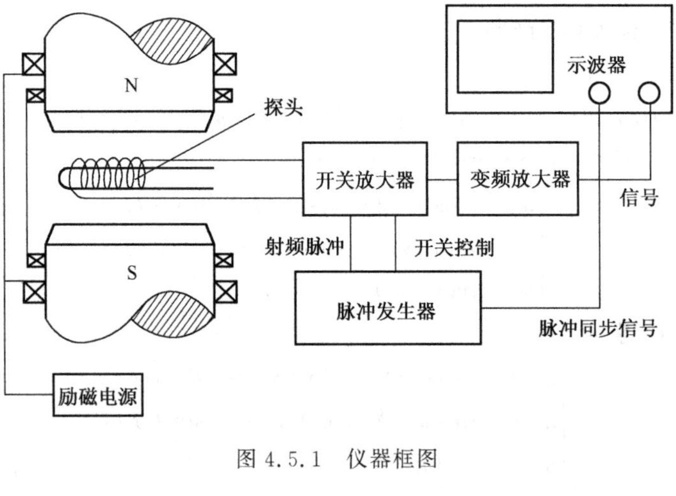

图 4.5.1 仪器框图

脉冲发生器：产生脉冲序列同时调制射频信号得到射频脉冲.

开关放大器：将大功率射频脉冲加至探头当脉冲结束后关闭脉冲通道打开信号通道将来自探头的自由衰减信号放大 300 倍，如图 4.5.2 所示.

变频放大器：又称为相位检波器将 20MHz 的信号通过混频将信号频率降低至 100Hz～20kHz 以便于示波器观察计算机记录. 变频放大器内具有带通滤波器同时可以大幅度提高信噪比.

励磁电源：改变磁场强度至共振频率，同时作为"开关放大器"、"变频放大器"及附件"射频发生器"的电源.

射频发生器：当调试时信号过小或调试无太大把握时为了调节匹配需要，"射频发生器"提供与共振信号频率相同的模拟共振信号.

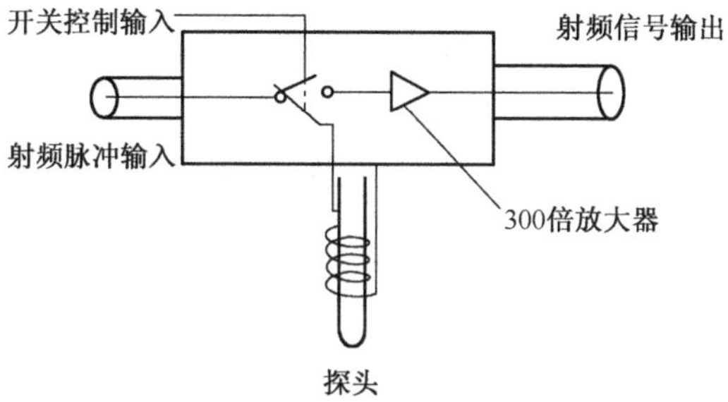

图 4.5.2　开关放大器

锁相放大器(相位检波器)：将 20MHz 的高频信号与频率稳定的 20.000MHz 石英晶振本振相乘后，再经低通滤波器得到信号与本振的差频同时保持信号幅度及各信号之间相位关系不变，从而保证谱的幅度及位移量不变同时能将信号频率将至计算机能记录的频率.

计算机：核磁共振信号是通过多媒体-声卡进入计算机. 声卡的采样速率 44.1kHz/16 位 A/D 转换 2 通道，经过 DMA 通道进入内存、计算机将记录在内存的信号进行傅里叶变换得到频谱图从而得到化学位移谱图.

4.5.4　实验内容和步骤

1. 90°脉冲观察自由衰减过程

在共振条件下($\nu=\gamma B_0$)样品上加90°射频脉冲，打开高灵敏度放大器即可观察自由衰减过程. 时序图如图 4.5.3 所示，但必须注意两次观察的时间间隔必须远远大于弛豫时间 $\tau_0>>T_1$、T_2，一般 $\tau_0>10T_1$.

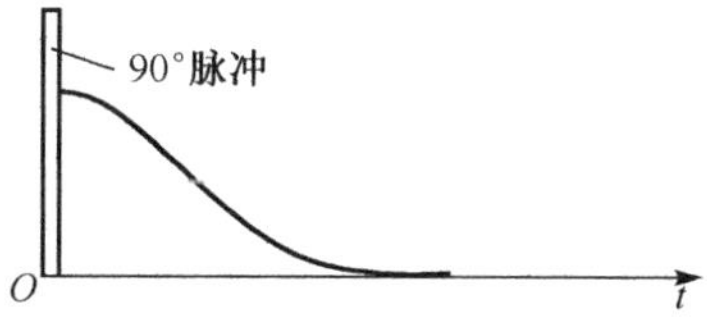

图 4.5.3　90°脉冲的自由衰减过程

由于磁场的不均匀性，所以得到的波形为 $a\cdot\nu(t)\cos(\omega_0 t+\phi_0)$ 式中 $\nu(t)$ 为衰减函数即 $\nu(0)=1$，$\nu(\infty)=0$.

函数的内容与磁场的分布有关.

2. 90°～180°测量 T_2(自旋回波法)

因为磁场存在不均匀性，使得谱线出现不均匀加宽，u 的横向分量表示为

$$\begin{cases} u_x = \exp\left(-\dfrac{t+t_0}{T_2}\right)\displaystyle\int_{-\infty}^{\infty} a(\Delta\omega)\cos\left[(\omega_0+\Delta\omega)t\right]\mathrm{d}\Delta\omega \\ u_y = a\exp\left(-\dfrac{t+t_0}{T_2}\right)\displaystyle\int_{-\infty}^{\infty} a(\Delta\omega)\sin\left[(\omega_0+\Delta\omega)t\right]\mathrm{d}\Delta\omega \end{cases} \tag{4.5.12}$$

以至于自由衰减过程信号衰减速度远远快于 T_2.

为了精确测量 T_2 采用自旋回波法其原理如下：

在90°脉冲后经过 τ 时间后再加180°脉冲 u 的横向分量根据式(4.5.9a)得

为未加180°脉冲时 τ 时刻的 u 的横向分量为

$$\begin{cases} u_x = \exp\left(-\dfrac{t+t_0}{T_2}\right)\displaystyle\int_{-\infty}^{\infty} a(\Delta\omega)\cos\left[(\omega_0+\Delta\omega)\tau\right]\mathrm{d}\Delta\omega \\ u_y = a\exp\left(-\dfrac{t+t_0}{T_2}\right)\displaystyle\int_{-\infty}^{\infty} a(\Delta\omega)\sin\left[(\omega_0+\Delta\omega)\tau\right]\mathrm{d}\Delta\omega \end{cases}$$

加载180°后得

$$\begin{cases} u_x = \exp\left(-\dfrac{t+t_0}{T_2}\right)\displaystyle\int_{-\infty}^{\infty} a(\Delta\omega)\cos\left[(\omega_0-\Delta\omega)(t-2\tau)\right]\mathrm{d}\Delta\omega \\ u_y = a\exp\left(-\dfrac{t+t_0}{T_2}\right)\displaystyle\int_{-\infty}^{\infty} a(\Delta\omega)\sin\left[(\omega_0-\Delta\omega)(t-2\tau)\right]\mathrm{d}\Delta\omega \end{cases} \tag{4.5.13}$$

所以因为频谱增宽而导致的相位散失，通过180°脉冲后在 $t=2\tau$ 时又重新聚合. 工作时序图如图 4.5.4 所示.

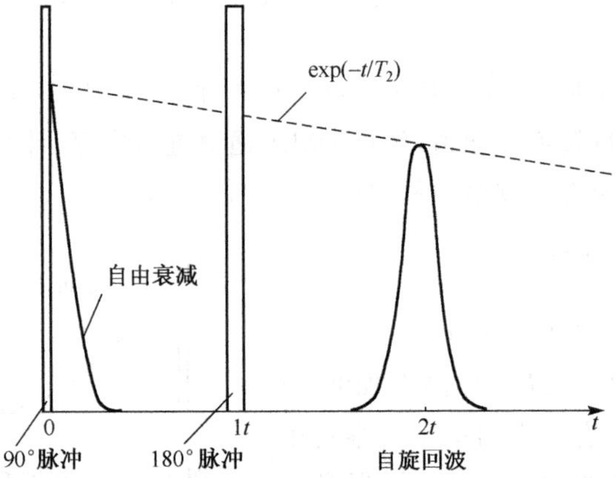

图 4.5.4 自旋回波法

3. 180°～90°测量 T_1(反转恢复法)

样品在基态经过 180°脉冲后跃迁至激发态，在由激发态弛豫向基态弛豫过程. 可以表达为

$$\begin{cases} u_x = f(t)\cos(\omega_0 t+\phi) \\ u_y = 0 \\ u_z = 1-2\exp\left(-\dfrac{t}{T_1}\right) \end{cases} \tag{4.5.14}$$

然后经过 τ 时刻在加 90°脉冲. 根据公式(4.5.8)，得

$$\begin{cases} u_x = -\left[1-2\exp\left(-\dfrac{\tau}{T_1}\right)\right]\sin(\omega_0 t) \\ u_y = \left[1-2\exp\left(-\dfrac{\tau}{T_1}\right)\right]\cos(\omega_0 t) \\ u_z = 0 \end{cases} \tag{4.5.15}$$

由式(4.5.15)可以看出：在 $\tau < T_1/\ln 2$ 时信号与射频脉冲的相相位反、在 $\tau > T_1/\ln 2$ 时信号与射频脉冲相位相同、在 $\tau = T_1/\ln 2$ 时信号为零. 所以我们可以通过测出零信号时的 τ 即可得到 T_1. 如图 4.5.5 所示.

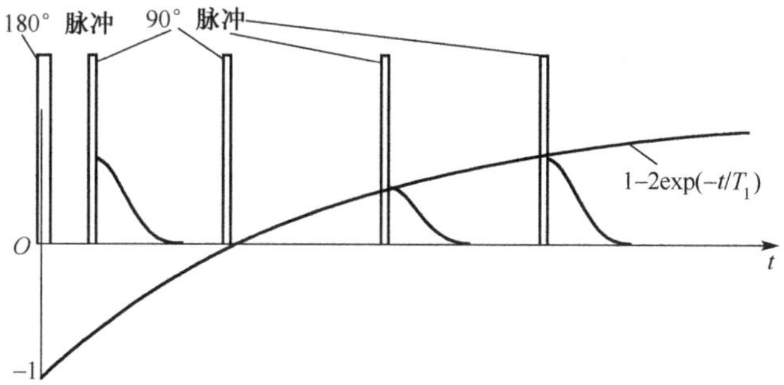

图 4.5.5　180°～90°测量 T_1

4. 90°～90°测量 T_1(饱和恢复法)

样品在基态经过90°脉冲后跃迁至激发态，在由激发态弛豫向基态弛豫过程. 可以用以下公式表达：

$$\begin{cases} u_x = f(t)\sin(\omega_0 t + \phi_0) \\ u_y = f(t)\cos(\omega_0 t + \phi_0) \\ u_z = 1 - \exp\left(-\dfrac{t}{T_1}\right) \end{cases} \tag{4.5.16}$$

然后经过 τ 时刻在加90°脉冲. 根据式(4.5.8)得

$$\begin{cases} u_x = -\left[1-\exp\left(-\dfrac{\tau}{T_1}\right)\right]\sin(\omega_0 t) \\ u_y = \left[1-\exp\left(-\dfrac{\tau}{T_1}\right)\right]\cos(\omega_0 t) \\ u_z = 0 \end{cases} \tag{4.5.17}$$

由式(4.5.17)可以看出：第二脉冲随 τ 的增加信号强度按 $1-\exp\left(-\dfrac{\tau}{T_1}\right)$增加. 如图 4.5.6 所示.

4.5.5　注意事项

严禁在未接开关输入的情况下打开开关放大器，尤其是射频脉冲已经接入. 虽然已经加入保护装置，但也存在射频脉冲烧坏器件的可能性.

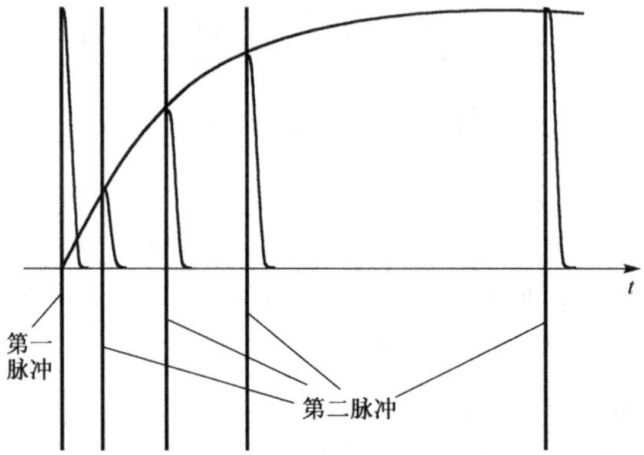

图 4.5.6 90°～90°测量 T_1

思 考 题

(1)试分析纵向弛豫和横向弛豫的物理含义.

(2)磁场的不均匀对弛豫时间的测量有何影像?采用什么办法可消除磁场不均匀对测量带来的影像?

(3)T_2和 T_1的测量在实验方法上有何不同?

(4)用反向恢复法和饱和恢复法测量的 T_1有何不同?

参 考 文 献

黄永仁.1992.核磁共振理论原理.上海:华东师范大学出版社

吕斯骅,段家忯.2006.新编基础物理实验.实验六十二,北京:高等教育出版社

伍长征.1989.激光物理学.上海:复旦大学出版社

晏于模,王魁香.1995.近代物理实验.实验三十四,长春:吉林大学出版社

杨福家.1990.原子物理.北京:高等教育出版社

杨桂林,江兴方,柯善哲.2004.近代物理.第十五章,北京:科学出版社

杨文修,李正明.1993.生物医学物理概论.天津:天津科技翻译出版公司

Eiichi Fukushima.1995.实验脉冲核磁共振.童瑜华,邵倩芬,费伦译.上海:复旦大学出版社,445～447

(薛 芳 编)

4.6 光泵磁共振

光磁共振,是把光频跃迁和射频磁共振跃迁结合起来的一种物理过程,是利用光抽运效应来研究原子超精细结构塞曼子能级间的磁共振.所研究的对象是碱金属原子铷 Rb.天然铷中含量大的同位素有两种:^{87}Rb 占 27.85%,^{85}Rb 占 72.15%.

气体原子塞曼子能级间的磁共振信号非常弱,用磁共振的方法难于观察.本实验中应用了光探测的方法,既保持了磁共振分辨率高的优点,同时将探测灵敏度提高了几个以至十几个数量级.此方法一方面可用于基础物理研究,另一方面在量子频标、

精确测定磁场等问题上也都有很大的实际应用价值. 通过实验可加深对原子超精细结构、光跃迁及磁共振的理解.

4.6.1　实验目的

(1)了解光泵磁共振的原理,观察光磁共振现象.

(2)测量铷(Rb)原子的 g_F 因子及地磁场的大小.

4.6.2　实验原理

1. 铷原子基态和最低激发态的能级

铷(Z=37)是一价金属元素,天然铷有两种稳定的同位素:^{85}Rb 和^{87}Rb,二者的比例接近 2 比 1. 它们基态都是 $5^2S_{1/2}$,即电子的主量子数 $n=5$,轨道量子数 $L=0$,自旋量子数 $S=1/2$,总角动量量子数 $J=1/2$(LS 耦合).

在 LS 耦合下,铷原子的最低激发态仅由价电子的激发所形成,其轨道量子数 $L=1$,自旋量子数 $S=1/2$,电子的总角动量 $J=L+S$ 和 $L-S$,即 $J=3/2$ 和 $1/2$,形成双重态:$5^2P_{1/2}$ 和 $5^2P_{3/2}$,这两个状态的能量不相等,产生精细分裂. 因此,从 5P 到 5S 的跃迁产生双线,分别称为 D_1 和 D_2 线,它们的波长分别是 794.8nm 和 780.0nm,如图 4.6.1 所示.

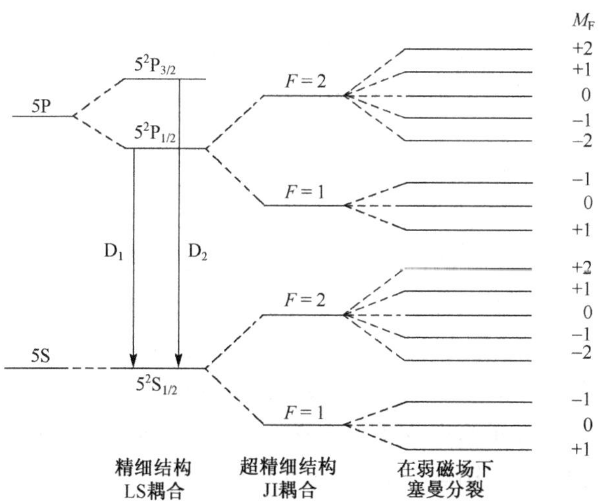

图 4.6.1　^{87}Rb 原子能级超精细分裂

通过 LS 耦合形成了电子的总角动量 $\boldsymbol{P}_J$,与此相联系的核外电子的总磁矩 μ_J 为

$$\mu_J=-g_J\frac{e}{2m}P_J$$

其中,

$$g_J=1+\frac{J(J+1)-L(L+1)+S(S+1)}{2J(J+1)}$$

就是著名的 Longde 因子,m 是电子质量,e 是电子电量.

原子核也有自旋磁矩，核自旋量子数用 I 表示. 核角动量 $\boldsymbol{P}_I$ 和核外电子的角动量 $\boldsymbol{P}_J$ 耦合成一个更大的角动量，用符号 $\boldsymbol{P}_F$ 表示，其量子数用 F 表示，则

$$\boldsymbol{P}_F=\boldsymbol{P}_J+\boldsymbol{P}_I$$

与此角动量相关的原子总磁矩为

$$\mu_F=-g_F\frac{e}{2m}P_F$$

其中

$$g_F=g_J\frac{F(F+1)+J(J+1)-I(I+1)}{2F(F+1)}$$

在有外静磁场 B 的情况下，总磁矩将 μ_F 与外场 B 相互作用，使原子产生附加的能量

$$E=-\boldsymbol{\mu}_F\cdot\boldsymbol{B}=g_F\frac{e}{2m}\boldsymbol{P}_F\cdot\boldsymbol{B}=g_F\frac{e}{2m}M_F\hbar B=g_FM_F\mu_BB$$

其中，$\mu_B=\dfrac{e\hbar}{2m}=9.2741\times10^{-24}$ J/T 称为玻尔磁子，M_F 是 P_F 的第三分量的量子数，$M_F=-F,-F+1,\cdots,F-1,F$，共有 $2F+1$ 个值. 我们看到，原子在磁场中的附加能量 E 随 M_F 变化，原来对 M_F 简并的能级发生分裂，称为超精细结构，一个 F 能级分裂成 $2F+1$ 个子能级，相邻的子能级的能量差为

$$\Delta E=g_F\mu_BB$$

我们来看一下具体的分裂情况. ^{87}Rb 的核自旋 $I=3/2$，^{85}Rb 的核自旋 $I=5/2$，因此，两种原子的超精细分裂将不同. 我们以 ^{87}Rb 为例，介绍超精细分裂的情况，读者可以对照理解 ^{85}Rb 的分裂，如图 4.6.1 所示.

对于电子态 $5^2S_{1/2}$，角动量 P_J 与角动量 P_I 耦合成的角动量 P_F 有两个量子数：$F=I+J$ 和 $I-J$，即 $F=2$ 和 1.

同样，对于电子态 $5^2P_{1/2}$，耦合成的角动量 P_F 也有两个量子数：$F=2$ 和 1. 对于电子态 $5^2P_{3/2}$，耦合后的角动量 P_F 有四个量子数：$F=3,2,1,0$.

我们可以画出原子在磁场中的超精细分裂情况，如图 4.6.1 所示. 由于实验中 D_2 线被滤掉，所涉及的 $5^2P_{3/2}$ 态的耦合分裂也就不用考虑.

实验中，我们要对铷光源进行滤光和变换，只让 $D_1\sigma^+$（左旋圆偏振光）光通过并照射到铷原子蒸气上，观察铷蒸气 $D_1\sigma^+$ 对光的吸收情况.

我们要指出的是

(1)从常温对应的能量 kT 来衡量，超精细分裂和之后的塞曼分裂的裂距都是很小的，根据玻尔兹曼分布：

$$\frac{N_1}{N_{\text{total}}}=e^{\frac{-E_1}{kT}}$$

由 $5^2S_{1/2}$ 分列出的 8 条子能级上的原子数应接近均匀分布；同样，由 $5^2P_{1/2}$ 分裂出的 8 条子能级上的原子数也接近均匀分布.

(2)如果考虑到热运动造成的多普勒效应，铷光源发出的 $D_1\sigma^+$ 光实际包含了连

续频率的光，这些光使得 D_1 线有一定的宽度，同时也为铷蒸气可能进行的各种吸收提供了丰富的谱线.

2. 光磁共振跃迁

处于磁场环境中的铷原子对 $D_1\sigma^+$ 光的吸收遵守如下的选择定则：

$$\Delta L=\pm 1,\quad \Delta F=\pm 1,0,\quad \Delta M_F=+1$$

根据这一选择定则可以画出吸收跃迁图，如图 4.6.2 所示.

我们看到，5S 能级中的 8 条子能级除了 $M_F=+2$ 的子能级外，都可以吸收 $D_1\sigma^+$ 光而跃迁到 5P 的有关子能级，$M_F=+2$ 的子能级上的原子既不能往高能级跃迁也没有条件往低能级跃迁，所以这些原子数是不变的；另外，跃迁到高能级的原子通过自发辐射等途径很快又跃迁回 5S 低能级，发出自然光，跃迁选择定则是

$$\Delta F=\pm 1,0,\quad \Delta M_F=\pm 1,0$$

相应的跃迁见图 4.6.2 的右半部分. 我们注意到，退激跃迁中有一部分的状态变成了 5S 能级中的 $M_F=+2$ 的状态，而这一部分原子是不会吸收光再跃迁到 5P 去的，那些回到其他 7 个子能级的原子都可以再吸收光重新跃迁到 5P 能级. 当光连续照着，跃迁 5S ⟶ 5P ⟶ 5S ⟶ 5P ⟶…… 这样的过程就会持续下去. 这样，5S 态中 $M_F=+2$ 子能级上的原子数就会越积越多，而其余 7 个子能级上的原子数越来越少，相应地，对 $D_1\sigma^+$ 光的吸收越来越弱，最后，差不多所有的原子都跃迁到了 5S 态的 $M_F=+2$ 的子能级上，其余 7 个子能级上的原子数少到如此程度，以至于吸收光的概率趋近于零，光强测量值不再发生变化.

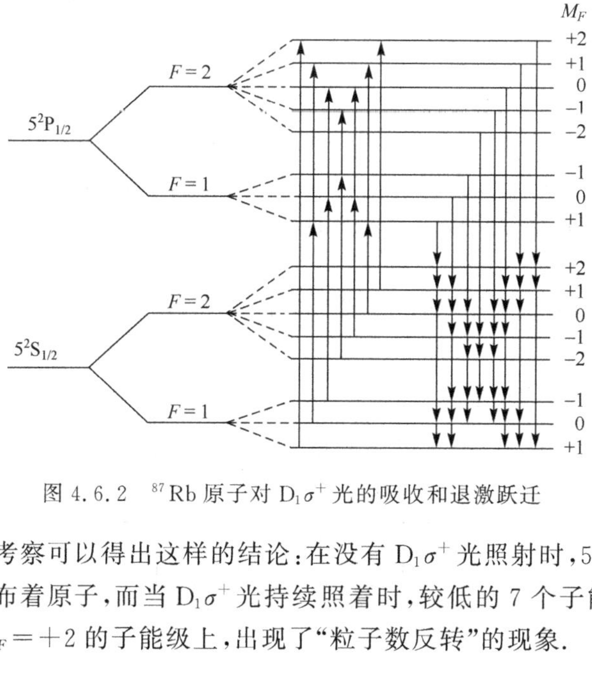

图 4.6.2　^{87}Rb 原子对 $D_1\sigma^+$ 光的吸收和退激跃迁

通过以上的考察可以得出这样的结论：在没有 $D_1\sigma^+$ 光照射时，5S 态上的 8 个子能级几乎均匀分布着原子，而当 $D_1\sigma^+$ 光持续照着时，较低的 7 个子能级上的原子逐步被“抽运”到 $M_F=+2$ 的子能级上，出现了“粒子数反转”的现象.

在“粒子数反转”后，如果在垂直于静磁场 B 和垂直于光传播方向上加一射频振荡的磁场，并且调整射频频率 ν，使之满足

$$h\nu = g_F \mu_B B \tag{4.6.1}$$

这时将出现“射频受激辐射”，在射频场的扰动下，处于 $M_F = +2$ 子能级上的原子会放出一个频率为 ν、方向和偏振态与入射量子完全一样的量子而跃迁到 $M_F = +1$ 的子能级，$M_F = +2$ 上的原子数就会减少；同样，$M_F = +1$ 子能级上的原子也会通过“射频受激辐射”跃迁到 $M_F = 0$ 的子能级上……如此下去，5S 态的上面 5 个子能级很快就都有了原子，于是光吸收过程重又开始，光强测量值又降低；跃迁到 5P 态的原子在退激过程中可以跃迁到 5S 态的最下面的 3 个子能级上，所以，用不了多久，5S 态的 8 个子能级上全有了原子. 由于此时 $M_F = +2$ 子能级上的原子不再能久留，所以，光跃迁不会造成新的“粒子数反转”.

通过以上的分析得到了如下的结论：

处于静磁场中的铷原子对偏振光 $D_1\sigma^+$ 的吸收过程能够受到一个射频信号的控制，当没有射频信号时，铷原子对 $D_1\sigma^+$ 光的吸收很快趋于零，而当加上一个能量等于相邻子能级的能量差的射频信号（即式(4.6.1)成立）时又引起强烈吸收. 根据这一事实，如果能让式(4.6.1)周期性成立，则可以观察到铷原子对 $D_1\sigma^+$ 光的周期性吸收的现象. 实验中是固定频率 ν 而采用周期性的磁场 B 来实现这一要求的，称为“扫场法”.

3. 光磁共振的观察

“扫场法”采用的周期性信号一般有两种：方波信号和三角波信号. 方波信号用于观察“光抽运”过程，三角波信号用于测量有关参数. 在加入了周期性的“扫描场”以后，总磁场为

$$B_{\text{total}} = B_{\text{DC}} + B_{\text{S}} + B_{\text{e//}}$$

式中，B_{DC} 是一个由通有稳定的直流电流的线圈所产生的磁场，方向在水平方向，$B_{\text{e//}}$ 是地球磁场的水平分量，这两部分在实验中不变；B_{S} 是周期性的扫描场，也是水平方向的. 地球磁场的垂直分量被一对线圈的磁场所抵消.

1）用方波观察“光抽运”

将直流磁场 B_{DC} 调到零，加上方波扫场信号，其波形见图 4.6.3，它是关于零点对称的.

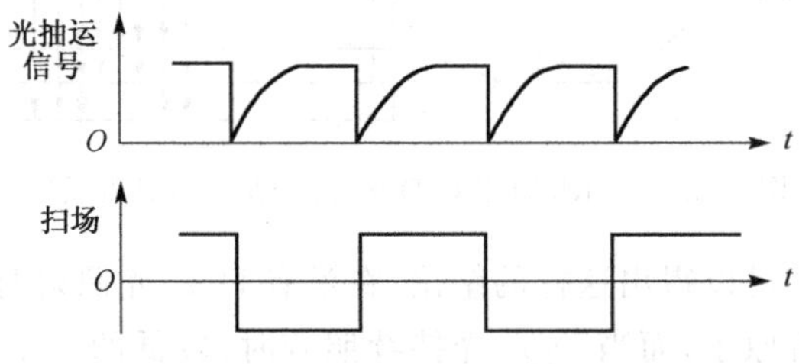

图 4.6.3 “光抽运”的形成和波形

在方波刚加上的瞬间，样品泡内铷原子 5S 态的 8 个子能级上的原子数近似相等，即每个子能级上的原子数各占总原子数的 1/8，因此，将有 7/8 的原子能够吸收 $D_1\sigma^+$ 光，此时对光的吸收最强，探测器上接受的光信号最弱. 随着原子逐步被“抽运”到 $M_F=+2$ 的子能级上，能够吸收 $D_1\sigma^+$ 光的原子数逐渐减少，透过样品泡的光逐渐增强. 当“抽运”到 $M_F=+2$ 子能级上的原子数达到饱和，透过样品泡的光强达到最大而不再发生变化. 当“扫场”过零并反向时，各子能级简并，原来是 $M_F=+2$ 的原子，通过碰撞，自旋方向混杂而使各个自旋方向上的原子数又接近相等，当“扫场”反向、铷原子各子能级重新分裂以后，对 $D_1\sigma^+$ 光的吸收又达到了最大.

2）三角波观察光磁共振

调节直流磁场 B_{DC} 至某个值，加上三角波“扫场”信号和射频信号，通过调节“扫场”幅度和射频信号的频率，可以观察到如图 4.6.4 所示的光磁共振信号.

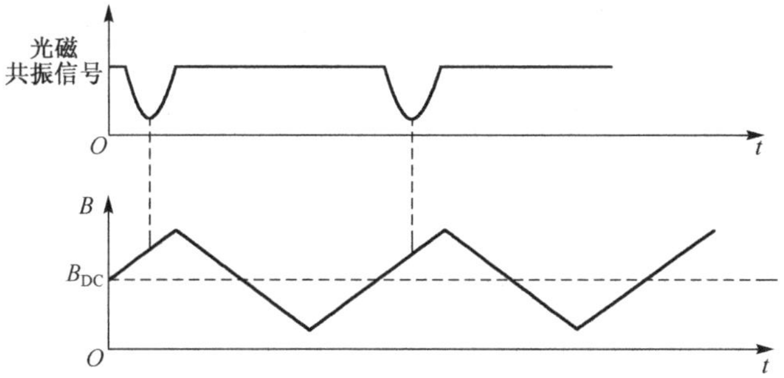

图 4.6.4　光磁共振的信号图像 Ⅰ

在光磁共振实验中，一个重要的任务是测量 g_F 因子，为此提出如下方法：

在某个射频 ν_1 下调出光磁共振信号（类似于图 4.6.4），通过交替调节 B_{DC} 和“扫场”信号，使共振信号的谷点对应“扫场”信号的峰点或谷点，如图 4.6.5 所示.

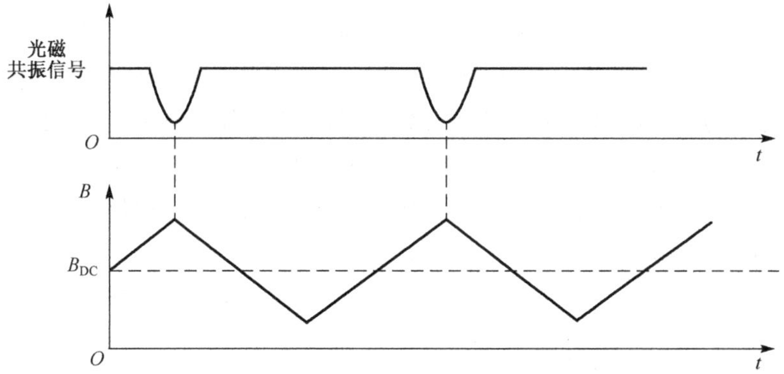

图 4.6.5　光磁共振的信号图像 Ⅱ

当光磁共振发生时，满足量子条件：

$$h\nu_1 = g_F\mu_B(B_{DC} + B_S + B_{e//}) \tag{4.6.2}$$

通过仪器上的换向开关将直流磁场的方向倒转，此时可能观察不到共振信号. 调节射频的频率，又可以看到共振信号，并调到如图 4.6.6 所示的状态，记下射频的频率 ν_2，则有如下的量子条件成立：

$$-h\nu_2 = g_F\mu_B(-B_{DC} + B_S + B_{e//}) \tag{4.6.3}$$

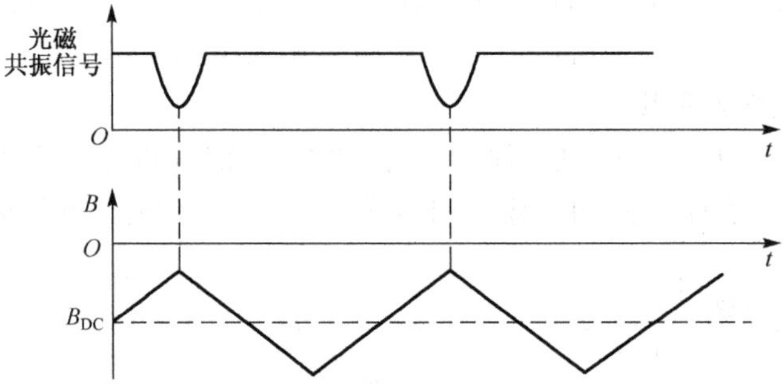

图 4.6.6 光磁共振信号图像Ⅲ

由式(4.6.2)、式(4.6.3)得

$$g_F = \frac{h(\nu_1 + \nu_2)}{2\mu_B B_{DC}} \tag{4.6.4}$$

直流磁场 B_{DC} 可以通过读出两个并联线圈的电流之和 I 来计算(亥姆霍兹线圈公式)

$$B_{DC} = \frac{16\pi NI}{5^{3/2} r} \times 10^{-7}\,\text{T}$$

式中，N 和 r 为两个水平线圈的匝数和有效半径，因为两个线圈是并联的，数字表显示的 I 值是流过两个线圈的电流的和.

以上介绍的是针对样品只存在一种原子的情况，事实上，样品中同时存在^{87}Rb 和^{85}Rb，所以，一般在示波器上能先后看到两种原子造成的光磁共振信号，当改变射频信号频率时二者是交替出现的. 对每一种原子造成的共振信号都可以用上面介绍的方法测量其 g_F 因子. 我们要注意，g_F 因子的值不仅与原子有关，而且还与量子数 F 的值有关. 不难看出，我们测量的是^{87}Rb 的 5S 态中 $F=2$ 的 g_F 因子，而对于^{85}Rb 来讲，我们测量的是 $F=3$ 的 g_F 因子. 我们能依据 g_F 因子的值来判断共振信号是哪一种原子引起的，因为两种原子的 g_F 因子之比为

$$\frac{g_F(^{87}\text{Rb})}{g_F(^{85}\text{Rb})} = \frac{2(2+1) + \frac{1}{2}\left(1+\frac{1}{2}\right) - \frac{3}{2}\left(1+\frac{3}{2}\right)}{2\times 2\times(2+1)} \Bigg/ \frac{3(3+1) + \frac{1}{2}\left(1+\frac{1}{2}\right) - \frac{5}{2}\left(1+\frac{5}{2}\right)}{2\times 3\times(3+1)} = \frac{3}{2} \tag{4.6.5}$$

在光磁共振实验中，我们还能测量到地球磁场的水平分量 $B_{e//}$ 的值，这为光磁共振提供了另一个应用，方法如下：在测量出 g_F 因子之后，在式(4.6.2)的基础上，同时将 B_{DC} 和 B_S 倒向，调节射频的频率至 ν_3，出现如图 4.6.6 所示的信号，则有如下量子条件成立

$$-h\nu_3 = g_F\mu_B(-B_{DC} - B_S + B_{e//}) \tag{4.6.6}$$

由式(4.6.2)加式(4.6.6)得

$$B_{e//} = \frac{h(\nu_1 - \nu_3)}{2g_F\mu_B} \tag{4.6.7}$$

4.6.3　实验仪器装置

本实验系统由主体单元、主电源、辅助源、射频信号发生器及示波器五部分组成，见图 4.6.7.

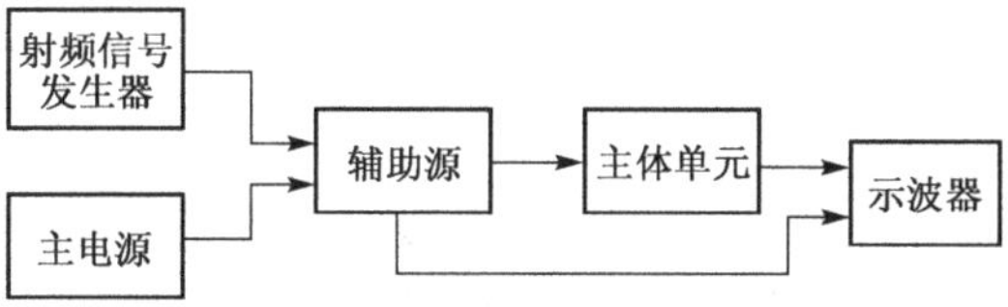

图 4.6.7　光磁共振实验装置方框图

其中射频信号发生器提供频率和幅度可调的射频(功率)信号；主电源提供水平磁场线圈和垂直磁场线圈的励磁电源；辅助源提供水平磁场调制信号(10Hz 方波和 20Hz 三角波，调制电流的方向可颠倒)以及对样品室的温度进行控制等；主体单元的各组成部分装在一光具座上，包括铷光源、光学变换器件、光探测器、样品室和水平及垂直磁场线圈等. 样品室是一个封装了铷原子饱和气体的玻璃泡，其中还混有浓度比铷蒸气浓度高几个数量级的所谓“缓冲气体”，如 N_2 或 Ne 等无分子磁矩的气体，以减缓极化的铷的退极化过程. 现只将主体单元画在图 4.6.8 中.

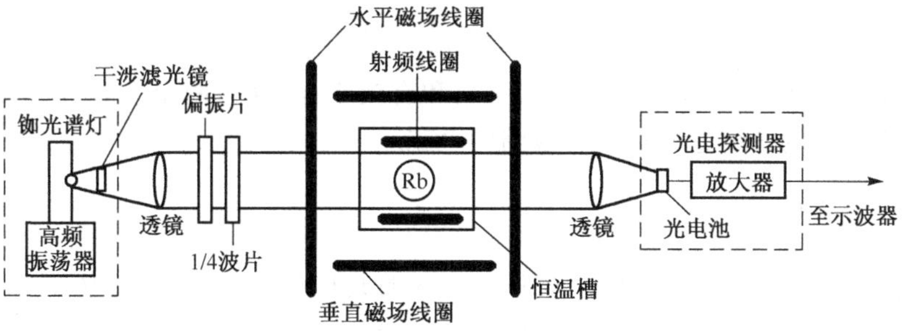

图 4.6.8　主体单元示意图

4.6.4 实验内容和步骤

1. 观测光抽运信号

(1)将“垂直场”、“水平场”、“扫场幅度”旋钮调至最小，接通主电源开关和池温开关，约 30min 后，灯温、池温指示灯点亮，实验装置进入工作状态.

(2)扫场方式选择“方波”，调大扫场幅度. 再将指南针置于吸收池上边，改变扫场的方向，设置扫场方向与地磁场水平分量方向相反，然后将指南针拿开.

(3)预置垂直场电流为 0.07A 左右，用来抵消地磁场垂直分量，然后调节扫场幅度、垂直场大小和方向，使光抽运信号幅度最大. 记下垂直场电流的数值.

2. 观测光磁共振信号

(1)扫场方式选择“三角波”，将水平场电流预置为 0.2A 左右，并使水平磁场方向与地磁场水平分量和扫场方向相同(由指南针来判断)，垂直场的大小和方向保持上述状态. 调节射频信号发生器频率，可观察到共振信号，读出频率 ν_1 及对应的水平场电流 I.

(2)按动水平场方向开关，使水平场方向与地磁场水平分量和扫场方向相反. 仍用上述方法，可得到 ν_2，则利用式(4.6.4)可求出 g_F 因子.

3. 测量地磁场

(1)同测 g_F 因子方法类似，先使扫场和水平场与地磁场水平分量方向相同，测得 ν_1；

(2)再按动扫场及水平场方向开关，使扫场和水平场方向与地磁场水平分量方向相反，又得到 ν_3. 这样由式(4.5.7)可得地磁场水平分量 $B_{e//}$，并根据 $B_e=(B_{e//}^2+B_{e\perp}^2)^{1/2}$ 可得到地磁场的大小.

(3)因为垂直磁场正好抵消地磁场的垂直分量，由垂直场电流及垂直亥姆霍兹线圈参数，可确定地磁场垂直分量的数值. 垂直磁场由下式计算

$$B_{DC}=\frac{32\pi NI}{5^{3/2}r}\times 10^{-7}\,\mathrm{T}$$

式中，N 和 r 为两个垂直磁场线圈的匝数和有效半径. 因为两个垂直场线圈是串联的，数字表显示的 I 值是流过单个线圈的电流.

4.6.5 注意事项

(1)在实验过程中应注意区分 ^{87}Rb、^{85}Rb 的共振信号，当水平磁场不变时，频率高的为 ^{87}Rb 共振谱线，频率低的为 ^{85}Rb 的共振谱线. 当射频频率不变时，水平磁场大的为 ^{85}Rb 的共振谱线，水平磁场小的为 ^{87}Rb 的共振谱线.

(2)在精确测量时，为避免吸收池加热丝所产生的剩余磁场影响测量的准确性，可短时间断掉池温电源.

(3)为避免杂散光影响信号的幅度及波形,主体单元应当罩上遮光罩.

(4)在实验过程中,本装置主体单元一定要避开其他铁磁性物体,强电磁场及大功率电源线.

(5)实验中注意光磁共振信号的"峰"、"谷",如图 4.6.9 和图 4.6.10 所示.

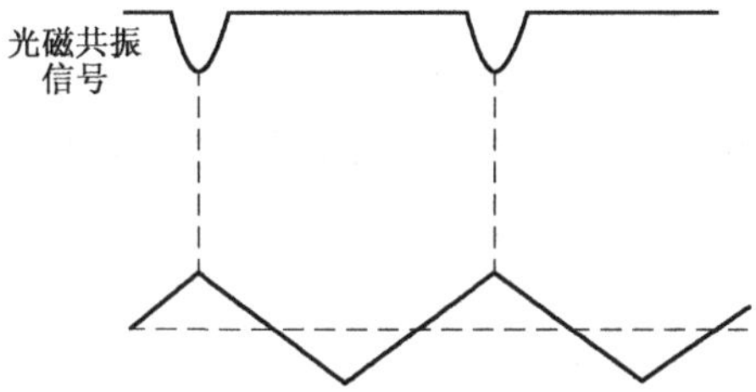

图 4.6.9　光磁共振"峰"信号图像

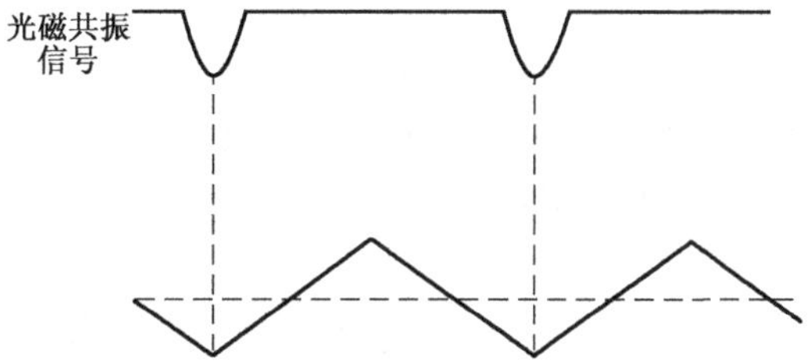

图 4.6.10　光磁共振"谷"信号图像

思考题

(1)使用周期性的"扫描场"有什么好处?

(2)用方波观察"光抽运"信号时,方波的幅度必须足够大,为什么?

(3)怎样测量 g_F 因子? 测量中应注意什么?

(4)怎样测量地磁场? 你的测量方案的根据是什么?

(5)地磁场的垂直分量必须很好地被抵消,怎样知道这一点?

(6)在三角波的一个扫描周期内能否由 ^{87}Rb 原子引起两个吸收谷?

(7)描述原子态的量子数有哪些?

(8)何谓光磁共振? 它研究的对象是什么?

(9)何谓光抽运? 光抽运的目的是什么?

(10)怎样实现塞曼子能级间的磁共振?

(11)描述光磁共振的实验装置,指出各个部件所起的作用是什么?

参考文献

唐贵德,马长山,杨连祥,等. 2003. 近代物理实验. 石家庄:河北科学技术出版社

(赵滨华　编)

第 5 章　磁学实验

磁性是物质的一种基本属性. 磁性是因为组成磁性物质的原子及原子本身的组成部分即电子和原子核都具有磁性. 但是由于组成物质的原子结构不同,表现出来的磁性强弱也不同.

5.0　磁化率及磁性物质的分类

5.0.1　磁化率

通常用单位体积的磁矩 M 来描述物质磁性的强弱,M 称为磁化强度. 材料的磁性还可以用 M 随磁场强度 H 变化的方式来表征,即常用物质的磁化率 χ 或磁导率 μ 来反映物质磁性的特点. 有

$$M=\chi H \quad 或 \quad B=\mu_0(H+M)=\mu_0(1+\chi)H=\mu_0\mu H$$

式中,$\mu=1+\chi$,由于 M 是单位体积的磁矩,因而 χ 称为体积磁化率.

在国际单位(SI)制中,由于 M 和 H 的单位都是 A/m,因此 χ 是无量纲的纯数. 磁感应强度 B 的单位是 T,μ_0 称为真空磁导率,其量值是 $\mu_0=4\pi\times10^{-7}\,\text{H/m}$,$\mu$ 称为相对磁导率,是无量纲的纯量.

此外还有以下几种磁化率,它们与 χ 的关系是

(1)质量磁化率 χ_m,是指单位质量样品的磁化率

$$\chi_{\text{m}}=\frac{\chi}{\rho}$$

式中,ρ 是样品的密度.

(2)摩尔磁化率 χ_{A},是指每摩尔样品的磁化率.

$$\chi_{\text{A}}=\chi_{\text{m}}A=\frac{\chi A}{\rho}$$

式中,A 为原子量.

因此在比较磁化率的数值时,要注意区别它们是属于哪一种磁化率,并注意若所用的单位不同,数值也不同.

5.0.2　磁性物质的分类

弱磁性只有在具有外磁场时才会有所表现,并且随着外磁场的增大而增大. 强磁性主要表现为在没有外加磁场时材料自身会发生磁化,我们把这种现象称为自发磁化.

根据磁性体的磁化率大小和符号来分,物质的磁性可以分为抗磁性、顺磁性、反铁磁性、铁磁性、亚铁磁性五种,前三者是弱磁性,后两者为强磁性.

(1)抗磁性物体在受到外磁场作用后,感生出与外加磁场方向相反的磁化强度,其磁化率 $\chi<0$,而且绝对数值很小,一般为 10^{-5} 的数量级.许多有机化合物,若干金属,如 Cu、Ag 和非金属 Si、P、S 等都是典型的抗(逆)磁性物质.

(2)顺磁性物体在受到外磁场作用后,感生出与磁化磁场同方向的磁化强度,其磁化率 $\chi>0$,数值很小.室温下,为 $10^{-6}\sim10^{-3}$ 数量级.大多数顺磁性物体的磁化率与温度的关系遵守居里－外斯定律:

$$\chi=\frac{C}{T-T_{\mathrm{p}}}$$

式中,C 为居里常数,T_{p} 为顺磁居里温度.

许多稀土金属、铁磁金属的盐类,金属 Al、Mn、Cr、K 等都是顺磁性物质.

(3)反铁磁性物体当温度达到某个临界值 T_{N}(奈耳温度)以上,磁化率与温度的关系与正常顺磁性物体相似,服从居里－外斯定律,但是 T_{p} 常小于零.此类物体的磁化率在温度等于 T_{N} 时存在极大值.在 T_{N} 以下,由于其内部磁矩大小相等、方向相反,故宏观磁性为零,只有在很强的外磁场作用下才显示出微弱的磁性.

(4)铁磁性物体只要在很小的磁场作用下就能被磁化到饱和,不但 $\chi>0$,而且数值大到 $10\sim10^{6}$ 数量级,其磁化强度 M 与磁场强度 H 之间的关系是非线形的复杂函数关系,如图 5.0.1 所示的磁滞回线,其中 B_{s} 为饱和磁感应强度;B_{r} 为剩余磁感应强度;H_{c} 为矫顽力.铁磁体在居里温度 T_{C} 以下,其内部自发磁矩平行取向,对外呈现铁磁性.超过该温度,铁磁性转变为顺磁性.如 Fe、Co、Ni 是典型的铁磁性物质.

(5)亚铁磁性物体的宏观磁性与铁磁性相同,仅仅是磁化率的数量级稍低一些,为 $10^{0}\sim10^{3}$ 数量级.它们的内部磁结构却与反铁磁性的相同,但相反排列的磁矩不等量.所以,亚铁磁性是未抵消的反铁磁性结构的铁磁性.亚铁磁性物体的典型代表是铁氧体,它是铁与其他一种或多种适当的金属元素的复合氧化物化学式为 MFe_2O_4(其中 M 为二价金属 Mg、Zn、Mn、Ni、Co 等).

图 5.0.1 和图 5.0.2 分别为强磁性物质的磁滞回线和各类物质的 M-H 曲线示意图.

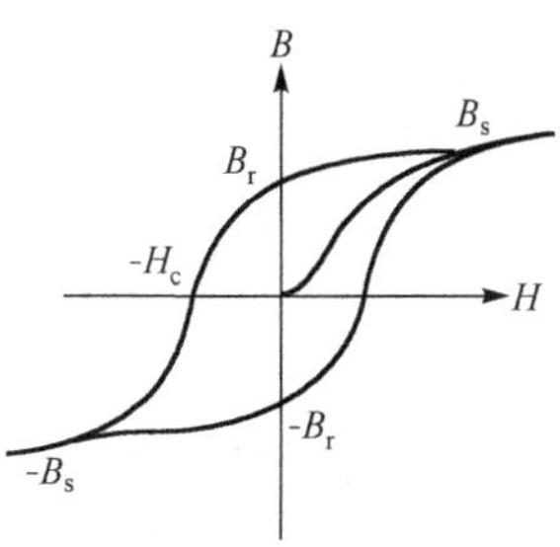

图 5.0.1 磁滞回线

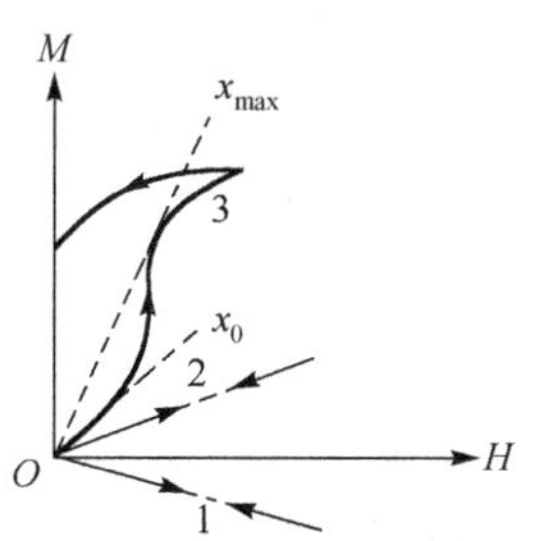

图 5.0.2 各类物质的 M-H 曲线示意图

(1.逆磁性;2.顺磁性或反铁磁性;3.铁磁性或亚铁磁性)

5.1 弱磁性物质磁化率的测量

物质磁性的测量目前多采用振动样品磁强计、物理性能测试仪和超导量子干涉仪.对于弱磁性物质而言,可采用磁天平这种简便易行的方法,对其磁化率进行测量.磁天平法又称为古依法,该方法对条状、圆柱状和粉末状样品均使用.

5.1.1 实验目的

(1)熟练掌握分析天平的使用方法.

(2)学会本实验中测量弱磁性物质磁化率的方法.

5.1.2 实验原理

弱磁性物质的磁化率一般采用古依法进行测量,其主要思想是用分析天平称出样品在磁场中所受的力.

根据电磁场理论,磁场的能量(磁能)为

$$W_m=\frac{1}{2}BHV=\frac{\mu_0}{2}(1+\chi)H^2V \quad (5.1.1)$$

式中,V 为磁场所占的体积.现在考虑将一体积为 $\mathrm{d}V$,磁化率为 χ 的物体放入磁化率为 χ' 的磁场中,如图 5.1.1 所示.

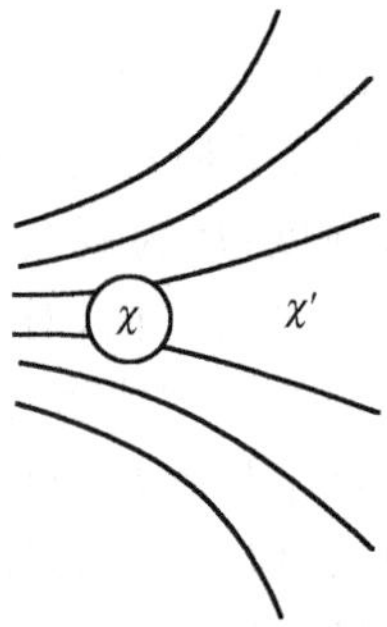

图 5.1.1 磁场中放入磁化率不同物质

由于物体的放入,按式(5.1.1),$\mathrm{d}V$ 体积内磁能的改变为

$$\Delta W_m=W_m-W'_m=\frac{\mu_0}{2}(\chi-\chi')H^2\mathrm{d}V \quad (5.1.2)$$

由于能量的改变,物体所受的力(由磁场能量梯度决定)为

$$\mathrm{d}F=\nabla(\Delta W_m)=\frac{\mu_0}{2}(\chi-\chi')\nabla H^2\mathrm{d}V$$

$$\mathrm{d}F=\frac{\mu_0}{2}(\chi-\chi')\left[\boldsymbol{i}\left(\frac{\partial H_x^2}{\partial x}+\frac{\partial H_y^2}{\partial x}+\frac{\partial H_z^2}{\partial x}\right)+\boldsymbol{j}\left(\frac{\partial H_x^2}{\partial y}+\frac{\partial H_y^2}{\partial y}+\frac{\partial H_z^2}{\partial y}\right)+\boldsymbol{k}\left(\frac{\partial H_x^2}{\partial z}+\frac{\partial H_y^2}{\partial z}+\frac{\partial H_z^2}{\partial z}\right)\right] \quad (5.1.3)$$

因为弱磁性物质的磁化率很小($|\chi|$ 约 $10^{-6}\sim10^{-4}$),所以磁场对样品的作用力也就很小,为了保证用分析天平能准确的测出这个力,测量时所用样品的体积要大一些,一般采用截面均匀(圆形或矩形)的长条样品(长度为 10~15cm),而且要选用均匀的磁场(以免造成局部的磁化不均匀),如图 5.1.2 所示,将长条形样品用线悬挂在天平

的左方，使其下端位于电磁铁极间均匀的强磁场 H 中间，而样品的上端则位于较弱的磁场 H_0 中.

由图 5.1.2 可以看出：$H_x \ll H_y$；$H_z \ll H_y$；$\frac{dH_x^2}{dz} \ll \frac{dH_y^2}{dz}$；$\frac{dH_z^2}{dz} \ll \frac{dH_y^2}{dz}$，因此水平面内的磁场能量梯度可以忽略.

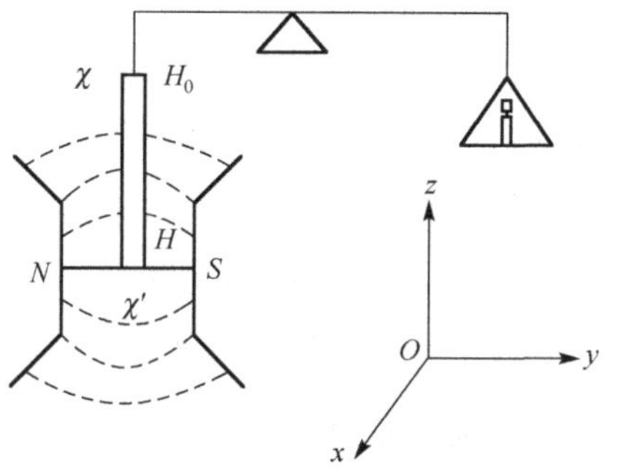

图 5.1.2　测量装置示意图

由于样品的截面是均匀的，故 $dV = Sdz$.

由 dF 的表达式(5.1.3)可得到作用在 dz 长度上的力为

$$dF_z = \frac{\mu_0(\chi - \chi')S}{2} \cdot \frac{dH_y^2}{dz}dz \quad (5.1.4)$$

整个样品所受的力为

$$\begin{aligned} F_z &= \frac{\mu_0 S(\chi - \chi')}{2}\int_H^{H^0} \frac{dH_y^2}{dz}dz = \frac{\mu_0 S(\chi - \chi')}{2}(H_0^2 - H^2) \\ &= -\frac{\mu_0 S(\chi - \chi')}{2}(H^2 - H_0^2) \end{aligned} \quad (5.1.5)$$

因为样品较长，其上端所处的磁场远小于下端所处的磁场，即 $H_0 \ll H$，且实验时样品放在空气中，所以对于一般的固态顺磁性物质和逆磁性物质，总有 $\chi' = \chi_{空气} \ll \chi$，因此上式可简化为

$$F_z = -\frac{1}{2}\mu_0 S\chi H^2 \quad (5.1.6)$$

式中右边的负号表示力的方向与 z 轴方向相反即向下拉的力，该 F_z 的大小可用分析天平称出.

实验时，先用天平称量样品的质量 $\boldsymbol{m}_1$；施加磁场，待天平平衡后，砝码的质量为 $\boldsymbol{m}_2$，$(m_2 - m_1)g = \Delta mg$ 即等于 F_z，于是有

$$\Delta mg = \frac{1}{2}\mu_0 S\chi H^2 \quad (5.1.7)$$

$$\chi = \frac{2\Delta mg}{\mu_0 SH^2} \quad (5.1.8)$$

根据式(5.1.8)，即可求出物质的磁化率 χ. 其中，g 为重力加速度，S 为样品的截面积. 对于顺磁性物质，$\chi > 0$，所以顺磁质在磁场中受到的力是向下(沿 z 轴负方向)拉的力，随着磁场的增大，需要增加砝码才能使天平重新平衡，此时 Δm 为正值.

测量中必须考虑样品中微量铁磁性杂质对测量结果的影响. 因为铁磁质的磁化率比弱磁质的磁化率至少要大 10^6 倍，因此即使样品中只含有微量的铁磁性杂质，也需要对实验结果进行修正，才能正确得到弱磁物质的磁化率.

一般可采用如下公式进行修正：

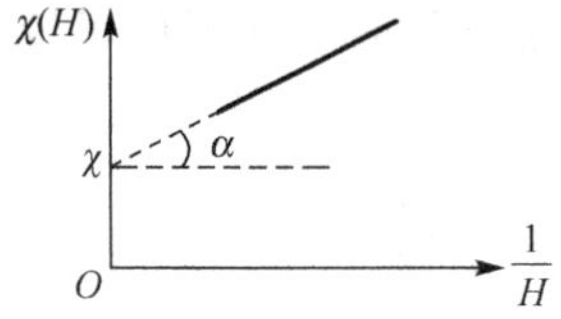

图 5.1.3 χ(H)-1/H 关系

$$\chi(H)=\chi+\frac{b}{H} \tag{5.1.9}$$

式中，$\chi(H)$为在一定磁场下测得的磁化率，χ是弱磁性物质本身的磁化率，b 是常数. 作出 $\chi(H)$和 $1/H$ 的关系图，为一直线，见图 5.1.3，其斜率 $\tan\alpha=b$，纵截距即为弱磁性物质的真正磁化率 χ. 因此为了消除弱磁性物质样品中微量铁磁杂质的影响，只要在不同磁场下测出相应的 $\chi(H)$，作出 $\chi(H)$-$(1/H)$曲线，并由此外推到$(1/H)\longrightarrow 0$(即 $H\longrightarrow\infty$)，此时纵截距即为被测弱磁性物质的磁化率 χ之值.

5.1.3 实验仪器装置

本实验所用的仪器为分析天平、电磁铁、直流电源、特斯拉计等. 实验装置方框图，见图 5.1.4.

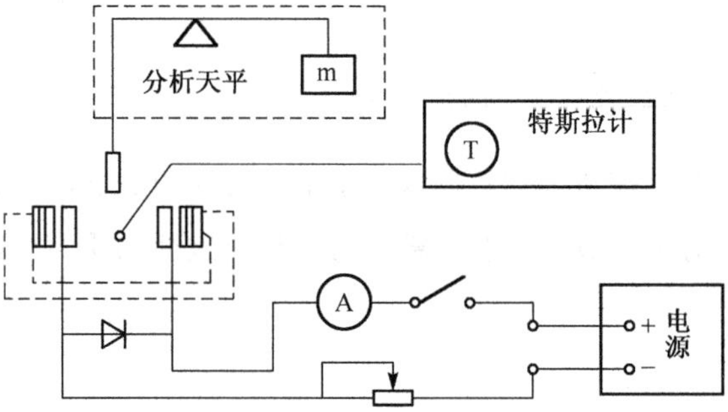

图 5.1.4 实验装置

5.1.4 实验内容和步骤

1. 天平的校正

调节水平，校正分析天平的零点.

2. 未加磁场时，样品质量 m_1 的称量

称出未加磁场时样品的质量 m_1. 为了避免电磁铁剩磁的影响，样品放在天平的左盘上进行称量.

3. 加磁场后，Δmg 的称量

(1)将样品悬挂在电磁铁两磁极中间，接通电磁铁励磁电源，调整磁化电流为一适当值，然后用特斯拉计测出电磁铁磁极间的磁感应强度 B 的值，并计算出磁场强度 H 的值($H=B/\mu_0$，此处 $\mu=1$). 在天平的右盘上增(减)砝码，待天平平衡后，计下砝码的质量 m_2，算出 $\Delta m=m_2-m_1$ 和 Δmg.

(2)改变磁化电流的数值(即改变磁场)，重复步骤(3)，测出相应的 m_2，算出 Δmg.

(3)更换样品，重复上述步骤.

4. 弱磁性样品磁化率 χ的计算

根据不同磁场下得到的 Δmg，算出弱磁性样品的 $\chi(H)$值，并作出如图 5.1.3 所示的 $\chi(H)$-$\frac{1}{H}$关系进行修正，从图中求得 χ的数值.

5.1.5 注意事项

(1)必须按操作要求使用分析天平.

(2)样品的下端一定要挂在电磁铁两极头中央的磁场均匀区中，以保证重复性，减少测量误差.

思考题

(1)磁化率的种类有几种？各类的定义是什么？

(2)物质按磁性分几类？每类的主要性质和代表物质是什么？

(3)古依法测弱磁性物质磁化率的本质是什么？

(4)为什么要对该实验得到的结果进行修正？如何修正？

(5)实验的注意事项？

(6)本实验用到哪些仪器？各仪器的用途是什么？

(7)导出古依法测弱磁性物质磁化率的公式.并指出式中各量的物理意义.

(8)说明实验中所用特斯拉计的使用方法和注意事项.

参考文献

聂向富，欧阳芳丽. 1996. 近代物理实验讲义

唐贵德，马长山，杨连祥，等. 2003. 近代物理实验. 石家庄：河北科学技术出版社

（郭革新　侯登录　编）

5.2 法拉第效应实验

5.2.1 实验目的

(1)了解磁光效应，掌握光线偏振面旋转角度的测量方法.

(2)测量法拉第效应偏振面旋转角 θ 与外加磁场电流 I 的关系曲线.

(3)测量旋光角和波长的关系曲线.

5.2.2 实验原理

1. 法拉第效应实验规律

几乎所有的物质都存在法拉第效应. 在不同的物质偏振面旋转的方向可能不同.

设想磁场 B 是由绕在样品上的螺旋线圈产生的. 习惯上规定:振动面的旋转方向和螺旋线圈中电流方向一致,称为正旋($V>0$);反之,叫做负旋($V<0$). V 由物质和工作波长决定,它表征物质的磁光特性.

对于每一种给定的物质,法拉第旋转方向仅由磁场方向决定. 而与光的传播方向无关(不管传播方向与 B 同向或反向). 这是法拉第磁光效应与某些物质的固有旋光效应的重要区别. 固有旋光效应的旋光方向与光的传播方向有关. 对固有旋光效应而言,随着顺光线和逆光线方向观察,线偏振光的振动面的旋向是相反的,因此,当光波往返两次穿过固有旋光物质时,则会一次沿某一方向旋转,另一次沿相反方向旋转结果是振动面复位,即振动面没有旋转. 而法拉第效应则不然,在磁场方向不变的情况下,光线往返穿过磁致旋光物质时,法拉第转角将加倍,即转角为 2θ. 利用法拉第旋向与光传播方向无关这一特性,可令光线在介质中往返数次,从而使效应加强.

2. 法拉第旋转角的计算

由量子理论知道,法拉第旋转角应为

$$\phi=\frac{DBe}{2mc}\lambda\frac{\mathrm{d}n}{\mathrm{d}\lambda} \tag{5.2.1}$$

或

$$\phi=-DBV(\lambda)$$

其中

$$V(\lambda)=-\frac{e}{2mc}\lambda\frac{\mathrm{d}n}{\mathrm{d}\lambda} \tag{5.2.2}$$

称韦尔代常量,它反映了介质材料的一种特性.

上式表明法拉第旋光角的大小和样品厚度成正比,和磁场强度成正比,并且和入射波光的波长及介质$\frac{\mathrm{d}n}{\mathrm{d}\lambda}$的色散有密切关系.

与固有旋光效应类似法拉第效应含有旋光色散,即韦尔代常量 V 随波长 λ 而变. 一束白色线偏振光穿过磁致旋光物质,紫光的振动面要比红光振动面转过的角度大. 这就是旋光色散.

实验表明,磁致旋光物质的韦尔代常量 V 随波长 λ 的增加而减小. 旋光色散曲线又称法拉第旋转谱.

5.2.3 实验仪器装置

本实验采用 WFC 型法拉第效应测试仪. 由单色光源,磁场和样品介质,旋光角检测系统构成.

(1)光源 卤钨灯: 12V 100W.

(2)单色仪分辨率:0.6nm(5893 钠 D 线).

(3)磁场:0~1080GS.

(4)磁场电源:DC 5A 30V.

(5)样品:仪器提供样品为光学玻璃 ZF6;尺寸 ϕ8mm×100mm.

(6)偏振片:可见光区.

(7)测角游标角:1′.

样品介质 ZF6 为重火石玻璃呈三棱镜(β=60°)的形状,样品固定在螺旋管磁场中心位置.

5.2.4 实验内容和步骤

1. 仪器调整

(1)将白炽灯电源线插入电源变压器后,接通电源,开启单色仪入射狭缝 0.05~0.15mm(注意开启方向,切勿关闭过零).

(2)将光源、单色仪和电磁铁配合衔接,起偏器是光学件已经在电磁铁一端装好,请勿用手触摸.从电磁铁的另一磁极通光孔中,用 30 倍的读数显微镜观察或目视观察,调整单色仪与电磁铁的配合的位置,使光束位于圆孔中心,并把玻璃样品插入电磁铁中心孔中,置于电磁铁中部,随后将测读装置接收器的连接孔插入到电磁铁的 ϕ20 接头上.

(3)接通电源电箱前一定检查好旋光角测读装置与电磁铁的连接处插入部分应为 3~5mm,并保证无仪器外部光线进入旋光角测读装置,否则将烧坏光电倍增管.可用黑色纸盖住连接处,观察微安表头,应无明显波动,如有外部杂光时应采取遮蔽措施.

2. 仪器操作

(1)接通旋光角测读装置的电源,预热 5min,使仪器工作状态处于稳定.

(2)检偏器手轮顺时针旋转到头,然后逆时针旋转两周,(应在微安表头 0~10)按清零按钮使角度表清零,即为检偏器消光状态.

(3)微调调零旋钮,使数显表值为零.

(4)调整适当的狭缝宽度和鼓轮读数.

(5)调整灵敏度旋钮,顺时针为增加,逆时针为减少,灵敏度的大小反映在数显表的数值变化的快慢上,也就是说,灵敏度增高,数值变化变快.在加上 1A 电流时,使数值为 2 位有效数字即可.注意在同一波长情况下,一经调定,在整个测量过程中即不应再动此旋钮(将检偏器手柄与连接座及电磁铁的标记调成一条线).

(6)在测量前,验证角度表的零位是否正确.可通过加磁场来检验.把稳流电源接通电磁铁,将电流值分别从 0A,1A,…直到 4A,观察微安表头的示值应呈线性增加,这说明角度表的零位在此,微动调零旋钮使数显表的示值为零.

3. 实验内容

测量法拉第效应偏振面旋转角 θ 与外加磁场电流 I 的关系曲线.

(1)检查角度表零位及数显表的初值是否为零.

(2)开电源,逐渐增加电流至 1A,数显表示值应为二位数.

(3)旋转手轮,使角度表读数从零度增加到若干度数,使其中数显表的示值从二位数逐渐变化到零.

(4)将 1A 的电流关闭(注意:不能直接关闭电源,因为剩磁会影响结果),观察其数显表示值从零增加到二位数(即微安表头的示值从零增加到 1 项示值),这时记录角度表数值,这就是法拉第效应角.

(5)转手轮,使数显表读数为零(即微安表头的示值为零时),此时角度表的示值为重复性误差.

(6)以上过程每增加 1A 电流,重复测量三次,求平均,减小误差.

注意:每次往返测量应在短时间内完成,以免因电路零点漂移引起误差.

固定磁场强度 B,测量旋光角和波长的关系曲线.

测量过程基本同上,在电流不变的基础上,每更改一次鼓轮读数,重复测量 3 次,求平均.

4. 实验数据的处理

对于每个给定的条件,重复测量 3 次,结果求平均. 将数据输入 Excel 绘制出平滑曲线图.

1)转角 θ 与外加磁场电流 I 的关系原始数据(表 5.2.1)

测量条件为狭缝宽度:1.500mm 鼓轮读数 2.000mm

表 5.2.1 旋转角 θ 与外加磁场电流 I 的关系原始数据

电 流	角度表读数	重复误差	平均读数	平均重复误差
1A				
2A				
3A				
4A				

注:测量条件为狭缝宽度 1.500mm 鼓轮读数 2.000mm

2)旋转角 θ 与外加磁场电流 I 的关系原始数据(表 5.2.2)

测量条件为狭缝宽度:0.500mm 鼓轮读数 3.000mm.

3)转角 θ 和波长的关系原始数据(表 5.2.3)

表 5.2.2 旋转角 θ 与外加磁场电流 I 的关系原始数据

电流	角度表读数	重复误差	平均读数	平均重复误差
1A				
2A				
3A				
4A				
注:测量条件为狭缝宽度 0.500mm 鼓轮读数 3.000mm				

表 5.2.3 旋转角 θ 和波长的关系原始数据

鼓轮读数	对应波长	角度表读数	重复误差	平均角度	平均误差	法拉第效应角
2.592	0.4341					
2.789	0.4358					
3.853	0.4861					
4.587	0.5461					
4.887	0.577					
4.915	0.579					
4.985	0.5876					
5	0.5893					
5.459	0.6563					
5.561	0.6678					

5.2.5 注意事项

(1)磁极间距要固定好,使刚好能放下样品又不使样品受压力.

(2)施加或撤除磁化电流时,应先将电源输出电势器逆时针旋回到零,以防止接通或切断电源时磁体电流的突变.

(3)为了保证能重复测得磁感应强度及与之相应的磁体激磁电流的数据,磁体电流应从零上升到正向最大值,否则要进行消磁.

(4)测量过程中,不能直接关闭直流恒流电源,要逐渐减小电流直到为零.

(5)必须使用交流稳压净化电源,电压的波动和浪涌对数值表和光源入射光强产生影响,测量存在误差,使使数值表的读数不准确.

(6)关启单色仪入射狭缝时,切勿过零.

(7)数据表显示溢出,可关小单色仪入射狭缝或调整放大倍数.

(8)数显表未与主机相之前切勿接通电源,以免烧坏仪器.

思 考 题

(1)本实验误差主要来源是什么? 如何改进?

(2)利用法拉第效应设计一个单向通光阀器.

参 考 文 献

吴思诚,王祖铨. 2006. 近代物理实验. 北京: 北京大学出版社,228～236

(赵 晶 编)

5.3 磁畴的静态特性参数测量

磁畴是铁磁性物质中特有的一种微小区域,在这些微小区域中原子磁矩的排列是有序的. 磁泡是一种柱状磁畴,磁泡存储器具有信息的非易失性、非机械性、体积小、坚固耐用等优点,在军事、航天、通信和工业自动化等领域应用很多. 磁泡技术是20 世纪 70 年代发展起来的,在其后一个时期内的存储技术中占有相当重要的地位. 磁泡材料的一个突出特点是磁畴可以在偏光显微镜下看得十分清楚. 关于利用偏光显微镜观察磁畴的原理,参见 5.4 节. 本实验通过对磁泡材料磁畴的观察了解磁畴的一些基本知识.

5.3.1 实验目的

(1)通过测量磁泡的静态参数,使学生对磁畴的概念产生较深刻的认识.

(2)通过观察磁泡的形成、转变和缩灭等现象,帮助学生理解发生这些现象的原理.

5.3.2　实验原理

1. 铁磁性和亚铁磁性物质的特点

如果我们把某一物体放在磁场中,其结果会影响磁场,而能够影响原来磁场的物体称为磁质.置于磁场中的物质因受磁场的作用而处于一种特殊状态,这种现象称为磁化.所有物质都可以磁化,只不过各种物质磁化的程度不同,为了描写这一程度常引入磁化率,

$$\chi=\frac{M}{H} \tag{5.3.1}$$

即单位磁场强度在物质的单位体积中产生的磁矩,式中,M 为磁化强度,H 为磁场强度.

物质按其磁性可分为五类：抗磁体、顺磁体、铁磁体、亚铁磁体(铁氧体)、反铁磁体.有时又把铁磁体、亚铁磁体和反铁磁体统称为铁磁性物质,在三类物质中都存在磁畴.

铁磁体和亚铁磁体还有下述特点：

(1)铁磁材料在外磁场中的磁化过程是不可逆的,称为磁滞现象.图 5.3.1 表示磁化过程中磁化强度随磁场的变化关系,该闭合曲线为磁滞回线.

(2)很容易磁化,在微弱的磁场下就可以磁化到饱和,并得到很大的磁化强度.

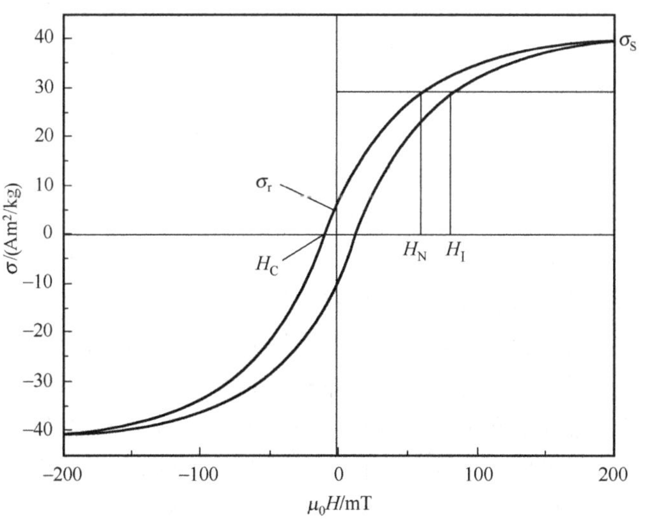

图 5.3.1　一种铁磁材料的磁滞回线

2. 外斯理论

(1)铁磁性物质中包含有许多小区域,即使没有外磁场,这些区域中也有磁化强度.这些具有自发磁化强度的小区域称为磁畴.

(2)磁畴内的自发磁化,是由晶体中的内场产生的.铁磁物质中各原子磁矩,在内场的作用下,克服热运动的影响而趋向于互相平行取向,因而产生自发磁化.内场本质上是原子间电子的交换作用引起的.

3.磁畴

在外磁场作用下,磁畴转变过程有两种:一是转动,此时磁畴仅仅改变方向,大小没有变化,如图5.3.2(c)所示;二是磁畴壁发生移动,此时磁畴的方向不变,体积发生变化,如图5.3.2(b)所示.

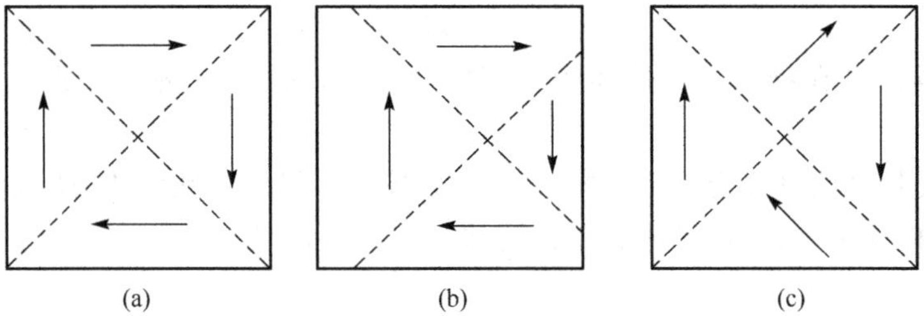

图5.3.2 磁畴转变示意图

研究磁畴的稳定性时,必须考虑下列能量.

(1)磁畴处在外磁场中的静磁能U_m:一个磁畴就像若干个平行排列的磁偶极子,它处在外磁场中,会受到外磁场对它的一个力矩而具有一定的能量.对磁化强度为$\boldsymbol{M}$的磁性体,单位体积中的偶极矩$\boldsymbol{J}=\mu_0\boldsymbol{M}$,当这样的磁性体处在外磁场$\boldsymbol{H}$中时,单位体积中的外场能是

$$U_M=-\boldsymbol{J}\cdot\boldsymbol{H}=-\mu_0\boldsymbol{M}\cdot\boldsymbol{H} \tag{5.3.2}$$

(2)磁场能U_d:物体磁化后,如果出现磁极,在其内部就产生一种磁场.它的方向与磁化方向相反,因而有减退磁化的作用,所以称为退磁场.单位体积中的退磁场能用U_d表示,关于退磁场能的计算很复杂,不仅磁畴表面上的磁极在磁畴中产生退磁场,而且磁畴周围区域的表面磁极也会对磁畴有作用.

(3)各向异性能:实验证明,当施加相同的磁场于不同的晶向时,得到的磁化强度不同,说明某些方向易磁化,另一些方向难磁化(参见5.4节).我们把沿某方向磁化所需要的能量同沿最易磁化方向所需要的能量差定义为磁晶能或各向异性能,这种能量的存在表明自旋磁矩的取向与晶体结构有关.铁是体心立方结构,易磁化方向是[100],即立方体的四度轴方向;镍是面心立方结构,易磁化方向是[111],即立方体的体对角线或三度轴方向;钴是六角晶体,它的易磁化方向沿六度对称轴.

本实验中用到的样品是铁氧体薄膜,垂直于膜面的方向,即[111]方向,是易磁化方向.

(4)交换能U_{ex}:海森伯注意到多电子体系的能量中有一项取决于电子的自旋取向,这部分能量称为交换能,它在铁磁物质中起着极为重要的作用.一对原子的交换

能同它们自旋磁矩 $\boldsymbol{S}_1$、$\boldsymbol{S}_2$ 的相对取向有关，可以表达如下：

$$U_{ex}=\frac{-2A\boldsymbol{S}_1\cdot\boldsymbol{S}_2}{\hbar^2} \tag{5.3.3}$$

(5)磁畴壁能：这不是一项独立的能量，而是在磁畴壁区域中，交换能与各向异性能的和.布洛赫认为，当一个磁畴过渡到另一个磁畴时，原子自旋方向并不是突然转变，而是经过一个逐渐过渡的区域，我们称这个区域为布洛赫壁，如图5.3.3所示.

设相邻两个磁畴的磁化方向的夹角为 θ，是通过 N 个原子逐渐过渡的，由式(5.3.3)可推得，在磁畴壁中增加的交换能是

$$U_{ex}=\frac{1}{N}\frac{AS^2\theta^2}{h^2/4\pi^2} \tag{5.3.4}$$

式中，A 为交换积分.可见 N 越大(即畴壁越厚)交换能的增量越小，然而磁畴壁太厚，沿非最优方向排列的自旋数目增多，使各项异性能增加了.为了使总能量取最小值，二者得失需全面考虑.设磁畴壁厚度是均匀的，磁畴壁每单位面积的能量为

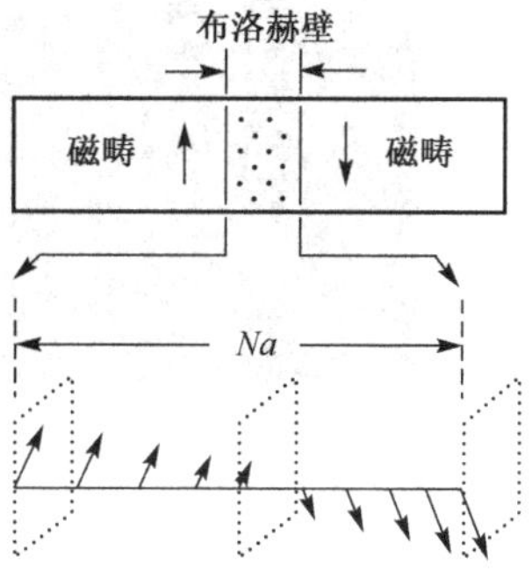

图5.3.3　磁畴方向转变示意图

$$\sigma=\sigma_{交换}+\sigma_{各向异性}$$

4.磁泡

所谓磁泡就是在石榴石磁性薄膜中形成的一种圆柱畴.石榴石磁泡薄膜属于亚铁磁体，其典型样品的标称成分为 $(YSmCa)_3(FeGe)_5O_{12}$，除O外，其他成分可作适当替换和增减，所得材料的性能有所差别.一般利用液相外延法把石榴石磁泡薄膜生长在 $Gd_3Ga_5O_{12}$ 基片上，磁泡内外磁化方向相反，如图5.3.4所示.

在没有外磁场时，可以观察到薄膜中的许多蜿蜒曲折的条状磁畴，称为迷宫畴，它由一些明暗相间的条状磁畴构成，两者的面积大体相等，如图5.3.5所示.

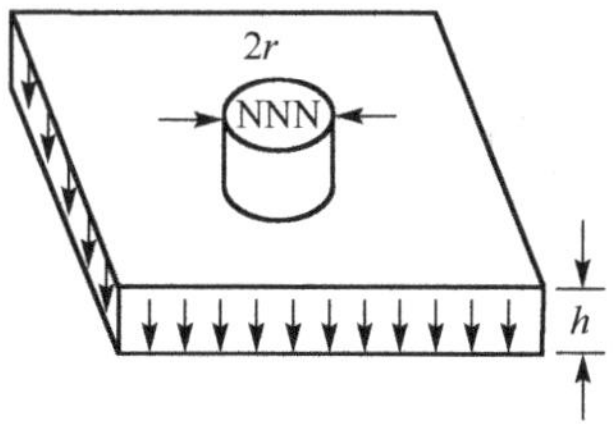

图5.3.4　磁泡内外磁化方向示意图

图5.3.5　迷宫畴

如果在垂直于膜面的方向上，加上直流外磁场 H_b(称为直流偏场)，则磁化方向平行于外磁场的畴面积就要扩大，反平行于外磁场的畴面积就要缩小，在适当的直流偏场 H_B(称为切泡场)作用下，再给样品施加以脉冲偏场 H_P，可以将蜿蜒曲折的条状磁畴"切割"成段畴，如图5.3.6所示.

如果继续增加 H_b,段畴进一步变形、缩短,最后缩成圆柱状畴,好像水面上浮着的水泡,所以称为磁泡,如图 5.3.7 所示. 继续增加 H_b,磁泡会逐渐缩小,直至最后缩灭. 磁泡的最大直径由材料性质和膜厚决定,它的大小直接影响磁泡存储器的存储密度. 在常规磁泡存储器材料中,磁泡的泡径可控制在 0.5～10μm 范围内,泡径愈小,存储密度愈大.

图 5.3.6 段畴

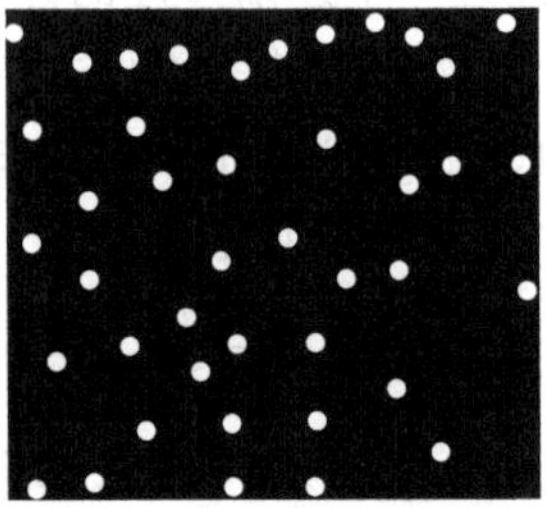

图 5.3.7 圆柱状泡畴

设在膜厚为 h、饱和磁化强度为 M_s 的膜面内,有一个半径为 r 的圆柱状磁泡,在偏场 H_b 作用下,其总能量为

$$U=U_W+U_m+U_d=2\pi rh\sigma+2\pi r^2 h\mu_0 M_s H+U_d \tag{5.3.5}$$

式中,第一项是畴壁能,第二项是静磁能,第三项是退磁能. 前两项能量形成一个使磁畴缩小的力,第三项能量形成一个使磁畴增大的力,在热力学平衡时,磁泡能量应取最小值($\mathrm{d}U/\mathrm{d}r=0$),据此,可推得磁泡静态方程的一般形式为

$$\frac{l}{h}+\frac{d}{h}\cdot\frac{H}{M_s}=\frac{d/h}{1+\left(\frac{3d}{4h}\right)} \tag{5.3.6}$$

式中,$l=\sigma/\mu_0 M_s^2$ 称为特征长度,d 为成泡直径,还利用了近似表达式

$$\frac{\partial U_d}{\partial r}=-(2\pi h^2)(\mu_0 M_s^2)\cdot\frac{d/h}{1+3d/4h} \tag{5.3.7}$$

从而可得缩灭场 H_0 和缩灭直径 d_0 的近似解析式为

$$H_0=\mu_0 M_s\left[1+\frac{3l}{4h}-\left(\frac{3l}{h}\right)^{\frac{1}{2}}\right] \tag{5.3.8}$$

$$d_0=2h/\left[\left(\frac{3h}{l}\right)^{\frac{1}{2}}-\frac{3}{2}\right] \tag{5.3.9}$$

5.3.3 实验仪器装置

主要实验仪器有:数字电压表、偏光显微镜、脉冲信号发生器、直流稳压电源、标准电阻、直流偏场线圈、脉冲小线圈、光源等. 实验装置方框图,如图 5.3.8 所示. 直流偏场线圈和脉冲小线圈的磁场方向相同,都平行于样品膜面的法线方向.

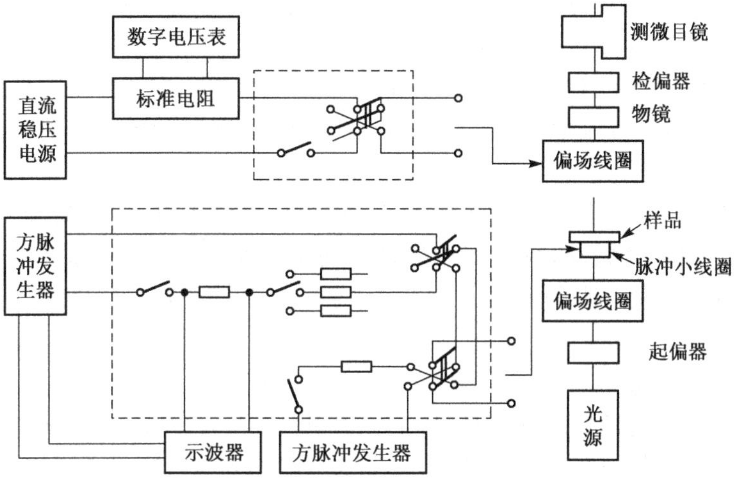

图 5.3.8　实验装置方框图

5.3.4　实验内容和步骤

1. 准备工作

(1)接通光源和风扇开关,风扇转动,调节调压器,使光源电压升至 15V.

(2)接通直流稳压电源、数字电压表等.

(3)接通脉冲信号发生器电源.

2. 测试项目及方法

(1)形核场 H_N 和切泡场 H_B 的确定:在偏光显微镜中看到清晰的磁畴后,增加直流偏场 H_b,使样品饱和磁化(这时磁畴已全灭,即所有磁畴的磁化方向都转变到与外磁场方向相同). 随即再降低 H_b,当视野中出现 1～2 对条畴时的偏场数值就是形核场,记作 H_N. 切泡场 H_B 一般选在(H_N-0.32)kA/m 左右.

将 H_b 降至 0,然后再缓慢增加,测出剩下 1～2 对条畴时的磁场值 H_1. 可以认为这时样品的磁化强度与测量 H_N 时近似相同,但由于磁场的变化过程不同,对应的磁场强度明显不同,见图 5.3.1. 从而可理解样品的磁滞现象.

(2)成泡场 H 和缩灭场 H_0:把直流偏场从饱和磁化降至切泡场 H_B,脉冲幅度调至适当大小,将脉冲电路通断一次,使大部分条畴变为段畴. 加大直流偏场,段畴逐渐缩短,当绝大部分变为泡畴(剩 3～5 个段畴)时,相应的直流偏场数值为成泡场 H,继续加大直流偏场使泡径缩小,当第一、二个泡缩灭时,相应的直流偏场为缩灭场 H_0.

(3)成泡直径 d 和缩灭直径 d_0:产生段畴后,把直流偏场调至成泡场平均值,测出三个泡的直径. 其方法是旋转鼓轮,将目镜中平行双线之一的一个边沿调至和欲测的那个磁泡边缘相切的位置. 记下这时的读数,然后再继续旋转鼓轮,使上述线之边沿与该泡的另一边缘相切，再记下这时的读数.两次读数之差即为成泡直径 $d(n)$（目镜读数方法是视野中的数字读“百”位，鼓轮上的数字读“十”位和“个”位.单位接近微米，但还需校准.注意在测量过程中，只能往一个方向旋转鼓轮，否则要重测）.继续增大直流偏场，至（$H_0-0.08$）kA/m，此时的泡径即为缩灭泡径，测量方法同上.

(4)条畴周期 P_0：使直流偏场降为零，断开直流偏场电路，然后加一个幅度适当的小脉冲，使条畴蠕动，待视野中一部分畴变为平行时，切断脉冲电路.测量出10个条畴周期（每一明条和一暗条宽度之和称为一个周期），取平均值得到周期 P_0.

(5)目镜读数校准：从两直流偏场线圈间取出样品架，将标尺放入（为测量方便，可移开检偏器，降低光强）.适当调节显微镜焦距，可看清标尺上的一些亮（或暗）点，再调节标尺位置，即可找到清晰的标尺.标尺上最小刻度间距为10 μm.测出标尺上相距 s（可取200 μm）的两条刻度上的读数 Z_1 和 Z_2，并计算出其差 $\Delta=|Z_1-Z_2|$，校正常数 $c'=(s/\Delta)$μm.本实验中偏光显微镜采用15倍目镜和10倍物镜，$c'\approx0.87$.用上述测得的泡径和周期数据乘以 c'，所得结果单位为μm.

3.关机及整理

关机顺序：数字电压表，脉冲信号发生器，直流稳压电源，把光源电压调至零，光源开关和风扇开关.把目镜和标尺（包好）放回盒子里，把显微镜筒略升高一些，再把样品架放回偏场线圈间，盖好仪器.

4.数据处理

(1)每个数据至少要测三次，记录每次的数据.

(2)实验前要画好数据纪录表，实验过程中把数据记录在表内，算出实验数据平均值.

(3)利用常数 c' 的把 d、d_0、P_0 的目镜读数差的平均值换算成微米数，$d(\mu m)=c'd(n)$.

(4)测量直流偏场时，记录通过偏场线圈中的电流，然后换算出磁场.电流磁场换算常数 $C=16.3$(kA/m)/A（不同的偏场线圈此常数可能不同）.

测出 H_N 后，要先算出 $H_B=(H_N-0.32)$kA/m.

5.3.5 注意事项

(1)实验前先把磁卡和手表放在桌上，以防磁化.

(2)偏光显微镜调节：先将物镜调节到接近样品处（从偏场线圈中间观察）.然后上升物镜，当发现畴形或杂质的清晰像后，说明焦距已调好，可移动样品架使畴形充满整个视野.

(3)取样品架时，要轻拿轻放，以免损坏样品.

思 考 题

(1)实验中光源电压是根据什么确定的?

(2)什么叫磁畴?什么叫磁泡?实验中观察到的各种磁畴的形成条件是什么?

(3)外斯的内场理论要点是什么?

(4)在布洛赫壁中,相邻原子磁矩的方向怎样?整个畴壁中原子磁矩的方向有什么规律?

(5)在直流偏场作用下磁畴消失后,样品中各原子的磁矩方向与直流偏场 H_b 的方向有什么关系?

(6)比较磁泡畴和原子体积的大小,取成泡直径为泡径,设膜厚 $h=5\ \mu m$,原子是直径为 0.1nm 的球体,忽略原子间隙,计算每个泡畴中约含多少原子.

(7)在磁滞回线上示意标出 H_b 从大到小刚刚出现 1~2 对条畴和 H_b 从 0 开始增加剩下 1~2 对条畴时,所对应的场 H_N 和 H_1.

(8)画出实验装置方框图.

(9)从原子磁矩的角度看,各类磁性物质有什么区别?

(10)试述测微目镜读数的校准方法,给出校正常数 c' 的表达式和单位.

参 考 文 献

磁泡编写组.1986.磁泡.北京:科学出版社

韩宝善,聂向富,唐贵德,等.1985.一次脉冲偏磁场作用下硬磁泡的形成.物理学报,34(11):1396~1406

聂向富,唐贵德,凌吉武,等.1986.系列脉冲偏磁场作用下硬磁泡的形成.物理学报,35(3):338~345

唐贵德,马长山,杨连祥,等.2003.近代物理实验.石家庄:河北科学技术出版社

Nie X F, Tang G D, Niu X D, et al. 1991. Classification of hard domains in garnet bubble films. J. Magn. Magn. Mater, 95(2):231~236

Tang G D, Liu Y, Hu H N, et al. 2003. Study on Additive Effective Interaction Between Vertical Bloch Lines. Phys. Stat. Sol. 240(1):201~212

(唐贵德 编)

5.4 法拉第效应法观测磁晶各向异性

在晶体中,原子排成有规则的几何图形,在这样的结构中,各方向的状况是不相同的.例如,在某一方向排列得紧密,另一方向排列得稀疏.又如,在两种以上原子构成的晶体中,在某一方向排列成直线的是同一种原子,在另一方向排列成直线的是两种或两种以上的原子,这就是说在结构上各方向的状况有所不同.由于结构上的各向异性,晶体在其物理性质上(力学、磁学、电学等性质)也表现出各向异性.本实验观察的是磁性各向异性.

5.4.1 实验目的

(1)通过对磁泡材料磁晶各向异性的实验观察,掌握有关磁晶各向异性的基本知识.

(2)了解使用偏光显微镜观察磁畴的原理——法拉第效应.

5.4.2 实验原理

1. 在晶体中标记方向的方法[2]

按照布拉菲的点阵学说，晶体的内部结构可以概括为是由一些相同的点子(称为格点)在空间作有规则的周期性的无限分布. 通过这些点子可以作许多平行的直线系和平面系，从而把晶体分成一些网格，这些直线系称为晶列. 每一个晶列定义一个方向，称为晶向. 这些网格称为晶格，一个晶格中最小的周期单元叫晶格的原胞. 它的三个棱可选为描述晶格的基本矢量，用 $\boldsymbol{a}_1,\boldsymbol{a}_2,\boldsymbol{a}_3$ 表示. 取某一格点为原点，则晶格中的其他任一格点 A 的位矢 $\boldsymbol{R}_L$ 可表示为 $\boldsymbol{R}_L=l_1\boldsymbol{a}_1+l_2\boldsymbol{a}_2+l_3\boldsymbol{a}_3$，把 l_1、l_2、和 l_3 化为互质整数，直接用来表征晶列的方向. 这样的三个互质整数称为晶列指数，记以 $[l_1l_2l_3]$. 例如，对于立方体(图 5.4.1)，其沿坐标轴及其反方向分别为 $[100]$，$[010]$，$[001]$，$[\bar{1}00]$，$[0\bar{1}0]$，$[00\bar{1}]$. 这样六个方向，有时用符号＜100＞作概括表示，数码上方的短线代表负号. 沿各面对角线及其反方向分别为 $[110]$，$[101]$，$[011]$，$[\bar{1}01]$，$[\bar{1}10]$，$[0\bar{1}1]$，$[1\bar{1}0]$，$[10\bar{1}]$，$[01\bar{1}]$，$[\bar{1}\bar{1}0]$，$[\bar{1}0\bar{1}]$，$[0\bar{1}\bar{1}]$ 共 12 个方向，用〈110〉概括. 沿各体对角线及其反方向分别为 $[111]$，$[11\bar{1}]$，$[1\bar{1}1]$，$[\bar{1}11]$，$[\bar{1}1\bar{1}]$，$[\bar{1}\bar{1}1]$，$[1\bar{1}\bar{1}]$，$[\bar{1}\bar{1}\bar{1}]$，共八个方向，用〈111〉概括.

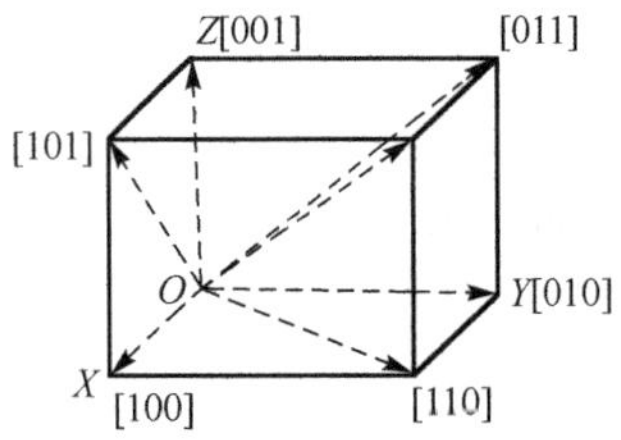

图 5.4.1 立方晶体的晶列表示

2. 磁晶各向异性现象及其原因

研究铁磁体磁化强度曲线同其方向的关系后发现，对于不同元素的晶体，当施加相同的磁场于不同的晶向时，得到的磁化强度也不同. 可见对于晶体，有些方向容易磁化，有些方向比较难于磁化，这就是磁晶各向异性现象.

用能量观点可以推测，易磁化方向是能量最低的方向，所以自发磁化结成的磁畴的磁矩取这些方向. 在这样一个方向加外磁场，除在这个方向原有不少磁矩外，也容易把一些不在这个方向的磁矩转到这个方向来. 所以在较弱的磁场下，磁化就可以很强，甚至饱和. 如果在易磁化方向以外的方向加外磁场使材料磁化，那就需要把很多原来处在能量最低的易磁化方向的磁矩拉到能量较高的方向去，这就需要较多的能量.

从微观角度考虑，晶体中原子或离子的有规则排列造成空间周期变化的不均匀静电场. 原子中的电子一方面受这个不均匀静电场的作用，同时邻近原子间电子轨道还有互相作用，电子轨道运动是同它的自旋耦合着的，而自旋是磁矩的来源. 这就是说，磁矩的取向牵连着电子的轨道运动，而轨道运动又受晶格静电场的作用，以及邻近原子的轨道运动之间的交换作用. 这种作用还随着轨道运动在晶体中取向的不同而有差异.因而磁矩在晶体中不同方向具有不同能量,这就是磁晶各向异性的成因.

基特耳(Kittel)[3]曾用一幅简单的图表示上面所说的情况.图5.4.2表示排列在一条线上的原子在两种不同磁化方向的情况.图5.4.2(a)代表磁化方向垂直于原子排成的直线,邻近原子的电子运动区有重叠,因而彼此的交换作用强.图5.4.2(b)代表磁化方向平行于原子排成的直线,由于磁矩的取向与图5.4.2(a)不同,牵连着电子运动区的方向也不同,邻近原子间电子运动区重叠极少,因而交换作用很弱,这样就发生了磁晶各向异性现象.

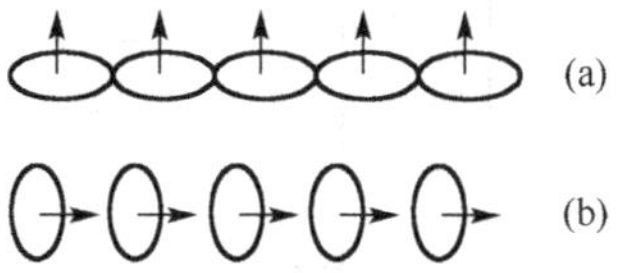

图5.4.2 磁晶各异性的成因示意图

3.法拉第效应和偏光显微镜

偏光显微镜和普通生物显微镜的主要区别是在载物台下安装了起偏器,在目镜和物镜之间安装了检偏器,从光源发出的自然光经起偏器变为平面偏振光.适当调整检偏器与所通过的平面偏振光偏振面之间的角度,可直接影响在目镜观察到的光强.

平面偏振光经铁磁物质透射,偏振面会旋转一个角度,这种现象称为法拉第(Faraday)效应.由于各个磁畴的磁化方向不同,各磁畴透射光线后,偏振面的旋转角也不同.因此,如果样品中存在两种不同方向的磁畴,透过样品前光的一个偏振面,就会在通过样品后变成两个偏振面.通过检偏器后,在目镜观察到的光强就有所不同,因而各磁畴的明暗程度就有差别.如果给样品加外磁场使之达到饱和磁化(这时样品中所有磁畴的磁化方向与外磁场方向完全一致),磁畴的明暗差别也就消失了,这时的外磁场称为磁畴消失场,用H_K^*表示.

本实验就是根据上述原埋利用偏光显微镜观察石榴石磁泡材料的磁畴消失场.石榴石材料属立方晶系.实验样品是用液相外延生长法制备的薄膜,膜面法线方向为[111]晶向,样品成分为$(YSmCa)_3(FeGe)_5O_{12}$.

5.4.3 实验仪器装置

直流稳流电源、数字万用表、偏光显微镜、光源等(图5.4.3).电磁铁的磁场在水平方向,与样品薄膜的膜面平行,称为平面内场,用H_{in}表示.直流偏场线圈磁场方向与样品膜面垂直,用H_b表示.电磁铁和直流偏场线圈分别由直流稳流电源供电.通过电磁铁的电流由电流表测量,通过直流偏场线圈的电流用标准电阻及接在其两端的数字电压表测量.它们的磁场都随电流的增大而增大,在所用范围近似为线性关系.直流偏场的磁场电流系数为9.55(kA/m)A,平面内场的磁场电流系数为18.2(kA/m)A.

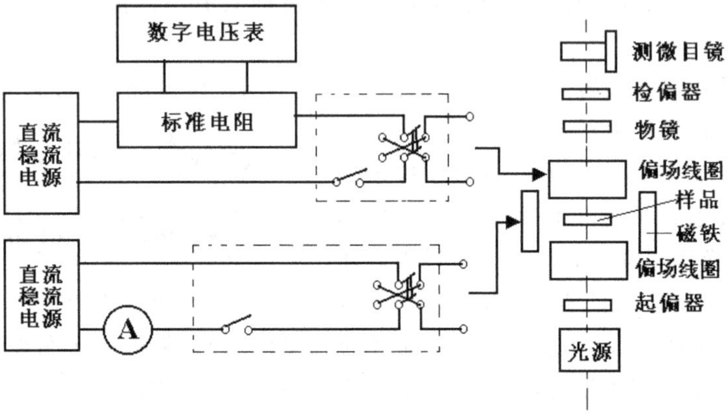

图 5.4.3 磁晶各向异性实验装置示意图

5.4.4 实验内容和步骤

1. 准备工作

(1)接通光源和风扇开关,把光源电压调至 15V;

(2)接通平面内场和直流偏场电源;

(3)接通数字万用表(作为电流表和电压表).

2. 测量[111]方向即膜面法向的条畴消失场

使 $H_{in}=0$,升高直流偏场 H_b 至磁畴全灭再降至零,得到迷宫畴,见图 5.4.4(a). 缓慢升高 H_b,测出[111]方向磁畴消失场 $H^*_{K[111]}$.

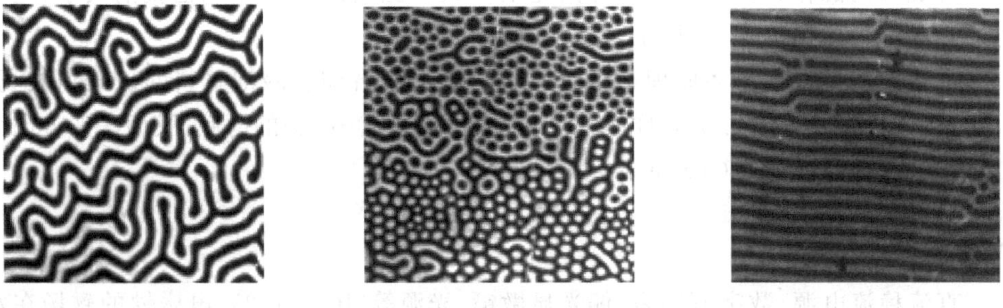

(a) [111]方向　(b) <110>方向　(c) <112>方向

图 5.4.4 沿三个典型晶向饱和磁化后的剩磁态畴形

3. 测量沿膜面方向的磁畴消失场(图 5.4.5 和图 5.4.6)

(1)寻找一个⟨110⟩方向:其方法为,加 H_{in} 至磁畴全灭,再降至零后观察畴形,应为黑白泡各占 50%左右(否则,需转动样品下的刻度盘,重复同样的步骤),见图 5.4.4(b). 这时,样品平面内与 H_{in} 平行的晶向就是⟨110⟩方向之一. 设其为$[\bar{1}10]$方向. 这时,刻度盘上的角度记作 β_0.

(2)测出 β_0 方向的磁畴消失场 H_K^*.

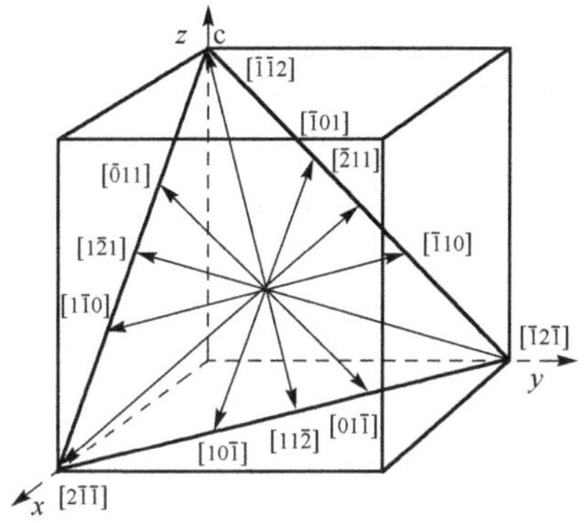

图 5.4.5 样品膜面及晶向

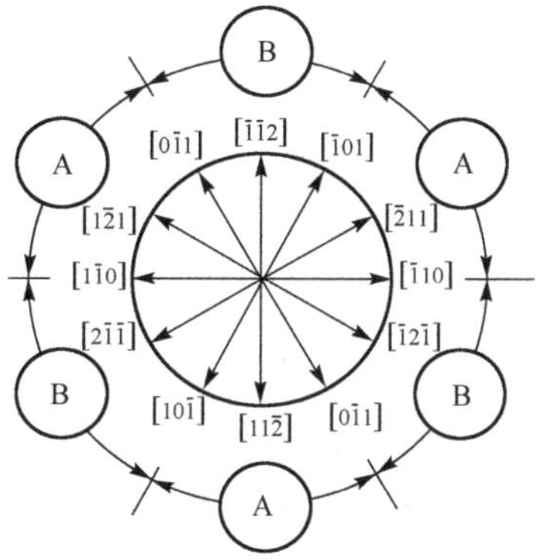

图 5.4.6 样品平面内退磁态周期示意图
其中：A 为明畴区；B 为暗畴区

(3)转动样品，使 $\beta=\beta_0+10°,\beta_0+20°,\cdots$，测出各个方向的磁畴消失场. 注意，〈110〉方向为 H_K^* 的峰值，〈112〉方向(如 $\beta=\beta_0+30°$)为 H_K^* 的谷值，峰值十分尖锐，谷值较平缓(图 5.4.7). 因此，测峰值时必须找到黑白泡共存的退磁态(不管角度与前述规定是否有些偏差).

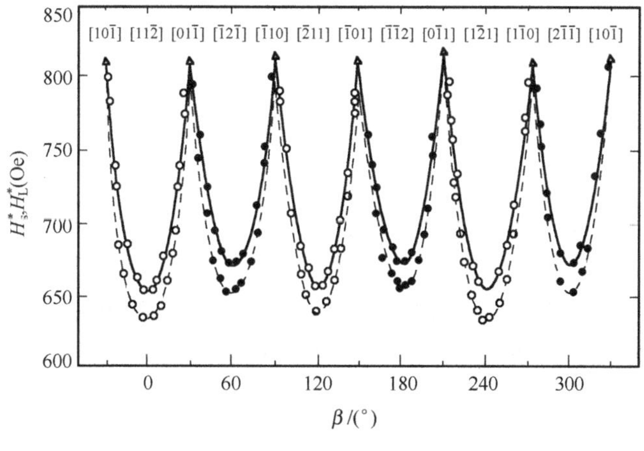

图 5.4.7 $H_K^*-\beta$ 关系曲线[4]

4. 数据处理

(1)根据实验数据，算出样品平面内各方向的磁畴消失场，在坐标纸上描出 $H_K^*-\beta$ 关系曲线(图 5.4.7).

(2)分析上述曲线，并与所测出的[111]方向磁畴消失场进行比较，得出你的结论.

5.4.5 注意事项

(1)实验开始前,要把磁卡、手表等放在远离磁场的桌上,以防磁化;

(2)样品为易碎品,注意保护;

(3)显微镜镜筒下降时,要从侧面观察物镜下端,不要接触到样品.

思考题

(1)什么叫平面偏振光?

(2)晶列指数与晶格中格点的位矢有什么关系?

(3)偏光显微镜与普通生物显微镜的主要区别是增加了什么附件? 它们的主要作用是什么?

(4)什么是法拉第效应?

(5)为什么利用法拉第效应可以观察到磁畴?

(6)磁晶各向性异性现象及其原因.

(7)什么叫晶列? 什么叫晶格? 怎样描述晶体的方向?

(8)试述通过本实验观察到的磁畴消失场与样品晶向的关系.

(9)试描述[111]、[$\bar{1}$10]和[$\bar{2}$11]方向的退磁态畴形(即加磁场至磁畴消失后,再把磁场降至零时的畴形).

(10)试述用磁晶各向异性方法确定磁泡膜[$\bar{1}$10]方向的过程.

参考文献

方俊鑫,陆栋. 1980. 固体物理学. 上海:上海科学技术出版社

韩宝善,李伯臧,聂向富,等. 1985. 立方磁晶各向异性对面内磁场中条畴和磁泡稳定性的影响. 物理学报,34(2):155~165

唐贵德,马长山,杨连祥,等. 2003. 近代物理实验. 石家庄:河北科学技术出版社

C. 基泰尔. 1979. 固体物理导论. 杨顺华等译. 北京:科学出版社

(唐贵德 编)

5.5 庞磁电阻材料电阻率和磁电阻的温度特性测量

1993年以后的十几年中,为了研究钙钛矿锰氧化物的庞磁电阻效应,国际科技界在钙钛矿锰氧化物的结构、磁性和电输运性质研究方面取得了许多有意义的研究成果[1~3]. 这些研究成果为固体物理学的基本知识提供了新的例证. 同时钙钛矿锰氧化物是一种晶体结构比较简单的多原子化合物,对于这种化合物物理性能的深入理解,可推动人们进一步探讨更复杂的多原子化合物的物理性能[4~8].

5.5.1 实验目的

(1)了解对庞磁电阻材料电阻率和磁电阻随温度变化的规律及其原因.

(2)了解庞磁电阻材料电阻率和磁电阻的测量方法.

5.5.2 实验原理

1. 磁电阻的定义

材料的电阻随外加磁场变化的现象称为磁电阻效应. 早在 1857 年,英国物理学家威廉就发现当外磁场施加于某些磁性金属时,金属电阻率会发生变化. 在研究中,为了定量标出磁场下电阻率的变化,引入了无量纲数——磁电阻(magnetoresistance,MR). 在研究钙钛矿结构材料的磁电阻效应时,有两种表达磁电阻效应的方法:设不加外磁场时样品的电阻为 R_0(电阻率为 ρ_0),加外磁场时样品的电阻为 R_H(电阻率为 ρ_H),令$\Delta R=R_0-R_H$($\Delta\rho=\rho_0-\rho_H$),则

一种方法定义磁电阻

$$MR_H=100\%\times\frac{\Delta R}{R_H}=100\%\times\frac{\Delta\rho}{\rho_H} \tag{5.5.1}$$

另一种方法定义磁电阻

$$MR_0=100\%\times\frac{\Delta R}{R_0}=100\%\times\frac{\Delta\rho}{\rho_0} \tag{5.5.2}$$

容易算出,

$$MR_0=100\%\times\frac{\Delta R/R_H}{1+\Delta R/R_H} \tag{5.5.3}$$

2. 磁电阻的分类

根据其物理机制的不同,磁电阻效应大致可分为正常磁电阻效应(ordinary magnetoresistance,OMR),各向异性磁电阻效应(anisotropic magnetoresistance, AMR),巨磁电阻效应(giant magnetoresistance,GMR),隧道磁电阻效应(tunnel-magnetoresistance,TMR)和庞磁电阻效应(colossal magnetoresistance,CMR)等.

(1)OMR 效应普遍存在于金属材料中. 在一般的非磁性金属中,由于电子在磁场中运动时受到洛伦兹力的作用,产生回旋运动,增加了电子的散射概率,从而引起电阻率的升高,形成了正常磁电阻效应,它与电子的自旋基本无关.

(2)AMR 效应是指一些磁性金属和合金在磁场和电流同时作用下,随着磁场强度的增大,磁场平行于电流方向时的电阻率 $\rho_{/\!/}$ 大于磁场垂直于电流方向时的电阻率 $\rho_\perp$,即 $\rho_{/\!/}>\rho_\perp$,同时两者随磁场增大的变化量 $\Delta\rho_{/\!/}<0$,$\Delta\rho_\perp>0$. 具有这种特点的磁电阻效应称为各向异性磁电阻效应. AMR 效应强烈地依赖于自发磁化的方向. 在物理机制上,自旋一轨道耦合与低对称性散射势中心被认为是电子各向异性散射的主要原因. 由于 AMR 具有小的饱和场(Hs~10Oe),较大的磁电阻效应(约为 2%)和

高的磁场灵敏度,在 GMR 器件投入应用之前,AMR 器件在读出磁头及各类传感器中曾有着广泛的应用.

(3)GMR 效应是指当铁磁性材料和非磁性金属层交替组合成的多层薄膜材料在磁场中电阻大幅下降的现象.特别值得注意的是,如果相邻铁磁层中的磁化方向平行的时候,电阻会变得很低;而当磁化方向相反的时候电阻则会变得很大.电阻值的这种变化是不同自旋的电子在单层磁化材料中散射性质不同而造成的.巨磁阻效应自从被发现以来就被用于开发研制用于硬磁盘的体积小而灵敏的数据读出头.这使得存储单字节数据所需的磁性材料尺寸大为减小,从而使得磁盘的存储能力得到大幅度的提高.第一个商业化生产的数据读取探头是由 IBM 公司于 1997 年投放市场的,到目前为止,巨磁电阻技术已经成为全世界几乎所有电脑硬磁盘读出头的标准技术.法国的 Albert Fert 和德国的 Peter Grünberg 共同获得 2007 年度的诺贝尔物理学奖,以表彰他们对于发现巨磁阻效应所作出的贡献.

(4)TMR 效应一般指由"铁磁金属/非磁绝缘体/铁磁金属"构成的多层膜的隧道磁电阻效应.同 GMR 一样,可以预期 TMR 效应在磁存储、磁传感器等方面有着非常广泛的应用前景,并且比 GMR 具有更加优越的性能.

(5)CMR 效应主要指类钙钛矿锰氧化物材料中的磁电阻效应.采用式(5.5.1)式的磁电阻定义时,在 50 kOe 的磁场下,一些材料的 CMR 效应可以比 GMR 效应高出几个数量级,因此被称为超大磁电阻效应或庞磁电阻效应.CMR 效应的发现,使得这类钙钛矿锰氧化物材料引起了人们的广泛关注.

3.CMR 效应的典型实验结果

在 1993 年以后的十几年中,国际科技界开展了大量的 CMR 效应实验研究[1~3].Urushibara 等[9]研究了 $La_{1-x}Sr_xMnO_3$ 晶体的结构、磁学和电学性质,图 5.5.1 示出了其样品电阻率 ρ 与温度 T 的关系.图 5.5.1 中用箭头标出了样品的居里温度 T_C,用空心倒三角符号标出了样品的结构相变点.当 $x \leqslant 0.05$ 时,样品不存在铁磁相和金属导电性.当 $x \geqslant 0.15$ 时,在居里温度以下($T \leqslant T_C$),样品出现金属导电性.在高温顺磁相,ρ-T 曲线仍表现为半导体导电特征.图 5.5.2 示出了在不同外磁场作用下,在掺杂量 $x=0.15$(a),0.20(b)的 $La_{1-x}Sr_xMnO_3$ 晶体的电阻率随温度变化关

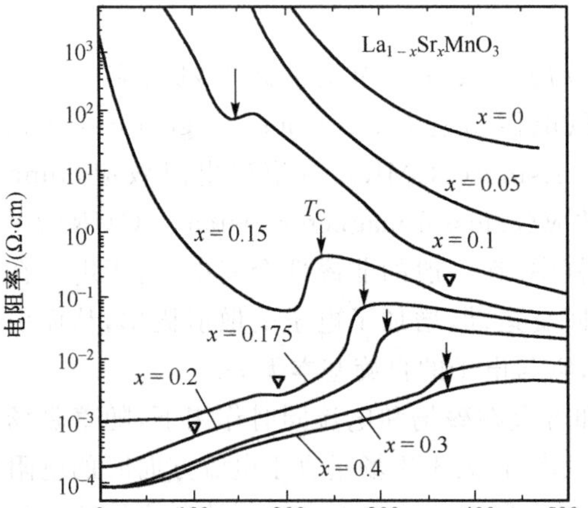

图 5.5.1 $La_{1-x}Sr_xMnO_3$ 晶体在掺杂量 x 不同时电阻率与温度的关系[9]

系.可以看出,在 $\mu_0 H=15$ T 的外磁场作用下,$x=0.15$ 的样品在 240 K 出现磁电阻峰值,$\Delta\rho/\rho_0$ 达到 95%.

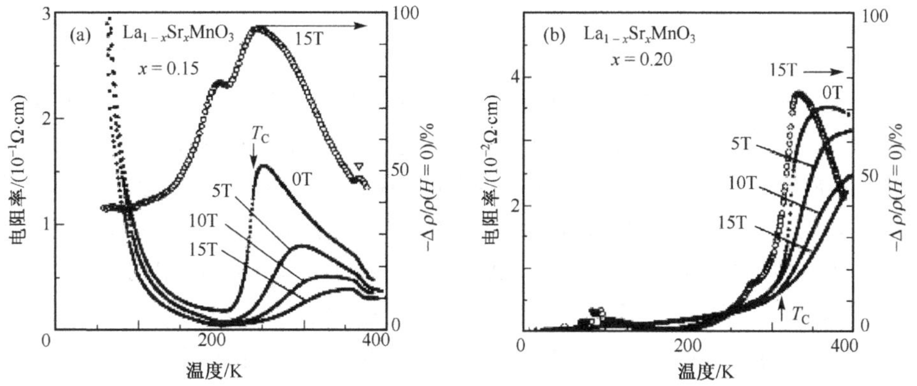

图 5.5.2 在不同外磁场作用下,在掺杂量 $x=0.15$ (a),0.20 (b)的 $La_{1-x}Sr_xMnO_3$ 晶体的电阻率随温度变化关系,以及在 15 T 外磁场作用下的磁电阻与温度的关系[9]

4.CMR 锰氧化物材料具有 ABO_3 型类钙钛矿结构

理想的 ABO_3 型钙钛矿结构具有空间群为 $Pm\bar{3}m$ 的立方对称性[2,10].如图 5.5.3(a)所示,A 离子位于立方晶胞的顶点上,位置坐标为(0,0,0);B 离子位于体心,位置坐标为(0.5,0.5,0.5);氧离子位于立方晶胞的面心,位置坐标分别为(0.5,0.5,0.0),(0.5,0.0,0.5),(0.0,0.5,0.5),晶格常数 $a=b=c=a_0$,三个坐标轴间的夹角 $\alpha=\beta=\gamma=90°$.因而一个单胞中含有一个 A 位离子,一个 B 位离子和三个氧离子.B 离子与相邻的六个 O 离子组成 BO_6 八面体,所以晶体结构也可看作是由 BO_6 八面体顶角的氧离子互相连接形成的框架组成.有一些文献在介绍理想的钙钛矿结构时,为了使用方便采用另一种立方体,如图 5.5.3(b)所示,将 B 离子放在立方晶胞的顶点上,A 离子位于体心,氧离子则位于棱边的中心位置.

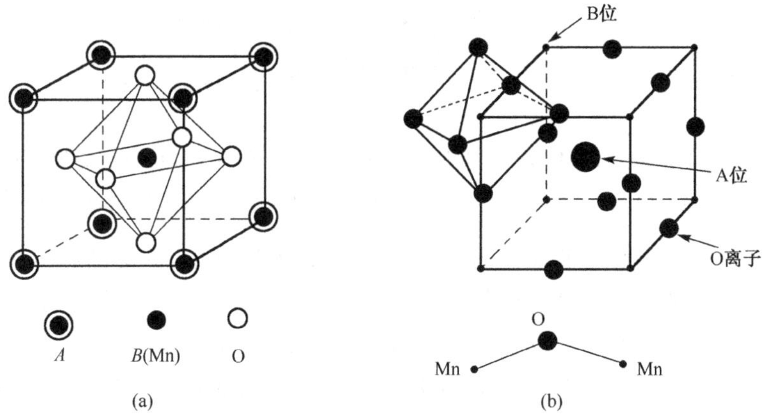

图 5.5.3 ABO_3 型立方钙钛矿结构示意图

CMR 锰氧化物材料主要指型如 $RE_{1-x}T_xMnO_3$ 的材料，其中 RE 代表 La、Nd、Pr 等 3 价稀土离子，T 代表 Ca、Sr、Ba、Pb 等 2 价碱土离子. 这类材料往往畸变为正交结构和菱面体结构，但畸变的程度都不大[11,12].

5. CMR 效应的物理机制

Zener 等提出了双交换作用模型[1,2]. 在 $LaMnO_3$ 中 $Mn^{3+}(3d^4)$ 离子处在 O^{2-} 离子组成的八面体中央，立方晶场的作用使 3d 电子态分裂为能量较低的 t_{2g}(三重态)和能量较高的 e_g(两重态)，由于 Jahn-Teller 效应，e_g 轨道被进一步劈裂为两个单重态，见图 5.5.4. 因而 Mn^{3+} 的 4 个 3d 电子都是局域的，故 $LaMnO_3$ 受超交换作用支配，为反铁磁性. 对于 $La_{1-x}A_xMnO_3$ (A＝Ca，Sr 或 Ba)系列样品，由于部分 La^{3+} 离子被二价阳离子取代，部分 $Mn^{3+}(3d^4=t_{2g}^3e_g^1)$ 离子变成 $Mn^{4+}(3d^3=t_{2g}^3e_g^0)$ 离子，从而引进了部分空的 e_g 轨道. 由于 t_{2g} 的能量较低，它与 O^{2-} 的 2p 轨道的重叠很小，3 个 t_{2g} 电子形成了局域的 t_{2g} 自旋($S=3/2$). 但 e_g 电子态的能量较高，它与 O^{2-} 的 2p 态之间有较强的杂化，因而 O^{2-} 的一个 2p 电子可以转移到 Mn^{4+} 的空 e_g 轨道，同时 Mn^{3+} 的 e_g 电子立刻转移至 O^{2-}，这一过程使 e_g 电子从 Mn^{3+} 跳跃至 Mn^{4+} 而并不改变系统的能量，于是形成电导. 同时巡游的 e_g 电子自旋在每一锰离子位与局域的 t_{2g} 自旋受洪特规则制约必须平行排列，从而导致铁磁性，这便是人们所熟知的双交换作用过程[3]，见图 5.5.5.

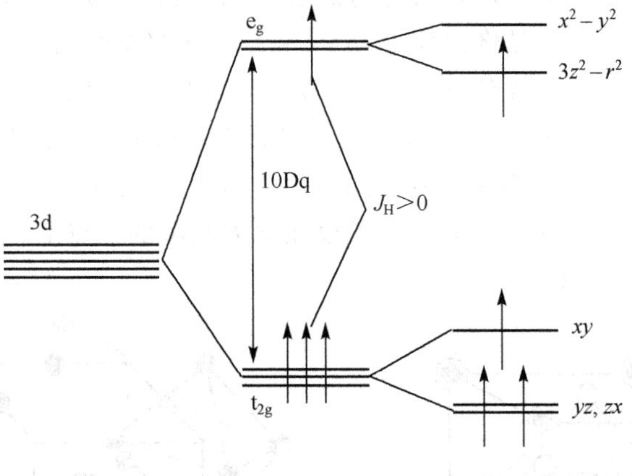

图 5.5.4 立方晶场和 Jahn-Teller 效应使 Mn 的 3d 电子五重简并能级劈裂成较低的 t_{2g}(三重简并)和较高的 e_g(二重简并)能级. MnO_6 八面体的 Jahn-Teller 畸变使能级进一步分裂[13]

在双交换作用中，电子跳跃的概率与各锰离子局域 t_{2g} 自旋的排列密切相关，所以在居里温度附近，当磁场使氧化物的锰离子局域自旋 t_{2g} 的排列从接近无序变为接近平行时，其电阻率将发生巨大变化，从而导致 CMR，如图 5.5.6 所示，由于掺杂产生空的 e_g 轨道，e_g 电子可以在相同自旋方向的邻近离子间跳跃. 相邻位 i,j 的 e_g 电子有效交换积分可表示为 $t_{ij}=t_{ij}^0\cos(\theta_{ij}/2)$. 其中，$t_{ij}^0$ 为相邻位置 i,j 的自旋平行排列时的电子交换积分，θ_{ij} 为相邻位置 i,j 的 t_{2g} 电子自旋的夹角. 在远低于 T_C（居里温度）时，由于 $\theta_{ij}=0$，传导电子的动能最大，从而此时的铁磁金属态是稳定的，见图 5.5.6(b). 当温度接近或达到 T_C 时，相邻位置电子自旋趋于无序状态，相应的有效跳跃能量会降低，这就导致 T_C 附近电阻的增加，见图 5.5.6(c). 因此，可预期在 T_C 附近施加外磁场时会导致相邻局域自旋趋于一致（图 5.5.6(d)），进而增加 e_g 电子的有效跳跃能量，增强导电性，从而产生最显著的 CMR 效应.

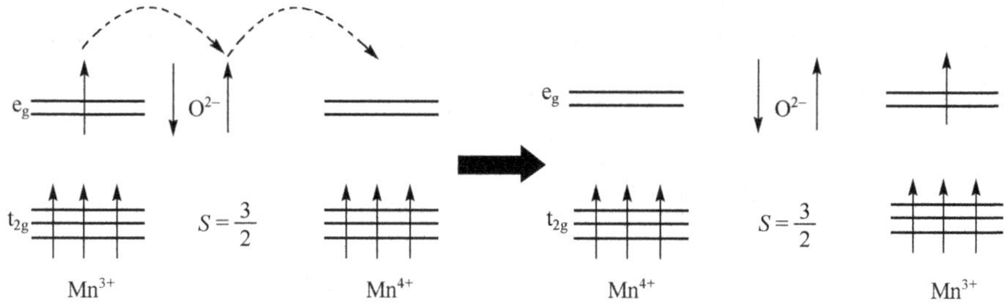

图 5.5.5　双交换作用简单示意图

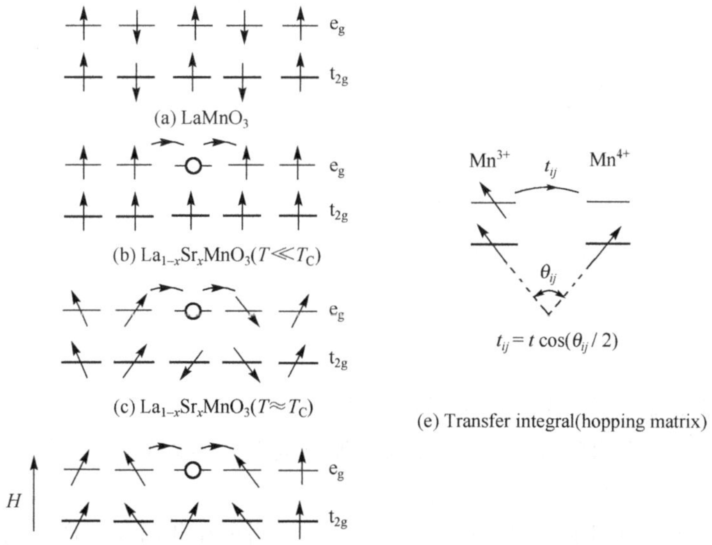

图 5.5.6　双交换作用中的电子跳跃及磁有序排列的演示

Millis 等对 $La_{1-x}Sr_xMnO_3$ 系统进行了理论研究[14,15]. 发现单独从双交换作用出发计算的磁转变温度比实验测量值要大一个数量级，于是他们提出除双交换作用，还应包含电子–声子相互作用而形成极化子的效应.

5.5.3 实验仪器

设备主要由电磁铁、稳压稳流电源、恒流源、微伏表、加热装置、温差电偶等部分组成，如图 5.5.7 所示.磁电阻样品安装在电磁铁磁极间的石英管内，紧贴样品安装有陶瓷加热器和温差电偶.在样品的两侧有两条并联电路，一路用于连接恒流源；另一路连接到微伏表用于测量样品两端的电压.利用计算机可控制电磁铁励磁电流的变化，可控制加热电源的电压，也可记录样品电压随温度的变化关系.

利用特斯拉计测量表明，在所使用的磁场范围内，电磁铁的磁场与励磁电流成线性关系.实验中磁场的幅度由励磁电流标定.

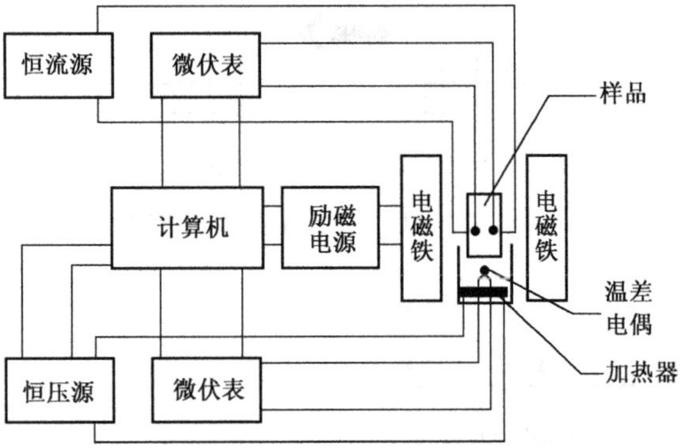

图 5.5.7 钙钛矿锰氧化物的
磁电阻效应实验装置示意图

5.5.4 实验内容和步骤（计算机控制软件使用方法另附）

(1)准备工作.接通稳压稳流电源、恒流源、微伏表电源开关.调整恒流源电流到规定值.

(2)测量室温下样品电阻随电磁铁励磁电流的变化.

(3)测量样品电阻随温度的变化.调整加热电源电压到规定值，测量样品电阻随温度的变化，直至样品温度基本恒定.

(4)测量样品电阻随电磁铁励磁电流的变化.测量在此温度下样品电阻随电磁铁励磁电流的变化.

(5)更换样品，重复上述步骤.

(6)关机.做完实验后，关闭各仪器电源.

(7)数据处理.利用式(5.5.2)和给定的电磁铁磁场与励磁电流的换算关系，计算出样品磁电阻随磁场变化关系.画出各样品的电阻和磁电阻随磁场的变化关系曲线，以及样品电阻随温度的变化曲线.

5.5.5 注意事项

（1）对于电磁铁的励磁电流，需要时按规定调节，用完后随即降至0，以便节约用电，防止电磁铁励磁线圈被烧坏.

（2）对于样品加热装置的电流，需要时按规定调节，用完后随即降至0，以便节约用电.

思考题

（1）什么叫磁电阻效应？

（2）主要的磁电阻效应有几种？分别说明其特点.

（3）哪种磁电阻效应首先应用于计算机磁盘读出头？这种器件又被什么新的磁电阻器件而取代？

（4）试述理想钙钛矿结构中原子分布规律.

（5）为什么说CMR材料属于类钙钛矿结构？与理想钙钛矿结构的区别是什么？

（6）试述典型CMR材料的电阻率和磁电阻随温度变化的规律.

（7）为什么典型CMR材料的电阻率随温度变化的峰值位置与材料的居里温度十分接近？试从双交换作用的角度解释之.

（8）实验中怎样得出样品磁电阻随磁场的变化规律？

参考文献

蔡建旺，赵见高，詹文山，等. 1997. 磁电子学中的若干问题. 物理学进展，17(2)：119～142

戴道生，熊光成，吴思诚. 1997. $RE_{1-x}T_xMnO_3$ 氧化物的结构，电磁特性和巨磁电阻. 物理学进展，17(2)：201～222

方俊鑫，陆栋. 1980. 固体物理学. 上海：上海科学技术出版社

唐贵德，郝普，祝玉华，等. 2008. 正交、菱面体和立方钙钛矿结构间的关系. 纳米科技，5(4)：3～7

唐贵德. 2007. 几种 ABO_3 结构镧锰氧化物的结合能和材料中的离子化合价问题研究. 河北师范大学博士论文

Liu S P，Tang G D，Hao P，et al. 2009. Study of the free energy of the $La_{1-x}Ca_xMnO_3$ manganites based on the temperature dependence of the crystal cell volume. Journal of Applied Physics，105(1)：013905(6)

Millis A J，Littlewood P B，Shraiman B I. 1995. Double exchange alone does not explain the resistivity of $La_{1-x}Sr_xMnO_3$. Physical Review Letters，74(25)：5144～5147

Millis A J，Shraiman B I，Mueller R. 1996. Dynamic Jahn-Teller effect and colossal magnetoresistance in $La_{1-x}Sr_xMnO_3$. Physical Review Letters，77(1)：175～178

Myron B，Salamon，Mlarcelo Jaime. 2001. The physics of manganites：Structure and transport，Reviews of Modern Physics，73：583～628

Tang G D，Hou D L，Chen W，et al. 2007. Estimation of Mn^{4+} ion content ration in self-doped compound $La_{1-x}MnO_{3-\delta}$，Applied Physics Letters，91(15)：152503(3)

Tang G D，Hou D L，Chen W，et al. 2007. Quantumn-mechanical model estimating the number ratio between different valence cations in multi-atom compounds，Applied Physics Letters，90(14)：144101(2)

Tang G D, Hou D L, Li Z Z, et al. 2006. Influence of cohesive energy on unit cell volume of perovskite manganites $La_{1-x}M_xMnO_3$, Applied Physics Letters, 89(26): 261919(3)

Tang G D, Liu S P, Zhao X, et al. 2009. Applied Physics Letters, 95(12): 121906(3)

Tokura Y, Tomioka Y. 1999. Colossal magnetoresistive manganites, Journal of Magnetism and Magnetic Materials, 200(1): 1～23

Urushibara A, Moritomo Y, Aima T, et al. 1995. Insulator-metal transition and giant magnetoresistance in $La_{1-x}Sr_xMnO_3$. Physical Review B, 51: 14103～14109

（唐贵德　编）

5.6　溶胶-凝胶法制备粉体材料

制备超细粉末材料有多种方法. 主要有液相法和固相法两大类. 液相法主要有溶胶-凝胶方法、化学共沉淀方法、水热合成方法等. 溶胶-凝胶方法是一种比较容易控制的化学方法，这种方法的主要优点是：①反应过程中的各种条件可以很容易得到控制；②样品纯度高；③由于产物在较低温度下形成，可使一些高温下不稳定的组分存在于产物之中，或形成亚稳态的结构，这样便有可能在同一材料体系中将不同种类的组元进行复合，如无机物-无机物，无机物-有机物以及无机物-高分子材料等的复合.

5.6.1　实验目的

(1) 了解溶胶-凝胶法制备粉体材料的基本程序；

(2) 了解溶胶-凝胶法制备粉体材料的注意事项；

(3) 了解所制备粉体材料晶体结构的基本测量方法.

5.6.2　实验原理

溶胶-凝胶 (sol-gel) 法是指无机物或金属醇盐经过溶液、溶胶、凝胶而固化，再经热处理而成的氧化物或其他化合物固体的方法. 其初始研究可追溯到 1846 年，Ebelmen 等用 $SiCl_4$ 与乙醇混合后，发现在湿空气中发生水解并形成了凝胶，这一发现当时未引起化学界和材料界的注意. 直到 20 世纪 30 年代，Geffcken 等证实用这种方法，可以制备氧化物薄膜. 1971 年德国 Dislich 报道了通过金属醇盐水解得到溶胶. 经胶凝化，再在 923～973K 的温度和 100N 的压力下进行处理，制备了 SiO_2-B_2O_3-Al_2O_3-Na_2O-K_2O 多组分玻璃，引起了材料科学界的极大兴趣和重视. 20 世纪 80 年代以来，溶胶-凝胶技术在玻璃、氧化物涂层、功能陶瓷粉料. 尤其是传统方法难以制备的复合氧化物材料、高临界温度 (T_c) 氧化物超导材料的合成中均得到成功的应用.

不论所用的前驱物（起始原料）为无机盐或金属醇盐，其主要反应步骤都是前驱物溶于溶剂(水或有机溶剂)中形成均匀的溶液,溶质与溶剂产生水解或醇解反应,反应生成物聚集成1nm左右的粒子并组成溶胶,溶胶经蒸发干燥转变为凝胶.在下列实验方法中可以看到,制备不同材料时,溶胶-凝胶法的具体步骤会明显不同.

5.6.3 实验仪器装置

本实验用到的仪器为磁力搅拌器、水浴锅、干燥箱、箱式炉等.

5.6.4 实验内容和步骤

1.采用溶胶-凝胶法制备 $La_{0.70-x}Sr_{0.30}MnO_3$ 类钙钛矿多晶粉体材料[1~3]

(1)将高纯度(99.99%)的 La_2O_3 在800℃下热处理5h,以除去其中 CO_2 和水.

(2)在烧杯中加入适量的去离子水,然后将按名义组分配比称量好的 La_2O_3 放入其中,滴加 HNO_3 使 La_2O_3 充分溶解,并进行搅拌,直至溶液澄清透明.

(3)把按名义组分称量好的 $Sr(NO_3)_2$、$Mn(NO_3)_2$ 加入到溶液中,并搅拌,至溶液澄清透明.维持溶液的pH为2～3,防止金属离子水解而沉淀.

(4)加入适量的柠檬酸和乙二醇作为金属离子的络合剂,防止金属离子之间缔合,从而达到离子之间分散均匀的目的.

(5)将混合溶液在磁力搅拌器上连续搅拌1h,直至溶液澄清透明.

(6)将溶液在80℃的水浴锅中恒温水浴,直至呈胶状.

(7)将胶状物在干燥箱中90℃ 干燥12h,然后在200℃ 干燥24h.

(8)研磨后在600℃ 热处理5h.注意在400～600℃应缓慢升温,每升20℃停留20min,以防止有机物挥发过快,使无机成分受到损失.

(9)再次研磨,在800℃ 热处理10h,经仔细研磨,得到钙钛矿结构多晶粉末.

(10)将所得的粉末滴加适量聚乙烯醇研磨后在压片机中压成片状,然后在1673K下烧结12h,得到所需的块体.

2.采用溶胶法制备 $(Fe_{54}Co_{37}Ni_9)_x$-$(SiO_2)_{100-x}$ 三元合金纳米颗粒体[4~6]

这种材料实际上是合金微粒包覆在 SiO_2 母体颗粒中,从而既具有合金的各种物理性能,又具有 SiO_2 母体的耐磨和防腐蚀性.

(1)按比例将适量的 $FeCl_3\cdot 6H_2O$、$CoCl_2\cdot 6H_2O$、和 $NiCl_2\cdot 6H_2O$ 加入无水酒精中,搅拌10min.

(2)加入适量水和正硅酸乙酯 $(C_2H_5)_4SiO_4$,搅拌20min.酒精、正硅酸乙酯和水的体积比为4∶1∶1.

(3)加入少量盐酸,使溶液的酸度保持在 $0.5<pH<1$,继续搅拌15min.

(4)将上述溶液倒入敞口玻璃皿中,在室温空气中胶化48h.这里我们采取Fe∶Co∶Ni的质量比(wt%)为54∶37∶9.

(5)待凝胶后,把胶状物放入干燥箱中,在100±10℃空气环境下烘干.

(6)研磨、过筛后得到直径为 0.1mm 的粉末，将粉末在 400～800℃不同温度下的氢气中还原，从而得到粒状固体样品.

3. 样品晶体结构测试

要确定所制备的样品质量好与差，基本方法是对样品进行 X 射线衍射(XRD)谱研究，确定样品的相组成. 常见的 XRD 采用 Cu 靶 Kα 射线(λ=1.5406Å). 利用 ICDD(国际衍射数据中心，International Centre for Diffraction Data)和 ICSD(无机晶体结构数据库，Inorganic Crystal Structure Database)卡片库对样品的 XRD 谱进行研究，可确定待测样品的所属的晶体结构. 有关细节参见“X 射线衍射”专门教材. 图 5.6.1是 $La_{0.7-x}Sr_{0.3}MnO_3$(x=0.00，0.05，0.10，0.15，0.20)多晶庞磁电阻材料的 XRD 谱[3]，通过分析知，经 800℃ 热处理后样品的主相是菱面体畸变的钙钛矿相. 此外随着 La 的减少，样品中逐渐出现少量 Mn_3O_4 相. 图 5.6.2 是 $(Fe_{54}Co_{37}Ni_9)_{15}$-$(SiO_2)_{85}$ 纳米颗粒体的 X 射线衍射谱[5]，样品分别经 400℃、600℃和 800℃还原 40min 而得到. 通过分析可知，经 400℃还原后的样品，没有形成合金和金属相；经 600℃还原后的样品，形成了单一的体心立方合金相；经 800℃还原后的样品，除含有体心立方合金相外，还含有面心立方相.

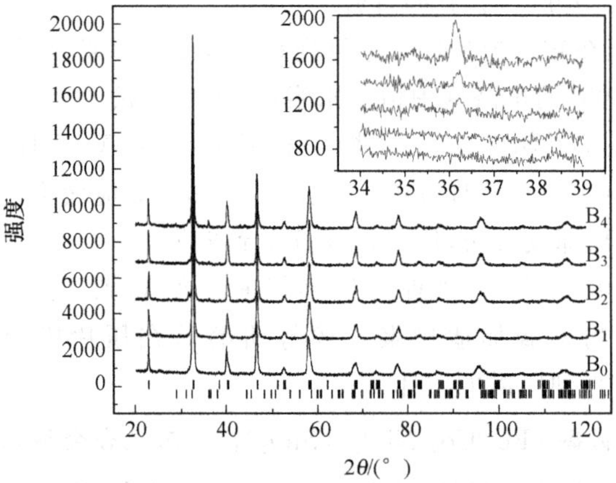

图 5.6.1　$La_{0.7-x}Sr_{0.3}MnO_3$ 多晶庞磁电阻材料的 XRD 谱[3]，样品 B_0、B_1、B_2、B_3、B_4 对应的 x 值分别为 0.00、0.05、0.10、0.15、0.20

5.6.5　注意事项

(1)在实验中，样品的热处理时间都比较长. 要注意电炉等设备的电源线和插座是否发热，如果温度较高，注意及时处理. 不可长时间远离设备，以免发生火灾.

(2)实验中用到各种化学药品，要注意其腐蚀性和毒性，避免受到伤害.

(3)制备样品时，房间内的通风设施要保持良好运转，出故障要及时维修，以便有害气体及时排出.

(4)实验中的各种器皿,在使用前后,都要认真清洗,保持清洁.每次使用实验室前后,要认真搞好卫生,否则将影响样品的质量.

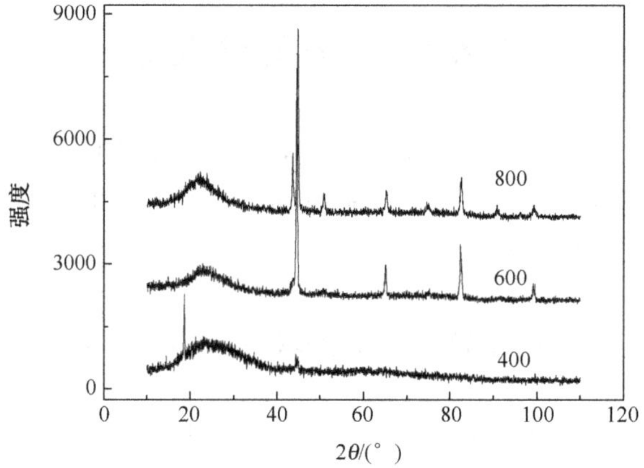

图5.6.2 经400℃、600℃和800℃还原40min而得到 $(Fe_{54}Co_{37}Ni_9)_{15}$-$(SiO_2)_{85}$ 纳米颗粒体的X射线衍射谱[5]

参考文献

唐贵德,张民,刘力虎,等.2002. FeCoNi-SiO_2 合金纳米颗粒体的制备和磁性研究.功能材料,33(6):605~608

Chen W, Zhong W, Hou D L, et al. 2002. Preparation and magnetocaloric effect of self-doped $La_{0.8-x}Na_{0.2}\Delta_xMnO_{3+\delta}$ (Δ=vacancies) Polycrcstal. Journal of Physics: Condensed Matter, 14, 11889~11896

Liu S P, Tang G D, Hao P, et al. 2009. Rietveld fitting of X-ray Diffraction spectra for the double phase composites $La_{0.7-x}Sr_{0.3}Mn_{1-y}O_{3-1.5(x+y)}/(Mn_3O_4)_{y/3}$. Journal of Applied Physics, 105(1): 013905(6)

Tang G D, Hou D L, Zhang M, et al. 2002. Influence of preparing condition on magnetic properties of the FeCoNi-SiO_2 granular alloy solids. Journal of Magnetism and Magnetic Materials, 251: 42~49

Tang G D, Liu X M, Li Z Z, et al. 2006. Temperature stability and linear magnetic field response of the magnetoresistance in $Ag_{0.07}$-$La_{0.67}Sr_{0.13}Ag_{0.08}\Delta_{0.12}MnO_3$ Compostie, Physical Status Solidi A, 203(10): 2522~2531

Wang J P, Luo H L. 1994. Preparation and properties of pure nanocomposite Fe-SiO_2 using the sol-gel method. Journal of Magnetism and Magnetic Materials, 131: 54~60

(唐贵德 编)

第 6 章　半导体实验

半导体材料是一种应用十分广泛的材料. 本章涉及的半导体方面的实验有半导体霍尔系数与电导率的测量，C-U 法测量 Si-SiO_2 界面态和半导体掺杂浓度和用化学气相沉积法制备半导体薄膜.

6.1　半导体霍尔系数与电导率的测量

1879 年，霍尔(Hall)研究通有电流的导体在磁场中受力时，发现在垂直于磁场和电流的方向上产生了电动势，这个电磁效应称为“霍尔效应”. 在半导体材料中，霍尔效应比在金属中大几个数量级，引起人们对它的深入研究. 霍尔效应的研究在半导体理论的发展中起了重要的推动作用. 直到现在，霍尔效应的测量仍是研究半导体性质的重要实验方法. 利用霍尔系数和电导率的联合测量，可以用来研究半导体的导电机构(本征导电和杂质导电)、散射机构(晶格散射和杂质散射)，并可以确定半导体的一些基本参数，如半导体材料导电类型、载流子浓度、迁移率大小、禁带宽度、杂质电离能等. 利用霍尔效应制成的元件，称为霍尔元件，也已广泛地用于测试仪器和自动控制系统中.

6.1.1　实 验 目 的

(1)了解半导体中霍尔效应的产生原理，霍尔系数表达式的推导及其副效应的产生和消除.

(2)掌握常温和变温情况下测量霍尔系数和电导率的方法.

(3)判断样品的导电类型，计算霍尔系数、载流子浓度、电导率、霍尔迁移率.

6.1.2　实验原理

1. 霍尔效应和霍尔系数

如果在一块半导体的 x 方向上有均匀的电流 I_x 流过，同时在 z 方向上加有磁场 B_z，则在这块半导体的 y 方向上出现一横向电势差 U_H，这种现象被称为“霍尔效应”，U_H 称为“霍尔电压”，所对应的横向电场 E_H 称为“霍尔电场”，如图 6.1.1 所示.

实验指出，霍尔电场强度 E_H 的大小与流经样品的电流密度 J_x 和磁感应强度 B_z 的乘积成正比.

$$E_H = R_H \cdot J_x B_z \tag{6.1.1}$$

式中，比例系数 R_H 称为“霍尔系数”，$J_x = I_x/ab$.

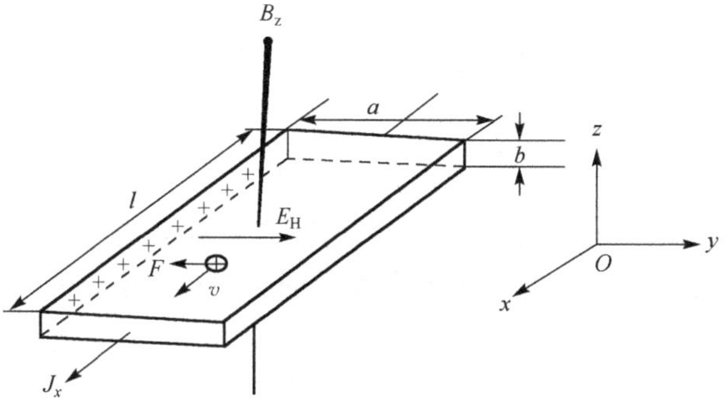

图 6.1.1　霍尔效应示意图

下面以 p 型半导体样品为例，讨论霍尔效应的产生原理并推导分析霍尔系数的表达式.

半导体样品的长、宽、高分别为 L、a、b，半导体载流子(空穴)的浓度为 p，它们在电场 E_x 作用下，以平均漂移速度 v_x 沿 x 方向运动，形成电流 I_x. 在垂直于电场 E_x 方向上加一磁场 B_z，则运动着的载流子要受到洛伦兹力的作用

$$\boldsymbol{F} = \boldsymbol{q}(\boldsymbol{v} \times \boldsymbol{B}) \tag{6.1.2}$$

式中，q 为空穴电荷的电量. 该洛伦兹力指向 $-y$ 方向，因此载流子向 $-y$ 方向偏转，这样在样品的左侧面就积累了空穴，从而产生了一个指向 $+y$ 方向的电场——霍尔电场 E_y，当该电场对空穴的作用力 qE_y 与洛伦兹力相平衡时，空穴在 y 方向上所受的合力为零，达到稳态. 稳态时电流仍沿 x 方向不变，但合成电场 $E = E_x + E_y$ 不再沿 x 方向，E 与 x 轴的夹角称“霍尔角”. 在稳态时，有

$$q \cdot E_y = q \cdot v_x \cdot B_z \tag{6.1.3}$$

若 E_y 是均匀的，则在样品左、右两侧面间的电势差

$$U_H = E_y \cdot a = v_x \cdot B_z \cdot a \tag{6.1.4}$$

而 x 方向的电流强度

$$I_x = q \cdot p \cdot v_x \cdot ab \tag{6.1.5}$$

将式(6.1.5)的 v_x 代入式(6.1.4)得霍尔电压

$$U_H = \left(\frac{1}{q \cdot p}\right)\frac{I_x \cdot B_z}{b} \tag{6.1.6}$$

由式(6.1.1)、式(6.1.3)、式(6.1.5)得霍尔系数

$$R_H = \frac{1}{q \cdot p} \tag{6.1.7}$$

对于 n 型样品，载流子(电子)浓度为 n，式(6.1.2)变为

$$\boldsymbol{F} = -q(\boldsymbol{v} \times \boldsymbol{B}), \quad (q = e \text{ 为电子所带电量})$$

霍尔系数为

$$R_H = -\frac{1}{q \cdot n} \tag{6.1.8}$$

霍尔系数 R_H 可以在实验中通过测量霍尔电压计算出来，若采用国际单位制，由式(6.1.6)、式(6.1.7)可得

$$R_H = \frac{U_H \cdot b}{I_x \cdot B_z} \quad (m^3/C)$$

上述模型过于简单，根据半导体输运理论，考虑到载流子速度的统计分布以及载流子在运动中受到散射等因素，在霍尔系数的表达式中还应引入一个霍尔因子 A，则 R_H 应修正为

p 型：
$$R_H = A \cdot \frac{1}{q \cdot p} \tag{6.1.9}$$

n 型：
$$R_H = -A \cdot \frac{1}{q \cdot n} \tag{6.1.10}$$

A 的大小与散射机理及能带结构有关. 由理论算得，在弱磁场条件下，对球形等能面的非简并半导体，在较高温度(此时，晶格散射起主要作用)情况下，

$$A = \frac{3\pi}{8} = 1.18$$

在较低温度(此时，电离杂质散射起主要作用)情况下，

$$A = \frac{315\pi}{512} = 1.93$$

对于高载流子浓度的简并半导体以及强磁场条件，$A=1$；对于晶格和电离杂质混合散射情况，一般取文献报道的实验值.

上面讨论的是只有电子或只有空穴导电的情况. 对于电子、空穴混合导电的情况，在计算 R_H 时应同时考虑两种载流子在磁场中偏转的效果，对于球形等能面的半导体材料，可以证明

$$R_H = \frac{Ap\mu_p^2 - n\mu_n^2}{q(p\mu_p + n\mu_n)^2} = \frac{A}{q} \cdot \frac{p - nc^2}{(p+nc)^2} \tag{6.1.11}$$

式中，$c=\mu_n/\mu_p$，μ_n、μ_p 为电子和空穴的迁移率.

从霍尔系数的表达式中可以看出，由 R_H 的符号可以判断载流子的类型，正为 p 型，负为 n 型(注意，此时要求 I、B 的正方向分别为对 x 轴、z 轴的正方向，且 x、y、z 坐标轴为右旋系)，由 R_H 的大小可确定载流子的浓度，还可以结合测得的电导率 σ 算出如下定义的霍尔迁移率 μ_H 为

$$\mu_H = |R_H| \cdot \sigma \tag{6.1.12}$$

式中，μ_H 的量纲与载流子的迁移率相同，通常为 $cm^2/(V \cdot s)$[厘米^2/(伏·秒)]，它的大小与载流子的电导迁移率有密切的关系.

2. 霍尔系数与温度的关系

R_H 与载流子浓度之间有反比关系，因此当温度不变时，R_H 不会变化，而当温度

改变时载流子浓度发生变化，R_H 也随之变化. 图 6.1.2 是 R_H 随温度 T 变化的关系图. 图 6.1.2 中纵坐标为 R_H 的绝对值，曲线 A、B 分别表示 n 型和 p 型半导体的霍尔系数随温度变化的曲线.

下面简要地讨论曲线 B：

(1) 杂质电离饱和区. 在曲线(a)段，所有的杂质都已电离，载流子浓度保持不变，p 型半导体中 $p \gg n$，式(6.1.11)中 nc^2 可忽略，可简化为

$$R_H = A \cdot \frac{1}{q \cdot p} = A \cdot \frac{1}{qN_A} > 0 \qquad (6.1.13)$$

式中，N_A 为受主杂质浓度.

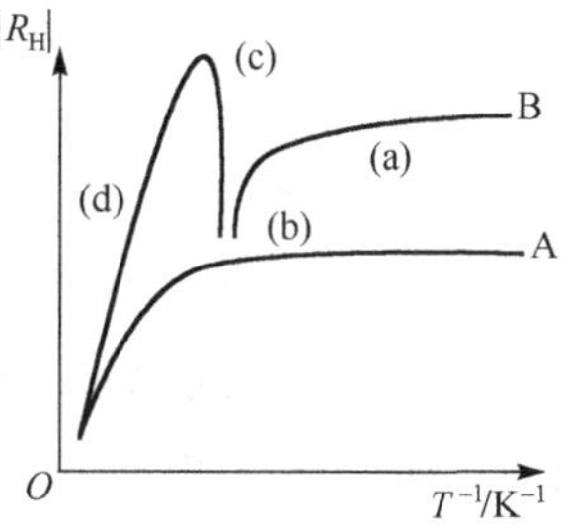

图 6.1.2　霍尔系数随温度变化的曲线

(2) 温度逐渐升高，价带上的电子开始激发到导带，由于 $\mu_n \gg \mu_p$，所以 $c > 1$，当温度升到使 $p = nc^2$ 时，$R_H = 0$，出现了图 6.1.2 中(b)段.

(3) 温度再升高时，更多的电子从价带激发到导带，$p < nc^2$ 而使 $R_H < 0$，式(6.1.11)中分母增大，R_H 减小，将会达到一个负的极值(图 6.1.2 中(c)点). 此时价带的空穴数 $p = n + N_A$，将它代入式(6.1.11)，并对 n 求微商，可以得到当

$$n = \frac{N_A}{c-1}$$

时，R_H 达到极值 R_{HM}：

$$R_{HM} = -\frac{A}{qN_A} \cdot \frac{(c-1)^2}{4c} \qquad (6.1.14)$$

由此式可见，当测得 R_{HM} 和杂质电离饱和区的 R_H 时，就可定出 b 的大小.

(4) 当温度继续升高，达到本征范围时，半导体中载流子浓度大大超过受主杂质浓度，所以 R_H 随温度上升而呈指数下降，R_H 只由本征载流子浓度 n_i 来决定，此时杂质含量不同或杂质类型不同的曲线都将趋聚在一起，见图 6.1.2 中(d)段.

3. 半导体的电导率

在半导体中若有两种载流子同时存在，则其电导率 σ 为

$$\sigma = qp\mu_p + qn\mu_n \qquad (6.1.15)$$

实验得出 σ 与温度 T 的关系曲线如图 6.1.3 所示.

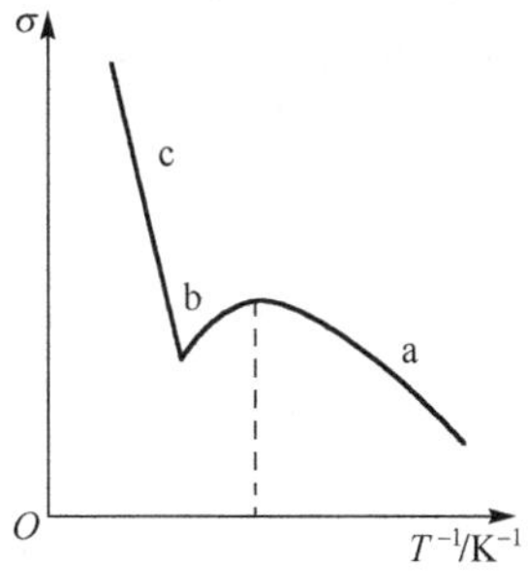

图 6.1.3　电导率与温度的关系曲线

现以 p 型半导体为例分析：

(1) 低温区. 在低温区杂质部分电离，杂质电离产生的载流子浓度随温度升高而增加，而且 μ_p 在低温下主要取决于杂质散射，它也随温度升高而增加. 因此，σ 随 T 的增加而增加，见图 6.1.3 的 a 段.

(2) 室温附近. 此时，杂质已全部电离，载流子浓度基本不变，这时晶格散射起主要作用，使 μ_p 随 T 的升高而下降，导致 σ 随 T 的升高而下降，见图 6.1.3 的 b 段.

(3)高温区. 在这区域中，本征激发产生的载流子浓度随温度升高而指数地剧增，远远超过 μ_p 的下降作用，致使 σ 随 T 而迅速增加，见图 6.1.3 的 c 段.

实验中电导率 σ 可由下式计算出：

$$\sigma=\frac{1}{\rho}=\frac{I\cdot l}{U_\sigma\cdot ab} \tag{6.1.16}$$

式中，ρ 为电阻率，I 为流过样品的电流，U_σ、l 分别为两测量点间的电压降和长度.

4. 霍尔效应中的副效应及其消除

在霍尔系数的测量中，会伴随一些热磁副效应、电极不对称等因素引起的附加电压叠加在霍尔电压 U_H 上，下面作些简要说明：

(1)埃廷斯豪森(Ettingshausen)效应，在样品 x 方向通电流 I_x，由于载流子速度分布的统计性，大于和小于平均速度的载流子在洛伦兹力和霍尔电场力的作用下，沿 y 轴的相反两侧偏转，其功能将转化为热能，使两侧产生温差，由于电极和样品不是同一种材料，电极和样品形成热电偶，这一温差将产生温差电动势 U_E，而且有

$$U_E\propto I_x\cdot B_z$$

这就是埃廷斯豪森效应. U_E 方向与电流 I 及磁场 B 的方向有关.

(2)能斯特(Nernst)效应. 如果在 x 方向存在热流 Q_x(往往由于 x 方向通以电流，两端电极与样品的接触电阻不同而产生不同的焦耳热，致使 x 方向两端温度不同)，沿温度梯度方向扩散的载流子将受到 B_z 作用而偏转，在 y 方向上建立电势差 U_N，有

$$U_N\propto Q_x\cdot B_z$$

这就是能斯特效应. U_N 方向只与 B 方向有关.

(3)里吉-勒迪克(Righi-Ledue)效应. 当有热流 Q_x 沿 x 方向流过样品，载流子将倾向于由热端扩散到冷端，与埃廷斯豪森效应相仿，在 y 方向产生温差，这温差将产生温差电势 U_{RL}，这一效应称里吉-勒迪克效应.

$$U_{RL}\propto Q_x\cdot B_z \tag{6.1.17}$$

U_{RL} 的方向只与 B 的方向有关.

(4)电极位置不对称产生的电压降 U_0. 在制备霍尔样品时，y 方向的测量电极很难做到处于理想的等势面上，即使在未加磁场时，在两电极间也存在一个由于不等电势引起的欧姆压降 U_0 为

$$U_0=I_x\cdot R_0$$

式中，R_0 为两电极所在的两等势面之间的电阻，U_0 方向只与 I_x 方向有关.

(5)样品所在空间如果沿 y 方向有温度梯度，则在此方向上产生的温差电势 U_T 也将叠加在 U_H 中，U_T 与 I、B 方向无关.

要消除上述诸效应带来的误差，应改变 I 和 B 的方向，使 U_N、U_{RL} 和 U_0 从计算结果中消除，然而 U_E 却因 I 和 B 的方向同步变化而无法消除，但 U_E 引起的误差一般小于 5%，可以忽略.

实验时通过变化磁场 B 和电流 I 的方向测两极间的电势差，U_1 应为下列四个数据：

$+B$、$+I$ 时　$U_1=+U_H+U_E+U_N+U_{RL}+U_0+U_r$

$+B$、$-I$ 时　$U_2=-U_H-U_E+U_N+U_{RL}-U_0+U_r$

$-B$、$-I$ 时　$U_3=+U_H+U_E-U_N-U_{RL}-U_0+U_r$

$-B$、$+I$ 时　$U_4=-U_H-U_E-U_N-U_{RL}+U_0+U_r$

由以上四式可得

$$U_H+U_E=\frac{U_1-U_2+U_3-U_4}{4}$$

将实验测得的 U_1、U_2、U_3、U_4 代入上式就可消除 U_N、U_{RL} 和 U_0、U_T 等附加电压引入的误差.

因为 U_E 引起的误差很小，可以忽略. 所以

$$U_H\approx\frac{U_1-U_2+U_3-U_4}{4} \tag{6.1.18}$$

6.1.3　实验仪器装置

1. 实验仪器

(1)电磁铁 0～400mT 可调

(2)励磁电源 0～5A 可调可自动换向，稳定性为±0.1%

(3)数字特斯拉计 0～2000mT 三位半数字显示

(4)恒流源输出 1mA 稳定性±0.1%

(5)数据采集系统霍尔电压测量最小分辨率 1μV

(6)温度变化测量范围 80～380K

(7)电源 220V，50Hz，AC 200 W

2. 实验装置

半导体霍尔系数与电导率的测量实验装置方框图见图 6.1.4.

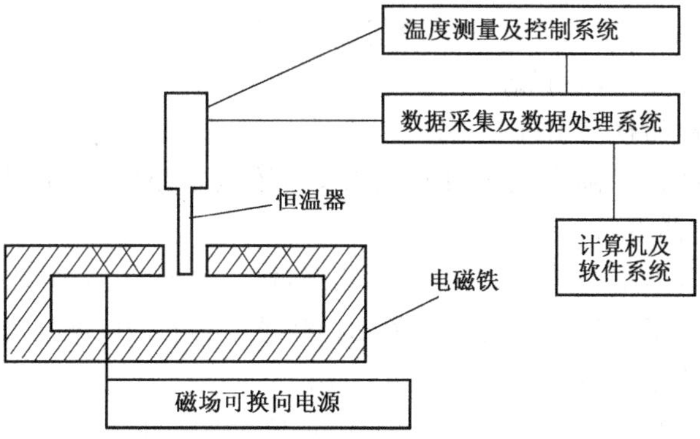

图 6.1.4　变温霍尔实验仪结构图

6.1.4 实验内容和步骤

1. 常温下测量霍尔系数 R_H 和电导率 σ

(1)打开电脑、霍尔效应实验仪《I》,及磁场测量和控制系统《II》的电源开关(以下简称《I》或《II》,如《II》电流有输出,则按一下《I》复位开关,电流输出为零).

(2)将霍尔效应实验仪《I》〈样品电流方式〉拨至“自动”,〈测量方式〉拨至“动态”,将《II》〈换向转换开关〉拨至“自动”. 按一下《I》复位开关,电流有输出,调节《II》电势器,至电流为一定电流值同时测量磁场强度.

(3)将测量样品杆放入电磁铁磁场中(对好位置).

(4)进入数据采集状态,如没有进入数据采集状态,则按一下《I》复位开关后进入数据采集状态. 记录磁场电流正反向的霍尔电压 U_3、U_4、U_5、U_6.

(5)将《I》〈测量选择〉拨至“σ”,记录电流正反向的电压 U_1、U_2.

(6)按讲义计算霍尔系数 R_H,电导率 σ 等数据.

2. 变温测量霍尔系数和电导率

(1)将《I》〈测量选择〉拨至 R_H,将〈温度设定〉调至最小(逆时针旋到底,加热指示灯不亮).

(2)将测量样品杆放入杜瓦杯中冷却至液氮温度 77K.

(3)重新进入数据采集状态.

(4)将测量样品杆放入电磁铁磁场中〈对好位置〉.

(5)系统自动记录随温度变化的霍尔电压,到接近室温时调节〈温度设定〉至最大(顺时针调至风鸣器不叫).

(6)当温度基本不变时,退出数据采集状态. 保存霍尔系数 R_H 文件(XXX. TXT). (XXX 表示任意字符,TXT 为文本文件不能省略).

(7)将《I》<测量选择>拨至“σ”.

(8)将测量样品杆放入杜瓦杯中冷却至液氮温度 77K.

(9)重新进入数据采集状态.

(10)将测量样品杆拿出杜瓦杯.

(11)系统自动记录随温度变化的电压,当接近室温时调节〈温度设定〉至最大(顺时针调至风鸣器不叫).

(12)当温度基本不变,退出数据采集状态,保存电导率,文件为(XXX. TXT).

(13)双击电脑桌面霍尔数据处理图标,根据界面进行数据处理.

(14)把有关数据和结果写入实验报告中.

注:样品为 n 型锗长 $l=6\text{mm}$ 宽 $a=4\text{mm}$ 厚 $b=0.2\text{mm}$,$B=0.2T$,$I=1\text{mA}$.

思　考　题

(1)简述本实验的实验原理.

(2)分别以p型、n型半导体样品为例,说明霍尔电场如何形成的?

(3)霍尔系数的定义及其数学表达式是什么?

(4)霍尔系数测量中有哪些副效应,通过什么方式消除它们?

(5)叙述载流子迁移率〈又称漂移迁移率或电导迁移率〉的物理意义.

(6)如何判断样品的导电类型?

(7)根据测量数据计算副效应U_0、U_r、$U_{RL}+U_N$的值,分析一下在本实验中哪项副效应的影响最大?

(8)记录随温度变化的霍尔电压;并分析其物理意义.

(9)说明实验中《I》的〈测量选择〉拨至"R_H"或"σ"时,计算机采集的随温度变化的电压信号分别是图(1)中什么电压?

(10)本实验中计算机是怎样采集温度信号的?

参 考 文 献

唐贵德,马长山,杨连祥等.2003.近代物理实验.石家庄:河北科学技术出版社,184

王印月.2000.半导体物理.兰州:兰州大学出版社,138

(甄聪棉　编)

6.2　C-U 法测量 $Si\text{-}SiO_2$ 界面态和半导体掺杂浓度

$Si\text{-}SiO_2$系统是一个复杂的系统.就目前所知,在$Si\text{-}SiO_2$系统中存在五种表面态,如界面态N_{ss},固定电荷Q_{ss},可动正电荷Q_0,氧化层外表面电荷Q_n辐射离化引入的电荷Q_R,这些表面态的存在严重地影响着半导体器件的稳定性、可靠性,限制其成品率,因而分析测试这些表面态是非常有意义的,测量表面态的方法目前主要用C-U法(即电容电压法).

6.2.1　实验目的

(1)掌握C-U法分析$Si\text{-}SiO_2$界面的原理及实验方法.

(2)掌握利用C-U法确定半导体掺杂浓度的方法.

6.2.2　实验原理

1.MOS电容的基本原理

理想情况下MOS电容电压特性,如图6.2.1所示,由金属、SiO_2和p型Si组成了一个MOS电容器,在理想情况下认为SiO_2是绝缘的,金属、半导体之间不通过氧化层交换电子,虽然它们的功函数是不同的,忽略此种影响,认为其能带也不发生弯曲,如图6.2.2所示,当外加电压为零时能带为平的,叫平带情况.

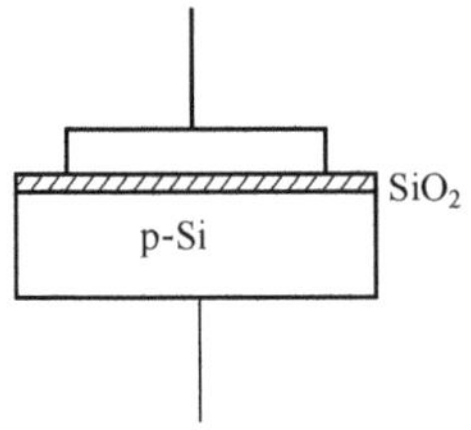

图 6.2.1 金属、SiO_2和 p 型 Si 组成的 MOS 电容器结构示意图

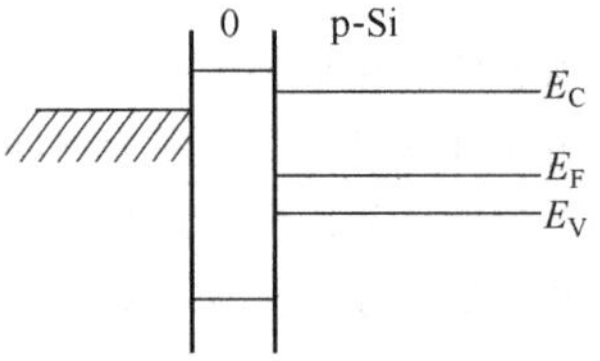

图 6.2.2 外加电压为零时，金属、SiO_2和 p 型 Si 组成的 MOS 电容器能带结构示意图

若外加电压，金属接负，电压降在 SiO_2 和 Si 空间电荷区部分，这样产生附加的势能，能带向上弯曲，产生了空穴积累区，在 Si 空间电荷区有正的空间电荷，同时在金属界面产生负的空间电荷 Q_M，这时 $Q_M=Q_{SC}$，如图 6.2.3 所示. 这就说明外加电压引起载流子的再分布，产生了空间电荷，而空间电荷的大小随外加电压而变化，这样就产生了微分电容：

$$C=\frac{dQ}{dU} \tag{6.2.1}$$

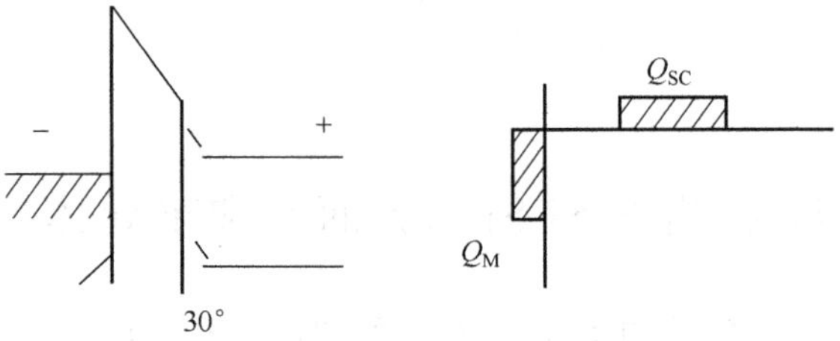

图 6.2.3 外加电压，金属接负，MOS 电容器载流子的分布

总之，MOS 电容就是由这种表面空间电荷区充放电的过程引起的，外加电压一部分降在氧化层上，所产生的电容用 C_i 表示. 这部分电容基本上不随外加电压而变化；外加电压另一部分降在 Si 上，实际上是空间电荷区电容，随外加电压而变化用 C_S 表示. 这样相当于一个串联电容，如图 6.2.4 所示. 总电容为

$$C=\frac{C_iC_s}{C_i+C_s} \tag{6.2.2}$$

MOS 电容可以用直流偏压上叠加一个交流信号加以测量，改变不同的直流偏压就可以得到电容电压曲线（简称 C-U 曲线）. 在理想情况下（即忽略了半导体对于金属功函数的差别，又不存在任何表面态），这样外加电压 $U_0=U_i+U_s$，U_i、U_s分别为降在 SiO_2 和 Si 上的电压，从图 6.2.4 可知，这实际上是平行板电容. 因此，

$$C_i=\frac{\varepsilon_i\varepsilon_0}{d_i}(\mathrm{F}) \tag{6.2.3}$$

式中，d_i为 SiO_2层的厚度，ε_0 为真空中电介质常数，$\varepsilon_0=8.85\times10^{-14}\,\mathrm{F/cm}$，$\varepsilon_i$ 为 SiO_2 的

相对电介质常数，$\varepsilon_i=3.9$（SiO_2 若 d_i 给定），C_i 为一常数，可从式(6.2.3)算出，同理，

$$C_s=\frac{\varepsilon_s\varepsilon_0}{\delta}(\mathrm{F}) \tag{6.2.4}$$

对于 Si，$\varepsilon_s=11.7$，δ 为空间电荷区的宽度，它随外加电压而变化.

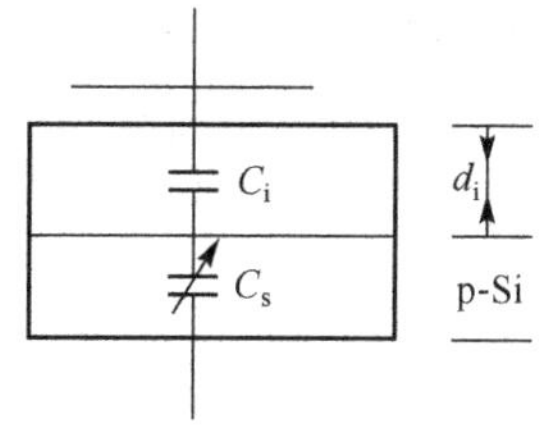

图 6.2.4　MOS 电容器外加电压时电容的构成

图 6.2.5 给出 p-Si 在两种不同外加交流信号频率下所得的电容-电压特性曲线，本实验用的是属于高频 C-U 特性.

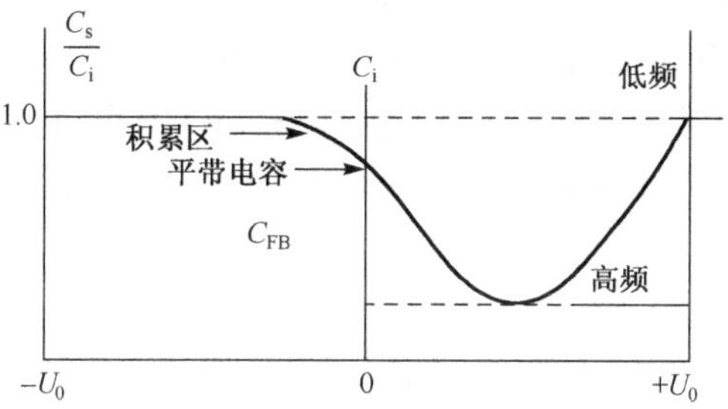

图 6.2.5　p-Si 在两种不同外加交流信号频率下所得的电容-电压特性曲线效应示意图

当外加电压 U_0 发生变化时，空间电荷区的宽度也随着发生变化. 但这种变化不是线性的，如图 6.2.5 所示. 当 $U_0=0$ 时，$U_s=0$，能带是平直的，这时的电容叫平带电容 C_{FB}.

$$C_{FB}=\frac{C_iC_{s0}}{C_i+C_{s0}} \tag{6.2.5}$$

$$C_{s0}=\frac{\varepsilon_i\varepsilon_0}{L_D} \tag{6.2.6}$$

式中，L_D 为德拜长度，即屏蔽长度. 根据半导体物理可以证明. $L_D=\frac{k_T\varepsilon_s\varepsilon_0}{e^2p_0}$，代入式(6.2.6)、式(6.2.4)和式(6.2.3)再代入式(6.2.5)得到

$$C_{FB}=\frac{\varepsilon_i}{d_i+\frac{\varepsilon_i}{\varepsilon_s}L_D} \tag{6.2.7}$$

由 p_0 求出 L_D，即可算出 C_{FB}.

当 $U_0<0$ 时，界面能带向上弯曲，产生空穴积累区，由于 Q_{SC} 很大，C_s 也很大，这样一个大电容和小电容串联，主要是小电容起作用，即

$$C\approx C_i \tag{6.2.8}$$

当 $|U_0|$ 减小时，C_s 也减小，所以 C 也下降.

当 $U_0>0$，界面能带向下弯曲，产生空穴耗尽层，这是空间电荷区主要是电离受

主起作用，所以空间电荷区变宽，当 U_0 继续增加时，表面出现反型层，一直到强反型，这时空间电荷区有相当数量的电子，这些电子随电压变化很快变化，达到一极大值，$\delta_m = X_m$. 如果用高频信号，导带电子产生复合跟不上交流信号的变化，因此，当 U_0 改变时，C_S 不再变化，这时出现最小电容 C_{min}.

$$C_{min} = \frac{\varepsilon_i \varepsilon_0}{d_i + \left(\frac{\varepsilon_i}{\varepsilon_s}\right) X_m} \tag{6.2.9}$$

如果测量频率足够低，少数载流子产生复合能跟上外加电压变化，少数载流子(电子)对电容也有贡献，所以，反型后界面处电子浓度 n_s 随 U_s 的增大而增大. 因此，C_s 经过极小值后又上升，C 也上升，最后达到最大值.

上面所讨论的是理想情况，实际上由于 Si-SiO_2 系统中表面态的存在，测得的 C-U 曲线与理想的曲线有所偏离，人们利用这种偏离来确定表面电荷和表面态，实际上主要影响来自两个方面.

1)金属和半导体接触功函数差的影响

当金属和半导体接触，由于功函数不同，如 $W_{金} < W_{半}$，金属功函数小于半导体的功函数，金属中的电子逸出向半导体中扩散. 这样，半导体由于获得电子而显负电性，金属电势就高于半导体，这种由于功函数差引起的电势差叫接触电势差.

$$U_{ms} = \frac{W_{半} - W_{金}}{e} \tag{6.2.10}$$

这样平带电压也会移动，对 p 型移向 $-U_{ms}$，而半导体的功函数是由亲和势(X)和费考能级(E_F)决定的，即

$$W_{半} = X + \frac{E_g}{2} + E_i - E_F \tag{6.2.11}$$

式中，E_g 为禁带宽度，E_i 为本征费米能级，$(E_i - E_F)$ 可通过查表得到，对于 Si，$E_g =$ 1.12eV，$X =$ 4.05eV.

金属的功函数可以查表得到. 对于铝 Al，$W_{Al} =$ 4.1 eV.

2)表面电荷的影响

理想情况认为 SiO_2 是绝缘的，不存在表面态(或界面态)，而实际上 SiO_2 里有可动电荷，如正的钠离子 Na^+，这样将在金属-SiO_2 界面，SiO_2-Si 界面产生感应电荷，即使 $U_0 = 0$ 时，能带也发生弯曲(对 p-Si 能带向上弯曲)，当加负偏压时，使外加电压等于 U_{FB} 时，才正好抵消正电荷(Na^+)的影响，使能带变平，这时 C-U 曲线整体向左移动，这时为平带，所以，$Q_{SC} = 0$，$Q_m = Q_{\delta c}$，即金属边感生电荷等于 SiO_2 中的电荷，因此

$$C_i = \frac{Q_{\delta c}}{|U_{FB}|} \tag{6.2.12}$$

这样只要求出实际情况下的 U_{FB}，就可求出 SiO_2 中的正电荷数：

$$Q_{fc} = |U_{FB}| \cdot C_i \tag{6.2.13}$$

那么,总的影响为上述两部分,平带电压的移动为

$$U_{FB} = -U_{ms} - \frac{Q_{fc}}{C_i} = \left[W_{金} - \left(x + \frac{E_g}{2} + (E_i - E_F)\right)\right] \Big/ e - \frac{Q_{fc}}{C_i} \tag{6.2.14}$$

SiO_2 中的界面态为

$$Q_{fc} = Q_{ss} = (U_{ms} - U_{FB}) \cdot C_i \tag{6.2.15}$$

界面态密度为

$$N_{ss} = \frac{Q_{ss}}{e} = \frac{Q_{fc}}{e} \tag{6.2.16}$$

2. 实验方法

(1)用 X-Y 记录仪和逐点法测量 MOS 电容管的 C-U 曲线,也可以测归一化的 C-U 曲线.

(2)由测量得到的高频 C-U 曲线,求出反型区归一化电容(C_{min}/C_i),如图 6.2.6 所示.由 SiO_2 厚度 d_i,从图 6.2.7 中找出归一化平带电容$\left(\frac{C_{FB}}{C_i}\right)$,由归一化平带电容又回到图 6.2.6 所测得的高频 C-U 曲线上,即可找到对应的平带电压 U_{FB},知道了 U_{FB} 后从式(6.2.15)求出 Q_{ss},从式(6.2.16)中求出 N_{ss}.

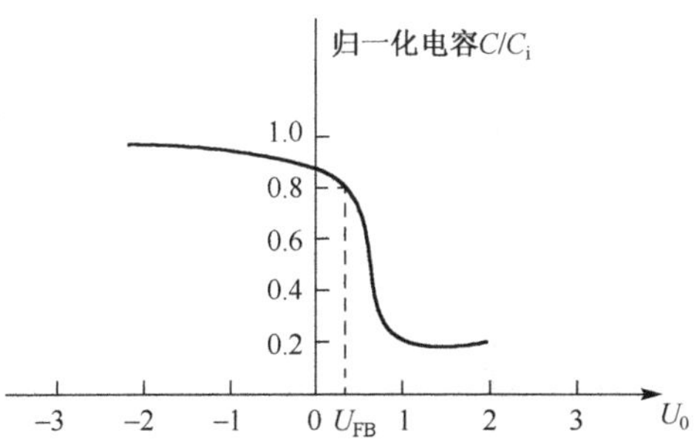

图 6.2.6　测量高频 C-U 曲线,得到的反型区归一化电容

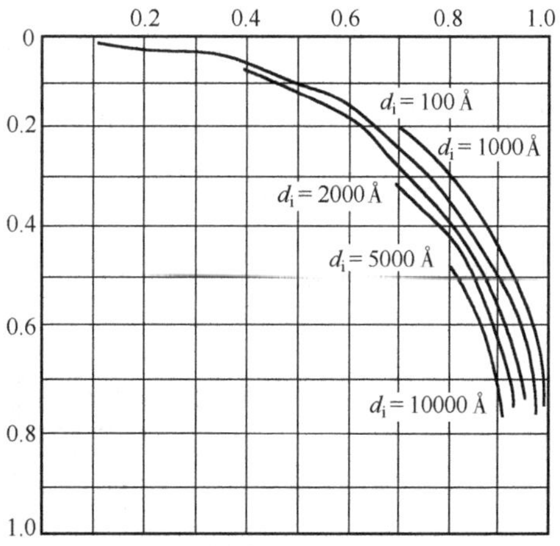

图 6.2.7　在高频条件下,MOS 结构不同 SiO_2 厚度下的归一化平带电容 C_{FB}/C_i 曲线

注意:$E_i - E_F = \Phi_F(U)$ 是与 Si 衬底电阻率有关,已知 Si 衬底的电阻率,($E_i - E_F$)可从图 6.2.8 查出. Si 衬底电阻率(或掺杂浓度)由实验给出.

(3)计算衬底掺杂浓度:利用 C-U 曲线的斜率可近似确定半导体衬底的掺杂浓度.对于 p-Si,假设掺杂是均匀的,若忽略界面态,那么,对归一化的曲线

$$N_{\Delta}=\frac{\varepsilon_{i}^{2}\varepsilon_{0}}{e\varepsilon_{s}d_{i}^{2}}C_{n}^{3}\left(\frac{\mathrm{d}C_{n}}{\mathrm{d}V_{0}}\right)^{-1} \tag{6.2.17}$$

式中,C_n为归一化电容.

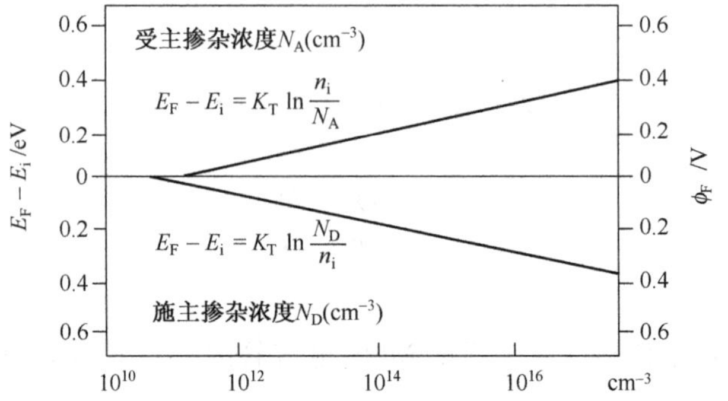

图 6.2.8 Si 费米势同衬底掺杂浓度之间关系

对非归一化的 C-U 曲线

$$N_{\Delta}=\frac{C^{3}}{e\varepsilon_{s}\varepsilon_{0}}\left(\frac{\mathrm{d}C}{\mathrm{d}V_{0}}\right)^{-1} \tag{6.2.18}$$

对突变 pn 结其耗尽层空间电荷电容与外加偏压有关,可证

$$N_{\Delta}=\frac{2}{e\varepsilon_{s}\varepsilon_{0}}\left(\frac{\mathrm{d}\left(\frac{1}{C^{2}}\right)}{\mathrm{d}U_{0}}\right)^{-1} \tag{6.2.19}$$

利用式(6.2.17)、式(6.2.18)和式(6.2.19)即可求出半导体 Si 衬底的掺杂浓度.

6.2.3 实验仪器装置

本实验是利用 CTG-1 型高频 C-U 特性测试仪进行测量,该仪器的基本原理如图 6.2.9 所示.

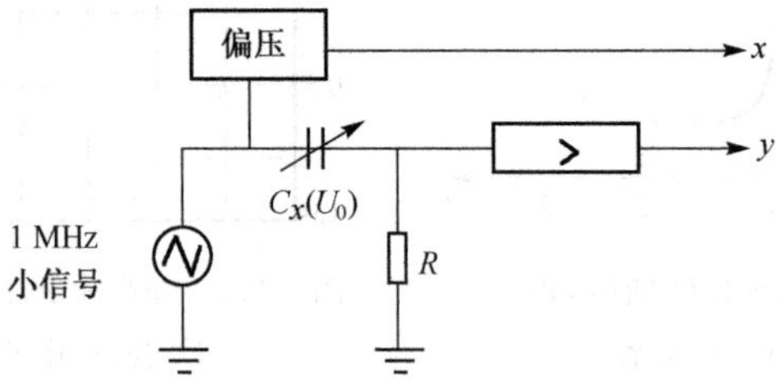

图 6.2.9 CTG-1 型高频 C-U 特性测试仪基本原理图

当高频小信号加在被测电容 C_x 和接收输入阻抗 R 上,高频电压被 C_x 和 R 以串联形式分压,在 $R\leqslant\frac{1}{uC_x}$时,则 R 两侧的交流电压为

$$|U_{m}|=|U|\omega_{R}\cdot C_{x} \tag{6.2.20}$$

这样 U_m 正比于 C_x，把此电压进行高放，(U_m 约 20mV)，混频、中放、再变成直流加在记录仪 y 轴上，同时加在样品上的直流偏压通过分压器加在 x 轴上，由 x-y 记录仪可直接描绘出电容-电压曲线来.

6.2.4　实验内容和步骤

1. MOS 电容的 C-U 曲线

用逐点测量法：测量三个 MOS 电容的 C-U 曲线.

2. 表面电荷密度 Q_{ss} 和半导体衬底掺杂浓度的测量

由测量出的曲线，用一典型的曲线算出表面电荷密度 Q_{ss}，利用曲线线性部分的斜率确定半导体衬底掺杂浓度.

6.2.5　注意事项

(1) 首先预习讲义，弄懂基本原理.

(2) 熟悉实验内容，熟悉仪器的使用，然后进行测试.

思　考　题

(1) 表面态电荷密度的大小对半导体器件有何影响？

(2) 利用 C-U 曲线确定掺杂浓度为什么说有很大的近似性.

参 考 文 献

兰州大学物理系，半导体物理实验(内部资料)，77

施敏. 1992. 半导体器件物理与工艺. 王阳元等译. 北京：科学出版社，203

(甄聪棉　编)

6.3　用化学气相沉积法制备半导体薄膜

化学气相沉积(CVD)是通过化学反应的方式，利用加热、等离子激励或光辐射等各种能源，在反应器内使气态或蒸气状态的化学物质在气相或气固界面上经化学反应形成固态沉积物的技术.

简单来说就是两种或两种以上的气态原材料导入到一个反应室内，然后它们相互之间发生化学反应，形成一种新的材料，沉积到基片表面上.

从气相中析出的固体的形态主要有下列几种：在固体表面上生成薄膜、晶须和晶粒，在气体中生成粒子.

化学气相沉积技术不仅成为半导体超纯硅原料——超纯多晶硅生产的唯一方法，而且也是硅单晶外延、砷化镓等Ⅲ-Ⅴ族半导体和Ⅱ-Ⅵ族半导体单晶外延的基本生产方法.

在集成电路生产中更广泛的使用化学气相沉积技术沉积各种掺杂的半导体单

晶外延薄膜、多晶硅薄膜、半绝缘的掺氧多晶硅薄膜、绝缘的二氧化硅、氮化硅、磷硅玻璃、硼硅玻璃薄膜以及金属钨薄膜等.

在制造各类特种半导体器件中,采用化学气相沉积技术生长发光器件中的磷砷化镓、氮化镓外延层等,硅锗合金外延层及碳化硅外延层等也占有很重要的地位.

6.3.1 实验目的

(1)掌握化学气相沉积法的原理.

(2)掌握化学气相沉积设备的操作方法.

6.3.2 实验原理

1.化学气相沉积技术的反应原理

CVD技术常常通过反应类型或者压力来分类,包括低压CVD(LPCVD),常压CVD(APCVD),亚常压CVD(SACVD),超高真空CVD(UHCVD),等离子体增强CVD(PECVD),高密度等离子体CVD(HDPCVD)以及快热CVD(RTCVD).另外,还有金属有机物CVD(MOCVD),根据金属源的自特性来保证它的分类,这些金属的典型状态是液态,在导入容器之前必须先将它气化.不过,容易引起混淆的是,有些人会把MOCVD认为是有机金属CVD(OMCVD).

化学气相沉积法是建立在化学反应基础上的,要制备特定性能材料首先要选定一个合理的沉积反应.用于化学气相沉积技术的通常有如下所述五种反应类型.

1)热分解反应

热分解反应是最简单的沉积反应,利用热分解反应沉积材料一般在简单的单温区炉中进行,其过程通常是首先在真空或惰性气氛下将衬底加热到一定温度,然后导入反应气态源物质使之发生热分解,最后在衬底上沉积出所需的固态材料.热分解发可应用于制备金属、半导体以及绝缘材料等.

最常见的热分解反应有四种:

(1)氢化物分解.

(2)金属有机化合物的热分解.

(3)氢化物和金属有机化合物体系的热分解.

(4)其他气态络合物及复合物的热分解.

2)氧化还原反应沉积

一些元素的氢化物有机烷基化合物常常是气态的或者是易于挥发的液体或固体,便于使用在化学气相沉积技术中.如果同时通入氧气,在反应器中发生氧化反应时就沉积出相应于该元素的氧化物薄膜.例如,

$$SiH_4+2O_2\xrightarrow{325\sim475℃}SiO_2+2H_2O$$

$$2SiH_4 + 2B_2H_6 + 15O_2 \xrightarrow{300\sim500℃} 2B_2O_3 + 10H_2O$$

$$Al_2(CH_3)_6 + 12O_2 \xrightarrow{450℃} Al_2O_3 + 9H_2O + 6CO_2$$

许多金属和半导体的卤化物是气体化合物，具有较高的蒸气压，很适合作为化学气相沉积的原料，要得到相应的该元素薄膜就常常需采用氢还原的方法. 氢还原法是制取高纯度金属膜的好方法，工艺温度较低，操作简单，因此有很大的实用价值. 例如，

$$WF_6 + 3H_2 \xrightarrow{\sim300℃} W + 6HF$$

$$SiCl_4 + 2H_2 \xrightarrow{1150\sim1200℃} Si + 4HCl$$

3)化学合成反应沉积

化学合成反应沉积是由两种或两种以上的反应原料气在沉积反应器中相互作用合成得到所需要的无机薄膜或其他材料形式的方法. 这种方法是化学气相沉积中使用最普遍的一种方法.

与热分解法比，化学合成反应沉积的应用更为广泛. 因为可用于热分解沉积的化合物并不很多，而无机材料原则上都可以通过合适的反应合成得到.

$$3SiCl_4 + N_2 + 4H_2 \xrightarrow{850\sim900℃} SiN_4 + 12HCl$$

$$3SiH_4 + 4NH_3 \xrightarrow{750℃} SiN_4 + 12H_2$$

4)化学输运反应沉积

把所需要沉积的物质作为源物质，使之与适当的气体介质发生反应并形成一种气态化合物. 这种气态化合物经化学迁移或物理载带而输运到与源区温度不同的沉积区，再发生逆向反应生成源物质而沉积出来. 这样的沉积过程称为化学输运反应沉积. 其中的气体介质称为输运剂，所形成的气态化合物称为输运形式.

这类反应中有一些物质本身在高温下会汽化分解然后在沉积反应器稍冷的地方反应沉积生成薄膜、晶体或粉末等形式的产物. HgS 就属于这一类.

也有些原料物质本身不容易发生分解，而需添加另一种物质(称为输运剂)来促进输运中间气态产物的生成.

5)等离子体增强的反应沉积

在低真空条件下，利用直流电压(DC)、交流电压(AC)、射频(RF)、微波(MW)或电子回旋共振(ECR)等方法实现气体辉光放电在沉积反应器中产生等离子体.

由于等离子体中正离子、电子和中性反应分子相互碰撞，可以大大降低沉积温度. 例如，硅烷和氨气的反应在通常条件下，约在 850℃ 反应并沉积氮化硅，但在等离子体增强反应的条件下，只需在 350℃ 左右就可以生成氮化硅.

一些常用的等离子体增强的反应沉积反应有：

$$SiH_4 + xN_2O \xrightarrow{\text{约 }350℃} SiO_x(\text{或 } SiO_xH_y) + \cdots\cdots$$

$$SiH_4 + xNH_3 \xrightarrow{\text{约 }350^\circ C} SiN_x(\text{或 } SiN_xH_y) + \cdots\cdots$$

$$SiH_4 \xrightarrow{\text{约 }350^\circ C} \text{a-Si(H)} + 2H_2$$

6)其他能源增强反应沉积

随着高新技术的发展,采用激光增强化学气相沉积也是常用的一种方法. 例如,

$$W(CO)_6 \xrightarrow{\text{激光束}} W + 6CO$$

通常这一反应发生在300℃左右的衬底表面. 采用激光束平行于衬底表面,激光束与衬底表面距离约1mm,结果处于室温的衬底表面上就会沉积出一层光亮的钨膜.

其他各种能源如利用火焰燃烧法,或热丝法都可以实现增强反应沉积的目的.

2. CVD 技术的热动力学原理

化学气相沉积是把含有构成薄膜元素的气态反应剂的蒸气及反应所需其他气体引入反应室,在衬底表面发生化学反应,并把固体产物沉积到表面生成薄膜的过程.

不同物质状态的边界层对化学气相沉积沉积至关重要.

所谓边界层,就是流体及物体表面因流速、浓度、温度差距所形成的中间过渡范围.

图 6.3.1 显示一个典型的化学气相沉积反应的反应结构分解. 首先,参与反应的反应气体,将从反应器的主气流里,借着反应气体在主气流及基片表面间的浓度差,以扩散的方式,经过边界层传递到基片的表面,这些达到基片的表面的反应气体分子,有一部分将被吸附在基片的表面上图 6.3.1(b). 当参与反应的反应物在表面相会后,借着基片表面所提供的能量,沉积反应的动作将发生,这包括前面所提及的化学反应,及产生的生成物在基片表面的运动(即表面迁移),将从基片的表面上吸解,并进入边界层,最后流入主体气流里,如图 6.3.1(d)所示,这些参与反应的反应物及生成物,将一起被化学气相沉积设备里的抽气装置或真空系统所抽离,如图 6.3.1(e)所示.

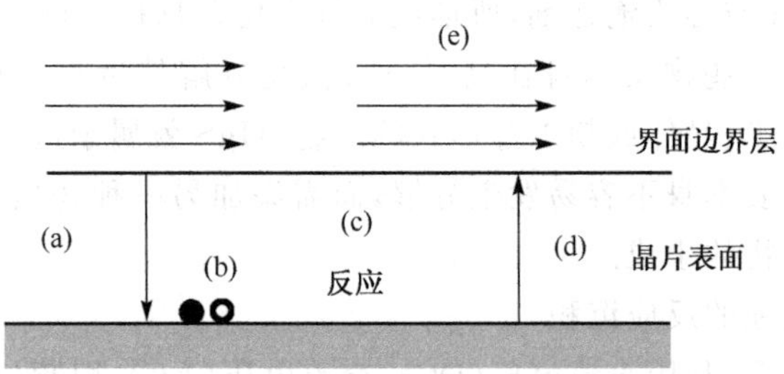

图 6.3.1 化学气相沉积的五个主要的机构

(a)反应物已扩散通过界面边界层;(b)反应物吸附在基片的表面;(c)化学沉积反应发生;(d)部分生成物已扩散通过界面边界层;(e)生成物与反应物进入主气流里,并离开系统

3. 输送现象

以化学工程的角度来看,任何流体的传递或输送现象,都会涉及热能的传递、动量的传递及质量的传递等三大传递现象.

1)热量传递

热能的传递主要有三种方式:传导、对流及辐射. 因为化学气相沉积的沉积反应通常需要较高的温度,因此能量传递的情形,也会影响化学气相沉积反应的表现,尤其是沉积薄膜的均匀性.

热传导是固体中热传递的主要方式,是将基片置于经加热的晶座上面,借着能量在热导体间的传导,来达到基片加热的目的,如图 6.3.2 所示. 以这种方式进行的热能传递,可以下式表示.

$$\text{单位面积的能量传递} = E_{\text{cod}} = \kappa_{\text{c}} \frac{\Delta T}{\Delta X}$$

式中,κ_c 为基片的热传导系数,ΔT 为基片与加热器表面间的温度差,ΔX 则近似于基片的厚度.

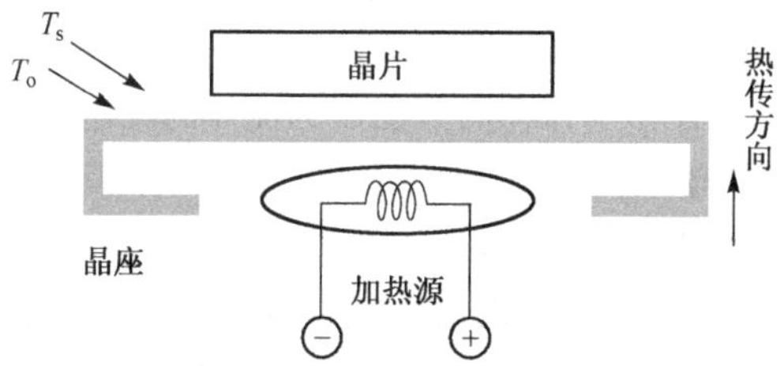

图 6.3.2　以热传导方式来进行基片加热的装置

物体因自身温度而具有向外发射能量的本领,这种热传递的方式叫做热辐射. 热辐射能不依靠媒介把热量直接从一个系统传到另一个系统. 但严格地讲起来,这种方式基本上是辐射与传导一并使用的方法,如图 6.3.3 所示. 辐射热源先以辐射的方式将晶座加热,然后再由热传导,将热能传给置于晶座上的基片,以便进行化学气相沉积的化学反应. 下式是辐射能的传导方程式.

$$\text{单位面积的能量辐射} = E_{\text{r}} = h_{\text{r}}(T_{\text{s1}} - T_{\text{s2}})$$

式中,h_r 为"辐射热传系数",T_{s1} 与 T_{s2} 则分别为辐射热源及被辐射物体表面的温度.

对流是第三种常见的传热方式,流体通过自身各部的宏观流动实现热量传递的过程. 它主要是借着流体的流动而产生.

依不同的流体流动方式,对流可以区分为强制对流和自然对流两种. 前者是当流体因内部的"压力梯度"而形成的流动所产生的;后者则是来自流体因温度浓度所产生的密度差所导致的.

$$\text{单位面积的能量对流} = E_{\text{cov}} = h_{\text{c}}(T_{\text{s1}} - T_{\text{s2}})$$

式中,h_c 即为"对流热传系数".

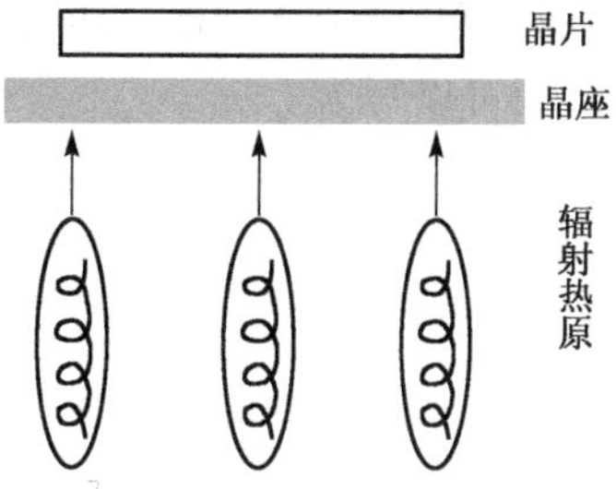

图 6.3.3　以热辐射为主的加热

2)动量传递

图 6.3.4 显示两种常见的流体流动的形式,其中

流速与流向均平顺者称为“层流”；而另一种于流动过程中产生扰动等不均匀现象的流动形式，则称为“湍流”.

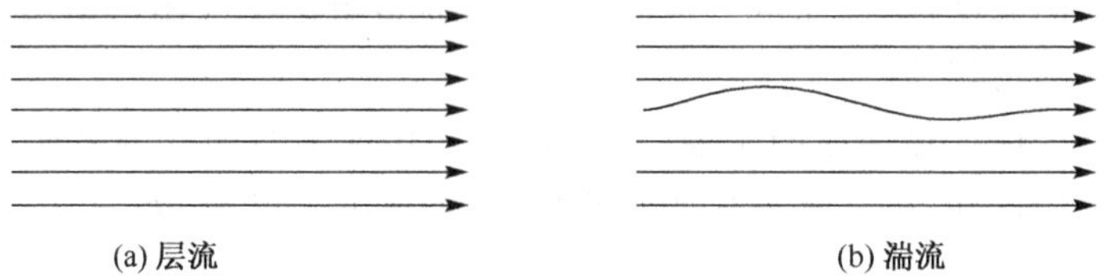

图 6.3.4 两种常见的流体流动形式

在流体力学上，人们习惯以所谓的“雷诺数”，来作为流体以何种方式进行流动的评估依据. 它估算的方式如下式所示：

$$Re=\frac{d \cdot \rho \cdot v}{\mu}$$

式中，d 为微流体流经的管径，ρ 为流体的密度，v 为流体的流速，而 μ 则为流体的黏度.

基本上，工艺并不希望反应气体以湍流的形式流动，因为湍流会扬起反应室内的微粒或微尘，使沉积薄膜的品质受到影响.

图 6.3.5 显示一个简易的水平式化学气相沉积反应装置的概念图. 其中被沉积的基片平放在水平的基座上，而参与反应的气体，则以层流的形式，平行的流经基片的表面.

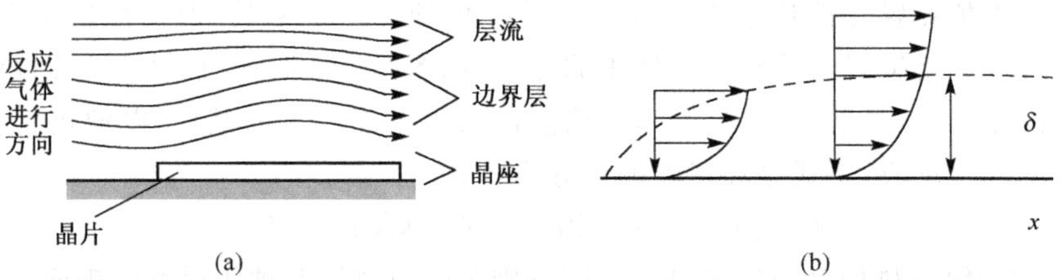

图 6.3.5 流体流经固定表面时所形成的边界层 δ 及 δ 与移动方向 x 之间的关系

假设流体在晶座及基片表面的流速为零，则流体及基片（或晶座）表面将有一个流速梯度存在，这个区域便是边界层. 边界层的厚度 δ，与反应器的设计及流体的流速有关，而可以写为

$$\delta \propto \left(\frac{x^2 \mu}{d \rho v_0}\right)^{1/2}$$

或写为

$$\delta \propto \left(\frac{x^2}{Re}\right)^{1/2}$$

也就是说，当流体流经一固体表面时，图 6.3.6 的主气流与固体表面（或基片）之间将

有一个流速从零增到 v_0 的过渡区域存在，即边界层. 这个边界层的厚度，与雷诺数倒数的平方根成正比，且随着流体在固体表面的移动而展开，如图 6.3.6 所示.

化学气相沉积法反应所需要的反应气体，必须通过这个边界层以达到基片的表面. 而且，反应的生成气体或未反应的反应物，也必须通过边界层进入主气流内，以便随着主气流经化学气相沉积的抽气系统而排出.

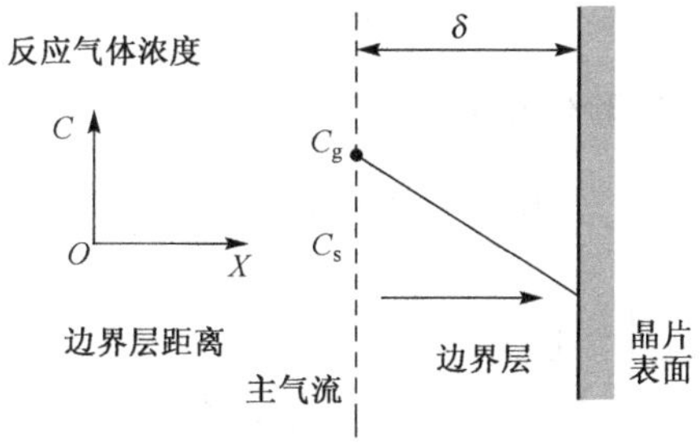

图 6.3.6　化学气相沉积反应物从主气流里往基片表面扩散时反应物在边界层两端所形成的浓度梯度

3）质量的传递

如上所述，反应气体或生成物通过边界层，是以扩散的方式来进行的，而使气体分子进行扩散的驱动力，则是来自于气体分子局部的浓度梯度.

4. 影响化学气相沉积制备材料质量的几个主要因素

1）反应混合物的供应

毫无疑问，对于任何沉积体系，反应混合物的供应是决定材料质量的最重要因素之一. 在材料研制过程中，总要通过实验选择最佳反应物分压及其相对比例.

2）沉积温度

沉积温度是最主要的工艺条件之一. 温度直接影响反应系统的自由能，决定反应进行的程度和方向，不同沉积温度对涂层的显微结构及化学组成有直接的影响. 由于沉积机制的不同，它对沉积物质量影响因素的程度也不同. 同一反应体系在不同温度下，沉积物可以是单晶、多晶、无定形物，甚至根本不发生沉积.

3）衬底材料

化学气相沉积法制备无机薄膜材料，都是在一种固态基体表面（基底）上进行的. 对沉积层质量来说，基体材料是一个十分关键的影响因素. 涂层能与基体之间有过渡层或基体与涂层线性膨胀系数差异相对较小时，涂层与基体结合牢固.

4）系统内总压和气体总流速

这一因素在封管系统中往往起着重要作用. 它直接影响输运速率，由此波及生长层的质量. 开管系统一般在常压下进行，很少考虑总压力的影响，但也有少数情况下是在加压或减压下进行的. 在真空（一至几百帕）沉积工作日益增多的情况下，他往往会改善沉积层的均匀性和附着性等.

5）反应系统装置的因素

反应系统的密封性、反应管和气体管道的材料以及反应管的结构形式对产品质量也有不可忽视的影响.

6)源材料的纯度

大量事实表明,器件质量不合格往往是由于材料问题,而材料质量又往往与源材料(包括载气)的纯度有关.

6.3.3 实验仪器装置

图 6.3.7 为 PECVD-400 型等离子辅助化学气相沉气路模拟图.

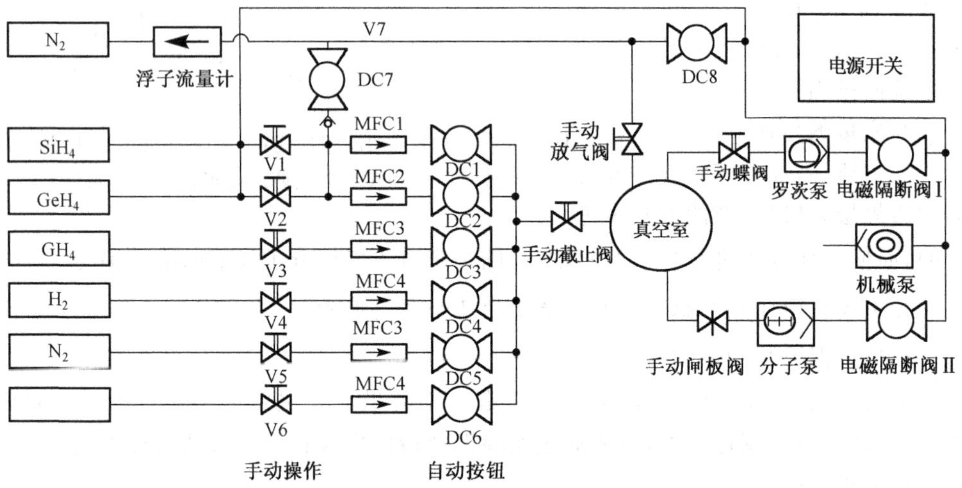

图 6.3.7 PECVD-400 型等离子辅助化学气相沉气路模拟图

6.3.4 实验内容和步骤

以 CH_4 和 H_2 为反应气体制备非晶碳膜.

1. 准备工作

(1)沉积室充气(取、放样品).

(2)抽真空.

(3)洗气路.

2. 样品加热

观察复合真空计的读数到预定真空度,按动"加热"按钮.给样品加热.

3. 射频电源预热

如用射频电源,确认"射频线"接到沉积室上,打开射频电源:开灯丝开关,开板压开关,预热 3~5min,准备通气.

4. 通气

通气,通过质量流量计调节流量,使通气稳定.

5. 蝶阀调节

慢调小手动蝶阀，看薄膜真空计读数到自己需要值 14 Pa（上面复合真空计在 60～70Pa）. 实验中罗茨泵处于开状态.

6. 开射频、板压和驻波比调节

开射频（确认是否处于零），加板压调至 0.5kV，调驻波比（C1 调节和 C2 调节同时使用，使入射最大反射最小【量程（W）选在 200/40】，使处于 1.7 线以下. 自稳压稍低于 0.24kV.

7. 衬底偏压调节

加衬底偏压，根据自己的实验值电流 0.04A 电压 0.52kV.

8. 生长薄膜

9. 生长完毕后关机

6.3.5　注意事项

（1）SiH_4，GeH_4 气体抽真空管道，N_2 气最后保压.

（2）GeH_4，SiH_4 做完试验管路一定要用罗茨泵抽；若高真空再用分子泵抽.

（3）闸板阀一定在低于 5Pa 时开.

思　考　题

实验中，危险气体如 SiH_4，GeH_4 等与安全气体如 N_2 在实验的处理中有什么不同？

参 考 文 献

唐伟忠. 2003. 薄膜材料制备原理、技术及应用. 北京：冶金工业出版社，88

魏希文，陈国栋. 1988. 多晶硅薄膜及其应用. 大连：大连理工大学出版社，2

杨邦朝，王文生. 1994. 薄膜物理与技术. 成都：电子科技大学出版社，200

（甄聪棉　编）

第 7 章　真空镀膜技术

真空技术是基本实验技术之一，许多现代仪器设备都具有真空系统. 本章涉及的真空技术的实验有真空的获得与测量、采用真空蒸发法、射频溅射法和磁控溅射法制备薄膜的实验.

7.1　真空的获得与测量

“真空”是指气体分子密度低于一个大气压时气体分子密度稀薄的空间状态.

通常所说的“真空”并不空，里面存在一定浓度的气体分子，因此，可以按气体浓度的大小来表示“真空”的程度. 但是，多数情况下直接用浓度表示不方便，而是用气压来表示真空度，气压的单位用帕，用符号表示为 Pa，$1Pa=1N/m^2-7.50062\times10^{-3}$(torr，托)，1torr=1mmHg，$1atm=1.013\times10^5Pa$.

真空的发现始于 1643 年，那年，托利拆利(Torricelli)作了著名的大气压实验，确定了真空的存在. 在以后的岁月里，不断有人致力于提高真空度，到了 19 世纪末，已经能获得 1Pa 的真空度. 20 世纪真空技术得到了突飞猛进的发展，随着电子管的研究和生产以及电子技术的应用，科技人员逐步建立了能够获得与测量压强低于 10^{-5} Pa 的高真空设备与技术；50 年代，在表面物理和原子能等科学的促进下发展了超高真空技术($10^{-9}\sim10^{-6}$Pa)；70 年代又发展出了压强低于 10^{-9} 的极高真空技术.

通常，按压强高低把真空划为 5 个区域，其压强范围和应用领域见表 7.1.1.

表 7.1.1　真空划分的 5 个区域及应用领域

真空区域	压强范围/Pa	应用领域
粗真空	$10^5\sim10^3$	液态、胶态或固态物质的吸引，真空吊车、吸尘器等
低真空	$10^3\sim10^{-1}$	热水瓶，白炽灯，液体温度计，真空热处理，真空冷冻脱水，药物制造等
高真空	$10^{-1}\sim10^{-5}$	高真空熔炼，薄膜制备，电真空器件，基本粒子加速，电子显微镜，电子衍射仪，质谱仪等
超高真空	$10^{-5}\sim10^{-9}$	分子束外延薄膜，表面物理和表面化学研究
极高真空	$<10^{-9}$	科学研究的特殊领域

7.1.1　实验目的

(1)了解真空泵、真空计的工作原理.

(2)掌握低真空、高真空的获得与测量的基本方法.

(3)学会分析实验结果与理论值间的差异所在.

7.1.2　实验原理

1. 真空的获得——真空泵

目前,在实验室中广泛使用机械泵、油扩散泵、分子泵、吸附泵和离子泵来获得真空,下面依次介绍它们的原理.

1)机械泵

机械泵是利用机械旋转造成吸气和排气过程,以获得真空.常用的是旋片式机械泵,它的主要结构如图 7.1.1 所示,由定子、转子、旋片、弹簧等组成.转子在电机的带动下转动,转子的外表面顶端与定子的内表面相切,转子槽内装有带弹簧的旋片,旋转时靠离心力和弹簧的张力使旋片的外端与定子内壁始终紧密接触.

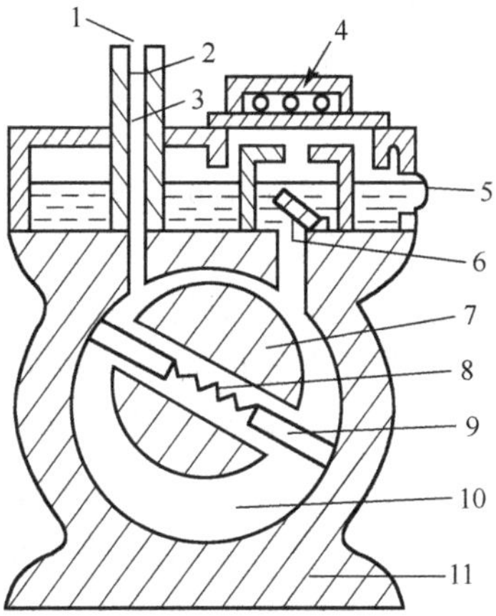

图 7.1.1　旋片式机械泵结构图

1. 进气口;2. 进气滤网;3. 进气管;4. 排气孔;5. 油标;
6. 排气阀;7. 转子;8. 弹簧;9. 旋片;10. 工作室;11. 定子

旋片式机械泵工作原理,如图 7.1.2 所示.

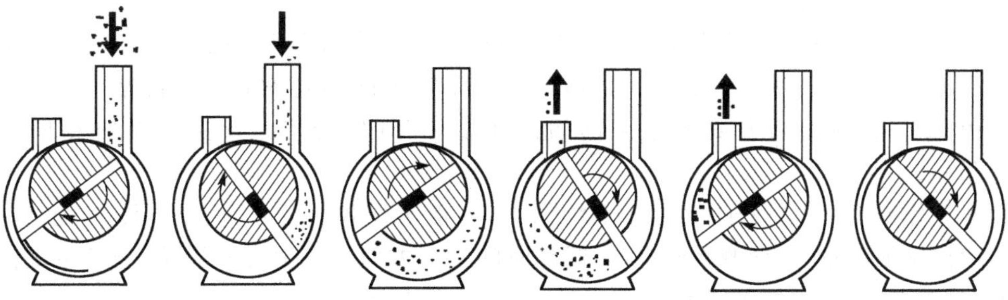

图 7.1.2　旋片式真空泵工作原理图

当转子按图 7.1.2 中方向旋转时,同时完成吸气和排气过程.排气阀采用油封,油在工作室的内表面形成油膜，起润滑作用，有利于旋片和定子间的密封，但同时也会形成油的蒸气压，限制了机械泵的极限真空度，并有可能污染真空系统. 为了防止油污染，应特别防止气体倒流. 例如，当系统工作一段时间后需要停机，应先关断进气管上的阀门，保持抽气状态，然后给进气管放气，最后才能给机械泵断电. 机械泵的极限真空度约为 10^{-1}Pa，它主要由机械泵油的饱和蒸气压和泵的机械加工精度决定的. 当达到极限真空度时，抽气和漏气的速度相等，真空度不再变化. 如果将两个机械泵结合起来，可以将真空度再提高一个数量级.

2)油扩散泵

油扩散泵比机械泵能获得更高的真空度，它的工作压力范围是 10^{-6}～10^{-1}Pa，起始压力正好是机械泵的极限压力，因此，油扩散泵通常要利用机械泵作为前级泵，将真空度抽到 10^{-1}Pa 后才能开扩散泵.

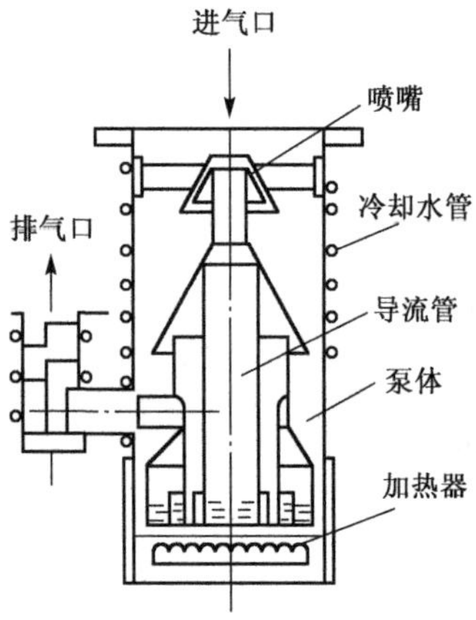

图 7.1.3 扩散泵的结构

油扩散泵是利用气体的扩散性质制作的，结构原理如图 7.1.3 所示，它主要由泵体、喷嘴、导流管、冷却水管和加热器等部分组成. 在 10^{-1}Pa 的真空下，将扩散泵油（一种低蒸气压的高分子物质）加热到沸腾温度，产生大量油气，经导流管高速喷出，把由进气口扩散来的气体夹带着喷向下方；油气被泵体冷凝，重新变成油，返回蒸发器（泵体底部），并释放出夹带的气体，气体被机械泵抽走，而油又被重新加热循环，如此反复，达到连续抽气的目的. 为了防止气体扩散返回，往往需要多级喷嘴，如 2～3 级.

扩散泵在加热前要先通冷却水，关机前要断开加热炉的电源，冷却 20min 以后再关冷却水，然后关上通往机械泵的阀门，最后停止机械泵的工作. 如果让热的油和油气遇到大量的空气，油就会被氧化而变质，不能达到 10^{-6}Pa 的真空度.

3)涡轮分子泵

涡轮分子泵是一种机械高真空泵，泵内装有涡轮叶片状的定子和转子. 定子和转子多层相间（图 7.1.4），共 30 层左右. 转子的转速很高，一般为 16000～42000r/min，所以叶片具有很高的切向速度，和气体分子运动速度具有相同的数量级.

工作原理：气体分子入射到固体表面上一般不作弹性反弹，而是停滞一段时间与表面交换能量，然后脱释到空间，脱释时的发射方向与入射方向无关. 分子泵工作时，转子高速旋转，迫使气体分子通过斜槽从泵的中央流向两端，从而产生抽气作用. 泵两端的气体经排气管道由前级泵抽走.

工作压力范围为 10^{-9}～10^{-1}Pa，先进的泵可以获 10^{-10}Pa 极限真空. 这种泵的抽速范围很宽，在几个数量级间具有恒定的抽速，抽气速率在每秒几升到几千升不等.

分子泵主要用做超高真空泵和高真空泵，它不能直接对大气排气，需要配置前级泵.分子泵对较轻的气体抽速较大，对氢的抽速比对空气的抽速大 20%.

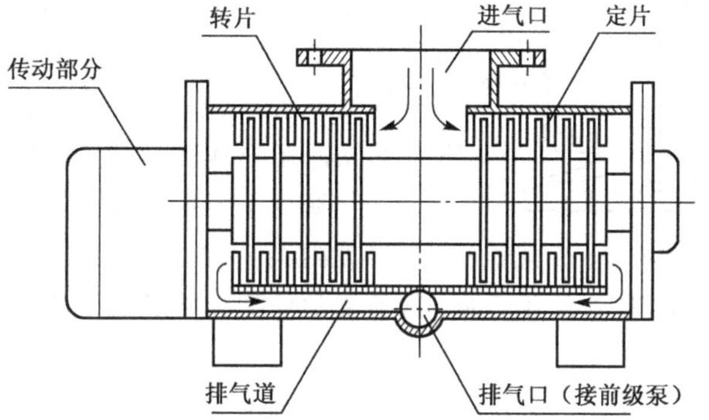

图 7.1.4　分子泵结构示意图

4)低温吸附泵

如果固体表面的温度足够低，则落到表面的气体分子(包括活性气体分子和惰性气体分子)就因受到固体原子或者被吸附分子的引力而被吸在固体表面，其吸气效果是非常显著的. 例如，可以用多孔材料(如 13X 和 5A 分子筛)作为吸附剂，这种材料有很大的表面积，以 5A 分子筛为例，它每克的表面积为 $800m^2$，晶穴直径为 1.2nm，晶孔直径为 0.49～0.56nm，可吸附空气的主要成分 N_2，O_2，Ar 等. 内冷式吸附泵的原理如图 7.1.5 所示，它的中间是一个不锈钢罐，内部注有液态 N_2，作为冷源；在不锈钢罐和外壳之间装有吸附剂，该区域通向被抽真空的系统. 吸附剂在使用前要在规定的温度下加热烘烤，除去被吸附的气体. 吸附泵的吸气效果可由下面的数据得到说明：用 1kg 的 0.5nm 分子筛，可以把 50L 的容器从常压抽至 1Pa，消耗液氮约 3L；两只吸附泵串联使用，可以将真空度抽至 7×10^{-2}Pa.

吸附泵的优点是无油污染，没有噪声. 吸附泵通常用作无油超高真空系统的前级泵.

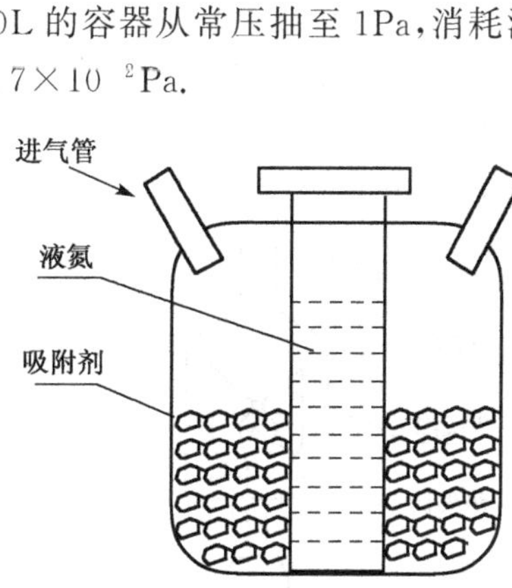

图 7.1.5　低温吸附泵原理图

5)离子泵

离子泵的种类很多，它们需要前级泵提供 10^{-2}～10^{-1}Pa 的真空度才能工作. 以磁控管型钛溅射离子泵为例，该泵的原理部分可以表示在图 7.1.6中，其中有一对电极，竖直的不锈钢圆桶为阳极，水平的一对钛金属板为阴极，中间由一根钛柱将两片阴极相连；沿着圆桶的轴线方向加一磁场，强度约 0.15T. 在阴极和阳极之间加几千伏的电压，产生放电，所产生的电子受到磁场的约束，沿磁力线做“轮滚线运动”，同时受到两阴极板的排斥作用而在阳极筒内往复振荡，与气体分子碰撞电离，所产生的

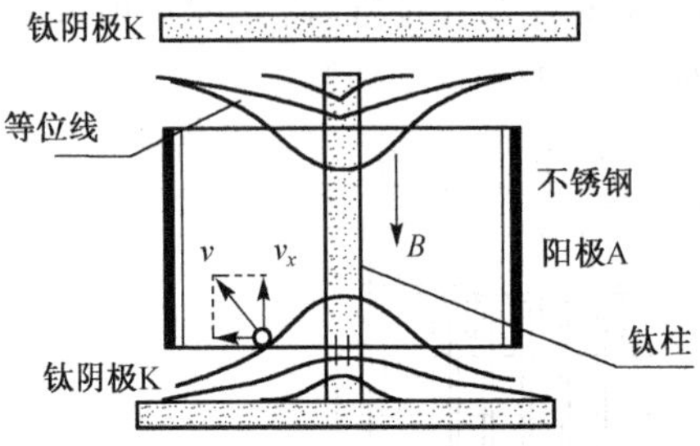

图 7.1.6 钛离子泵工作原理

正离子受阴极钛柱的吸引而加速飞向钛柱，产生钛原子和离子的溅射. 溅落的钛原子沉积在不锈钢阳极的内壁和钛阴极板上，形成新鲜的原子层，吸附气体分子，并被随后溅落的钛原子所淹没. 钛离子泵就是靠不断溅落的钛原子形成的钛膜的吸附能力来维持抽气.

钛离子泵能够获得 10^{-8} Pa 的极限真空. 与吸附泵一样，离子泵也没有噪声和油污染，抽气速度也很快，体积小，使用方便. 离子泵常作为无油超高真空系统的主泵.

2. 真空的测量——真空计

测量真空度的仪器叫真空计. 通过使用真空计，我们才能知道需要的真空度是否达到了. 但是，真空度的范围是很宽的，达十几个数量级，不可能由一个或一种真空计完成这样大范围的真空度测量，所以，各种真空计都有一个测量范围，将有范围覆盖的各种真空计组合起来，完成大范围的真空度测量. 下面介绍常用的几种真空计.

1)热电偶真空计

这种真空计是利用气体分子的热传导性质，通过热电偶产生的电动势来测量真空的. 热电偶真空计的原理，如图 7.1.7 所示，一端开口的玻璃壳的开口端与真空室相接，玻璃壳内的真空度与真空室内的真空度相同，外电路给加热丝通电，热电偶的结点与加热丝焊接或压接在 A 点，结点的温度与加热丝的温度相同. 在恒定的电流下，加热丝的温度高低取决于玻璃壳内的气体压强(即真空度)，压强越大，气体传导热量越多，加热丝的温度越低，毫伏表测量出的温差电动势越小；相反，压强越低，气体越稀薄，气体传导热量越少，加热丝的温度升得越高，毫伏表测量出的温差电动势越大. 但是，气体的压强与毫伏表的读数之间的关系是很复杂的，不能直接计算，只能用绝对压强计(绝对真空计)校准，校准曲线用图 7.1.8 表示. 热电偶真空计的测量范围是 10^{-1}～10Pa.

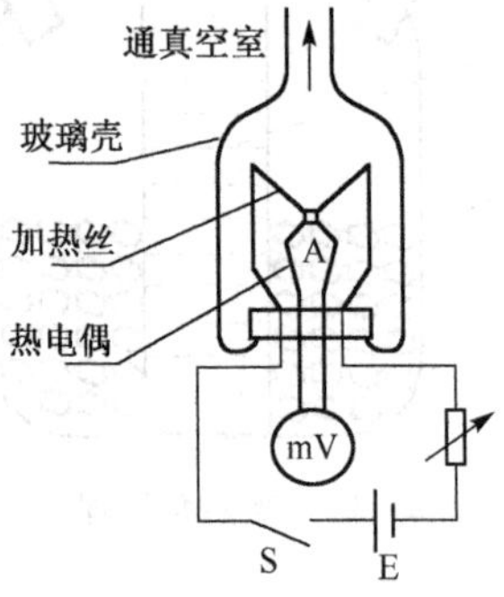

图 7.1.7 热电偶真空计工作原理

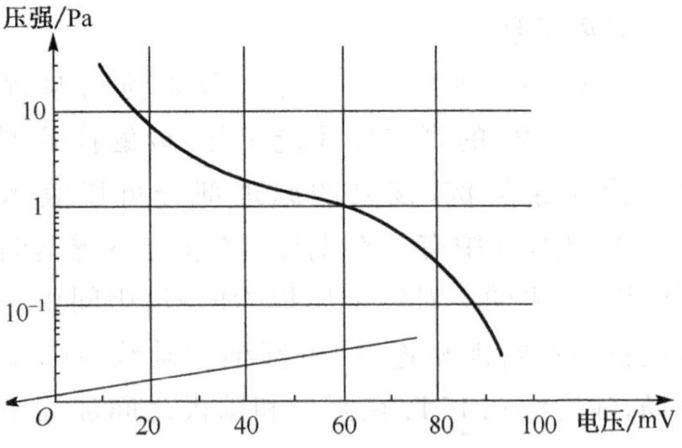

图 7.1.8 热电偶真空计校准曲线

2)热阴极电离真空计

电离真空计由电离规管和测量电路组成,电离规管类似于一个电子三极管,由阴极(灯丝)、栅极和板极(收集极)组成,其结构见图.图 7.1.9 是电离规管和测量电路的连接方法.该真空计的工作过程可以描述如下:灯丝通电发热,发射电子,电子被栅极的正偏压加速而获得能量,与栅极和阴极之间的气体分子碰撞使分子电离;电子被栅极所吸收,形成栅极电流;正离子被阴极和板极之间的电压加速而飞向板极,形成板极电流.板极电流的大小取决于电子在阴极和栅极之间碰撞分子使其电离的数目,该数目正比于气体的浓度即气体的压强,所以,板流与气体的压强成正比,通过校准比例系数(该系数与气体的种类有关),就可以用板流指示真空度.普通电离真空计的测量范围是 10^{-6}～10^{-1} Pa,经改进,电离真空计能测量到 10^{-11} Pa.

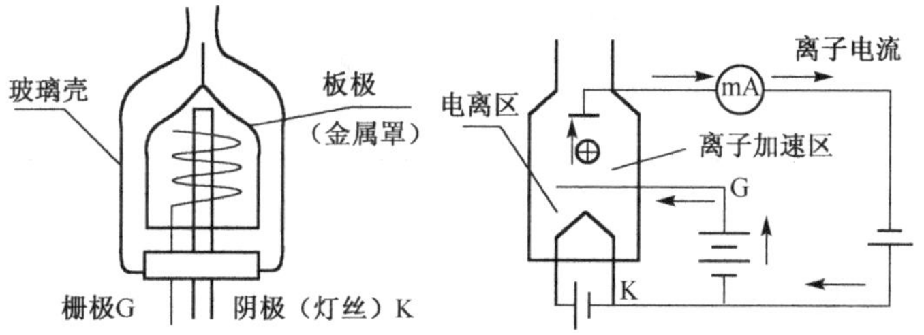

图 7.1.9　电离规管的结构和测量电路原理

如果将热偶真空计和电离真空计结合起来,可以测 10^{-6}～10Pa 的真空度,能满足很多情况下的测量要求.这种组合起来的真空计使用的非常多.例如,FZH-1 和 FZH-2 复合真空计等,现对 FZH-2B 复合真空计作些介绍.

FZH-2B 复合真空计的测量范围是

热偶计:1×10^{-1}～1.3×10^{1} Pa

电离计:6×10^{-5}～1×10^{-1} Pa

它的面板见图 7.1.10,能外连两个热偶规管(V_1 和 V_2)和一个电离规管,两个热偶规管的真空度通过一个电表来轮流测量,电离规管的真空度通过另一个电表来测量.对每个热偶规管可进行"加热"和"测量"两种操作,有两种情况可以使用"加热"操作,一是在新的规管还没有开封时(内部真空度达 10^{-3}～10^{-2} Pa)进行的,将新的规管用电缆连接到背面的相应插孔上,规管垂直放置,按下"电源"按钮,将转换开关置于"测量"位置,调节"电流调节"使电表满偏,持续 3min,将转换开关置于"加热"位置,从电表的第三行刻度读取加热电流,反复测定三次,此电流即为热偶规管的工作电流,标在管座上;二是在一般测量中,将转换开关置于"加热"可以检查工作电流的变化情况,如果有变化,通过"电流调节"旋钮将电流校正到工作电流.在测定完工作电流后,热偶规管才能开封,与要测量的系统进行密封连接.电离计的规管用五芯电缆与仪器背面的插孔连接,带"鳄鱼夹子"的线与规管的板极相连,有"香蕉插头"的一端与仪器背面的接线柱相连.电离计要在真空度高于 10^{-1}Pa 后才能使用,按下灯丝开关,预热 10min 后就可以测量真空度了.要先从 10^{-1} 挡位开始测量,依次使用 10^{-2},…,10^{-5} 的挡位.如果电离规管需要除气,则先将量程开关置于 10^{-1} 挡,关闭灯丝,按下“除气”按钮,持续 10～15min 即可;断开“除气”开关,打开“灯丝”开关,即可进行测量.

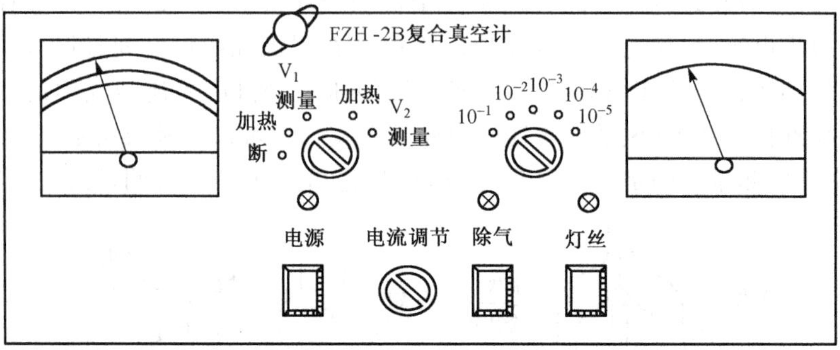

图 7.1.10 FZH-2B 复合真空计的面板

7.1.3 实验仪器装置

请参看“真空镀膜”实验有关章节.

7.1.4 实验内容和步骤

1.机械泵对钟罩抽气时压强与时间的关系曲线

(1)实验之前要做好记录表格,取定压强变化值,记录相应时间.

(2)开启整机电源,充气完毕.打到“钟罩升”,放入镀件,降好钟罩.

(3)把低阀拉至抽钟罩,打开复合真空计.

(4)开机械泵,同时开始计时,记录下各真空度对应的时间(预先画出记录表格并填上表盘各刻度的真空值),至 0.5Pa.

2.扩散泵对钟罩抽气时压强与时间的关系曲线

(1)当机械泵将真空度抽至 0.5Pa 后.把低阀推至抽系统,开冷却水,开扩散泵,同时计时 25min(然后,进一步熟悉电离计的使用方法).

(2)待扩散泵加热 25min 后,检查钟罩内的真空度,若压强大于 4Pa,将低阀拉出抽钟罩,待压强小于 4Pa 后,将低阀推进,开高阀(若检查时小于 4Pa,可直接开高阀).

(3)开高阀后计时开始,待真空度达到 0.1Pa 时,记录表盘上各真空度刻度对应的时间.

(4)记录 30min 后,当真空度随时间变化缓慢时,结束测量.关电离规管,关高阀,把“机械泵扩散泵”旋转至“机械泵”.接通风扇,冷却扩散泵.

(5)过 40min 后,先将低阀拉出,关机械泵,再关整机电源和水源.

7.1.5　注意事项

(1)开机或关机必须严格按规定程序进行!

(2)充气时旋钮要旋至“充气”挡位置,绝不要拧过!

(3)开电离规管时钟罩真空度必须达 0.1Pa,否则将损坏规管灯丝.

(4)开启扩散泵之前必须通冷却水,否则泵油将氧化,真空度也上不去.

(5)实验过程中,发生停水停电时,要立即关电离规管,关高阀,将低阀拉出.

思　考　题

(1)什么叫真空?粗真空、低真空、高真空、超高真空、极高真空,对应的压强分别在什么范围?

(2)机械泵主要有哪几部分组成?各自的作用是什么?

(3)为什么在油扩散泵使用过程中必须通冷却水?为什么关闭扩散泵加热电源后必须过 40min 后才能关机械泵,断冷却水?

(4)简述油扩散泵的工作原理,列举几种高真空泵.

(5)在热偶计使用中,电流调节对精度有何影响?为什么?

(6)画出热偶规管的电原理图,试述真空室中压强与热偶规管热偶电动势的关系.

(7)画出电离规管的电原理图,试述电离规管板极电流与真空室中压强的关系.

(8)复合真空计使用时须注意什么?

(9)开高压阀时应注意什么?

参考文献

唐贵德,马长山,杨连祥,等. 2003. 近代物理实验. 石家庄:河北科学技术出版社

(甄聪棉　编)

7.2　真空镀膜

一些光学零件的光学表面需要用物理方法或化学方法镀上一层或多层薄膜,使得光线经过该表面的反射光特性或透射光特性发生变化,许多机械加工所采用的刀具表面也需要沉积一层致密的、结合牢固的超硬镀层而使其得以硬化,延长其使用寿命,提高切削效率,从而改善被加工部件的精度和光洁度. 目前,作为物理镀膜方法的真空镀膜,尤其是纳米级超薄膜制作技术,已广泛地应用在电真空、无线电、光学、原子能、空间技术、信息技术等高新技术领域.

7.2.1　实验目的

(1)学习有关物理概念,掌握真空蒸发镀膜原理和设备操作.

(2)在 7.1 节基础上进一步学习和掌握高真空的获得与测量方法.

7.2.2 实验原理

真空镀膜实质上是在高真空状态下利用物理方法在镀件的表面镀上一层薄膜的技术，它是一种物理现象. 真空镀膜按其方式不同可分为真空蒸发镀膜、真空溅射镀膜和现代发展起来的离子束镀膜. 本节只介绍真空蒸发镀膜技术.

众所周知，任何物质总在不断地发生着固、汽、液三态变化，设在一定环境温度 T 下，从固体物质表面蒸发出来的气体分子与该气体分子从空间回到该物质表面的过程能达到平衡，该物质的饱和蒸气压为 P_s，则

$$P_s = K e^{-\Delta H/(RT)} \tag{7.2.1}$$

式中，ΔH 为分子蒸发热，K 为积分常数，$R=8.3144\text{J}/(\text{mol}\cdot\text{K})$为气体普适常量，$T$ 为环境温度. 在真空条件下，设物质表面的静态压强为 P，则单位时间内从该物质（称为蒸发材料）单位凝聚体表面蒸发出来的气体分子的质量即蒸发率为

$$\Gamma = 5.833\times10^{-2}\alpha\sqrt{M/T}(P_s - P) \quad \text{单位：g/(cm}^2\cdot\text{s)} \tag{7.2.2}$$

式中，α 为蒸发系数，M 为分子量. 蒸发出来的这些气体分子有一部分遇到其他物质（称为镀件）便会吸附在上面，从而形成一层薄膜.

由式(7.2.2)可以看出，蒸发率 Γ 与环境温度 T 和环境压强 P 有关，T 越低（可以进行加热），P 越小，则 Γ 越大. 另外，P 越小即真空度越高，则气体分子的平均自由程为 $\bar{\lambda}=1/(\sqrt{2}\pi n d^2)$. 其中 d 为分子的有效直径，n 为单位体积内的气体分子数，$n=P/(kT)$，$k=1.38\times10^{-23}$，$\bar{\lambda}$ 越大则该物质的气体分子越容易无阻挡地、直线地到达镀件表面，从而形成一层均匀、牢固的薄膜，故镀膜过程须在高真空状态下进行. 表 7.2.1 列出气体分子在不同气压 P 下的平均自由程 $\bar{\lambda}$.

表 7.2.1 气体分子在不同气压下的平均自由程

压强/Pa	1.33×10^2	1.33×10^1	1.33	1.33×10^{-1}	1.33×10^{-2}	1.33×10^{-3}	1.33×10^{-4}
$\bar{\lambda}$/cm	4.72×10^{-3}	4.72×10^{-2}	4.72×10^{-1}	4.72	4.72×10^1	4.72×10^2	4.72×10^3

镀膜层的质量和厚度还跟蒸发源（蒸发材料的基床）的形状和镀件到蒸发源的距离有关.

(1)如果蒸发源可以被看作一个点蒸发源，则镀件到蒸发源距离最近部分的膜层厚度 L_0 为：$L_0=m/(4\pi\rho h^2)$. 其中 m 为蒸发源的质量(g)，ρ 为蒸发源的密度，h 为镀件到蒸发源的最近距离. 而镀件其他部分的膜层厚度 L 为：$L=L_0/[1+(\delta/h)^2]^{3/2}$. δ 为镀件被观测点到蒸发源最近点的距离.

(2)如果蒸发源是面蒸发源，那么镀件到蒸发源中心点距离最近部分的膜层厚度 L_0 为：$L_0=m/(\pi\rho h^2)$，而镀件其他部分的膜层厚度 L 为：$L=L_0/[1+(\delta/h)^2]^2$.

7.2.3 实验仪器装置

本实验采用 DM-450C 型真空镀膜机进行抽真空并镀膜. 真空度的测量采用 FZH-2B 型复合真空计.

真空镀膜机由三部分组成(图 7.2.1)抽真空系统、电气系统、镀膜室.

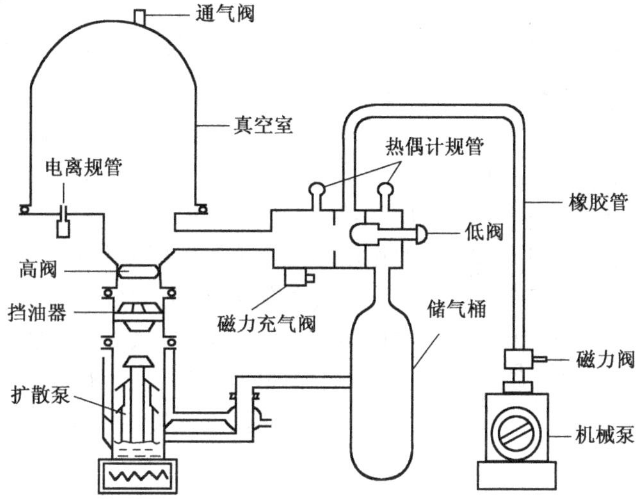

图 7.2.1　真空镀膜机的结构

抽真空主要采用 2XZ-8 型旋片式机械泵和 K-200 型油扩散泵进行.真空测量装置为 FZH-2B 复合真空计,有关真空泵工作原理和复合真空计的原理及使用请参阅实验"真空的获得与测量"有关部分.

真空镀膜机的电路原理,如图 7.2.2 所示.镀膜室由钟罩、蒸发器、挡板、轰击棒支架、烘烤炉等组成,如图 7.2.3 所示.

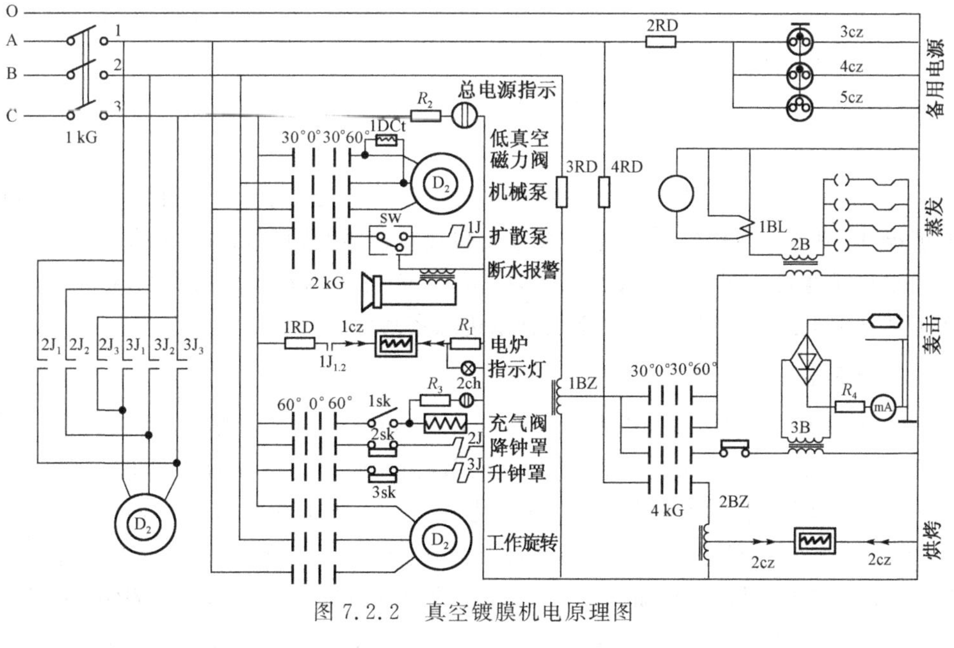

图 7.2.2　真空镀膜机电原理图

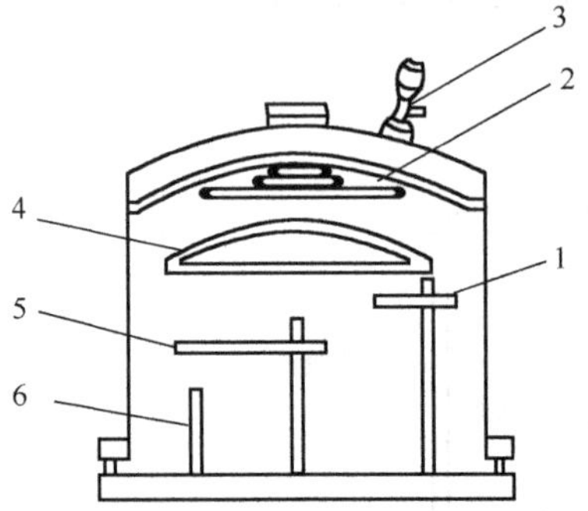

图 7.2.3　镀膜室结构图

1.轰击棒；2.烘烤炉；3.烘烤电极及插头；4.工件架；5.蒸发挡板；6.蒸发电极

钟罩和底板组成一个密封的真空室，在室内能进行各种操作.蒸发器由加热电极和蒸发源两部分组成，蒸发源有钨丝绕成的螺旋状和由钼片折成的舟状两种形式.蒸发源上面的挡板可通过钟罩外的控制装置转动.它能挡住一些奔向镀件的杂质蒸气分子.把轰击棒接在负高压电极上，当加上直流高压时，真空室内残余气体放电而电离，并受负高压的作用加速撞击钟罩四壁及镀件表面，轰击吸附在上面的气体分子，然后把它们抽出，从而提高了真空度和镀件的清洁度.放置镀件的支架可以转动，以便镀上均匀的膜层.通过烘烤炉对镀件加热，提供最佳的基底温度使镀膜层非常牢固.

7.2.4　实验内容和步骤

本实验要求在一块平面玻璃的表面镀上一层铝反射膜.

1.准备工作

(1)钨丝与铝丝洗涤方法：先用清水冲净尘埃，再用摩尔浓度为20%的氢氧化钠溶液煮10min余(铝条煮半分钟)，除去表面氧化物和油迹，达到钨发亮为止，然后用清水冲净，浸在去离子水中刷洗，最后取出用红外灯烘干便可.

(2)玻璃片的洗涤方法：用去污粉擦洗去除一般油污和尘埃，清水冲洗后放在重铬酸钾和硫酸混合液中浸10～30min，然后用自来水、蒸馏水冲洗.最后用无水乙醇脱水烘干，整个过程手不能与被镀表面直接接触.

2.安装

打开机器总电源，见指示灯亮后，开“充气”，充气完毕后打开“升钟罩”开关，钟罩被提升，用无水酒精棉球清洗钟罩边缘和观察窗.把绕成螺旋状的钨丝或作成舟状的钼片任意安装在四个蒸发电极上，把弯成“V”形的铝丝挂在钨丝上，将玻璃安装在工件支架上.开“降钟罩”使扣下的钟罩边缘密封好.

3.抽真空

打开“机械泵”，低阀处于“抽钟罩”位置，接通热电偶真空计进行测量.当钟罩内真空度达到1.3Pa时，开“轰击”，和“工件旋转”，旋钮，调节变压器1BZ逐步升高电压至2000V左右，调节针阀使钟罩内真空度保持在6.7Pa，轰击约20min后，将变压器调回零，关针阀，关“轰击”，关“工件旋转”，将低阀置于“抽系统”位置，接通扩散泵冷却水，开“机械泵、扩散泵”对扩散泵加热，约20min后，同时观测系统真空度在6.7Pa以上，打开高阀，监测钟罩内真空度，当真空度超过1.33×10^{-1}Pa时，接通电离真空计测量.

4. 镀膜

当真空度达到 1.33×10^{-1}Pa 时，开“烘烤”，调节变压器 2BZ 烘烤镀件，使镀件获得基底温度；当真空度达到 6.7×10^{-3}Pa 以上时选择好蒸发电极，插入电流分配塞，开“蒸发”，调节变压器 1BZ，逐渐加大电流使铝丝预熔（钟罩内真空度同时下降），此时用挡板挡住蒸发源避免初熔时杂质蒸发到玻璃上；当钟罩内真空度恢复到 6.7×10^{-3}Pa以上时，再加大蒸发电流，同时移去挡板，此时从观察窗中可以看到铝丝逐渐熔化缩成液体小球，然后迅速蒸发，玻璃上便附着了一层铝膜.

5. 关机

关高真空测量，停扩散泵加热炉，关高阀，低阀仍处于“抽系统位置”，开“充气”，充气完毕后开“升钟罩”，取出镀件. 清洗镀膜室，开“降钟罩”，扣下钟罩后，将低阀置于“抽钟罩”位置，抽钟罩 3～5min 后停机械泵，关总电源，再过 1h 后关闭扩散泵冷却水.

7.2.5　注意事项

(1) 当镀膜室处于真空状态时，绝对不可提升钟罩，否则将损坏提升机构.

(2) 扩散泵工作时，必须使镀膜室处于低真空，真空度达到 1.3Pa 时，才能开“高阀”，绝不允许在钟罩降下后，马上开“高阀”，以免扩散泵油氧化. 实验过程中要保证冷却水的畅通，镀膜完毕后也不能马上关闭冷却水.

(3) 镀膜结束时，应首先切断高真空测量，再关“高阀”，然后镀膜室充气，以免电离规管损坏和扩散泵油氧化.

(4) 中途突然停电，应立即切断高真空测量，再关“高阀”，“低阀”拉出置于“抽钟罩”位置. 来电后，待机械泵工作 2～3min 后，再恢复正常工作.

思　考　题

(1) 有哪些因素会影响镀膜层的厚度和质量？

(2) 真空度对镀膜有何影响，为什么压强较高时无法镀膜？

(3) 为什么在大气状态下不能进行轰击？轰击颜色及光强将随真空度变化，试解释.

(4) 若在实验过程中突然停水、停电，你作何应急处理？

(5) 一般常用的物理镀膜方式有几种？

(6) 制作的铝反射膜一擦即掉，是什么原因造成的？

(7) 制作的铝反射膜薄厚不均匀，主要是什么原因造成的？

(8) 镀膜过程中观察窗易被覆盖，你能想一种办法，既能镀膜，又使观察窗不被覆盖吗？试讲出你的办法.

(9) 蒸发镀膜适用于镀什么材料？

(10) 镀膜过程中，为什么要先用挡板挡住蒸发源一段时间？

(11) 气体分子的平均自由程与气体压强有什么关系？

参考文献

唐贵德，马长山，杨连祥，等. 2003 近代物理实验. 石家庄：河北科学技术出版社

（甄聪棉　编）

7.3　射频溅射法制备 Si-SiO_2薄膜

溅射就是利用气体放电中的高能粒子（正气体离子或原子）轰击固体表面（靶子），使某些表面原子从其中溢出的现象.

溅射的基本原理是动量传递，即当高能粒子轰击靶表面时，就把它的能量传递给轰击区的表面，使靶材表面原子获得很高的能量，从而由靶材中溢出. 就第一级近似而言，虽然靶子表面被均匀的剥掉一层，但化学成分并不因离子束的轰击而改变.

目前溅射技术已在薄膜沉积和非化学蚀刻中得到广泛的实际的应用. 在沉积薄膜时，靶子就是要沉积的物质，放电离子和动量传递使沉积物质离开靶面而沉积在靶子附近的基片上形成薄膜. 蚀刻时，作为靶子的则是要刻蚀的表面.

已经采用过的溅射方法有多种. 一般地是所谓的直流溅射，但它只能用于溅射金属或导电材料的薄膜，而不能用于溅射绝缘体薄膜. 其原因是由于轰击靶材表面的离子的正离子不能被中和，故大部分电荷将集中在绝缘体两端，而留在气体中的很少，这样，无论离子的到达速率还是离子的能量，都不足以造成明显的溅射. 也就是说，当氩的正离子轰到绝缘体的表面时把动能传递给靶面，但正离子本身却留在靶面上聚集起来，这些正离子产生的电场排斥后面射向靶面的氩离子，从而使溅射停止. 为了溅射绝缘体材料，研究出了射频溅射技术，利用正离子和电子对靶面交替轰击的作用中和离子的电荷，从而使溅射得以继续进行.

理论上，射频溅射技术可以用来沉积任何物质薄膜（导电的和非导电的），这种多面性是它的主要优点，使它区别于任何其他的沉积方法. 射频溅射的另一个重要应用是作为广泛的非化学蚀刻技术.

7.3.1　实验目的

（1）掌握射频溅射法制备薄膜的原理.

（2）射频溅射法制备 Si-SiO_2 薄膜的过程.

7.3.2　实验原理

1. 射频辉光放电和等离子层的形成

采用射频溅射时，为了获得高的射向靶面的正离子流量，置于放电之中的靶面必须有较高的负电势，这种负电势来源于所加的射频电场与等离子区中固体表面的伏安特性间的相互作用.

当把一个随时间变化的电势加于靶子背后的金属电极时，通过靶子的阻抗，在相应的靶面上也出现另一随时间变化的电势. 当气体在高压下一经被击穿而开始放电时，电流就从等离子区流向靶面，电流强度取决于等离子区的伏安特性(图 7.3.1(a)). 因为等离子区中电子运动速度比离子的高得多，所以射向靶面的电子流最初比离子流强得多. 因此，靶面将得到负电荷，直到靶面电势降的很低时负的电流偏压 U_{dc} 使射频信号左移(图 7.3.1(b))，最后使抵达靶面的净电荷等于零为止，这时靶面便获得一个稳定负电势.

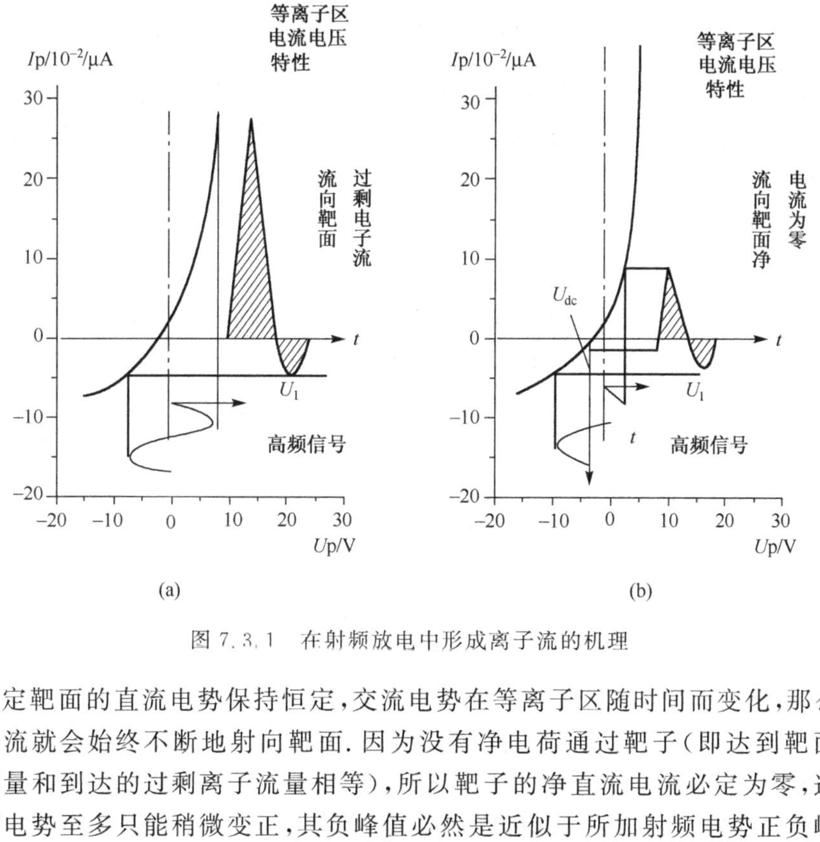

图 7.3.1　在射频放电中形成离子流的机理

假定靶面的直流电势保持恒定，交流电势在等离子区随时间而变化，那么过剩的电子流就会始终不断地射向靶面. 因为没有净电荷通过靶子(即达到靶面的正离子流量和到达的过剩离子流量相等)，所以靶子的净直流电流必定为零，这就是说靶面电势至多只能稍微变正，其负峰值必然是近似于所加射频电势正负峰间的幅值.

图 7.3.2(a)表示随时间变化的靶子电势. 由于靶子电势相对于等离子区为负，所以迫使电子离开靶面，结果在靶面附近形成肉眼可见的暗区——离子层. 离子层的厚度随靶面电势而变化[图 7.3.2(b)]. 层中的离子由于靶面负电势的吸引而趋向靶子，其能量分布近似于正弦形，平均值略低于所加信号峰值，波形稍受截削. 为使图 7.3.1(b)所示的稍正的靶子电势减至最小(即防止靶面上过剩的正电荷聚积)，施加的电势须有很高的频率，也就是说，要产生相当多地溅射，频率至少要达到 10^6 Hz. 若低于这一频率时，正离子便能很好地跟踪所加的信号，如图 7.3.1 所示.

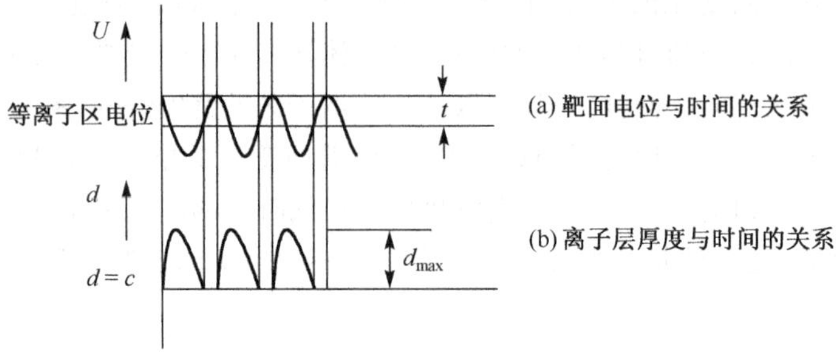

图 7.3.2 靶面电位及离子层厚度随时间变化情况

伏安特性曲线更趋于直线性. 在这种情况下，正离子将会聚集在靶面上，从而使离子的平均能量显著降低，以致难以继续进行有效的溅射. 因此，从电荷聚积这点来看，应有尽可能高的频率(但频率不能增高到微波段，因为图 7.3.1 的等离子区伏安特性曲线对微波段是不适用的).

2. 溅射气体和反应溅射

具体的溅射气体，通常是根据下面三点选择的：①这种气体必须对于溅射的材料呈惰性；②必须要有高的溅射速率；③气体要易于得到高纯度，而且价格要便宜. 因为氩气最接近于满足上述要求，所以通常都选用氩气作为溅射气体.

由于脱离靶面的物质处于高能态(2～3eV)，极易参与化学反应和被吸收，因此，如要淀积纯靶面物质的薄膜时必须把所有活性气体从溅射系统中排除出去. 同时，还要确保靶面的清洁，而且靶面要同体材料的化学成分一致.

有意识地把反应气体引入溅射气体，以便改变和控制沉积薄膜特性的方法，称为“反应溅射”. 利用这种技术，可沉积各种绝缘体或半导体金属化合物. 在溅射气体中掺入氧、氮、甲烷或一氧化碳、硫化氮等已制出了氧化物、氮化物、碳化物和硫化物等；也利用溅射气体中掺氢的方法制出了非晶硅氢合金薄膜. 虽然可以采用纯反应气体而不将其稀释，但通常还是将惰性气体与少量反应气体混合使用. 在沉积绝缘体的情况下，这种方法十分优越，因为若反应气体的浓度很高，则阴极表面将为绝缘体的化合物所覆盖，从而显著降低溅射的速率.

在很多情况下，可以很简单地通过改变放电中反应气体和惰性气体的比例来使沉积薄膜的性质发生很大的改变. 这种技术目前已成为制造电路薄膜的最重要的工艺之一，因为它能对薄膜的特性进行必要的控制和提供灵活性. 为了生产任何特定性质的薄膜，在放电中需要的反应气体和惰性气体的比例取决于许多因素，其中最重要的因素是：

(1)沉积速率，薄膜的沉积速率应与反应气体相适应. 确切地说，在其他条件相同的情况下，薄膜沉积愈快，需要的反应气体愈多，这样才能使所需要的薄膜特性保持一致.

(2)系统的总气体通过量，由于在溅射条件下反应气体被迅速吸收，因此，若系统的总压力保持一定，反应气体所占的百分比将随气体通过量的增加而降低.

(3)溅射过程中的总压力，由于沉积薄膜的反应气体的含量必须加以控制.若溅射总压力改变，为了保持同一薄膜特性，反应气体的含量也需改变.一般地说，当总压力增加时，反应气体的浓度必须降低.

根据上述因素，显而易见，必须保持恒定不变的一个重要条件是淀积薄膜的速率和反应气体到达基片的速率比.

3. 溅射系数

溅射原子数与轰击离子数之比，称为溅射系数.溅射系数不仅取决于轰击离子的能量，同时也取决于其质量(即溅射系数与轰击离子的原子序数有关).随着离子质量的增大溅射系数保持总的上升趋势，但其中也有周期性起伏现象，而且与周期表的分组相吻合.必须指出，最大溅射系数出现在代表稀有气体的点上，这是值得注意的.迄今为止，对于上述周期性尚无充分的理论根据加以解释.

图 7.3.3 所示为溅射系数与轰击离子能量之间的典型关系曲线.这曲线可分为三大部分.第一部分为没有或几乎没有溅射的低压区域；第二部分离子能量为 70～10000eV，这是溅射系数随电压而增大的区域，大多数薄膜淀积研究工作所集中的区域包括在这一部分；第三部分离能量为 30000eV 以上，这时，溅射系数随压强上升而下降，这种下降认为是由于轰击离子此时将深入到靶材内把大部分能量损失在靶材体内而不是损失在表面的缘故.轰击原子越重，出现这种下降的能量就越高.

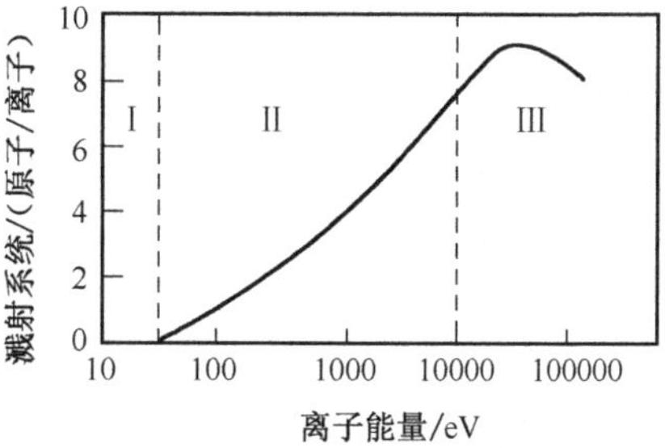

图 7.3.3　氩离子轰击铜靶

因为物质溅射的确切机理随着靶子材料的不同而有所差异，所以溅射系数和靶子材料之间的关系也是极为重要且相当复杂的.就一般而论，因放电产生的快速运动的正离子将动量传递给靶子表面引起靶面的分裂即靶面原子或分子键的断裂，所以靶子的弹性常数和靶子材料中原子键和分子键的强度是重要的参数.

实验证明，单金属的射频溅射速率最高，合金的溅射速率低于组成合金的有关金属.对于绝缘体而言，非晶体(如玻璃)的淀积速率最高，而复合晶体(如 $BaTiO_3$ 等)的淀积速率最低，单晶体(如氧化铝)的淀积速率在两者之间.迄今为止，二氧化硅的淀积速率高于所有用于溅射的任何一种玻璃.

4. 淀积速率

影响淀积的因素是很多的，如靶子材料、溅射气体(一种或几种)、气体压力、放电的参数(包括接地的质量)、磁场、靶子与基片的间隔距离、靶子面积以及基片温度等.

1)放电参数(射频电压、电流和功率)

如图 7.3.4 所示射频电压、电流、功率三者和淀积速率之间的关系.图中标明的电流、电压和功率各值仅限于放电本身.并不包括系统中其他部分的损耗.显然,共振条件下的均方根功率是用于溅射过程控制的最简单和最容易监控的参数.

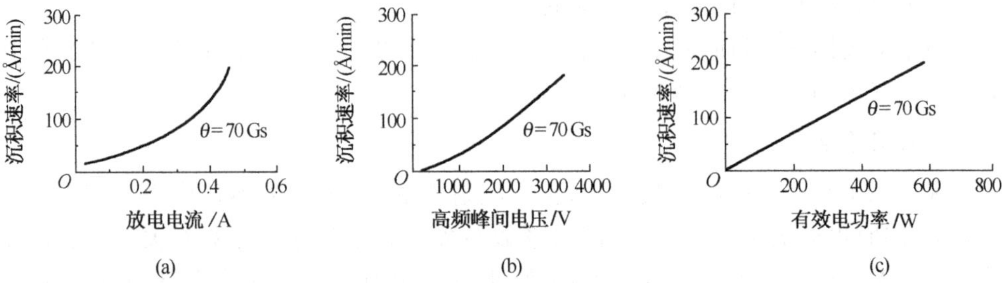

图 7.3.4 SiO_2的淀积速率与放电参数的关系

从图 7.3.4 还可以看出,为要达到最高的淀积速率,应采用最大可触电流.虽然这一结论一般是正确的,但在大多数实际应用中情况比较复杂,可利用的功率不能无限增大,即可增大电流又不增大电压的唯一途径是增大等离子体的压力.

此外还应指出,假如能提供一种理想的接地回路,淀积速率当然会更高些.

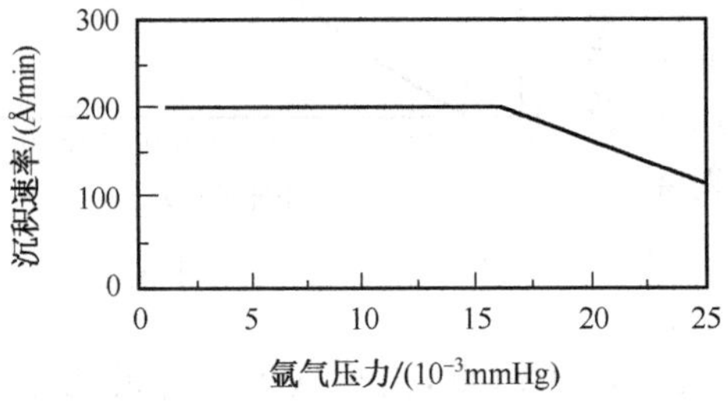

图 7.3.5 沉积速率随氩气压力的变化

2)气体压力

实验发现,不管采用何种溅射气体,在 $2\times10^{-3}\sim1.5\times10^{-2}$ mmHg 的压力范围内,淀积速率保持恒定,压力再升高,淀积速率迅速下降(图 7.3.5).这是因为虽然轰击离子的浓度随压力而增高,但溅射出来的物质的平均自由程却随压力的增加而减少,从而使溅射原子通过扩散返回到靶面的概率也随之增加.在淀积速率恒定的范围内,这些对立因素互相抵消.由此可见,只考虑淀积速率而选择的气压将是淀积速率仍接近最大值时的最高压力.

3)磁场效应

垂直于靶面的磁场将产生一系列的效应.首先放电电子被迫沿着螺旋轨道运动,轨道的半径由下式给出:

$$R=\frac{m_0 v\sin\phi}{eB}$$

式中,m_0为电子质量,v 为电子速度,e 为电子电荷,ϕ 为电子的发射角,B 为磁通密度.v 和 ϕ 在射频放电中变化很大,因此,半径在一个范围内变化,但磁场的净效应是增长电子轨道,这样就增加了离子碰撞的机会,因而获得较高的离子浓度.较高的离子浓度导致高的淀积速率(图 7.3.6).

其次，较高的磁场也能使我们以较低的气压和较小的靶面-基片间隔来维持放电.

最后磁场引起放电的紊乱现象，提高了大基片面积上薄膜厚度的均匀性. 这大概是由于磁场使溅射出来的物质稍有散射.

当基片和励磁线圈的中心线重合时，就可获得最高淀积速率和最均匀的厚度.

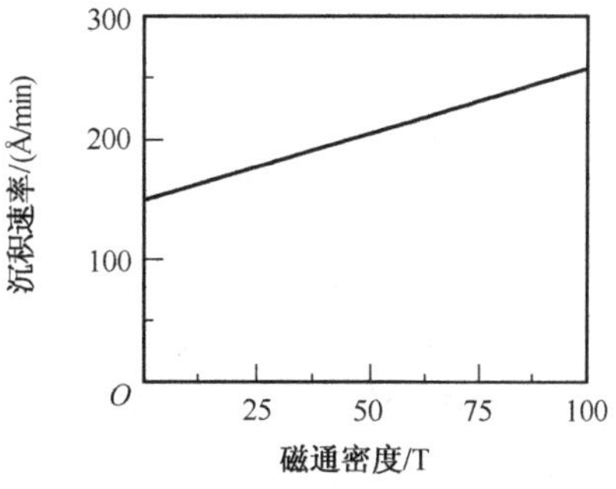

图 7.3.6　SiO_2的沉积速率与磁通密度的关系

4)靶子-基片的间隔距离

淀积速率和靶子-基片间隔的关系在适用的各种间隔范围内大致上是线性的. 从图 7.3.7 中可清楚地看出，间隔距离不能小于或等于离子层的厚度，否则就不会发生放电或无法保持放电. 在压力约为 1.5×10^{-2}mmHg 下，间隔缩为 2.5cm 时，仍能保持放电，但不易控制. 大多数情况下，合理的间隔为 2.5～3.0cm. 这样，即使用活性气体时，也能容易地控制放电参数.

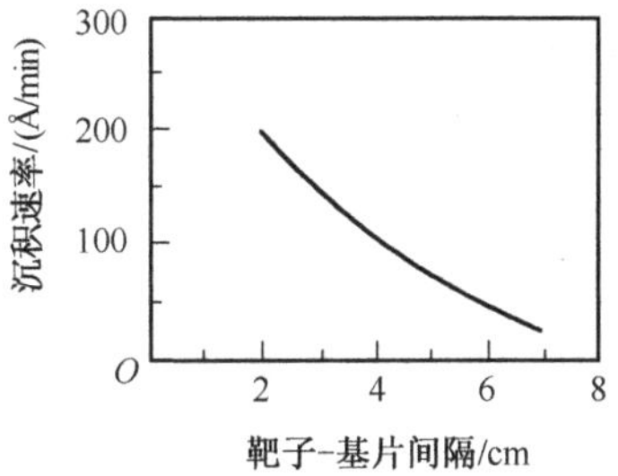

图 7.3.7　沉积速率与靶和基片之间距离的关系

另外，溅射系统中的任何零件，如过于靠近靶子，都将影响辉光放电特性，从而严重降低淀积速率和影响淀积薄膜的厚度分布.

5)靶子面积

如图 7.3.8 所示，淀积速率是靶子面积的 3/2 次方的函数，这是从下面两点间分别推定的. 第一，如果靶子厚度为一定值，靶子阻抗与面积成反比，因此放电功率随着面积的增大而升高；第二，从靶子溅射出来的物质，其发射角度从接近 0°～90°不等.

对于小靶子来说，以小角度溅射出来的物质不能达到基片，而是收集在溅射系统钟罩的壁上. 随着靶子面积的增大，以小角度溅射的物质被收集得较完全. 现假设溅射出来的物质是半球形分布的，因而取决于该效应的淀积速率与靶子半径成正比，而靶子半径又与靶子面积的平方根成正比. 把以上几点结合起来，淀积的速率即与(面积)$^{3/2}$或与(半径)^{3}成正比.

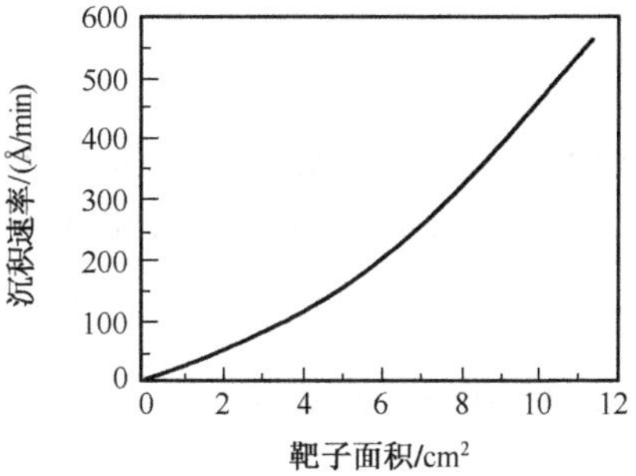

图 7.3.8　沉积速率与靶面积的关系

此外，淀积薄膜厚度的均匀性在很大程度

上取决于靶子面积.在与靶子同心的基片那一部分,发现薄膜厚度的均匀性在±5%以内.

6)基片温度

在淀积过程中,加热基片会降低淀积速率,挥发性物质尤为显著.溅射出来的物质到达基片时能量是相当高的,因而使基片温度上升.如果再加热基片的话,就会发生基片的升华,结果降低净淀积速率.

另外,淀积薄膜的结构与特性在很大程度上也取决于淀积速率和基片温度.例如,a-Si:H合金薄膜中的氢含量和硅氢键合方式就与淀积速率和基片温度有很大的关系.

5.合金淀积

利用溅射技术制造合金薄膜较之蒸发法有若干优点.溅射薄膜的化学成分通常与溅射阴极(靶材)相同,至少在经过某一短暂的平衡时间后将是如此.即使靶材合金的各种成分具有显著不同的溅射系数,情况也是这样.原因在于经过一段时间,待溅射速率最高的成分优先溅射以后,靶材表面将富于其他成分,直至达到“稳定”的表面成分为止.在达到这种状态以后,溅射薄膜的成分将与阴极相同.但在蒸发的情况下,由于蒸发源的高温可使物质分子从体内迅速扩散到表面,因此看不到这种结果.当然,若采用极高的阴极温度,形成迅速的体扩散,则溅射薄膜的成分将不再与阴极相同.

用溅射法制造合金薄膜的另一种方法是在放电中利用多个等电势阴极以单独的物质直接合成.阴极的有关区域可以适当的安排从而得到几乎任意的成分.把少量的一种金属掺入另一种金属的简单技术是使前者制成的金属丝穿过后者制成阴极.如要掺入较大的份量,则第二种金属可制成条带或圆片,附在或镀在阴极上.在采用这种合金淀积法时,合金薄膜的成分可以根据各个阴极的面积比及其溅射系数估计出来(只要知道这些系数在所用气体和溅射电压下的具体数据).两种薄膜成分之比,可用下式表示:

$$\frac{N_1}{N_2}=\frac{A_1 r_1}{A_2 r_2}$$

式中,N代表原子数,A为阴极面积,r为溅射系数,下角标表示具体的合金成分.

还有一种方法是阴极利用独立的电源,在淀积过程中通过改变加到每一阴极上的电压可以得到各种不同的合金成分.

7.3.3　实验仪器装置

本实验采用JS-450D射频底溅射设备,仪器的结构图,如图7.3.9所示.

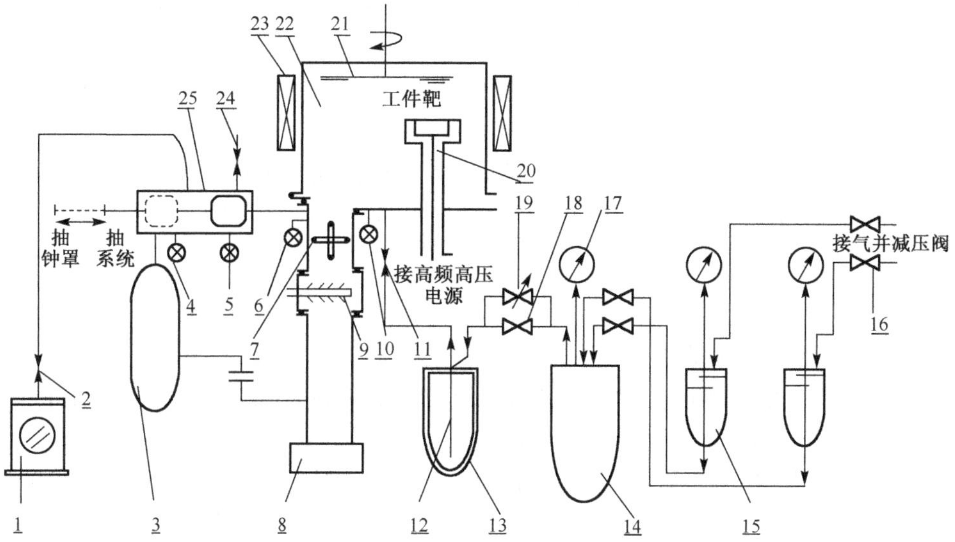

图 7.3.9　JS-450D 射频底溅射设备结构图

1. ZX-8 型旋片式真空泵；2. DC-30 型低真空磁力阀；3. 前级储气罐；4. RO-1型热偶规管；5. RO-1 型热偶规管；6. DZ-2 型电离规管；7. GI-200A 型高真空碟阀；8. K-200 型油扩散泵；9. 挡油器；10. DL-2 型热偶规管；11. CQF-8A 型磁力充气阀；12. 气体纯化装置；13. 冷藏柜；14. 混合储气罐；15. 储气罐；16. GF-5A 型灌气阀；17. 真空压力表；18. GF-5型灌气阀；19. WF-1 型微调灌气阀；20. 射频电极；21. 水冷工件台；22. 溅射室；23. 磁场线圈；24. CQF-8 磁力充气阀；25. DS-30A 型低真空三通阀

7.3.4　实验内容和步骤

将 Si 片均匀放置在 SiO_2 靶上，采用射频共溅射的办法生长 Si-SiO_2 复合薄膜. 具体实验步骤如下.

1. 装片

(1)开总电源.

(2)给钟罩充气.

(3)升钟罩.

(4)装样品. 样品需要清洗干净.

(5)降钟罩. 注意：降之前，请仔细检查真空室内是否洁净，尤其注意要将钟罩与底座结合部位擦拭干净，不能有异物！

2. 抽真空

(1)开机械泵. 低阀拉出推进状态均需要进行，对系统和钟罩抽低真空. 开复合真空计，低真空只能开热偶规(先调节加热电流约 105mA). 热偶规 V_1 和 V_2 分别测试真空室和管道真空度.

(2)抽至 1.5～2.0 ×10^{-2} Torr，开水，开扩散泵，低阀此后置于抽系统位置(注意：开扩散泵前务必记住开水!).

(3)开高阀. 25～30min 后开高阀(应先检查真空室的真空度，如太低，可抽一会儿钟罩).

(4)高真空测试. 开高阀约 30min 后，真空室热偶规指示满刻度位置，可开电离规进行高真空测试. 真空室预真空应达到约 10^{-5} Torr. (注意：切勿早开，真空度低于 10^{-3} Torr 将毁坏电离规!).

3. 溅射

(1)开电源柜总电源.

(2)开灯丝开关. 调节灯丝调节旋轮，使灯丝电压约 6V 预热；5min 后调灯丝电压至约 12.5V，加热 5min 后才可加高压.

(3)充气. 加高压溅射前，需将溅射气体 Ar 充入钟罩. 一般地说，面板正面真空压力表示数 2～2.5kg/cm^2(示数不能小于 1.8)，仪器右面压力表实数 3～4kg/cm^2，如果气压不够，请打开 Ar 气瓶充足气体，并关好各气阀. 通 Ar 进钟罩时，先轻开粗调气阀(下面)，然后慢慢拧开微调气阀(上面)，直至钟罩内真空度稳定在 1.5～2×10^{-2} Torr. 可以适当调节高阀以维持真空度的稳定.

(4)开高压. 加高压前，必须先检查仪器一切参数均正常，如射频电极内循环水畅通，钟罩内气压稳定等. 然后控制高压调节旋轮，使高压达到需要的数值(如 2.5kV).

(5)高压加上后溅射即开始，透过窗口可以看到稳定的辉光放电. 如果辉光不稳定，先一定要检查气压是否稳定在合适的数值；如气压没有问题，可以进行匹配调节：①在仪器左边有两个匹配电容，调节它们使射频电流表 A_1 示数最小，A_2 的示数最大(谐振点)；②电源柜面板的匹配调节(注意：轻易不要动匹配调节!). 衬底如需加热，可提前打开加热器电源. 溅射时衬底保持合适的温度(注意：如温度过高，钟罩内将放电!). 溅射时，可通过调节钟罩上方的旋轮，保持两极正对. 溅射多层薄膜时，需要用到双靶. 换靶时，请先将高压调到零，再用绝缘工具拨换电源换向器.

4. 关机

(1)关高压. 先将高压调节旋轮旋至零位，再切断高压开关.

(2)关灯丝. 先将灯丝调节旋轮旋至零位，再切断灯丝开关.

(3)关气. 切断钟罩进气开关.

(4)关扩散泵. 先将高阀关上，再切断扩散泵电源，打开电风扇吹扩散泵电炉. 如衬底加热，应当等一会待衬底温度降下后再关扩散泵(注意：此时水千万不能关，机械泵照常运转!).

(5)灯丝电源切断约 10min 后，关闭电源柜总电源.

(6)冷却. 至少 30min 后，待扩散泵电炉冷时，关机械泵，关水，关总电源.

(7)如实验室再无其他仪器工作，关总电闸，关门窗.

7.3.5　注意事项

(1)意外停水,迅速关闭高压(一定要旋到零)和扩散泵以及气阀,机械泵继续工作.

(2)意外停电,迅速关闭高压(一定要旋到零)和扩散泵以及气阀,关总电源.

(3)实验完毕,如需取样,请等待系统冷却,取后即用机械泵对真空室抽低真空.

参考文献

JS－450D射频底溅射设备使用说明书

兰州大学物理系.半导体物理实验(内部资料).97

(甄聪棉　编)

7.4　磁控溅射法制备磁性多层膜

薄膜的制备方法有很多.常用的物理沉积方法有真空蒸发、溅射、脉冲激光沉积、离子束注入、分子束外延等.本节介绍制备磁性薄膜的磁控溅射法的原理和步骤.

7.4.1　实验目的

(1)了解磁控溅射法制备薄膜的原理.

(2)采用磁控溅射法制备磁性多层膜.

7.4.2　实验原理[1~6]

"溅射"是指用高动能的核能粒子轰击材料表面,使其原子或分子获得足够的能量从表面射出的现象.射出的粒子大多呈原子状态,常称为溅射原子.用于轰击靶的荷能粒子可以是电子、离子或中性粒子,称为入射离子[1~6].

溅射法是一种制备薄膜的常用方法.根据溅射的特征,溅射又分为直流溅射、射频溅射、磁控溅射和反应溅射.磁控溅射是一种低温高速沉积技术,所制备的薄膜膜层致密、针孔少、纯度高、膜的附着力强、厚度均匀,因此在制备薄膜时被广泛采用[1~6].

一般溅射镀膜的溅射速率较低,与蒸发速率相比要低一个数量级.而磁控溅射的沉积速率较其他溅射方法高出一个数量级.与一般溅射相比,磁控溅射的不同之处是在靶表面设置一个平行于靶表面的磁场,其工作原理如图7.4.1所示[5].

电子在电场作用下加速驶向基片的过程中与氩原子发生碰撞,若电子能量足够大,使其电离产生 Ar^+ 和新的电子.新电子飞向基片,Ar^+ 在电场 E 的作用下加速飞向阴极靶材并以高能量轰击靶表面,使靶产生溅射.在溅射粒子中,中性的靶原子或分子沉积在基片上形成薄膜,二次电子在加速飞向基片的过程中,受到磁场的洛伦兹力作用在靶表面做回旋运动,导致电子运动路径的加长,而且电子被磁场束缚在靠近靶表面的等离子体区域内,在该区内电离出大量的 Ar^+ 轰击靶材,从而实现了磁控溅射高速沉积的特点.经多次碰撞而丧失能量的电子进入离阴极靶面较远的弱电场区最后到达阳极时,已经是能量消耗殆尽的低能电子,由于该电子的能量很低,传给基片的能量也小,致使基片温升较少,因此,磁控溅射又具有低温的特点[5].

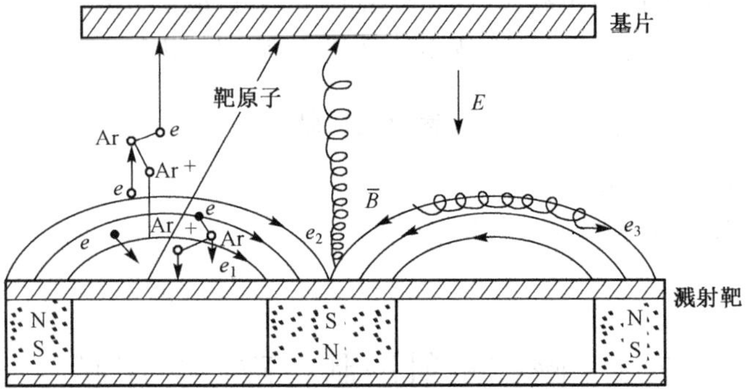

图 7.4.1 磁控溅射工作原理

图 7.4.2 为对向靶磁控溅射原理图.在该系统中,具有相同尺寸的两个盘状靶平行安置,靶的间距可调.当在垂直靶平面方向上加上磁场时,磁场会使高能电子局限在对靶之间的空间中.电子的局域化促使气体离化加强,导致较高的溅射沉积率.基片和靶所处的位置几乎使电子轰击基片的可能性很小,基片的温度也不会过分升高[6].

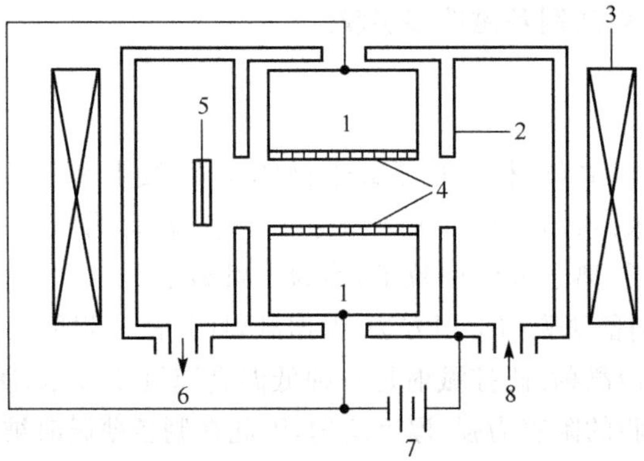

图 7.4.2 对向靶磁控溅射系统原理图[6]

1.铁柱;2.接地;3.励磁线圈;4.靶;5.基片;6.接真空;7.直流高压源;8.入气孔

7.4.3 实验仪器装置

本实验使用的是沈阳中科仪的 OTMS560 型超高真空对靶多功能磁控溅射仪,见图 7.4.3.该设备为双室带空气锁结构,主要由溅射室、样品预处理室、磁控溅射靶、射频电源、直流溅射电源、样品转台、加热炉、样品退火炉、样品库、磁力送样机构、泵抽系统、真空测量系统、气路系统、电控系统、水循环及水压报警保护系统等组成.该设备具有真空度高(本底极限真空度优于 6×10^{-6} Pa)、多靶位系统(一个射频磁控靶、四个直流磁控对靶)、采用计算机控制镀膜系统、可以直接在真空中进行热处理等特点.

图 7.4.3　OTMS560 型超高真空多功能对靶磁控溅射仪

7.4.4　实验内容和步骤

1. 基片的清洗

以玻璃基片为例,清洗步骤如下:

(1)将切好的玻璃基片在放有洗涤剂温水中浸泡 5min,用大量清水冲洗,以除去易洗涤的污物.

(2)把基片放到盛有纯净水的小烧杯中,置于超声波发生器中(槽中放适量的蒸馏水)进行超声波清洗 15min.

(3)用无水乙醇进行超声波清洗 15min,以进一步去除各种有机高分子,最后用蒸馏水反复冲洗.

(4)在无尘环境中烘干基板,保存在干燥器中待用.

2. 磁性多层膜的制备

(1)抽真空.按实验步骤分别在指定的部位放置靶材和基片,真空系统密封后,依次抽低真空和高真空.

(2)靶材预溅射.为去除靶表面的玷污物和靶表面的氧化物,在高真空状态下,充入高纯 Ar 气(99.999%),氩气流量由自动流量计监控,在正式镀膜前,对靶材进行预溅射约 5min.

(3)制膜.制膜过程由计算机自动控制,调节好溅射时的气压及溅射功率等参数,输入设定的基片停留顺序、时间程序,启动计算机控制程序,开始制备样品.

3. 样品的热处理

研究基片温度和退火条件对膜层的组织、结构和性能的影响.

参考文献

丁兆元,江美福,辛煜,等.2008.固体薄膜材料与制备技术.北京:科学出版社

钱苗根,姚寿山,张少宗.1999.现代表面技术.北京:机械工业出版社

唐伟忠.1998.薄膜材料制备原理、技术及应用.北京:冶金工业出版社

吴自勤,王兵.2001.薄膜生长.北京:科学出版社

杨邦朝,王文生.1994.薄膜物理与技术.成都:电子科技大学出版社

郑伟涛.2004.薄膜材料与薄膜技术.北京:化学工业出版社

(侯登录　郭革新　编)

第 8 章　电子衍射和 X 射线衍射

本章的四个实验涉及材料结构和表面形貌的表征.

8.1 电子衍射

1924 年法国物理学家德布罗意提出波粒二象性的假设. 1927 年戴维孙与革末用镍晶体反射电子，成功地完成了电子衍射实验，验证了电子的波动性，并测得了电子的波长. 两个月后，英国的汤姆逊和雷德用高速电子穿透金属薄膜的办法直接获得了电子衍射花纹，进一步证明了德布罗意波的存在.

8.1.1 实验目的

(1)通过拍摄电子穿透晶体薄膜时的衍射图像，验证德布罗意公式，加深对电子的波粒二象性的认识.

(2)了解电子衍射仪的结构，掌握其使用方法.

8.1.2 实验原理

1. 德布罗意假设和电子波的波长

由德布罗意波的假说，微观实物粒子的动量 p 与物质波波长 λ 之间的关系表示为

$$\lambda=\frac{h}{p}=\frac{h}{mv} \tag{8.1.1}$$

式中，h 为普朗克常量，m、v 分别为粒子的质量和速度，这就是德布罗意公式.

对于静止质量为 m_0 的电子，当加速电压在 30kV 时，电子的运动已接近光速. 此时相对论的修正效应不能忽略，电子波的波长为

$$\lambda=\frac{h}{mv}=\frac{h}{m_0 v}\sqrt{1-\frac{v^2}{c^2}} \tag{8.1.2}$$

式中，c 为真空中的光速.

实验中，电子的能量由加速电压所决定，电子能量的增加等于电场对电子所做的功，并利用相对论的动能表达式：

$$eU=mc^2-m_0c^2=m_0c^2\left(\frac{1}{\sqrt{1-\frac{v^2}{c^2}}}-1\right) \tag{8.1.3}$$

将式(8.1.3)代入式(8.1.2)，得

$$\lambda=\frac{h}{\sqrt{2m_0eU\left(1+\frac{eU}{2m_0c^2}\right)}} \tag{8.1.4}$$

将 e、h、m_0、c 的数值代入式(8.1.4)，得

$$\lambda=\frac{12.26}{\sqrt{U(1+0.978\times10^{-6}U)}}\approx\frac{12.26}{\sqrt{U}}(1-0.489\times10^{-6}U)\text{Å} \tag{8.1.5}$$

2. 电子波的晶体衍射

本实验采用汤姆孙方法，让一束电子穿过无规则取向的多晶薄膜. 在多晶薄膜中，有一些晶面(它们的面间距为 $d_1,d_2,d_3,\cdots$)满足布拉格方程：

$$2d\sin\theta=n\lambda \tag{8.1.6}$$

式中，d 为相邻晶面之间的距离，θ 为掠射角，n 为整数，称为反射级，如图 8.1.1 所示.

它们的反射角分别为 $\theta_1,\theta_2,\theta_3,\cdots$ 因而，在底片或荧光屏上形成许多同心衍射环. 此时，反射电子束是一个以入射线为轴线，其张角为 4θ 的衍射圆锥. 衍射圆锥中衍射的电子方向与入射电子方向夹角为 2θ，如图 8.1.2 所示.

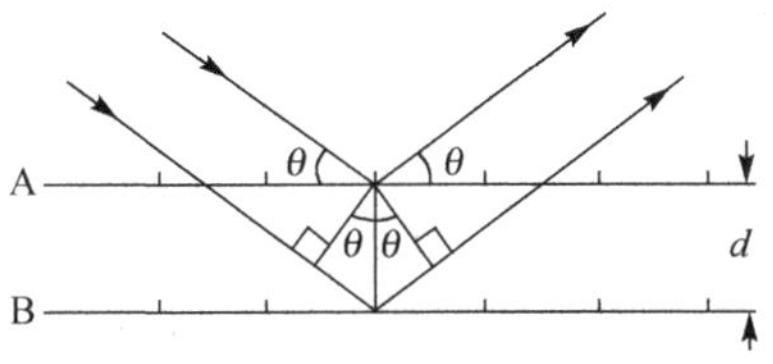

图 8.1.1　相邻晶面的电子波的程差

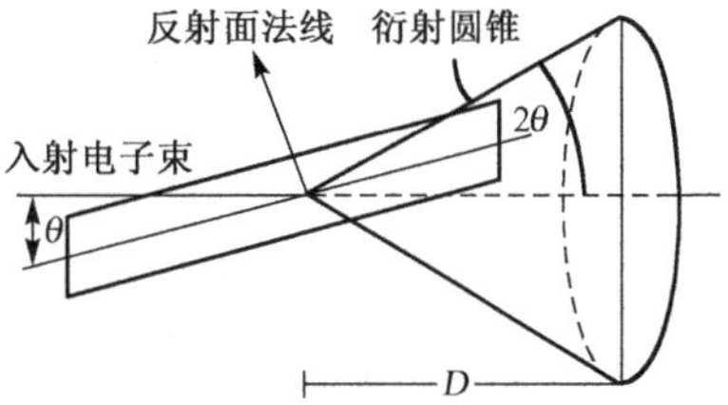

图 8.1.2　多晶体的衍射圆锥

对于立方晶系而言，晶面间距为

$$d=\frac{a}{\sqrt{h^2+k^2+l^2}} \tag{8.1.7}$$

式中，a 为晶格常数，$(h\ k\ l)$为晶面的密勒指数.

设样品到底片的距离为 D，某一衍射环的半径为 r，对应的掠射角为 θ.

$$\sin\theta\approx\frac{r}{2D} \tag{8.1.8}$$

将式(8.1.7)和式(8.1.8)代入式(8.1.6)，得

$$\lambda=\frac{r}{D}\times\frac{a}{\sqrt{h^2+k^2+l^2}}=\frac{r}{D}\times\frac{a}{\sqrt{M}} \tag{8.1.9}$$

式中，$(h\ k\ l)$为与半径 r 的衍射环对应的晶面族的晶面指数($M=h^2+k^2+l^2$).

对于同一底片上的不同衍射环，式(8.1.9)可写成：

$$\lambda=\frac{r_n}{D}\times\frac{a}{\sqrt{M_n}} \tag{8.1.10}$$

式中，r_n 为第 n 个衍射环半径，M_n 为与第 n 个衍射环对应晶面的密勒指数平方和.

在实验中只要测出 r_n，并确定 M_n 的值，就能测出电子波的波长. 将测量值 $\lambda_{测}$ 和用式(8.1.5)计算的理论值 $\lambda_{理}$ 相比较，即可验证德布罗意公式的正确性.

3. 电子衍射图像的指数标定

实验获得电子衍射照片后，必须确认某衍射环是由哪一组晶面指数($h\ k\ l$)的晶面族的布拉格反射形成的，才能利用式(8.1.10)计算波长 $\lambda_{测}$.

根据晶体学知识，在立方晶系中，对于简单立方晶体，任何晶面族都可以产生衍射；对于体心立方晶体，只有 $h+k+l$ 为偶数的晶面族才能产生衍射；而对于面心立方晶体，只有 $h+k+l$ 同为奇数或同为偶数的晶面族，才能产生衍射.

本实验中所用的样品银为面心立方结构，晶格常数 $a=4.0856$Å. 由以上规律，对于面心立方晶体可能出现的反射($N=1\sim8$)，列出了表 8.1.1.

表 8.1.1　面心立方晶体各衍射环对应的 M_n/M_1

N	1	2	3	4	5	6	7	8
$h\ k\ l$	111	200	220	311	222	400	331	420
M_n	3	4	8	11	12	16	19	20
M_n/M_1	1.000	1.333	2.667	3.667	4.000	5.333	6.333	6.667

在同一张电子衍射图中，λ 和 a 均为定值，由式(8.1.10)可以得出：

$$\left(\frac{r_n}{r_1}\right)^2=\frac{M_n}{M_1} \tag{8.1.11}$$

利用式(8.1.11)可得出各衍射环对应的晶面指数(hkl). 具体方法如下：

在衍射照片中测得某一衍射环半径 r_n 和第一衍射环半径 r_1，计算出 $(r_n/r_1)^2$ 的值 x，与表 8.1.1 最后一行 M_n/M_1 值进行比较，查出与 x 最接近的 M_n/M_1 值. 则该列中的($h\ k\ l$)即为此衍射环所对应的晶面指数. 完成标定指数以后，即可用式(8.1.10)计算波长 $\lambda_{测}$.

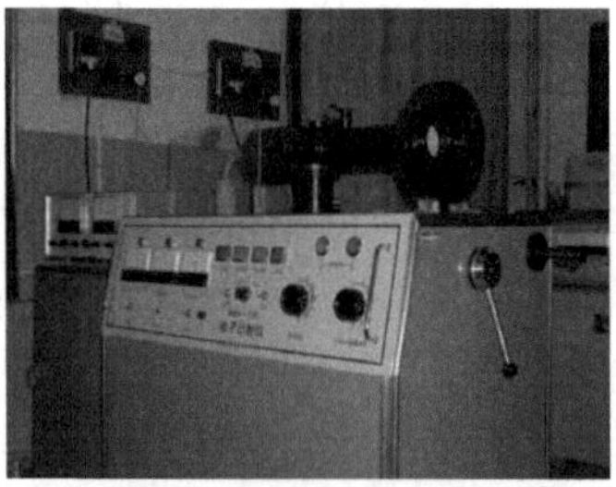

图 8.1.3　WDY-III 型电子衍射仪

8.1.3　实验仪器装置

本实验采用 WDY-III 型电子衍射，仪器照片见图 8.1.3. 该仪器主要由衍射腔、真空系统和电源三部分组成. 其中，①衍射腔：由阴极、阳极、光阑、样品、荧光屏组成；②真空系统：由机械泵、扩散泵和储气筒组成；③电源：主要包括真空机组的供电、高压电源、镀膜及灯丝供电三部分.

8.1.4　实验内容和步骤

1. 样品的制备

(1)制底膜. 将一滴用醋酸正戊酯稀释的火棉胶溶液滴到水面上，待醋酸正戊酯挥发后，在水面上悬浮一层火棉胶薄膜，用样品架将薄膜慢慢捞起并烘干.

(2)镀金属膜.将制好底膜的样品架插入镀膜室支架孔内,使底膜表面正好对下方的钼舟.在真空达到 10^{-4} mmHg 以后,将"镀膜-灯丝"转换开关倒向"镀膜",接通镀膜电流开关.转动"灯丝-镀膜"自耦调压器,使电流逐渐增加(镀银时约为 20A).当从镀膜室的有机玻璃罩上看到一层银膜时,立即将电流降到零,并关镀膜开关.

2.电子衍射现象的观察

(1)开机前将仪器面板上各开关置于"关"位,"高压调节"和"灯丝-镀膜调节"均调回零,蝶阀处于"关"位.

(2)为了观察到衍射图像后随即进行拍照,应在抽真空前装上底片.

(3)用机械泵抽低真空.

(4)用油扩散泵将衍射腔内抽至 5×10^{-5} mmHg 以上的高真空度.

(5)灯丝加热.打开灯丝电源开关("灯丝-镀膜开关"旋至右侧,"灯丝开关"向上拨动),旋转"灯丝-镀膜"旋钮(顺时针),使灯丝电压表指示 120V.

(6)加高压.打开高压开关(向上拨动),顺时针旋转"高压"旋钮,使高压表指示 20kV,在荧光屏上可以看到一个亮斑.

(7)调节样品架的位置(平移或转动),在荧光屏上出现清晰的衍射圆环.此后再适当加大高压使衍射环最清晰.

(8)照相与底片冲洗.

在荧光屏上观察到清晰的衍射图像后,先记录下加速电压 U 值,然后用快门挡住电子束,转动"底片转动旋钮",让指针指示在"1"位.用快门控制曝光时间为 2～4s.用相同的方法拍摄第二张照片.取出底片后,冲洗底片.整个拍摄和冲洗过程可在红灯下进行.

3.分析与计算

(1)仔细观察衍射照片,区分出各衍射环,然后测量出各环直径,确定其半径 r_1,r_2,r_3,…,r_n的值.

(2)计算出 r_n^2/r_1^2的值,并与表 8.1.1 中 M_n/M_1 值对照,标出各衍射环相应的晶面指数.

(3)根据衍射环半径用式(8.1.10)计算电子波的波长,并与用式(8.1.5)算出的德布罗意波长比较,以此验证德布罗意公式.

8.1.5　注意事项

(1)扩散泵与衍射腔之间由真空蝶阀控制"开"或"关".三通阀可使机械泵与衍射腔连通("拉"位)或与储气筒连通("推"位).实验或镀膜时须先将衍射腔抽成低真空,然后抽成高真空.只有在抽高真空时才能打开蝶阀,其他时间都要关闭蝶阀和切断电离规管灯丝电流,以保护扩散泵和电离规管.

(2)若需将衍射腔部分通大气时(如取底片或取已镀好的样品架),可用充气阀充入空气.但在打开充气阀前,要注意以下几点:①切断电离规管电源;②关闭蝶阀;③若机械泵仍在工作中,三通阀必须置于"推"位;④为防止充气过程中吹破样品薄膜,应将样品架向前旋紧,以使样品架封在装取样品架的窗口内.

(3)阴极加有几万伏的负高压,操作时不要接触高压电源,注意安全.调高压和样品架旋钮时要缓慢,如果出现放电现象,应立即降低电压,实验中应缩短加高压的时间.

(4)调节样品架观察衍射环时,应先将电离规管关掉,以防调节样品架时出现漏气现象而烧坏电离规管.

(5)射腔的阳极,样品架和观察窗处都有较强的X射线产生,必须注意防护.

思 考 题

(1)在本实验中是怎样验证德布罗意公式的?

(2)本实验证实了电子具有波动性,衍射环是单个电子还是大量电子所具有的行为表现?

(3)简述衍射腔的结构及各部分作用.

(4)根据衍射环半径计算电子波的波长时,为什么首先要指标化?怎样指标化?

(5)改变高压和灯丝电压时衍射图像有什么变化?为什么?

(6)叙述样品银多晶薄膜的制备过程.

(7)观察电子衍射环和镀金属薄膜时为什么都必须在高真空条件下进行?它们要求真空度各是多少?

(8)加高压时要缓慢,并且尽量缩短加高压的时间,这是为什么?

(9)拍摄完电子衍射图像取底片时,三通阀和蝶阀应处于什么位置?为什么?

参 考 文 献

唐贵德,马长山,杨连祥,等.2003.近代物理实验.石家庄:河北科学技术出版社

(郭革新　侯登录　编)

8.2　晶体缺陷的研究

缺陷与晶体的物理、化学性质有密切关系,许多材料特性对其中缺陷很敏感,因此控制材料的缺陷(包括杂质)是十分重要的课题.

8.2.1　实验目的

(1)了解硅单晶体中缺陷腐蚀显示的方法.

(2)学会识别常见晶体缺陷的腐蚀图形以及腐蚀坑的形状和晶向的关系.

(3)掌握金相显微镜的使用和金相显微镜摄影技术.

8.2.2　实验原理

1. 晶体缺陷的定义和分类

(1)晶体缺陷的定义：理想完整的晶体具有严格的空间周期性结构. 在实际材料中往往程度不同地存在着原子排列的不完整性，这种不完整性称为晶体缺陷.

(2)晶体缺陷的分类：依照晶体缺陷的几何尺度，可分为点缺陷、线缺陷和面缺陷.

点缺陷：其的尺度只有一个或几个原子大小，如空位、填隙原子、杂质原子等. 例如，肖特基缺陷和弗仑克尔缺陷(图 8.2.1).

线缺陷：如果晶体中周期性遭受破坏的区域形成一条线，则称为线缺陷，如位错线、点缺陷链等.

刃型位错：其位错线(直线)垂直于滑移的方向，如图 8.2.2 所示，其中 EF 为位错线，b 为滑移方向；螺型位错：其位错线(直线)平行于滑移的方向，如图 8.2.3所示，其中，AD 为位错线，b 为滑移方向.

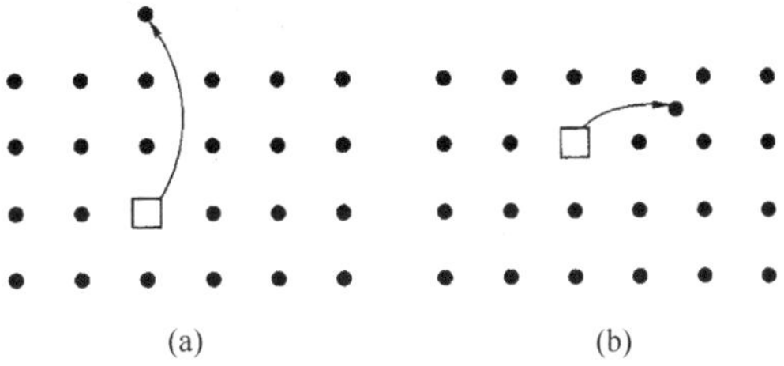

图 8.2.1　肖特基缺陷(a)和弗仑克尔缺陷(b)

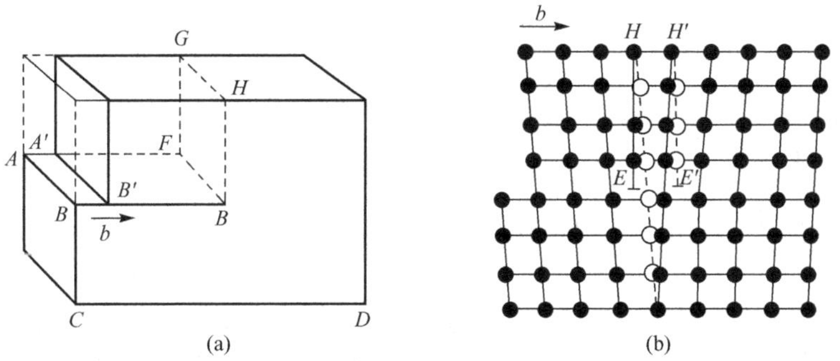

图 8.2.2　刃型位错

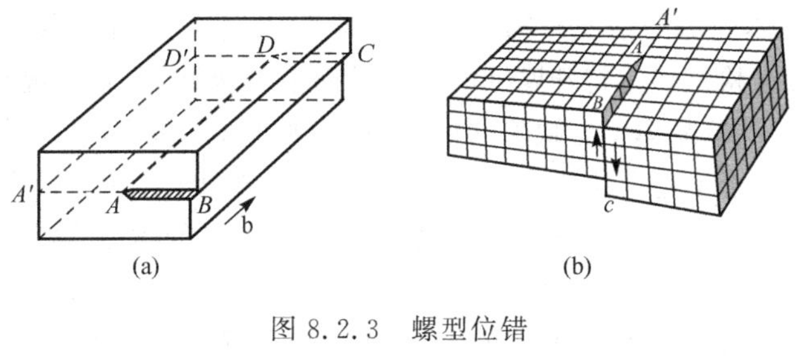

图 8.2.3　螺型位错

面缺陷：是晶体中偏离周期性的区域形成的平面，如层错、晶界等.

层错:密堆结构的晶体当密排原子面堆垛次序出现差错而形成的一种面缺陷,称为堆垛层错,简称层错.图 8.2.4(a)和(b)为密堆积晶体结构示意图.

抽出型层错:若在堆垛时抽走了一层,则称为抽出型层错.*ABCBCA*,见图 8.2.4(c).

插入型层错:若在堆垛时插入了一层,这种面缺陷称为插入型层错.*ABCBAB*,见图 8.2.4(d).

晶粒间界:晶粒之间的界面称为晶界,它包含有几个原子间距的薄层,结构复杂.

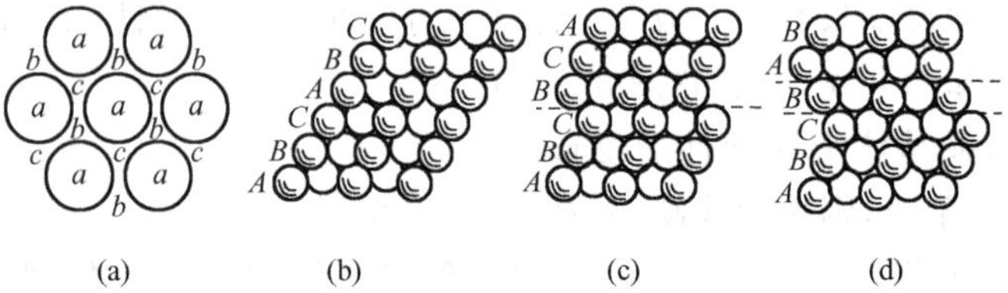

图 8.2.4 立方密堆积结构中的层错

小角晶粒间界是由一系列刃型位错组成的界面,如图 8.2.5 所示.

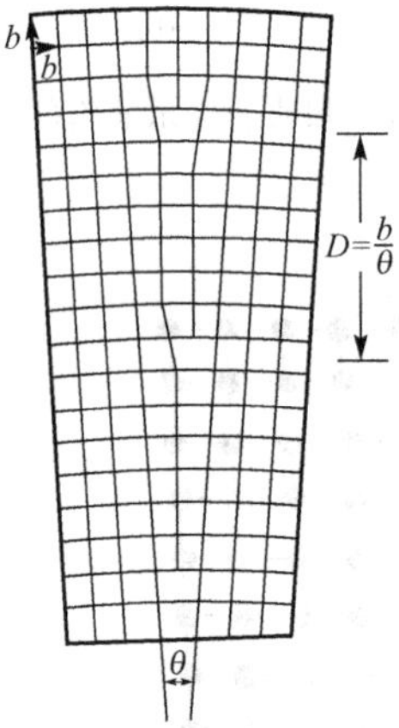

图 8.2.5 小角晶粒间界

实际过程中,最常见的是外延生长过程中所形成的层错.所谓外延,即是在单晶 Si 材料上再生长一层与衬底(单晶硅)有不同电阻率的单晶体,在生长这层晶体时,由于清洁处理不干净或原来单晶表面有损伤等,这就导致了层错的形成.以上所述的各种晶体缺陷,特别是位错、层错对材料的性质和器件的性能的影响是十分重要的,因此对它们的分析研究必须高度重视.

2.研究缺陷的方法

缺陷的观察是研究晶体缺陷的基础.目前常用的方法有以下几种:第一种是金相显微法;第二种是利用杂质沉淀后的红外线观察法(例如,把 Si 表面滴上硝酸铜溶液,然后在900℃的氢气中退火,于是铜便沿着位错处沉淀,由于 Si 能透过红外线,而铜对红外线不透明,因此可用红外透射技术直接观察位错,用这种方法可观察整个晶体内部的情况);第三种方法是 X 射线法,它是间接的方法.

用金相显微镜检查经过特殊腐蚀的特定晶面上的腐蚀坑,它是观察位错分布的一种直接方法;由于硅单晶体中有缺陷的地方,原子排列很不规则,且常易聚集一些杂质,原子在这些区域处于不稳定状态,它们较正常格点上的原子来说有较大能量,因此对于某种腐蚀剂来说,这些区域的腐蚀速度就会比正常格点处的腐蚀速度快些.如果晶体经过抛光,腐蚀便在一些特定的晶面上,如(111),(110),(100)上显示出腐蚀坑,而且对于不同的晶面其腐蚀坑的形状是不同的.对于 Ge、Si 等金刚石结构类型的材料,(111),(110),(100)等晶面腐蚀坑形状分别为三角形、菱形和正方形.图 8.2.6 为金相显微镜下的观察到的小角度晶界和层错.

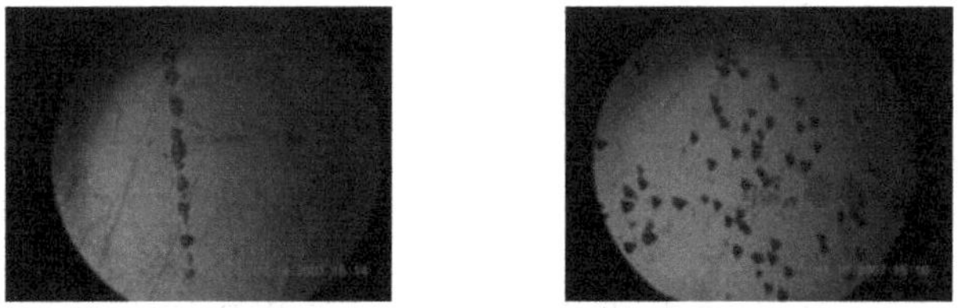

(a)　(b)

图 8.2.6　金相显微镜下的小角度晶界(a)和层错(b)

8.2.3　实验仪器装置

金相显微镜是用于观察金属显微组织的仪器，广泛地应用于铸件质量的鉴定、原材料的检验或对材料处理后金相组织的研究分析等工作，可配用摄影装置进行显微摄影. 本实验使用 XJL-02 型立式金相显微镜来观察晶体的缺陷.

XJL-02 型立式金相显微镜由以下部分组成：①灯泡；②电源开关；③载物台；④物镜；⑤目镜；⑥粗调手轮；⑦微调手轮；⑧光路转换旋钮；⑨孔径光阑；⑩承影框；⑪快门. 如图 8.2.7 所示.

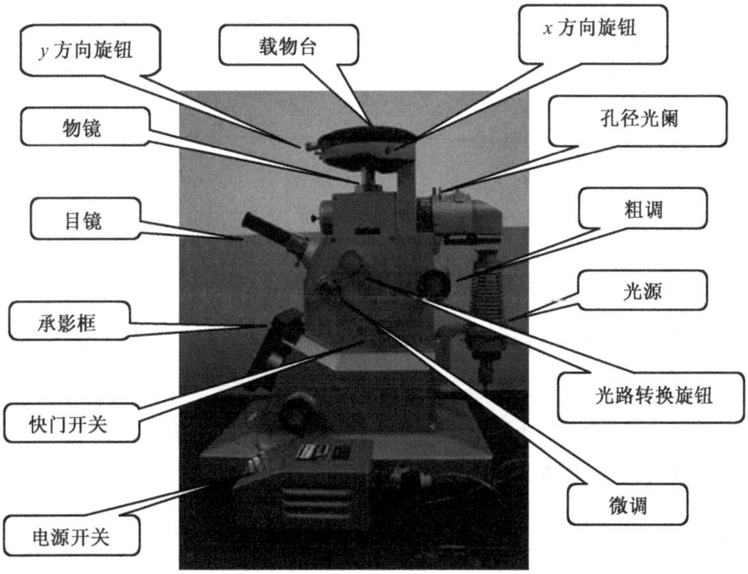

图 8.2.7　XJL-02 型立式金相显微镜

8.2.4　实验内容和步骤

1. 打开电源开关和放置样品

将被观察的样品放在载物台平面上，并接通白炽灯的电源.

2. 调节焦距和孔径光阑

转动粗调焦和微调焦手轮进行调焦，得到被测样品表面的清晰像. 调节孔径光阑，使视野中光照明亮、均匀.

3. 调节载物台

调节载物台 x 方向和 y 方向移动旋钮，选择所需观察晶体缺陷的位置，记下视野中缺陷的数目.

4. 在承影板上成像

旋转光路转换旋钮将光路转作摄影. 在承影框上装上带 x 刻线的毛玻璃承影板，调节金相显微镜，在承影板上观察到清晰的像(用 6 ×调焦放大镜).

5. 用石英标准微米尺标定显微视场面积

改变视场面积需重新标定.

6. 在专用单页暗盒中装好照相胶片(暗室中进行)

7. 拍摄

(1)取下毛玻璃承影板，将暗盒装在承影框上.

(2)将光线调到最大强度，暗盒抽板取出 100mm 左右，打开快门，曝光 60s，关闭快门，推上暗盒抽板，取下暗盒.

8. 冲洗底片

在暗室里取出暗盒中的胶片，在 D-72 显影液盆中显影 5min 后，取出胶片在水中冲洗一下，放入酸性定影液盆中定影 15min，再用水冲洗 30min，晾干.

8.2.5 注意事项

(1)绝不允许用手指去触摸光学镜片，如有灰尘沾在镜头上，可先用吸耳球将灰尘吹去，再用毛笔拂除.

(2)载物台在不使用时，不应放置过重的物体，以防升降机构损坏.

(3)做完实验后，应用防尘罩将仪器罩好.

8.2.6 思考题

(1)依照晶体缺陷的几何尺度晶体缺陷分几类?并举例说明.

(2)试述“晶体缺陷的研究”的实验目的.

(3)研究晶体缺陷有什么实际意义?

(4)举出几种观察晶体缺陷的方法.

(5)用金相显微镜观察晶体缺陷的原理.

(6)金相显微镜的使用方法.

(7)金相显微镜主要有哪几部分组成?

(8)会有几种原因造成冲洗出来的软片没有图像?

(9)显微视场的面积和放大倍数怎样标定?

参考文献

陆栋,蒋平,徐至中. 2003. 固体物理学,上海:上海科学技术出版社

聂向富,李博,范印哲. 1995. 固体物理学——基本概念图示. 北京:高等教育出版社

唐贵德,马长山,杨连祥,等. 2003. 近代物理实验. 石家庄:河北科学技术出版社

(郭革新　侯登录　编)

8.3　X 射线衍射技术

材料、能源和信息被公认为现代科学技术发展的三大支柱,而各种新材料的开发与研制则是科学技术发展的关键.

X 射线衍射技术是研究材料科学的重要手段之一,原是物理学的一个分支,近 80 年来在理论、设备、方法及应用上都有迅速的发展,而且已渗透到物理、化学、生命科学、地球科学、材料科学及工程技术等各个领域. 最近十余年来,由于新的 X 射线源和辐射探测设备的相继出现,相关理论、实验方法的发展,以及高速度、大容量计算机的应用,使得这门古老的学科又获得了新的生命,其相应的 X 射线衍射技术的实用性和重要性也愈加被人们所认识.

8.3.1　实验目的

(1)掌握 X 射线衍射的基本原理以及利用 X 射线衍射进行物相分析的基本方法.

(2)掌握 X'PertPro X 射线衍射仪的基本使用方法.

8.3.2　实验原理

1. X 射线的性质

1895 年 11 月 8 日德国维尔茨堡大学伦琴教授在做阴极射线实验时,发现了一种新的射线——X 射线. 为此,1901 年伦琴荣获首届诺贝尔物理奖.

伦琴发现 X 射线后,1912 年德国慕尼黑大学物理学家劳厄等利用晶体作为产生 X 射线衍射的光栅,使入射的 X 射线经过晶体后发生衍射,证实了 X 射线与无线电波、可见光和 γ 射线等其他各种高能射线无本质上的区别,也是一种电磁波,只是波长很短而已. X 射线的波长在 10^{-2}～10^{2} Å,见图 8.3.1. 衍射工作中使用的 X 射线已波长通常在 1Å 左右.

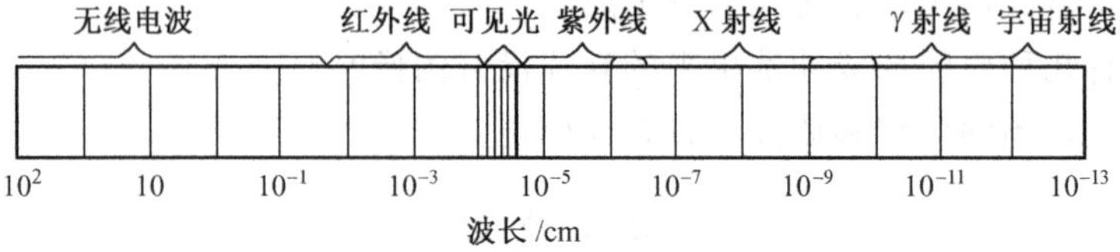

图 8.3.1 电磁波谱

图 8.3.2 为结构分析中常用的 X 射线管示意图. 在阴极(灯丝)和阳极(靶)两极间加高压,使阴极发射的电子加速射向阳极,则在轰击处产生 X 射线,轰击的面积称焦点,而经 X 射线管出射的 X 射线束与靶面成一定的角度(为 3°～6°).

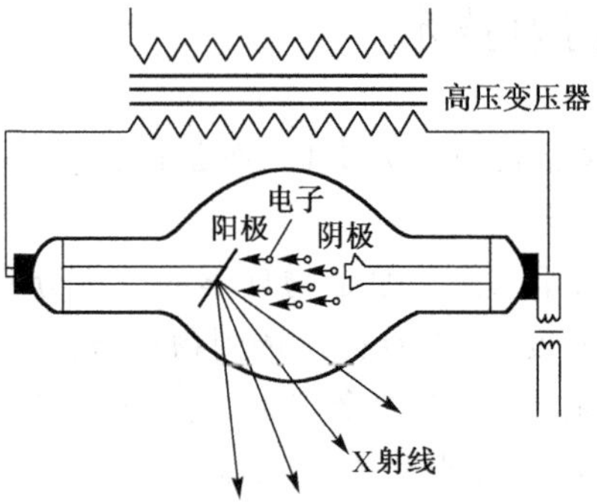

图 8.3.2 X 射线管的结构示意图

由 X 射线管发生的 X 射线可以分为两种:一种是具有连续波长的 X 射线,构成连续 X 射线谱. 连续 X 射线谱是击中了阳极靶的大量高能电子迅速减速时产生的. 另一种是具有特定波长的 X 射线谱,它们叠加在连续 X 射线谱上,称为标识(或特征)X 射线. 标识 X 射线谱是当管压提高到其一特定电压值 U_K 以后,高能电子在轰击阳极靶的过程中,部分具有充分动能的电子激发阳极靶金属原于内壳层电子跃迁所产生的. 常依波长增加的次序把标识谱分成 K,L,M,…若干线系,分别对应于跃迁到 K,L,M,…壳层时辐射的 X 射线.

2. 晶体学基础

1)晶体与非晶体

质点(原于、离子或分子等)在三维空间按一定几何规律周期性排列(即长程有序)的物质称为晶体. 而非晶体的原子或分子排列没有周期性,或只在小范围内存在规律性(即短程有序).

2)单晶体与多晶体

在整个晶体体积内的质点(原子、离子或分子等)在三维空间有规律地重复排列的晶体,称为单晶体. 多晶体是由大量微小单晶杂乱地堆积而成的固体,由于各个微小单晶取向的无规则,掩盖了晶体内在的各向异性.

3)点阵

设想在空间有许多平行线,把空间分成大小相等的平行六面体. 在这些平行线交点上适当安置着组成晶体的原子(离子或分子),它们即组成了晶体点阵,如图 8.3.3所示. 每个交点叫结点. 点阵中的平行六面体单元称为晶胞. 这种平行六面体单元可以由点阵中不同结点相连成形状、大小不同的各种晶胞. 取晶胞的三棱边为三坐标轴(x,y,z)，沿三轴的基矢用a、b、c表示，其间夹角用α、β、γ表示，如图8.3.3所示．这常数a、b、c、α、β、γ称为点阵（晶格）常数，根据晶体的对称性及其参数可将晶体分成七个晶系、14种空间点阵，如图8.3.4所示．

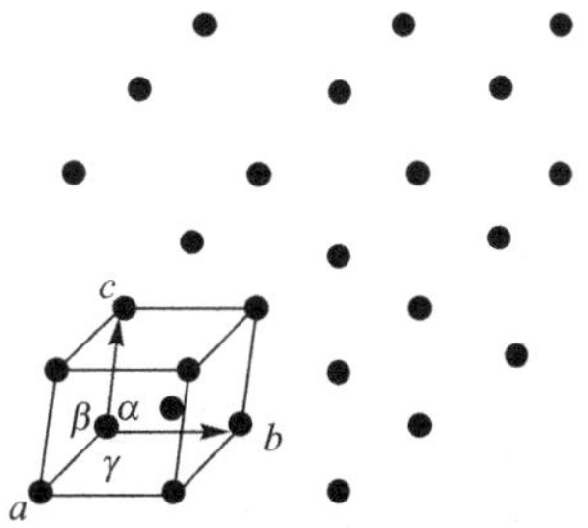

图8.3.3　空间点阵及晶格示意图

4）晶向、晶面与晶带

晶向是指通过点阵中的任一列阵点（至少包括两个阵点）的直线方向．它可用晶向指数来表示，它的取法是：先作一条直线平行于该晶向方向，并通过晶胞原点，在此直线上任选一点，求出其三个坐标，将此三个坐标数值化为最小整数比u、v、w；则$[uvw]$称为该晶向的晶向指数，如图8.3.5中箭头所指的为[110]晶向．共面的晶向组成晶面，可用(hkl)晶面指数（密勒指数）来表示不同取向的晶面．它是将晶面与晶轴截距的倒数比值简化为三个互质的整数比h、k、l，图8.3.5中阴影部分所示平面即为(111)晶面，相互平行且等距的一系列晶面称为晶面族．一族平行晶面中最邻近的两个晶面间的距离称为晶面间距$d(hkl)$．它与点阵参数和晶面指数有关，对于立方晶系

$$d(hkl)=\frac{a}{\sqrt{h^2+k^2+l^2}}$$

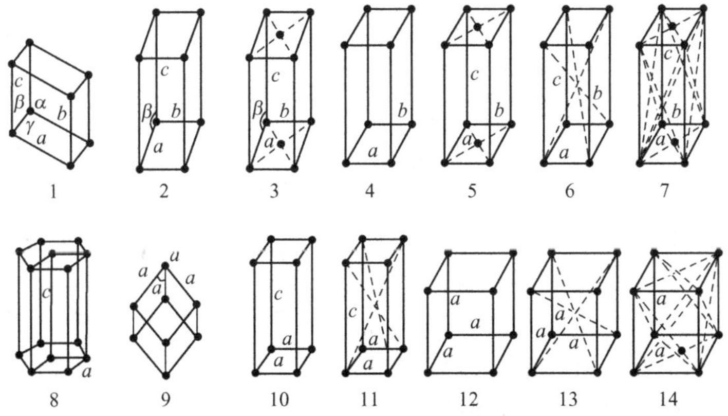

图8.3.4　14种布拉维点阵示意图

1.三斜(P)；2.简单单斜(P)；3.底心单斜(C)；4.简单斜方(P)；5.底心斜方(C)；6.体心斜方(I)；7.面心斜方(F)；8.六方(P)；9.三方(R)；10.简单正方(P)；11.体心正方(I)；12.简单立方(P)；13.体心立方(I)；14.面心立方(F)

晶体中平行于同一晶向的许多晶面的组合称为晶带，此晶向称为晶带轴，组成晶带的各个晶面称为共带面．

5）晶体的宏观对称性

晶体的对称性是指晶体中存在两个或两个以上的等同部分，通过一定的几何动

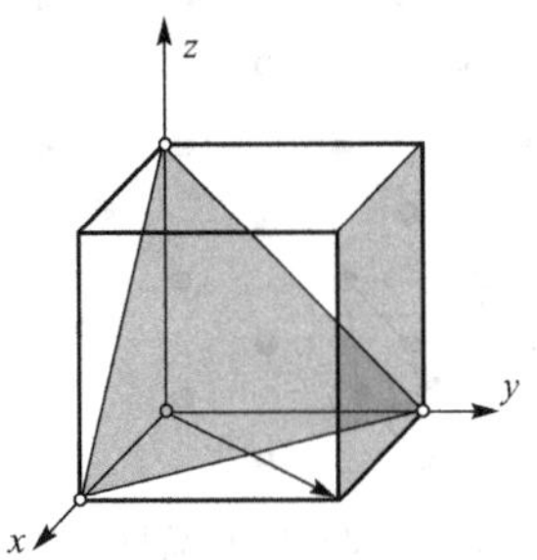

图 8.3.5 晶面及晶向的示意图

作后能使它们周期性的复原. 例如,若以晶体结构中一固定直线作为旋转轴,而整个晶体绕轴旋转 $2\pi/n$ 角度后能复原,则称此晶体具有 n 度旋转对称. 对于晶体,n 只能取 1,2,3,4 及 6 五个整数,即旋转角只能为 360°,180°,120°,90°,60°. 此外还有反映对称、反演对称、旋转—反演对称,这四种称为宏观对称元素,它们组合成 32 种点群.

3. X 射线在晶体中的衍射

由于 X 射线是波长为 100～0.01Å 的一种电磁辐射,常用的射线波长为 2.5～0.5Å,与晶体中的原子间距(1Å)数量级相同,因此可以用晶体作为 X 射线的天然衍射光栅,这就使得用 X 射线衍射进行晶体结构分析成为可能.

当 X 射线沿某方向入射某一晶体时,晶体中每个原子的核外电子产生的相干波彼此发生干涉,当两个相邻波源在某一方向的光程差(Δ)等于波长 λ 的整数倍时,它们的波峰与波峰将互相叠加而得到最大限度的加强,这种波的加强叫做衍射,相应的方向叫做衍射方向,在衍射方向前进的波叫做衍射波. 产生衍射的几何条件可用布拉格定律和劳厄方程来描述.

图 8.3.6 所示的是晶体内部某一晶面族,晶面间距为 $d(hkl)$. 入射 X 射线受到原子 A 散射的同时,另一条平行的入射 X 射线受到原子 B 散射. 如果两条散射线在某处为同相位,则它们的光程差 d 应为入射波长的整数倍. 即

$$光程差\ \Delta = 2d_{hkl}\sin\theta = N\lambda$$

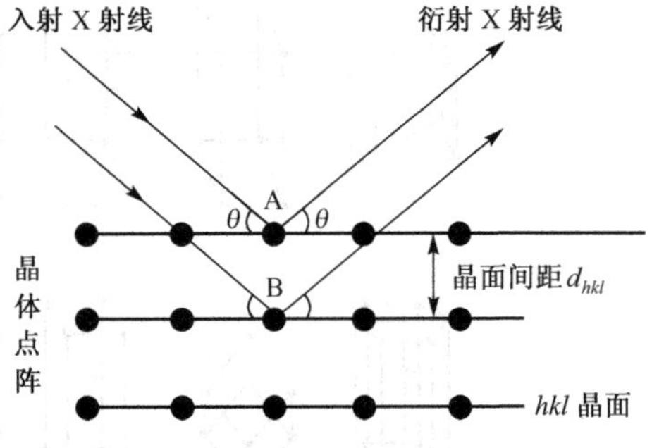

图 8.3.6 布拉格定律示意图

此时,则会产生干涉极大值,这就是布拉格定律. 式中 θ 表示掠射角(入射线与晶面间夹角),称为布拉格角;N 为整数,称为干涉级次. 由此可见,当 X 射线入射到晶体上时,凡是满足布拉格方程的晶面族,均会发生干涉性反射,反射 X 射线束的方向在入射 X 射线和反射晶面法线的同一平面上,且反射角等于入射角.

4. 多晶体晶格常数的测定

为了取得晶体衍射的实验数据,以便对晶体的组织结构进行分析,已发展了各种各样的衍射实验方法. 物相分析中的衍射方法包括 X 射线衍射、电子衍射和中子衍射三种,其中 X 射线衍射方法使用最广、最为经常,它包括德拜照相法、聚焦照相法和衍射仪法等,本实验重点介绍衍射仪法.

任何结晶物质. 无论它是单晶体还是多晶体,都具有特定的晶体结构类型,晶胞

大小，晶胞中原子、离子或分子数目的多少，以及它们所在的位置，由此可以给出该多晶体特定的 X 射线衍射花样. 更明确地说，一种多晶物质，无论是纯相还是存在于多相混合试样中，它都给出特定的衍射花样，事实上没有两种不同的结晶物质可以给出完全相同的衍射花样，正如不可能找到指纹完全相同的两个人一样. 此外，未知混合物的花样是混合物中各相物质衍射花样的总和，每种相的各衍射线条的 d 值、相对强度不变，这就是能用 X 射线衍射方法作物相定性分析(物相鉴定)的基础.

定性分析的基础方法是将未知物相的衍射花样与已知物质的衍射花样相对照，这种方法是 Hanawalt 及其合作者首先创建的，起初他们搜集 1000 多种化合物的衍射数据作为基本参考. 后来，美国材料试验学会和 X 射线及电子衍射学会在 1942 年出版了第一组衍射数据卡片，以后逐年增编，到 1963 年一共出版了 13 组. 后来每年出版一组，并分为有机和无机两部分，称为 ASTM 卡片，1969 年建立了粉末衍射标准联合委员会(简称 JCPDS)，这个国际性组织，在有关国家相应组织的合作下，编辑出版粉末衍射卡组. 简称 PDF 卡组，为了查寻与未知物质花样对比的卡片，还编制了各种索引.

8.3.3　实验仪器装置

本实验使用的主要仪器是荷兰帕纳科(PANalytical)的 X'Pert Pro 型 X 射线衍射仪. X'Pert Pro X 射线衍射仪是帕纳科公司推出的新一代 X 射线衍射仪，如图 8.3.7所示.

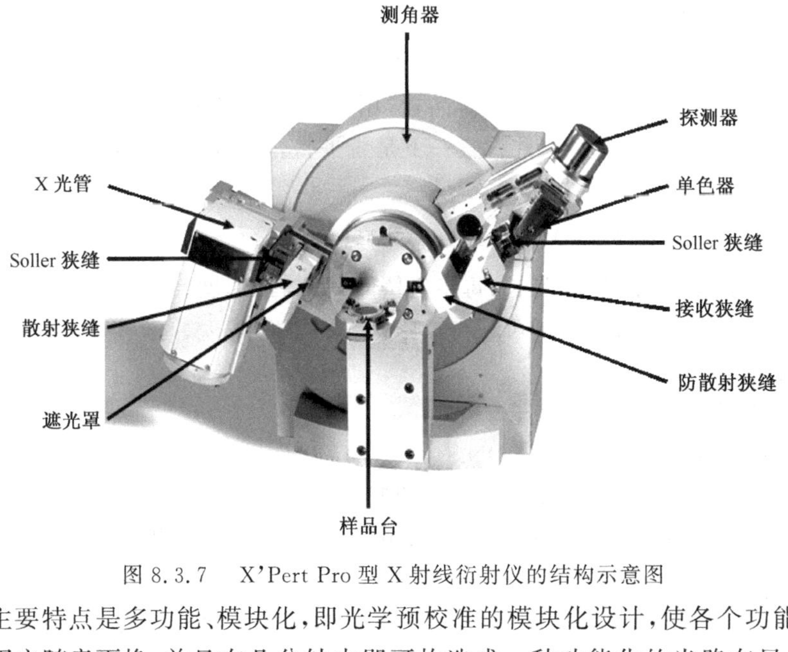

图 8.3.7　X'Pert Pro 型 X 射线衍射仪的结构示意图

其主要特点是多功能、模块化，即光学预校准的模块化设计，使各个功能模块能够任由用户随意更换，并且在几分钟内即可构造成一种功能化的光路布局，从而使多功能应用终于能够在一台仪器上实现，如常规相分析聚焦光路模式、平行光路模式、微区测量模式等.仪器还可以进行小角散射纳米粒度测定、应力测定、织构测定等.它主要包括入射光路、样品台、测角器、接受光路以及相应的控制操作系统和数据处理系统组成.图8.3.8为该X射线衍射仪的光路示意图,其中的入射光路又包括X射线管、Soller狭缝、散射狭缝和遮光罩等;接收光路包括防散射狭缝、接收狭缝、Soller狭缝、单色器和探测器等.

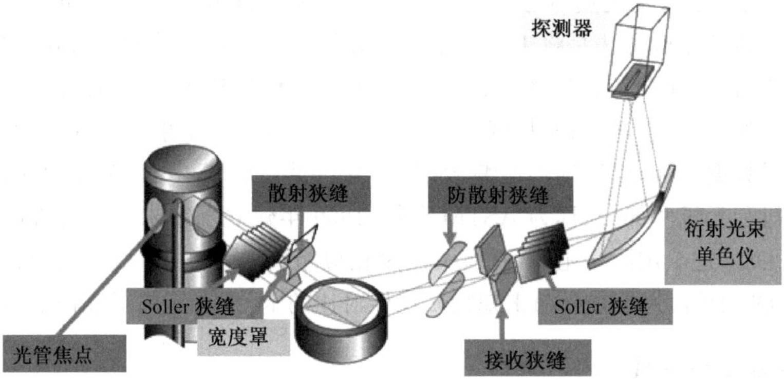

图8.3.8 X'Pert Pro型X射线衍射仪的光路示意图

8.3.4 实验内容和步骤

1.样品的制备和安装

(1)将被测试样放在玛瑙研钵中研磨至200～300目.

(2)把平板玻璃与试样板擦净,试样板放在桌子上,把有凹槽的一面朝上,用刮刀将粉末放入样品板孔中,略高于样品板,用刮刀将试样压平.试样压平后,紧贴平板玻璃一面作为X光照射面,并检查一下是否平整,然后将样品板插入样品台架,其中心线对准样品台的中心线.

2.按X'Pert Pro X射线衍射仪操作规程开机

选择各参数(扫描角度、步长、每步停留时间、扫描速度、狭缝宽度等),同时打开计算机控制开关,开始测量,即可获得一张衍射图谱.

开机步骤:

(1)将墙上的闸全部合上.

(2)将净化电源的开关搬至ON.

(3)开启冷却水:①将冷水机开关按钮搬至"RUN"开启水冷系统.②调节水压使流量超过4.0L/min;如果流量小于4.0L/min,高压将不能开启(建议流量值设定为4.5～5.0L/min).

(4)开启主机电源,此时主机控制面板上的"Standby"灯亮,按下"Light"按钮可以开启机内照明灯.

(5)关好门,将HT钥匙转动90°(至水平位置),按下"POWER ON"按钮启动主机. 高压显示 15kV 5mA，稍后自动转为 30kV，10mA. 此时，仪器已经可以正常使用.

(6)打开计算机：①双击桌面上软件“X’Pert Data Collector”，打开后点“Instrument”菜单，继续点击“connect”，在接下来出现的界面中双击“X-ray”调节电压电流值所需值. ②开机时，先升电压，步长为 5kV 或 10kV，点“Apply”后注意仪器控制面板显示，电压已升到设定值后，再按设定步长继续升，工作电压最高值为 40kV. ③同(2)操作相同，将电流升至工作电流最高值 40mA.

3. 按 X’Pert Pro X 射线衍射仪操作规程关机

(1)将电流、电压降至 5mA，15kV(先降电流，后降电压，步长和上升时相同)，然后将 HT 钥匙转动 90°(至垂直位置)，关闭高压.

(2)退出软件：点“Instrument”，接下来点“Disconvert”. 关电脑主机.

(3)等待约 1min 后按下“STAND BY”按钮，关闭主机.

(4)关闭水冷系统.

(5)关闭净化电源.

(6)关总闸.

4. 利用 X’Pert HighScore 软件，对所测的样品进行物相分析

(1)双击 X’Pert HighScore 软件，将其打开. 在 File 目录下选择 Open，选中测量的样品的衍射图文件，打开刚得到样品的衍射图谱.

(2)平滑：在 Treatment 目录下选择 Smooth，打开 Smoothing 对话框，选择对衍射图进行平滑的参数，然后点击 Smooth，衍射图会显示出平滑后的图形，如果确认，就点击 Replace 来确定.

(3)扣背底：在 Treatment 目录下选择 Determine Background，打开 Determine Background 对话框，选择确定背底的参数，然后点击 Background，衍射图会显示出按现有的参数确定的背底图形，如果确认，就点击 Accept，衍射图中就会将此背底显示并确定下来；点击 Subtract 后，再点击 Replace，就可以在衍射图中将背底扣除掉.

(4)寻峰：在 Treatment 目录下选择 Search Peaks，打开 Search Peaks 对话框，选择对衍射图进行寻峰的参数，然后点击 Search Peaks，衍射图会在寻到的峰的位置用竖线标识出来，如果确认，就点击 Replace 来确定；同时在该软件右边的 Lists Pane 对话框中的 Peak List 栏中将寻到的峰的衍射峰强度、2θ、d 值、半高宽等参数显示出来.

(5)定性的确定样品：在 Analysis 目录的 Search & Match 子目录下，点击 Execute Search & Match，打开 Search & Match 对话框，在该对话框中选择对该衍射图样品峰进行匹配的参数，然后点击 Search，在 Lists Pane 下方会列出卡片库中所有与该样品峰进行匹配的卡片的简要信息，如卡片号、与衍射图的匹配程度、化合物的名称、分子式等. 点击 OK 就可确定这些候选者.

(6)在确定的候选卡片中,再根据该样品中所含的成分、最强的三条衍射峰的匹配程度来找到最匹配的卡片. 找到最匹配的卡片后,可以根据卡片库中该卡片的信息来定性的初步确定该样品的分子式、晶格常数等信息.

8.3.5 注意事项

(1)在样品制样时,一定将样品面与玻璃面找平,并检查样品面是否平整.

(2)注意 X 射线管的电压为几十千伏,注意高压安全.

(3)对于新的 X 射线管和超过 100h 未使用的 X 射线管,需进行正常老化;对于超过 24h 但不超过 100h 未使用的 X 射线管,需进行快速老化.

思考题

(1)定性物相分析的基本方法是什么?

(2)实验中怎样选择时间常数?

(3)叙述物相定性分析的局限性?如何避免相分析的误判或漏判现象?

参考文献

李树棠. 1990. 晶体 X 射线衍射学基础. 北京:冶金工业出版社,1~60

南京大学近代物理实验室编. 1993. 近代物理实验. 南京:南京大学出版社,135~139

(赵　旭　编)

8.4 扫描隧道显微镜

1982 年,IBM 公司瑞士苏黎世实验室的 Binning 和 Rohrer 发明了扫描隧道显微镜(scanning tunneling microscope,STM). 1986 年,Binning 和 Rohrer 与发明电子显微镜的 Rusks 共同获得了诺贝尔物理学奖.

8.4.1 实验目的

(1)扫描隧道显微镜的工作原理.

(2)扫描隧道显微镜的基本使用方法.

8.4.2 实验原理

1. 扫描隧道显微镜的组成

STM 主要由扫描隧道显微镜主体、控制系统、计算机系统组成. STM 在纳米尺度上工作,对整个系统的刚性,控制精度以及隔震性能有着较高的要求. 扫描隧道显微镜构造原理图,如图 8.4.1 所示. STM 的控制系统分别是三维扫描控制子系统、针尖-样品间距调节子系统、反馈及计算机控制和数据处理子系统[1,2].

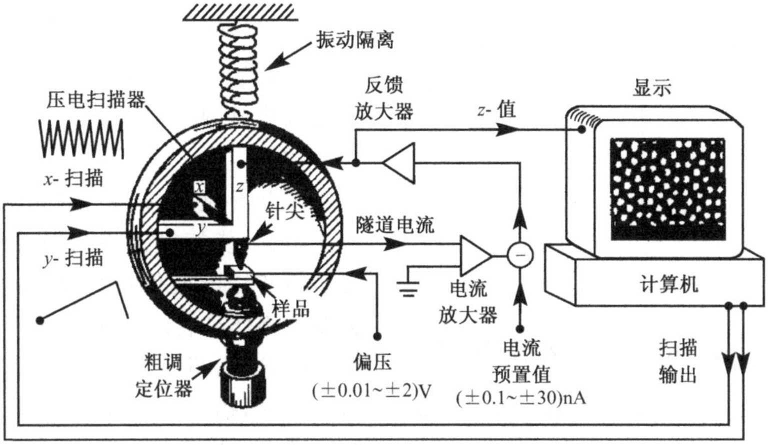

图 8.4.1 扫描隧道显微镜构造示意图[2]

2. 扫描隧道显微镜的工作原理

扫描隧道显微镜的工作原理是利用由压电元件控制的金属针尖在样品的表面上进行扫描，根据量子隧道效应获得样品表面的图像，如图 8.4.2 所示.

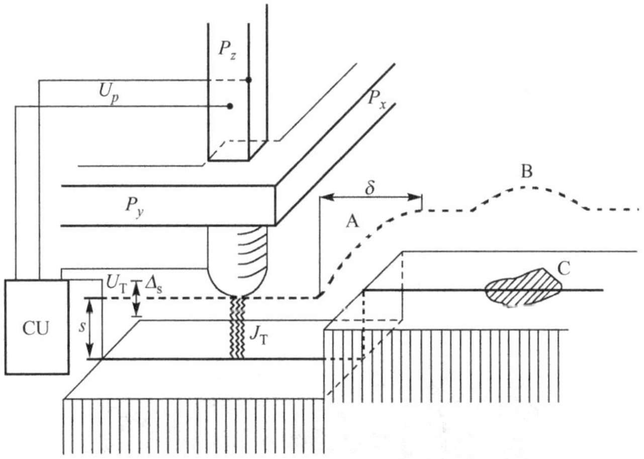

图 8.4.2 扫描隧道显微镜基本原理图[3]

当 STM 的针尖与样品的距离非常接近(为 0.5～1.0nm)，此时在二者之间施加一偏置电压 U_T(U_T 通常为 2mV～2V)，针尖与样品的表面之间会形成隧道电流，该隧道电流 J_T 可以表示 $J_T \propto U_T \exp(-A\psi^{1/2}s)$，其中 A 为常数，在真空条件下 $A \approx 1$，ψ 为针尖与样品的平均功函数(ψ 一般为几个电子伏)，s 为针尖与样品表面之间的距离. 当 s 改变 0.1nm，J_T 会有数量级的变化. 因此当探针在被测试的样品表面上扫描时，样品表面的凹凸程度就反映在与针尖间距的变化上，而间距的变化会引起隧道电流的变化，这样就可以通过隧道电流的变化得到样品的表面形貌[2~5].

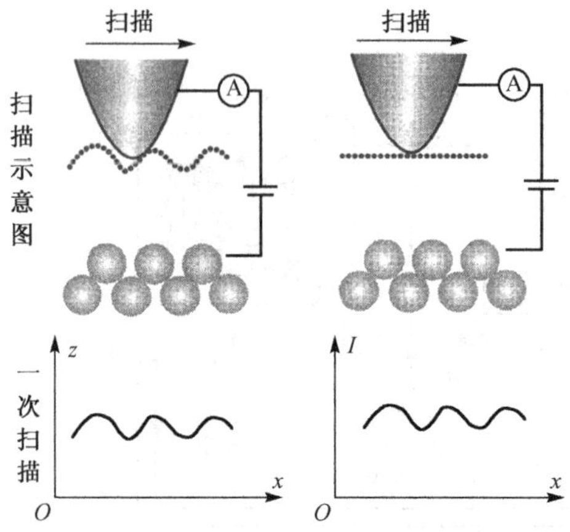

(a) 恒电流模式　(b) 恒高度模式

图 8.4.3　扫描隧道显微镜的两种工作模式[7]

3. 扫描隧道显微镜的工作模式[6,7]

扫描隧道显微镜的工作模式有两种，恒电流模式和恒高度模式，如图 8.4.3 所示[6,7].

恒电流模式：针尖在扫描控制系统的控制下，使扫描针尖与被测样品表面之间的隧道电流保持恒定，通过记录针尖在被测样品表面 x、y 方向扫描时的反馈电压，进而得到被测样品表面的形貌信息. 该扫描方式常用于观察表面形状起伏较大的样品.

恒高度模式：针尖在被测样品之上保持恒定高度，当针尖在样品表面上方进行扫描时，样品表面的起伏可以通过隧道电流的变化反映出来，将其称为恒高度模式. 恒高度模式在进行快扫时，要求被测样品表面十分光滑.

8.4.3　实验仪器设备

实验采用的设备为美国 DI 公司的 Nanosope IV 型扫描探针显微镜(分辨率：横向 0.02nm，纵向 0.02nm)，如图 8.4.4 所示.

图 8.4.4　Nanosope IV 型扫描探针显微镜

8.4.4　实验内容和步骤

1. 磁性薄膜表面形貌的观察

图 8.4.5 为 FeCo 薄膜的表面形貌.

2. 观察磁性薄膜的磁畴图像

图 8.4.6 为 FeCo 薄膜的磁畴图像.

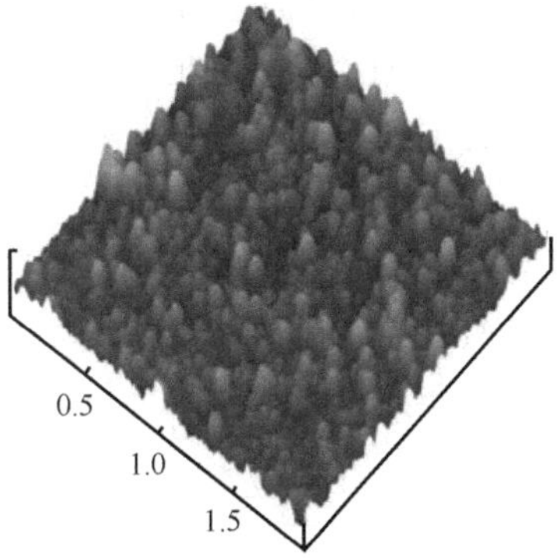

图 8.4.5　FeCo 薄膜的表面形貌

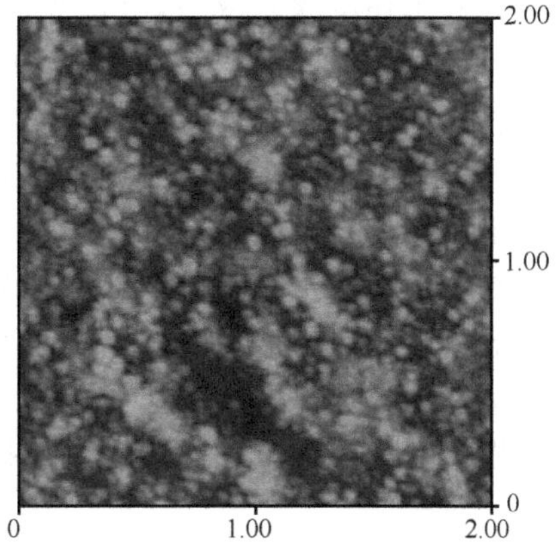

图 8.4.6　FeCo 薄膜的磁畴图像

3. 实验步骤

1)开机与准备

(1)将主机放置减震台上(主机底面凸点对准减震台凹槽,主机定位后不再晃动).

(2)打开电源,开计算机和监视器.

(3)打开控制器.

(4)打开激光灯源开关,调节亮度.

(5)打开软件,双击测试软件,点击显微镜图标,出现操作界面.

(6)将光学显微镜抬高(转旋钮),一手扶扫描头,一手将两侧弹簧摘下,放置样品,将光学显微镜放低至样品表面.

(7)调节减震台前面与右面旋钮及扫描头下面前方及右方旋钮,找到样品合适的扫描位置并将探针移到扫描位置.

(8)将主机座上左边扳钮由 TM. AFM 位置打到 AFM&LFM 位置.

(9)调节扫描头上测和背面旋钮,将显示屏上“HORZ”和“VERT”读数接近零(0.01 左右),再将 AFM&LFM 位置打到 TM. AFM 位置.

2)测试过程

(1)点击界面软件音叉“⊗”标志,打开对话框,点击“Auto Tune”,完成后点“ZERO phase”回到主界面.

(2)点击界面上的 capture 菜单输入文件名.

(3)手动下针:将主机底座上右面扳钮由中间打至“DOWN”,注意探针接近样品表面时动作缓慢;当探针接与影像距离 5mm 左右(由监视器观察)时,点击主界面“自动下针”.

(4)扫描开始后,先将光标移至“Scan size”可改变扫描范围;再将光标移至“Channel”框内 “Data scal”可改变图像颜色合适的对比度;之后将光标移至“Feed back control”框内“Amplitude setpoint”改变电压值大于 1V (接近 1V).

(5)将上述步骤完成后，点击界面上"照相机"图标抓图，同时观察主界面下面Capture右面由off变为on，图像自动保存；若取消抓图点击界面上带斜线照相机图标；若图像扫描中心需要移动，将光标移至主界面右方，点击"offset"在图像上出现一绿色"｜"字标志，移动"＋"至合适的位置后，双击鼠标右键，该位置即为新的扫描中心，重新抓图.

(6)扫描结束后，先用鼠标连击主界面上自动抬针标志，当探针与影像离开后，再手动抬针(用手扳主机底座右侧扳钮至"UP")，直到探针抬至5～6cm，即可交换样品.

3)关机

测试完毕，关机步骤与开机步骤相反.

参考文献

白春礼.1996.1992.扫描隧道显微术及其应用.上海：上海科学技术出版社

陈成均.扫描隧道显微学引论.北京：中国轻工业出版社

戴道宣.1985.扫描隧道显微镜.物理,14(4)：235～238

王世才.1987.扫描隧道显微镜.物理,16(6)：321～336

张锐.2007.现代材料测试方法.北京：化学业出版社

朱永法.2006.纳米材料的表征与测试技术.北京：化学业出版社

Binning G,Rohrer H,Gerber C,et al. 1982. Surface studies by scanning tunneling microscopy. Physics Review Letters,49(1)：57～61

(郭革新　侯登录　编)

第 9 章 低温物理实验

目前低温技术的发展和应用以十分广泛. 超导材料的实验研究是以低温技术为基础的. 本章涉及的低温实验有,超导材料的电磁特性和高温超导单晶生长及表征两个实验.

9.1 超导材料的电磁特性

近十几年来,高温超导材料的研究可谓轰轰烈烈. YBaCuO、BiSrCaCuO 等系列的超导转变温度 T_c,使超导电流等参数有了很大提高. 高温超导线材与薄膜在应用方面也有了很大的突破. 为了让学生及时了解和接触一些处于科学前沿的东西,有必要将“超导材料的电磁特性”实验引入到近代物理实验课程当中.

9.1.1 实验目的

(1)通过做本实验使学生对当今世界广泛关注的新型超导材料($YBa_2Cu_3O_{7-x}$)有初步的了解.

(2)测量超导材料电阻率随温度变化的特性曲线.

(3)观察超导材料的迈斯纳效应.

(4)了解超导材料的一些应用.

9.1.2 实验原理

1. 超导转变温度和迈斯纳效应

某些金属被冷却到极低温度时呈现出异乎寻常的电、磁综合特性. 所谓极低温度是由荷兰物理学家昂内斯(Onnes)于 1908 年利用液氦所能达到的极低温度. 3 年后,1911 年他发现纯汞(Hg)的电阻在这样低的温度下(约 4.2K),小到了无法测量的程度. 在这一温度下,汞的电阻不是平稳地下降,而是急剧下降,当低于这一温度时,汞便完全不显示电阻了,如图 9.1.1 所示.

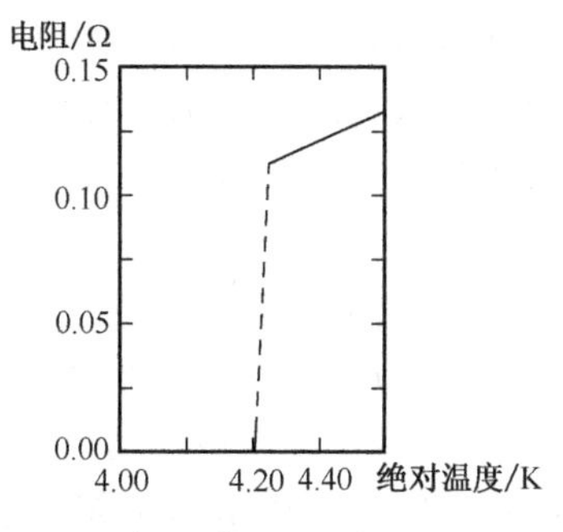

图 9.1.1 水银样品电阻与绝对温度关系

昂内斯认识到，在4.2K以下时便进入一种新的状态，这种新的状态称为“超导态”．相应的物质（如Hg）称为超导体，后来发现许多金属及其化合物都具有超导电性．超导体失去电阻的温度称为超导转变温度或临界温度，用T_c表示．至1973年人们发现超导转变温度最高的是Nb_3Ge，临界温度为23K，从此以后一直没有进展．

1986年1月，IBM公司在瑞士苏黎士实验室的两名研究员（Bednorz 和 Müller）发现了30K的超导材料．这种材料是一种氧化铜和钇加少量钡和锶或钙的陶瓷材料，以此为基础，在国际上开始了高临界温度超导材料的研究热潮，1986年底便把超导材料的转变温度提高到了88K，首次突破使用液氮温度（77K）的大关．这两名研究员为此获得1987年诺贝尔物理奖．

在超导态下，电阻是真正变为零了呢，还是仅仅降低到了很小的值？当然，实验永远不能证明电阻确实为零．任何样品的电阻可能总是恰好小于仪器的灵敏度允许探测到的电阻．一般测量方法是把电流通入超导体，再用灵敏伏特计连到线的两端，测试其电压便能测得超导体的电阻，本实验便采取此方法（所谓四线法）测试．更为灵敏的实验是，给超导环内通一电流，经过长时间观察测量后，看电流有没有衰减．设环的自感为L，若$t=0$时环中电流为$i(0)$，那么，在稍后的时间t，电流应衰减为$i(t)=i(0)e^{-(R/L)t}$，其中R为环的电阻．我们能测量环行电流产生的磁场并由此观测是否随时间衰减．测量磁场变化不从电路中引出能量，从而我们应能用此方法测试电流是否无限地循环下去．根据超导闭合线圈中环行电流不衰减的事实．Gallop得出结论，超导金属的电阻率小于$10^{-26}\Omega\cdot m$（即小于室温下铜电阻率的$10^{-18}\Omega\cdot m$，由此看来超导体的电阻视为零是正当的）．

超导材料除失去电阻这一特性外，还有另一个重要的特性是完全逆磁性．按麦克斯韦方程：$\nabla\times\boldsymbol{E}=-\partial\boldsymbol{B}/\partial t$，既然超导体内没有电阻，则可视为理想导体，因此$\nabla\times\boldsymbol{E}$为零，势必磁感应强度不随时间变化，即$\partial\boldsymbol{B}/\partial t=0$．超导体的磁感应强度应由初始条件决定，当一块金属处于超导态，然后施加磁场，其数值小于临界磁场$\boldsymbol{B}_c$，此时超导体内$\boldsymbol{B}=0$，没有磁感应线，如图9.1.2(b)所示．假如此超导体在高于T_c的温度时先处在磁场中，其体内有磁感应强度$\boldsymbol{B}=\boldsymbol{B}_0$，其值小于$\boldsymbol{B}_c$，然后让它冷却至$T_c$以下的温度，此金属变为超导态．按上述理论，超导体内将保持原有的磁感应强度，如图9.1.2(a)所示．事实上，1933年，迈斯纳和奥森菲尔德(R. Ochsenfeld)做了实验，在小磁场中把金属冷却变成超导态时，超导体内的磁感应线完全被排斥出来，保持体内磁感应强度为零，如图9.1.2(c)所示．

总之，实验表明，不论在进入超导态之前金属体内有没有磁感应线，当它进入超导态后，只要外磁场$|B_0|$小于临界磁场$\boldsymbol{B}_c$，超导体内磁感应强度总是等于零，即$\boldsymbol{B}=\boldsymbol{B}_0+\mu_0\boldsymbol{M}=0$．由此求得金属在超导电状态的磁化率为$\chi=\mu_0\boldsymbol{M}/\boldsymbol{B}_0=-1$，是负值．以上$\boldsymbol{B}_0$是外加磁场$\boldsymbol{H}$在真空中的磁感应强度．所以说，超导体是一个“完全抗磁体”，超导体的完全抗磁性称为迈斯纳效应．此效应的意义在于否定了把超导体简单地看作理想导体的设想，这还指明了超导态是一个热力学平衡的状态，同怎样进入超导态的途径无关．

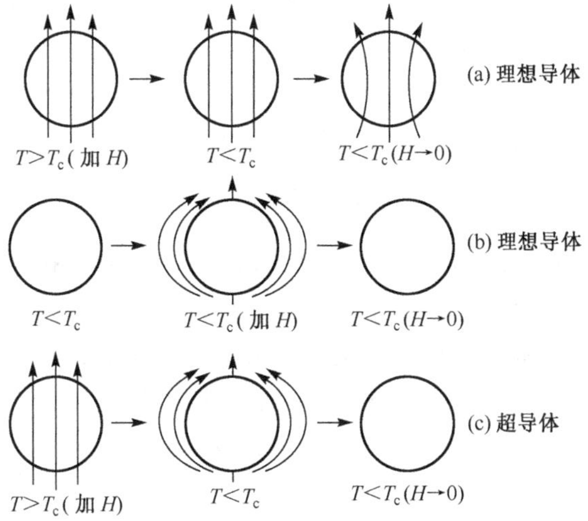

图 9.1.2　超导体的完全抗磁性

2. 关于超导态现象的两种理论解释

1)二流体模型

二流体模型是 1934 年为了解释超导体的热力学特性提出来的. 该模型认为超导体内的传导电子可分成两类:正常的传导电子和超导电子(或超流电子). 正常传导电子就是普遍意义下的自由电子;超导电子则是特殊状态下的电子;超导电子处在一种“凝聚”状态,所谓“凝聚”是指它们聚集在一最低能量状态,其特点是不发生散射. 该模型认为:两类电子占据同一体积,互相渗透,彼此独立地运动,超导电子浓度关系的经验定律为

$$n_s = n[1-(T/T_c)^4] \tag{9.1.1}$$

式中,n 为正常电子和超导电子的总浓度. 当 $T=0\mathrm{K}$ 时,所有电子都变成超导电子. 当 $T=T_c$时,所有电子都变成正常电子. 可把 n_s/n 作为有序化程度的一个量度,称为有序参量或有序度.

二流体模型可以说明零电阻特性. 当 $T<T_c$ 时,超导电子出现,由于它们不被散射,因而具有无限大的电导率;金属内不能存在电场,正常电子不负载电流,从而导致整个样品显示无限大的电导率.

2)伦敦方程

在二流体模型基础上,1955 年伦敦兄弟提出了两个描述超导电流和电磁场关系的方程,成功地解释了零电阻现象和迈斯纳效应,并预言了一些新结果.

(1)伦敦第一方程. 根据二流体模型,超导电子的运动不受阻力,在电场作用下的运动方程为

$$m \cdot \frac{\mathrm{d}v}{\mathrm{d}t} = -e^* v \tag{9.1.2}$$

式中，e^*，m^* 为一个库珀对的有效电荷和有效质量，分别为 $2e$ 和 $2m$. 因为超导电子实际上是两个结合在一起的电子对，即库珀对. 超导电子的电流密度

$$J_s = -n_s e^* v \tag{9.1.3}$$

式中，n_s 为超导电子浓度，由式(9.1.2)和式(9.1.3)两式可得

$$\frac{dJ_s}{dt} = \frac{n_s e^{*2}}{m^*} E \tag{9.1.4}$$

在稳定情况下 $dJ_s/dt = 0$，有 $E = 0$，即超导体内无电场. 正常电流 $\boldsymbol{J}_n = 0$，$E = 0$，这时超导体内只有超导电子贡献的超导电流，因而表现为没有电阻的性质. 所以式(9.1.4)可说明超导体的零电阻性，也称为伦敦第一方程.

(2)伦敦第二方程. 把式(9.1.4)代入麦克斯韦方程

$$\nabla \times \boldsymbol{E} = -\frac{\partial \boldsymbol{B}}{\partial t} \tag{9.1.5}$$

得

$$\frac{d\,\nabla}{dt} \times \boldsymbol{J}_s = -\frac{n_s e^{*2}}{m^*} \frac{d\boldsymbol{B}}{dt} \tag{9.1.6}$$

$\boldsymbol{B}$ 的解依赖于初始条件. 为了说明迈斯纳效应，伦敦假定超导体满足方程

$$\nabla \times \boldsymbol{J}_s = -\frac{n_s e^{*2}}{m^*} \boldsymbol{B} \tag{9.1.7}$$

即伦敦第二方程. 将式(9.1.7)代入麦克斯韦方程

$$\nabla \times \boldsymbol{B} = \mu_0 \boldsymbol{J}_s \tag{9.1.8}$$

利用恒等式

$$\nabla \times \nabla \times \boldsymbol{B} = \nabla(\nabla \cdot \boldsymbol{B}) - \nabla^2 \boldsymbol{B} = -\nabla^2 \boldsymbol{B} \tag{9.1.9}$$

得超导体内 $\boldsymbol{B}$ 满足方程

$$\nabla^2 \boldsymbol{B} = \frac{1}{\lambda^2} \boldsymbol{B} \tag{9.1.10}$$

式中

$$\lambda^2 = \frac{m^*}{\mu_0 n_s e^{*2}} \tag{9.1.11}$$

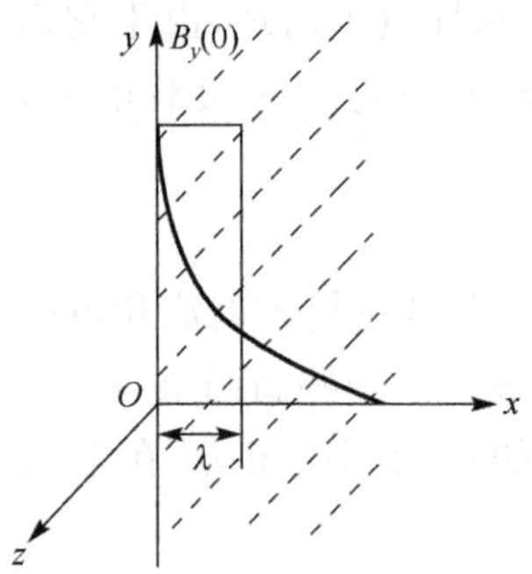

图 9.1.3 超导体表面磁感应强度分布

可以普遍地证明上述方程要求在超导体内部 B 从表面很快地下降. 为了说明式(9.1.11)的意义，我们考虑超导体占满 $x>0$ 的空间的简单情况，并设磁场沿 y 方向，见图 9.1.3，这时式(9.1.10)简化为

$$\frac{\partial B_y}{\partial x^2} = \frac{1}{\lambda^2} B_y \tag{9.1.12}$$

它的解为

$$B_y(x) = B_y(0) e^{-x/\lambda} \tag{9.1.13}$$

$B_y(0)$ 实际上是超导体表面磁场，式(9.1.13)

说明在超导体内部的磁通密度按指数规律迅速衰减，如图 9.1.3 所示，λ 称为伦敦穿透深度，是磁场在超导体内发生显著变化的尺度. 按式(9.1.11)估算，$\lambda \approx 10^{-6}$ cm，与实验值接近，说明仅在超导体表面附近约 10^{-6} cm 的薄层内才有不为零的磁场. 超导体内的磁场实际是零，因此说明了迈斯纳效应. 将式(9.1.13)代入式(9.1.8)得

$$\mu_0 J_{sz}=\frac{\partial B_y}{\partial x}=\frac{1}{\lambda}B_y(0)\mathrm{e}^{-\frac{x}{\lambda}} \tag{9.1.14}$$

J_{sz} 是在表面很薄的一层内产生的沿 z 方向的电流，它的作用是产生磁场以抵消沿 y 方向的外磁场，使超导体内总是 $B=0$，称它为抗磁电流或屏蔽电流. 换言之，正是这样分布的表面层的屏蔽电流，抵消了深入到超导体内的外磁场，才使超导体始终保持零磁场状态.

因此，伦敦理论不仅解释了迈斯纳效应和零电阻特性，而且预言了磁场的屏蔽需要一个有限的厚度，磁场穿透的深度应为 10^{-6} cm 的数量级.

超导体按其磁化特性可分为两类：第一类超导体只有一个临界磁场 H_c，其磁化曲线如图 9.1.4 所示，在超导态具有完全逆磁性；第二类超导体有两个临界磁场，下临界磁场 H_{c1} 和上临界磁场 H_{c2}，当外磁场 H_0 小于 H_{c1} 时，同第一类一样. 第二类超导体处于迈斯纳状态(即完全抗磁性)，体内没有磁感应线穿过，当外磁场 H_0 介于 H_{c1} 和 H_{c2} 之间时，第二类超导体处于混合态，这时体内有磁感应线穿过，形成许多半径很小的圆柱形正常区. 正常区周围是连通的超导区，整个样品的周围仍有逆磁电流. 这样第二类超导体处在混合态，既具有逆磁性(但 $B\neq 0$)又仍然没有电阻，新发现的 $YBa_2Cu_3O_{7-x}$ 就属于第二类超导体材料.

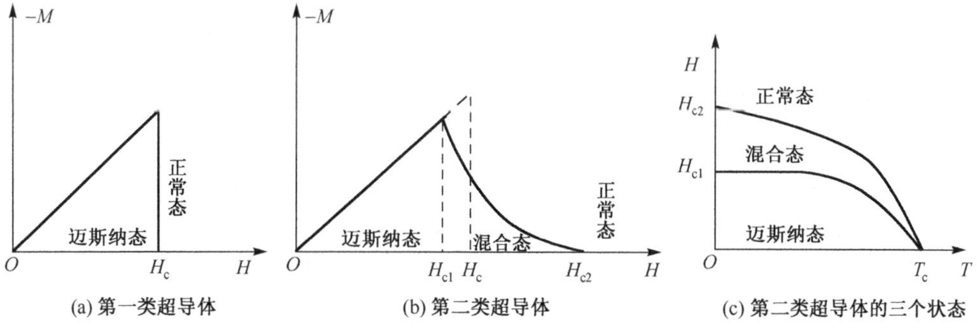

图 9.1.4　两类超导体

9.1.3　实验仪器装置

1. 系统简介

HT288 型高 T_c 超导体电阻-温度特性测量仪主要用于高 T_c 超导材料的电阻-温度特性测量与处理，也可用于其他样品电阻-温度特性测量. 它由安装了样品的低温恒温器，测、控温系统，数据采集、传输和处理系统以及电脑组成. 通过开关转换，既

可进行动态法测量，也可进行稳态法测量.动态法测量时可分别进行不同电流方向的升温和降温测量，以观察和检测因样品和温度计之间的动态温差造成的测量误差以及样品及测量回路热电势给测量带来的影响.动态测量数据经本机处理后直接进入电脑 X-Y 记录仪显示、处理或打印输出，稳态法测量结果经由键盘输入计算机，作出 R-T 特性曲线，供分析处理或打印输出.

2. 仪器工作原理

图 9.1.5 为本机工作的原理示意框图.如图 9.1.5 所示的低温度恒温器用导热性能良好的紫铜制成，超导样品及半导体温度传感器置于其上，并形成良好的热接触.加热器是为稳态法测量而设置的.当低温度恒温器处于液氮中或液氮液面以上不同位置时，低温恒温器的温度将有相应的变化.按典型的四端子法连接的样品及温度传感器分别连接至各自的恒流源和放大器，以减小测量误差.数据经数据采集、处理传输系统送入计算机运算并在显示器上显示.仪器内安装有自动控温系统，它由比较器、温度设定器、PID 控制器、加热功率控制器等部分组成.稳态测量时将所设定的温度值显示在计算机屏幕上，同时自动调整加热功率，使温度平衡.

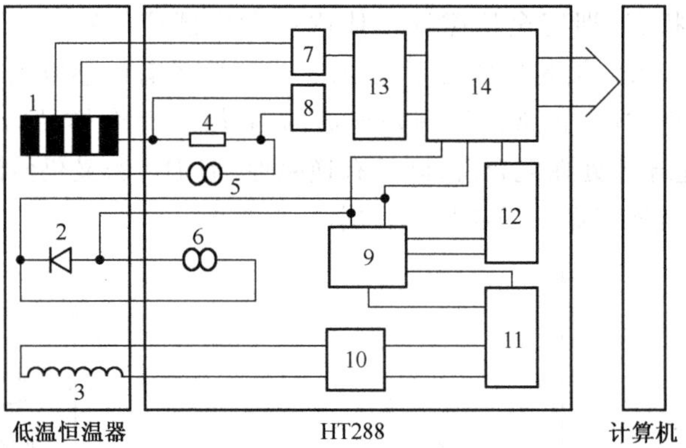

图 9.1.5 HT288 型高 T_c 超导体电阻-温度特性测量仪原理示意图

1. 超导样品；2. 半导体温度传感器；3. 加热器；4. 标准电阻；5、6. 恒流源；7、8、9. 放大器；10. 比较器；11. 温度设定器；12. PID 控制器；13. 加热功率控制器；14. 微处理器

9.1.4 实验内容和步骤

1. 准备工作

将液氮注入液氮杜瓦瓶，再将装有测量样品的低温恒温器浸入液氮，固定于支架上，并用电缆连接至 HT288 测量仪“恒温器输入”端，再用通信电缆将测量仪与计算机串行口 1 连接.

2. 开启仪器

开启测量仪器电源，电脑电源，待系统启动完成后，用鼠标点击电脑屏幕上的

“数据采集”图标，进入数据采集工作程序，电脑屏幕显示“HT288 型高 T_c 超导材料的电阻-温度特性测量仪”，右下角“接口工作状态”栏交替山现闪烁的“接收”、“发送”、“处理”字样，表示仪器与电脑工作正常.

3. 动态测量

将“动态测量/稳态测量”开关拨至“动态测量”，系统进入动态测量模式.

1)动态自动测量

拨动“自动/手动”开关，选择自动工作模式. “自动”指示灯亮，“正向/反向”指示灯交替闪烁，表示系统已开始采集数据. 在电脑显示器右部“工作参数”栏“样品电流方向”交替显示“正向”和“反向”字样. 提升装有样品的低温恒温器，使其脱离液氮液面，温度将逐渐升高，此时在计算机屏幕上逐点描出两条电压-温度特性曲线，红色的一条表示正向电压降，蓝色的一条表示反向电压降，在屏幕右边“工作参数”区域同时显示相应的工作参数值. 其含义如下.

计数：表示数据采集开始后所有采集到的有效数据的计数值.

样品当前温度：表示低温恒温器温度传感器所测到的恒温器当前温度值，单位为 K. 若温度变化缓慢，此温度值与样品温度值的误差，可以被忽略，因此该温度值即为样品温度值.

样品正向电压值：表示当流过样品的电流为正向时所测得的样品两端的电压降数值，单位为 mV.

样品反向电压值：表示当流过样品的电流为反向时所测得的样品两端的电压降数值，单位为 mV.

样品电流值：表示正向和反向流过样品的电流的平均值，单位为 mA.

光标指示值：按下“光标移动”键时，可见一个大“十”字形光标随之移动，交点处水平方向的数值为光标指示温度值，单位为 K，而垂直方向的数值为光标指示电压值，单位为 mV.

改变恒温器与液面的距离，可以获得不同变化速率的升降温特性曲线.

2)动态手动测量

拨动“自动/手动”开关，选择手动工作模式. “手动”指示灯亮，拨动“正向/反向”开关，可选择流过样品的电流为正向或反向，同时与之相对应的指示灯亮. 根据所选的电流方向，在电脑屏幕上仅描出红色或蓝色的特性曲线，同时，在“工作参数区”也只显示相应的电压和电流值.

4. 稳态测量

将“动态测量/稳态测量”开关拨向“稳态测量”时，样品电流方向自动切换功能消失，只能采用“手动”方式转换样品电流方向. 调节“温度设定”旋钮，在电脑屏幕下方出现“恒温器设定温度为：XXX. X(K)”. 为获得满意的稳态温度值，调节恒温器与液氮液面的距离,使加热器的加温与液氮的降温保持平衡,方可测到比较准确的数值.此过程比较繁琐,必须仔细操作才行.

5.退出测量

按键盘上的ESC键,按提示输入文件名(缺省名为HT288C.TXT),确认后退出.

6.数据处理

点击电脑显示屏"数据处理"图标,进入数据处理工作程序,按菜单操作,不再赘述.

思考题

(1)超导体分几类,有几种状态?各是什么状态?

(2)测量电流为什么必须反向,不反向会发生什么问题?

(3)什么是迈斯纳效应?

(4)进入超导态的物质有哪两种特性?

(5)什么是高温超导材料?

(6)试比较理想导体与超导体的区别.

(7)举例说明超导的应用(可自己设计一些应用).

(8)用你所掌握的知识分析实验中出现的一些现象(如温差电势及接触电势).

(9)超导体的零电阻现象是如何测量的?

(10)试分析超导体零电阻现象.

参考文献

唐贵德,马长山,杨连祥,等.2003.近代物理实验.石家庄:河北科学技术出版社

(李壮志　陈　伟　编)

9.2　$Bi_2Sr_2CaCu_2O_{8+\delta}$(Bi2212)高温超导单晶生长及表征

自从1986年发现高温铜氧化物超导体后,揭开了人类对超导技术开发的序幕.迄今已在电力输送、超导强磁体、超导磁悬浮列车、超导电子学器件、地球物理探矿技术等方面取得了突破性的进展,其中一些技术已经进入商业应用.无论是应用研究还是基础研究,这一切都基于优良的超导体的制备.高温超导体一般具有复杂结构,其生长通常采用固相反应方法,这样得到的一般是多晶体,但在研究其基本物理性质时,经常需要用到纯净的单晶材料.

9.2.1　实验目的

本实验是研究型实验,通常需要安排一学期时间,对学生要求如下:

(1)掌握用自助熔剂法生长高温超导单晶.

(2)学习使用大型科研设备表征超导单晶的特性.

9.2.2　实验原理

自 1911 年荷兰物理学家昂内斯发现汞的超导电性以来,被发现的超导体总数已超过 5000 种,超导体的发现经历了从简单到复杂,即由元素超导体到二元合金,以及多元系统的过程. 在 1911～1932 年,以研究元素超导为主,除汞以外,又发现了 Pb、Sn、Nb 等众多的金属元素超导体. 在 1932～1953 年,则发现了许多具有超导电性的合金,以及 NaCl 结构的过渡金属碳化合物和氮化物,临界转变温度(T_c)得到了进一步提高. 随后,在 1953～1973 年,发现了如 $T_c>17$ K 的 Nb_3Sn 等超导体. 其中,1973 年 Nb_3Ge 的发现,使 T_c的最高纪录上升到 23.2 K. 但在 1986 年以前,超导材料的 T_c都太低,故被称为低温超导体. 这种超导体一般需要在昂贵的液氦(沸点 4.2 K)环境中工作. 由于液氦制冷方法昂贵且不方便,故低温超导体的应用长期得不到大规模发展.

1986 年,瑞士科学家贝德诺兹(Bednorz)和米勒(Müller)制备出了 T_c为 35 K 的 La-Ba-Cu-O 高温氧化物超导体,从而引发了全球范围内研究高温超导材料的热潮. 1987 年,美国华裔科学家朱经武和中国科学家赵忠贤等相继发现 Y-Ba-Cu-O 氧化物超导体,把 T_c提高到 90 K 以上,液氮温区(77 K)奇迹般地被突破了. 1988 年初,法国的米切尔(Michel)等发现了第三类高温超导体: Bi-Sr-Ca-Cu-O 氧化物超导体,T_c达到了 110 K. 紧接着,美国 Arkansas 州立大学的盛正直和 Hermann 又发现 $T_c=125$ K 的 Tl-Ba-Ca-Cu-O 氧化物超导体. 此后,一直到 1993 年,Putilin 和 Schilling 等又发现了 $T_c=135$ K 的 Hg-Ba-Ca-Cu-O 氧化物超导体,至今它还保持着最高的临界转变温度.

值得一提的是,由于全世界研究者的努力,新的超导体不断被发现,2001 年 1 月,日本 Nagamatsu 等发现的金属间化合物超导体 MgB_2,临界转变温度 T_c冲破了 BCS 理论极限 30 K 达到 39 K;2001 年日本 Sasaki 等发现的超导体 $Na_xCoO_2.yH_2O$ 其 T_c为 4.5K;2006 年日本工业大学的 Hosono 等发现的 La-O-Fe-As 铁基超导体,掺杂后其 T_c可高达 52K,开辟了高温超导研究的新领域. 超导体 T_c提高的历史简图如图 9.2.1 所示.

单晶体对超导机理的研究起着举足轻重的作用,因而高 T_c氧化物超导体的单晶生长得到了广泛的重视. 对于不同组分的超导体,研究人员曾尝试过多种方法,如固相合成法、同成分熔体中结晶法、非同成分局部熔化法、提拉法、区域熔化法、基座法、玻璃局部再结晶法、高温高压合成法及助熔剂法(包括自助熔剂和其他助熔剂)等生长单晶体. 但对于高 T_c氧化物超导体有效的生长方法却不多. 由于高 T_c氧化物超导体多系非同成分熔化、包晶反应的产物,在平衡条件下,单晶体的生长应在低于其分解温度的固-液两相共存区的温度和成分范围内生长,因此在众多的晶体生长方法中,对于生长大部分高温超导单晶常用而较有效的方法是助熔剂法.

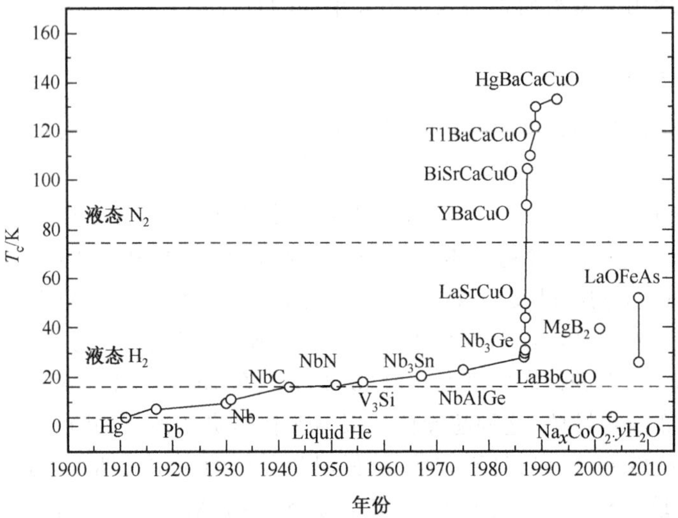

图 9.2.1 重要超导体的发现历史

助熔剂法是将晶体组分在高温下熔解于低熔点助熔剂熔体内，形成均匀的熔体，然后通过缓冷降温或其他方法，形成过饱和熔体而析出晶体. 这一方法适应性很强，几乎对所有的材料都能找到一些合适的助熔剂用于单晶生长. 助熔剂法生长温度低，对于难熔、易挥发和分解或非同成分熔化化合物等直接从熔体中难以生长出完整的单晶体，助熔剂法就显出其独特的优点. 由于其生长温度低，晶体热应力小，且可提高晶体的均匀性和完整性；同时，助熔剂法生长设备简单，温度低，控温问题容易解决. 其缺点主要是由于依靠溶质的扩散，晶体生长速度慢，生长周期长，晶体一般较小，易与熔体黏在一起，同时许多助熔剂都具有不同程度的毒性，其挥发物会腐蚀和污染炉体. 助熔剂法生长晶体的主要问题包括：如何控制成核的数目和位置，提高溶质的扩散速度、晶体生长速度、溶解度和晶体尺寸，以及如何减少或避免树枝状生长和包裹缺陷，以提高晶体完整性及如何控制晶体成分的均匀性等，这些问题介绍如下.

1. 助熔剂自发成核

根据获得熔体过饱和度方法的不同，可分为缓冷法和等温蒸发法.

1)缓冷法

这是助熔剂法中应用最广泛的一种方法. 缓冷降温法必须要有良好的温度稳定性和适用的降温程序. 坩埚应是与熔体不起化学反应或是不影响晶体生长的物质制成，为防止助熔剂挥发，也可将坩埚密封. 坩埚在高温炉中应保持正温度梯度，即上部的温度要高于底部，通常坩埚底部可比顶部低几度或十几度，以便在坩埚底部自发形核和避免由于底部温度高而导致熔体溢出. 为使生长组分充分熔化均匀，一般在高于饱和温度十几度恒温一段时间待熔体均匀后，为节省时间，可快速降温至稍高于成核温度而后缓慢降温，自发形核. 晶体生长温区的降温速度一般取 0.1～5℃/h（成核温区应取更慢的降温速度）. 降温至其他结晶相出现，或溶解度随温度的变化率接近于零的温度附近，即可结束晶体生长.

2）等温蒸发法

这一方法系借助助熔剂的蒸发而使熔体呈过饱和状态，达到析出晶体的目的. 所使用的助熔剂要求有足够高的蒸气压. 助熔剂在恒温过程的挥发量与助熔剂的性质、恒温温度和坩埚盖的开孔大小有关，生长速度可据此调节. 这一晶体生长方法的优点是设备简单，只需要恒温控温系统. 由于这种方法晶体在恒温条件下生长，晶体的组分比较均匀，且可生长有相变的晶体. 其缺点主要是一般情况下晶体在熔体表面生长，晶体质量往往不好，且助熔剂多半有毒，并具有腐蚀性.

2. 助熔剂的选择

助熔剂的选择是至关重要的，助熔剂选择的好坏关系到单晶生长的成败，良好的助熔剂需要具备下列物理化学性质.

（1）对于晶体材料应有足够的溶解能力，且在生长的温度范围内，其溶解度要有足够大的变化，以便有足够高的晶体产额.

（2）助熔剂与晶体的组分不形成多种化合物，以使得所要生长的晶体在足够宽的温度范围内是唯一的稳定相，且助熔剂在晶体中的固溶度应尽可能小.

（3）助熔剂的黏滞性要尽可能小，且具有尽可能低的熔点和高的沸点，使溶质在熔体中有较高的扩散速度，以提高晶体生长速度，同时具有很宽的可供选择的生长温度范围.

（4）助熔剂的毒性和腐蚀性应尽可能地小.

（5）助熔剂应易溶于对晶体无腐蚀作用的其他溶剂（如水、酸、碱溶液中）中，以便于从助熔剂中分离出晶体.

实际上选用的助熔剂很难同时满足上述全部条件，复合助熔剂可较多地符合上述要求，但复合助熔剂组分过多，又增加了熔体中相关系的复杂性. 对助熔剂的选择目前尚无完善的规律可循，仍主要凭借经验和多做试验选定.

3. 助熔剂的类型

1）自助熔剂

利用所要生长的晶体本身的某些组分作为生长单晶体的助熔剂. 例如，生长 $YBa_2Cu_3O_7$ 单晶体. $YBa_2Cu_3O_7$ 是 Y_2O_3-BaO-CuO 赝三元体系的一个三元化合物，可用其中的某一与其相关的熔点最低的组员，如 CuO 或用 BaO-CuO 共晶点组分作为助熔剂. 高温氧化物超导体是组元复杂的多元化合物，与异质助熔剂还可能形成其他稳定化合物，影响超导相的晶体生长. 所以在生长超导单晶时一般情况下都尽可能地选择自助熔剂.

2）异质助熔剂

异质助熔剂中应用最广的是极性化合物. 例如，Bi_2O_3、PbO、PbF_2 以及它们的复合体系.这类助熔剂熔点低,在熔态溶解能力强.此外卤化物离子晶体,如 NaCl、KCl、LiF 等,虽然它们溶解溶质的能力较差,但由于比较简单易得且溶于水,容易与生长出的单晶体分离,因此在高温氧化物超导体助熔剂法单晶的生长工作中,也曾被用作助熔剂加以应用.

4. 坩埚的选择

坩埚材料的选择是高温氧化物超导体单晶生长中十分重要的问题.如果熔态晶体材料与坩埚起化学反应,部分坩埚材料作为杂质进入晶体,则单晶体的质量变坏,同时超导转变温度下降.由于大部分高温氧化物超导体的组分会与坩埚发生化学反应,温度愈高,单晶体被污染愈严重.温度低,虽然溶质扩散速度小,晶体生长速度慢,但晶体被玷污的可能性减小,所以单晶体生长通常采用让物料快速升温熔化,熔态均匀化的恒温时间尽可能地短,然后快速降温到晶体生长区,继而缓慢降温生长的方法.

9.2.3 实验仪器装置

本实验所用设备包括电子天平,程序控温马弗炉,原子力显微镜(AFM)以及物理参量测试仪(PPMS),具体操作方法参阅相应的设备使用手册.

9.2.4 实验内容和步骤

1. Bi 系高温超导体结构简介

Bi 系高温超导体主要有 Bi2201、Bi2212、Bi2223 三相,T_c 分别为 10K、85K、110K.它们构成了一个重要的系列,其通式可表示为 $Bi_2Sr_2Ca_{n-1}Cu_nO_{2n+4}$($n=1,2,3,\cdots$),三种 Bi 系材料的结构如图 9.2.2 所示.

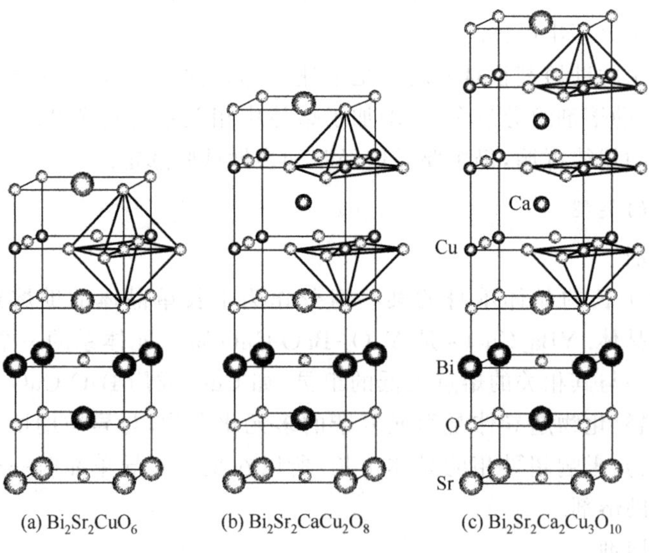

(a) $Bi_2Sr_2CuO_6$ (b) $Bi_2Sr_2CaCu_2O_8$ (c) $Bi_2Sr_2Ca_2Cu_3O_{10}$

图 9.2.2 Bi 系高温超导体结构图

它们共同的结构特征是具有 c 方向远大于 a、b 方向的尺度，形成典型层状钙铁矿结构，从导电性观点出发，可把其结构看作由电荷库层 SrO-BiO-BiO-SrO 和导电层 $Ca_{n-1}Cu_nO_{2n-1}$ 所组成，库层中 BiO-SrO、SrO-CuO 和 CuO_2-Ca 层面间距离大，相互作用力小，故易发生解理. 在其结构中 BiO-BiO、BiO-SrO、SrO-CuO 和 CuO_2-Ca 层面间距离相应为 3.25Å、2.73Å、1.71Å 和 1.65Å. Bi2201、Bi2212、Bi2223 三者 c 轴长度分别为 23.6Å、30.8Å、37.1Å.

2. Bi2212 单晶生长

对于 Bi2212 来说，采用 Bi_2O_3 作为助熔剂的生长方法已是较成熟的工艺. 本实验所用的 Bi2212 单晶是用定向结晶方法生长的. 分析纯的 Bi_2O_3、$SrCO_3$、$CaCO_3$ 和 CuO 粉末原料被以元素比 Bi∶Sr∶Ca∶Cu = 2.4∶2∶1∶2 称量并混合，过量的 Bi_2O_3 用作助熔剂. 一批 100g 的原料在充分研磨后倒入 Al_2O_3 坩埚，坩埚最大直径为 48mm，容积 50ml. 在单晶生长过程中坩埚上面盖一个 Al_2O_3 片以防止 Bi 的挥发. 本实验中所用的坩埚为多晶 Al_2O_3 杯状坩埚，如果采用 Pt 或 MgO 坩埚，效果会更好.

确定了配料比后，温度梯度、温度的均匀性和升降温度程序便成为三个最重要的因素：为使晶体在生长过程中保持坩埚横切面上有 10℃/cm 的温度梯度，加热前首先在马弗炉内用 NiCr-NiAl 热电偶监测沿 y 方向的温度梯度(图 9.2.3). 由 10℃/cm 的温度梯度(炉温 900℃时)要求便可以定出坩埚在炉内合适的位置.

实验中使用欧陆 818 多段自动控温仪程序控制升降温，其精度稳定性可达±1℃，再加之在降温结晶过程中降温速率较慢，特别是在 Bi2212 的结晶温区范围内更应如此，所以温度均匀性基本上能够得到保证.

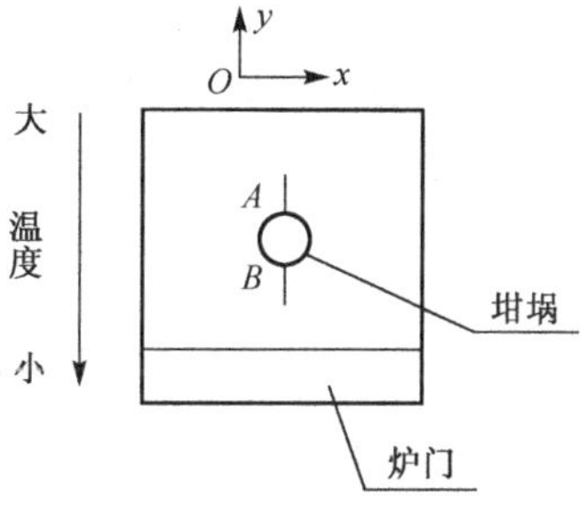

图 9.2.3　炉体内坩埚与热电偶位置示意图

单晶生长的加热程序如图 9.2.4 所示. 试样首先以 150℃/h 的速度加热到 770℃，在该温度保温 4h，以便原料中的碳酸盐分解；接着继续以 150℃/h 的速度升温到 980℃，在该温度停留 2h，使整个熔体达到温度平衡. 熔体接着以 1℃/h 的速度慢冷到 790℃，然后以 50℃/h 的速度降温到室温.

3. Bi2212 单晶的检测

STM 和 AFM 被广泛用来研究高温超导薄膜和单晶的形貌和生长机理. 对在 (100)MgO 和 (100)$SrTiO_3$ 基片上沉积的 $YBa_2Cu_3O_{7-\delta}$ 薄膜，一个典型的生长模式——螺位错控制的螺旋生长模式被 STM 首先观测到；在同样基片上沉积的 $Bi_2Sr_2Ca_{n-1}Cu_nO_{2n+4+\delta}$ ($n=1, 2, 3, \cdots$) 薄膜，层状岛生长模式作为本征的生长模式可用 AFM 观测到. 在本节中主要是用 AFM 对 Bi2212 单晶解理面作观测研究. 本实验用 DI(Digital Instruments)公司生产的 AFM，使用接触模式.

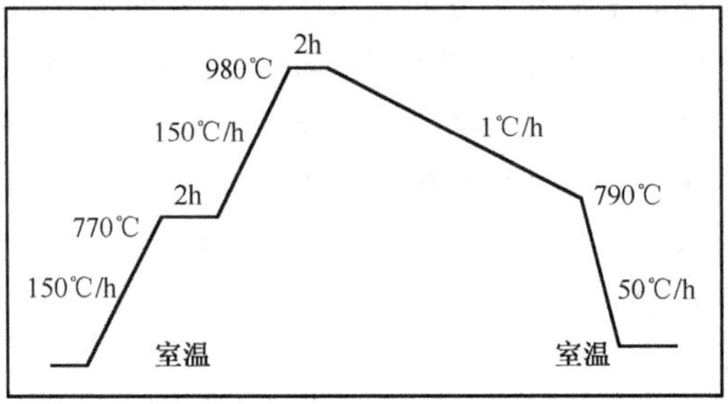

图 9.2.4 Bi2212 单晶生长温度控制程序

将生长的 Bi2212 单晶粘到 AFM 样品台上，首先用透明胶带对单晶进行解理，然后装入 AFM 观测. AFM 观测解理面得到的一般是原子级平滑的晶面，面积一般约为 2mm ×3mm. 在晶面的边缘或晶界处，用 AFM 观测解理样品上的不同晶面台阶，扫描范围 5 μm ×5 μm，在 AFM 图形处理软件中分析不同的台阶高度和结构单元高度的关系，确定单晶体的生长模式.

使用 AFM 观测两相邻晶体之间存在的非理想区域，分析小面积平台的不同台阶高度，并尝试确定其结构单元高度，与 Bi2201 相的晶格常数进行对比.

4. Bi2212 单晶的超导转变特性

超导转变特性的测量原理可参照实验“超导材料的电磁特性”，在本实验中使用物理参量测试仪进行精确测量. 首先将生长的 Bi2212 单晶用胶带纸解理露出新鲜表面，用导电银胶平行粘四条细导线到样品上，并置于白炽灯下烘烤 15min 去除银胶中有机溶剂，然后装入 PPMS 测量杆，在 10～300K 温度范围测量其电阻-温度(R-T)特性，记录并分析其超导转变温度和超导转变宽度.

按 PPMS 操作手册要求，将小块 Bi2212 单晶装入测量杆，在 10～300K 温度范围测量其直流磁化率，并分析其超导转变温度和超导转变宽度.

9.2.5 思考题(含选做内容)

(1)直接生长的 Bi2212 单晶薄片通常称为 as-grown 样品，其超导转变宽度一般较宽，这是由其氧含量及晶格缺陷决定的. 尝试在流动氧气氛中退火减少晶格缺陷，分析其超导转变特性.

(2)在真空炉中退火，或在流动 H_2气氛中退火，得到欠掺杂样品，分析其超导转变特性.

(3)自己设计并加工一个高压退火装置，将样品放置其中并在高压 O_2中退火，得到过掺杂样品，分析其超导转变特性.

(4)查阅资料，用自助熔剂法生长 La 元素掺杂的 Bi2212 单晶.

(5)选用异质助熔剂，如 KCl，生长 Bi2212 单晶.

(6)超导单晶的生长条件选择依据是其热力学相图,查阅 Bi 系超导体的赝二元相图并分析其热力学过程.

(7)在本实验中介绍的是助熔剂自发成核法,查阅并说明助熔剂籽晶生长法.

(8)查阅 Y-Ba-Cu-O 体系相图,使用自助熔剂方法生长单晶,并表征其形貌和超导特性.

(9)铁基超导体是 2008 年新发现的一类高温超导材料,查找资料并综述其 T_c 提高过程.

(10)选择一种未被生长过单晶体的铁基超导材料,查阅资料并用自助熔剂或者异质助熔剂方法生长其单晶,然后表征其超导特性.

参考文献

李邵雄.2000.铋系高温超导单晶的隧道谱研究.博士学位论文,中科院物理所

梁敬魁,车广灿,陈小龙.1994.高 T_c 氧化物超导体系的相关系和晶体结构.北京:科学出版社

章立源,张金龙,崔光霁.1995.超导物理学.北京:电子工业出版社

(李壮志　编)

第10章　铁电材料实验

铁电体具有介电、压电、热释电、铁电性质以及相关的电致伸缩性质、非线性光学特性、电光特性、声光特性、光折变性质、铁电记忆存储性能等. 这些性质在现代科学技术中具有重要而广泛的应用.

10.0　铁电材料基础知识

10.0.1　铁电体的定义

物质按导电性,一般可分为:导体、半导体和绝缘体(电介质)三类.

一般的电介质只有在电场作用下才产生电极化,但有一类电介质在一定温度范围内即使在没有外界电场作用下,内部也会出现极化,这种极化称为自发极化. 而且自发极化方向可以因外电场的作用而反向,材料的这种特性称为铁电性,具有铁电性的晶体称为铁电体.

自发极化的出现是与铁电体材料的晶体结构有关的. 在铁电晶体中存在若干个小区域,每个小区域内部电偶极子沿同一方向,但各个小区域中电偶极子方向不同,这些小区域称为电畴. 畴的间界叫畴壁(domain wall). 畴的出现使晶体的静电能和应变能降低,但畴壁的存在引入了畴壁能. 总自由能取极小值的条件决定了电畴的稳定构型.

10.0.2　铁电体的居里温度

晶体的铁电性通常只存在于一定的温度范围内,当温度超过某一值时,自发极化消失,铁电体变成顺电体. 铁电相与顺电相之间的转变通常称为铁电相变,该温度称为居里温度或居里点 T_c.

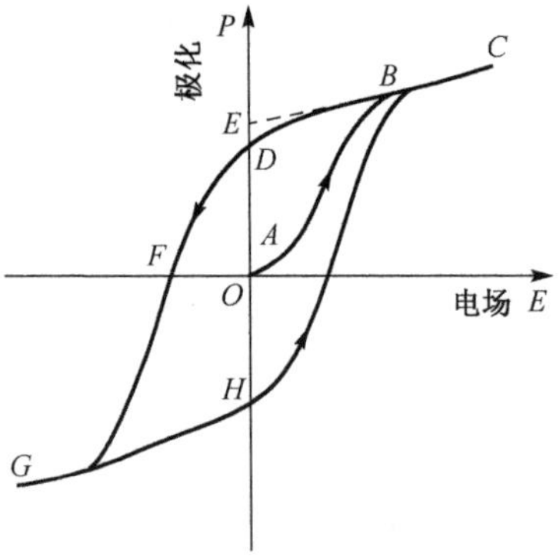

图 10.0.1　电滞回线

10.0.3　铁电体的电滞回线

在居里温度 T_C 以下,铁电体的极化随外电场的变化而变化,在较强的外电场作用下,铁电体的极化强度 $\boldsymbol{P}$ 随外电场 $\boldsymbol{E}$ 呈非线性变化,如图 10.0.1 所示的电滞回线. 图 10.0.1 中线段 OD 表示剩余极化 P_r;线段 OE 表示自发极化 P_S;线段 OF 表示矫顽场 E_C.

10.0.4　铁电体的居里-外斯定律

由于极化的非线性，铁电体的介电常数不是常数，而是依赖于外加电场的，一般以 OA 曲线(图 10.0.1)在原点的斜率代表介电常数，即在测量介电常数时，所加外电场很小，铁电体在转变温度附近时，介电常数具有很大的数值，数量级达 $10^4 \sim 10^5$．当温度高于居里点时，介电常数随温度变化的关系满足居里-外斯定律：

$$\varepsilon=\frac{C}{T-T_c}+\varepsilon_\infty$$

10.1　铁电材料电滞回线的测量

铁电材料的铁电性能最为重要的表征是其电滞回线所反映的铁电性能，包括饱和极化 P_S、永久极化 P_r、矫顽场 E_C 等参数．

10.1.1　实验目的

(1)测量并绘制被测铁电材料的电滞回线．

(2)在由电滞回线得到饱和极化、剩余极化、矫顽场等参数．

10.1.2　实验原理

1. 电滞回线的测试原理

铁电体的电滞回线测试原理，见图 10.1.1，即 Sawyer-Tower 电路．

以铁电晶体作介质的电容 C_x 上的电压 U 是加在示波器的水平电极板上，与 C_x 串联一个恒定电容 C_y(即普通电容)，C_y 上的电压 U_y 加在示波器的垂直电极板上，U_y 与铁电体的极化强度 $\boldsymbol{P}$ 成正比，因而在示波器纵坐标反映 P 的变化，横坐标 U_x 与加在铁电体上外电场强度成正比，因而就可直接观测到样品的 P-E 曲线．

U_y 和 $\boldsymbol{P}$ 的正比关系的证明如下：

$$\frac{U_y}{U_x}=\frac{\dfrac{1}{\omega C_y}}{\dfrac{1}{\omega C_x}}=\frac{C_x}{C_y} \tag{10.1.1}$$

式(10.1.1)中 ω 为图 10.1.1 中电源 U 的角频率．

$$C_x=\varepsilon\frac{\varepsilon_0 S}{d} \tag{10.1.2}$$

式中，ε 为铁电体的介电常数，ε_0 为真空的介电常数，S 为平板电容 C_x 的面积，d 为平行平板间距离，将式(10.1.2)代入式(10.1.1)，得

$$U_y=\frac{C_x}{C_y}U_x=\frac{\varepsilon\varepsilon_0 S U_x}{C_y\ d}=\frac{\varepsilon\varepsilon_0 S}{C_y}E \tag{10.1.3}$$

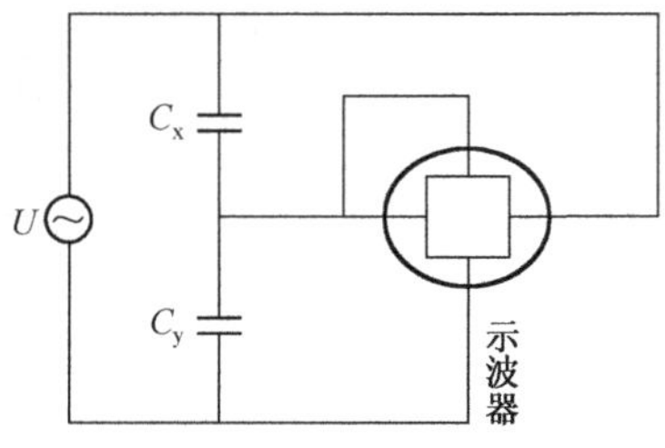

图 10.1.1　电滞回线测试原理图

根据电磁学

$$P=\varepsilon_0(\varepsilon-1)E\approx\varepsilon_0\varepsilon E=\varepsilon_0\chi E \tag{10.1.4}$$

对于铁电体 $\varepsilon\gg1$，有后一近似等式，代入式(10.1.3)，得

$$U_y=\frac{S}{C_y}P \tag{10.1.5}$$

式中，S 与 C_y 都是常数，故 U_y 与 P 成正比.

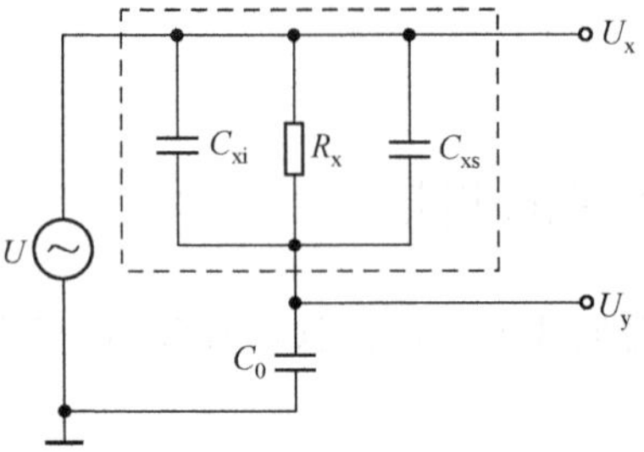

图 10.1.2 Sawyer-Tower 电路

2. TD-88A 型铁电测试仪测量电路

目前，测量电滞回线的方法较多，其中测试方法简单、应用最广泛的是 Sawyer-Tower 电路[2,3]，如图 10.1.2 所示，其中虚框部分为铁电薄膜样品的等效电路，C_{xi} 为线性感应等效电容，R_x 为铁电薄膜样品的漏电导及损耗等效电阻，C_{xs} 为与自发极化反转对应的非线性等效电容.

在理想情况下，若只考虑 C_{xs} 的作用(认为 C_{xi} 与 R_x 开路)，很容易证明 U_y 与铁电薄膜样品的极化强度 P 成正比[2]. 但一般情况下，铁电薄膜样品同时具有漏电导和线性感应电容，如果要获得铁电薄膜样品的本征电滞回线，必须在测量过程中对样品的漏电导和线性感应电容进行合适的补偿，但这在实际测量中是较难处理的. 另外，此电路中外接积分电容 C_0 的选取和精度会影响测试的精确度，当然给铁电样品提供的信号源 U 的频率对测试结果也有很大的影响，这样就较难对测试结果进行标定和校准.

TD-88A 型铁电综合测试仪选用如图 10.1.3 所示的测量电路，此电路由信号源 U、被测样品、电流放大器和积分器组成. 信号源 U 提供给被测样品的电流经电流放大器放大再经积分器积分后得到 U_y 进入测量系统. 即使被测样品端加的电压 U 为零，积分器上仍然维持电压，被测样品端是虚地的，因此此测试电路可称为虚地模式. 此电路取消了外接电容 C_0，可减小寄生元件的影响. 此电路的测试精度仅取决于积分器积分电容 C_1 的精度，减少了对测试的影响环节，比较容易定标和校准，并且能实现较高的测量准确度.

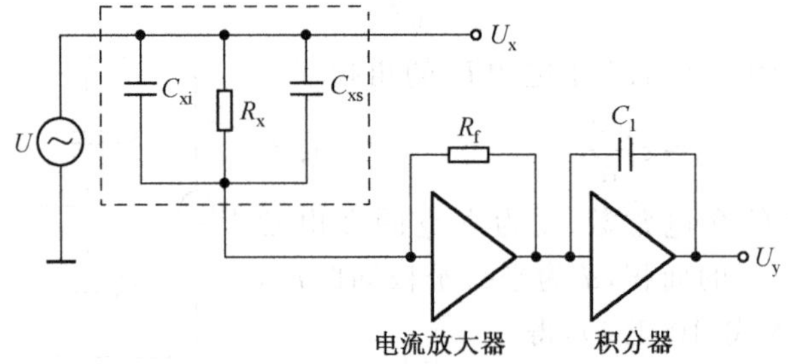

图 10.1.3 电滞回线测量电路(虚框为铁电样品等效电路)

10.1.3　实验仪器装置

实验采用 TD-88A 型铁电性能综合测试仪测量铁电材料室温下的电滞回线，如图 10.1.4 所示. 该仪器可用于铁电陶瓷材料和薄膜材料的测试. 用于铁电性能测试的样品，需要制备成电极/陶瓷/底电极的陶瓷电容器结构.

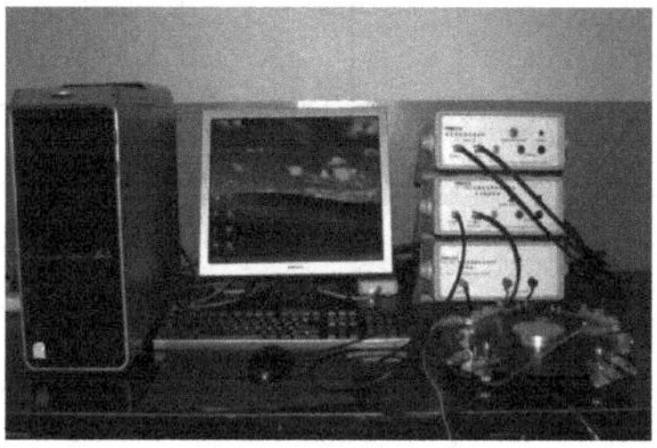

图 10.1.4　TD-88A 型铁电性能综合测试仪

TD-88A 型铁电综合测试仪系统主要包括可编程信号源、微电流放大器、积分器、放大倍数可编程放大器、模/数转换器、数/模转换器、微机接口部分、微机和应用软件等部分组成. 不仅能画出铁电薄膜的电滞回线，还可以定量得到铁电薄膜材料的饱和极化 P_S、剩余极化 P_r、矫顽场 E_C、漏电流 I_k 等参数，以及对铁电薄膜材料的铁电疲劳性能、铁电保持性能的测试.

1. 铁电性能测量仪结构框图

铁电性能测量仪结构框图见图 10.1.5，硬件系统由一台计算机、一片带 A/D、D/A 及开关量控制输出功能的计算机接口卡和信号调理电路部分组成.

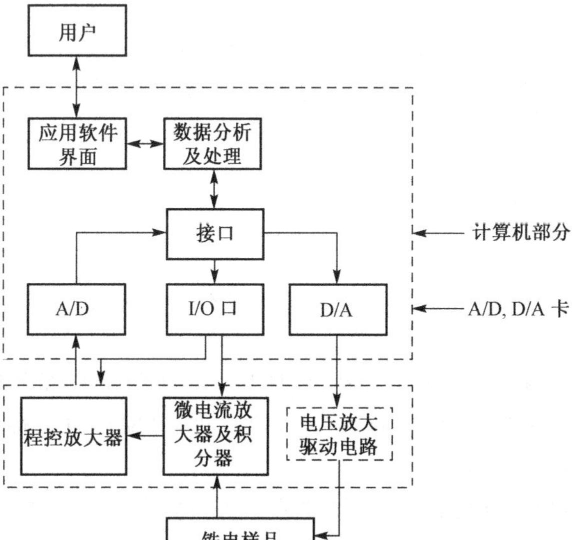

图 10.1.5　铁电性能测量仪结构框图

2. 测试仪面板

测试面板的正面和反面图见图 10.1.6 和图 10.1.7.

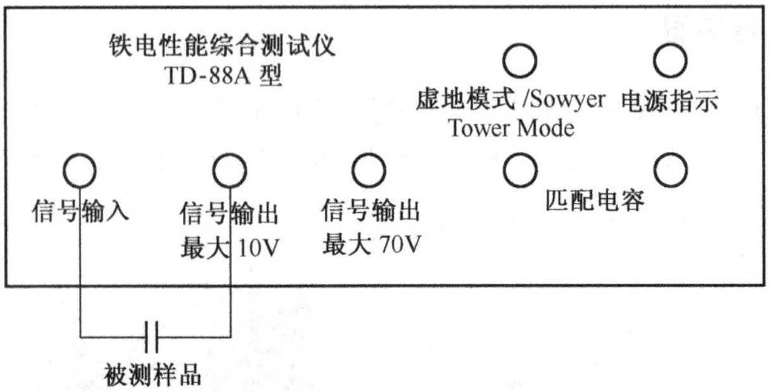

图 10.1.6 测试仪前面板

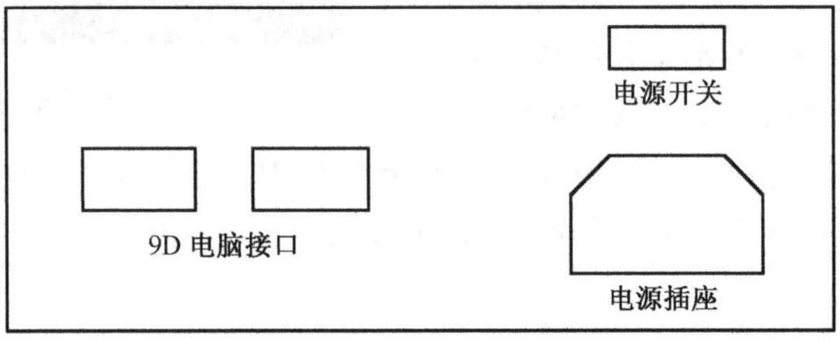

图 10.1.7 测试仪后面板

3. 软件主菜单介绍

软件主菜单包括①文件(下级菜单有:打开电滞回线文件、打开疲劳测试文件、打开保持测试文件、打印机设置、打印、退出);② 测量(下级菜单有:电滞回线测量、疲劳测试、保持测试);③矫准(下级菜单有:电容容量矫正、电阻阻值矫正);④ 帮助.

10.1.4 实验内容和步骤

1. 电滞回线测量

(1)将被测样品放在样品台上,并使两测试探针分别于测试样品的顶电极和底电极接触好.

(2)运行应用软件,进入软件主界面,打开主菜单的测量部分选择"电滞回线测量"选项,输入"样品名称"、"样品面积"、"样品厚度"、"输出电压幅度"、"测试周期点数"、"电滞回线周期"等参数.

(3)按"确定"键后,软件弹出对话框"请输入需保存的实验数据的文件名",用户输入以 * * * . loop 的文件名后按"OK"键继续,回到软件主界面,按"开始测量"按键,系统自动进行电滞回线测量和脉冲参数测量(测量时请注意主界面下侧提示条的信息),以上两项参数测量完成后系统弹出信息框"是否进行漏电流测量",按"No"即完成电滞回线测量.

2. 电滞回线的绘制

(1)用文本方式打开数据文件.

(2)用作图软件绘制被测材料的电滞回线,并得到饱和极化、剩余极化、矫顽场等参数.

10.1.5 注意事项

(1)必须先连接好测试线路并确认无误(注意千万不要将信号源短路)后再打开测试仪电源.

(2)当使用高电压信号源时,注意安全,测试操作时不能接触测试架.测试完成后先关闭测试仪电源.

10.1.6 思考题

(1)铁电材料的主要特性有哪些?

(2)什么是电滞回线?

(3)电滞回线的测试原理.

参考文献

干福熹.2000.信息材料.天津:天津大学出版社

南京大学应用物理研究所,南京南大万和科技有限公司.TD-88A型铁电综合测试仪说明书

钟维烈.1996.铁电物理学.北京:科学出版社

Scoot J F. 2000. Ferroelectric Memories. New York: Springer

(郭革新 侯登录 编)

10.2 固相反应法制备铁电材料

铁电材料的制备多种多样,有固相反应法、溶胶-凝胶法、射频频磁控溅射法、脉冲激光沉积法(PLD)、分子束外延法等.在上两小节中,对铁电材料的基本性质和电滞回线的测量进行了介绍.本节以固相反应法为例介绍铁电材料的制备方法.

10.2.1 实验目的

(1)了解固相反应法制备材料的过程.

(2)用固相反应法制备铁电材料.

10.2.2 实验原理

固相反应法的主要过程是将按比例称量好的物质充分研磨后均匀混合,在高温下进行热处理,再经过多次的研磨及煅烧,使其充分反应,最终得到所需物质.

该方法具有不使用溶剂、高选择性、高产率、操作简便、工艺流程简单、污染少、

反应条件易掌握等优点，减少了液相反应中出现的团聚现象，并且各相的摩尔比、烧结温度比较容易控制，材料成本比较低，工业生产前景乐观.

固相反应法具体实验过程如下：

(1)称重：选取高纯度的金属氧化物粉体为原料，按照一定的摩尔百分比计算出所需各种原料的质量，称量出各种粉料.

(2)均匀化：将这些称量好的氧化物在玛瑙研钵内研磨1h左右，使其充分混合，以便于充分反应.

(3)煅烧：混合物置于密闭的坩埚内，放置于箱式高温电炉中，在空气下进行预反应，煅烧一定时间后随炉冷却.

(4)球磨：将预烧后的试样在玛瑙研钵中碾碎，再次研磨约1h，得到细的粉体.

(5)压片：将研磨后的粉末装入直径为10mm的圆柱形模具中，用10MPa左右的压强压制成直径为10mm，厚度为1～2mm的圆片，所用压强视样品而定.

(6)烧结：将压好的片状样品再次置于密闭的坩埚内，放置于箱式高温电炉中，进行二次烧结后得到片状陶瓷样品.

图10.2.1 SX2-1600高温箱式电阻炉

10.2.3 实验仪器设备

本实验使用的设备为高温箱式电阻炉，如图10.2.1所示.

10.2.4 实验内容和步骤

1. $BiFeO_3$材料的制备

按照实验原理中的过程制备$BiFeO_3$片状陶瓷样品.

2. 电极的制备

将烧成的陶瓷样品用水沙纸打磨，加工成10mm×0.5mm的圆片，再用超声波清洗仪清洗表面并烘干，将烘干后的陶瓷片两面分别涂上均匀的银胶作为电极，然后在550℃烧银1h.

(郭革新　侯登录　编)